CW01457709

Reize Naar De Oost- En Westkust Van Zuid-amerika En: Van Daar, Naar De Sandwichs- En Philippijnsche Eilanden, China Enz, Gedaan, In De Jaren 1826, 1827, 1828 En 1829 ...

Jacobus Boelen

Nabu Public Domain Reprints:

You are holding a reproduction of an original work published before 1923 that is in the public domain in the United States of America, and possibly other countries. You may freely copy and distribute this work as no entity (individual or corporate) has a copyright on the body of the work. This book may contain prior copyright references, and library stamps (as most of these works were scanned from library copies). These have been scanned and retained as part of the historical artifact.

This book may have occasional imperfections such as missing or blurred pages, poor pictures, errant marks, etc. that were either part of the original artifact, or were introduced by the scanning process. We believe this work is culturally important, and despite the imperfections, have elected to bring it back into print as part of our continuing commitment to the preservation of printed works worldwide. We appreciate your understanding of the imperfections in the preservation process, and hope you enjoy this valuable book.

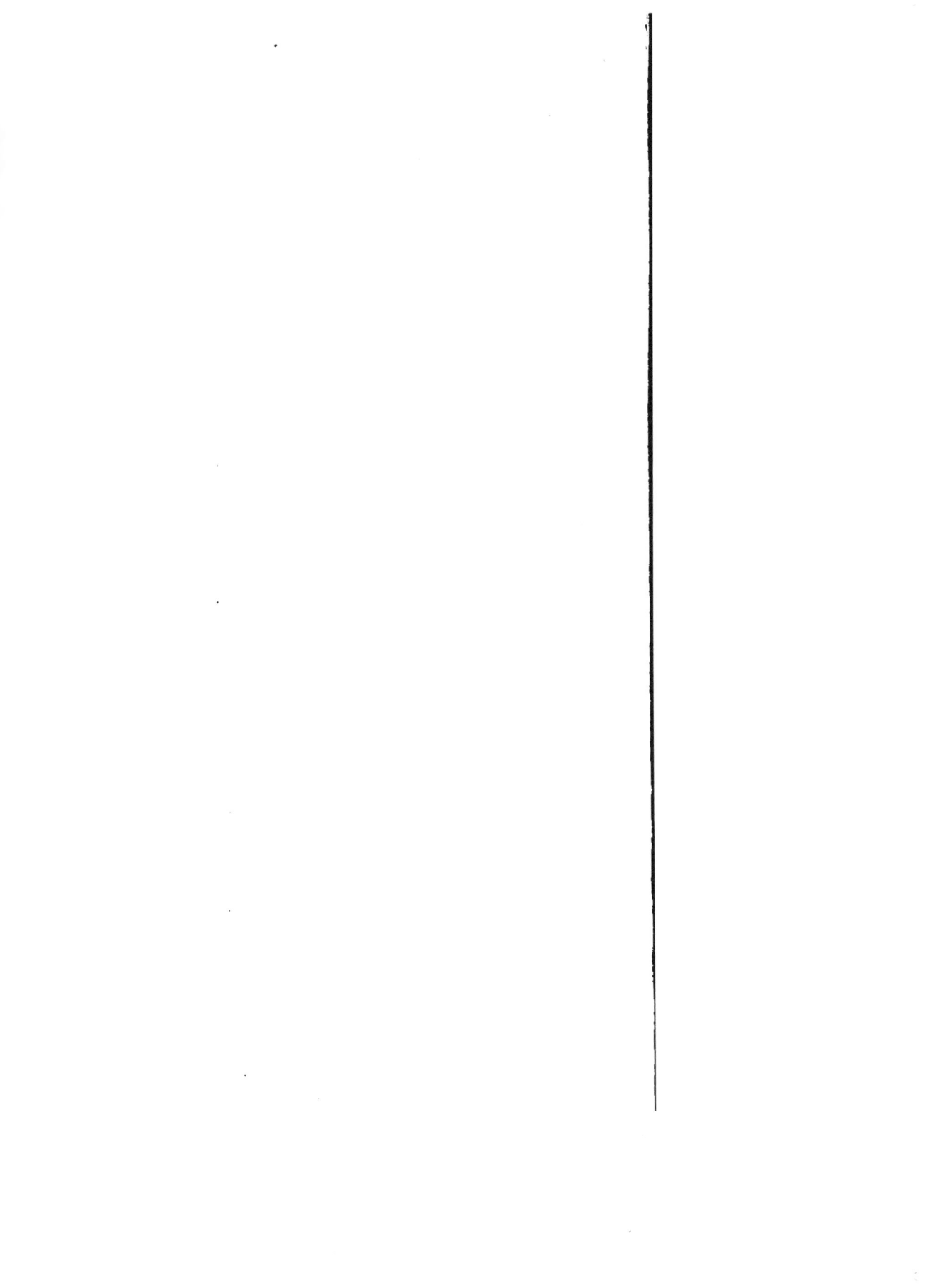

REIZE.

REIZE

NAAR DE

OOST- EN WESTKUST VAN ZUID-AMERIKA,

EN, VAN DAAR, NAAR DE

ANDWICHS- EN PHILIPPIJNSCHE EILANDEN, CHINA ENZ.

gedaan, in de jaren 1826, 1827, 1828 en 1829.

MET HET KOOPVAARDIJSCHIP:

WILHELMINA EN MARIA;

DOOR

J. BOELEN, JOH. ZOON.

destijds Luitenant ter zee, 1: klasse en Ridder der Militaire
Willems-orde, 4: klasse, thans Kapitein Luitenant.

DERDE EN LAATSTE DEEL.

MET PLATEN EN KAARTEN.

Gezigt op de Praya van de Stad Macao.

Te AMSTERDAM, bij
TEN BRINK & DE VRIES.
MDCCCXXXVI.

THE NEW YORK
PUBLIC LIBRARY
973084
ASTOR, LENOX AND
TILDEN FOUNDATIONS
R   1923   L

VOORREDE.

—————•—————

Bij het uitkomen van het laatste deel dezer Reize
naar Zuid-Amerika enz., strekt het mij tot eenen
aangenamen pligt, het geëerde publiek opregtelijk
dank te betuigen voor het gunstig onthaal, hetwelk
aan de twee eerste deelen van dit werk mogt te beurt
vallen; een onthaal, waarop ik te minder had durven
hopen, daar de ondernomen arbeid mij zoo te eenen
maal vreemd was, en ik mij aan denzelven zeker niet
zou gewaagd hebben, indien niet sommigen mijner
vrienden eene eerzucht in mij hadden weten op te
wekken, tegen welker prikkel misschien weinige menschen bestand zijn. Gaarne overigens willende gelooven en ook wel bekennen, dat de bearbeiding van
mijn reisverhaal soms te breedvoerig is uitgevallen,
en wijdloopiger, dan ik mij in den beginne had voorgesteld, zóó zelfs dat er hier en daar aanleiding
tot verveling bij den Lezer kan zijn gegeven, — zal
men, van den anderen kant, mij ook wel willen toe-

DRIE EN TWINTIGSTE HOOFDSTUK.

VIER EN TWINTIGSTE HOOFDSTUK.

EEN EN TWINTIGSTE HOOFDSTUK.

*Ophelderingen. Overvaart naar de Sandwich-
eilanden. Onverwachte nachtelijke ontmoeting
met een schip. Fabelen, betreffende schipper
BAREND FOKKE. Het eiland Owhyhee. Stroom
bij deszelfs zuidhoek. Eenige eilanders komen
aan boord. Het aandoen en beschrijving van
Karakakooa-baai. Aankomst in dezelve. Staat-
siebezoek van het inlandsche opperhoofd KOAKEU.
Ongeval. Het dorp Kowrowa, de plaats, waar
kapitein COOK vermoord werd. Prinses KAPIOLANI.
Gastvrije ontvangst bij eenen zendeling. Bevrachting van het schip naar China. De Morai
van Kakooa. Het regt van tabooten. Geoefendheid dezer eilanders in de zwemkunst.*

Aan het einde van het tweede deel zal de Lezer
hebben kunnen bemerken, dat de uitklaring voor
mijn schip, van uit de haven van *Ilay*, gerigt was
naar die van *Lima*. Bijaldien ik nu hadde durven
vertrouwen op eene geregelde handhaving der wetten
door een gevestigd bestuur, zou ik het zeker niet in
bedenking hebben genomen, mijnen koers regtstreeks
naar *Callao* te rigten. Te *Arica, Guayaquil, Lima*

III.   1

en *Arequipa* echter had ik veel bijgewoond, zelf ondervonden en vernomen, hetwelk tot een duidelijk bewijs strekte van de, bij de verschillende partijen in deze nieuwe staten, nog altijd bestaande gisting. Ik meende daaruit tevens te mogen afleiden, dat, wanneer men het in deze republieken, omtrent billijke vorderingen ieder voor zijn deel, nog zóó weinig eens konde worden, het dan vooral voor den vreemdeling gewaagd zou moeten voorkomen, een regtsgeding van eenen min of meer ingewikkelden en teederen aard hier te beproeven. Te *Lima*, wel is waar, had ik eenige zaken onafgedaan achtergelaten, welke ik, voor dit oogenblik, liefst in persoon zou hebben willen opruimen: dan mijn vertrouwen op het handelshuis, waaraan dezelve waren opgedragen, deed mij in dat opzigt gerust zijn. Eenigen tijd nadat ik met het schip in het vaderland was teruggekeerd, bewees dan ook de uitkomst, dat ik mij hieromtrent niet had bedrogen. De Heeren FRED. HUTH, GRÜNING, te *Lima*, verkochten al het van mijne lading onder hen geblevene, en remitteerden de gelden daarvoor, ten behoeve der onderscheidene belanghebbenden. In eenen brief van wege deze firma, geschreven door den Heer SCHOLTZ, (van wien ik, in het tweede deel, bladz. 231, reeds heb gesproken,) werd mij gemeld, dat het gouvernement van *Arequipa* — vermits men het uitgesloken goud van den Heer P** was meester geworden — geen verder gevolg meer aan het verbeurdverklaren van dit verboden metaal had gegeven.

Het schip werd, algemeen en in den volsten zin,

aan het overtreden der wet in deze niet schuldig
geoordeeld. Men had het uit dien hoofde niet noodig geacht, maatregelen te nemen, ten einde hetzelve te kunnen achtervolgen. Ten slotte van dit
schrijven zag ik, door mijnen achtingwaardigen
Duitschen vriend, mij aangemoedigd, *Peru*, met
denzelfden bodem, nogmaals te bezoeken.

Met dat al laat het zich gemakkelijk bevroeden,
dat het, voor het oogenblik, mijne zaak niet was,
mij op die, mij nog niet geblekene, cordaatheid van
het gouvernement van *Peru* te verlaten, noch de,
door den *administrador* en den havenmeester van *Ilay*
mij voorgeslagene, hernieuwde reize naar *Arequipa* te
aanvaarden, om, — gelijk de Lezer zich zal herin-
neren, dat het voorgeven was, — door derzelver
recommandatiebrieven aan den Prefect, eene tweede
uitklaring voor mijn schip naar *Lima* te verwerven.
Twee gevallen van min of meer gelijken aard als het
mijne, welke mij in laatstgenoemde hoofdstad waren
verhaald geworden, ten opzigte van schepen, die langen tijd in de haven van *Callao* hadden aangehouden
gelegen, moesten genoegzaam zijn om mij niet in
twijfel te doen staan, omtrent de partij, door mij
te kiezen. Het eerste was dat van het Fransche
schip *Charlotte*, welk zijne procedure met het gouvernement van *Peru* won, doch nimmer vergoeding
voor de schade ontving, bij het oponthoud geleden.
Het tweede betrof den Nederlandschen brik *Hercules*,
die, reeds van *Callao* uitgezeild zijnde, door eenen
Peruaanschen oorlogschoener achterhaald werd en binnengebragt. Ook dit schip ondervond, hoe veel het

inhad, eer men een eenmaal begonnen geschil, met deze nog weinig georganizeerde staten, mogt zien vereffend.

Toen wij derhalve met de *Wilhelmina* en *Maria*, zonder eenige verdere ongelegenheid te ontmoeten, buiten de haven van *Ilay* geraakt waren, besloot ik dan nu ook, *Zuid-Amerika* voor deze reis vaarwel te zeggen, en mijnen koers naar de *Sandwich*-eilanden te stellen. Van den anderen kant echter begreep ik tevens, dat het zaak was, scheepsraad te beleggen; hetwelk, dien ten gevolge, zoodra wij ons met het schip buitengaats in zee bevonden, werd bewerkstelligd. Al het voorgevallene, betreffende de zaak van den Heer p** en het daaruit gevolgde aanhouden van het schip, zette ik aan deszelfs leden omstandig uiteen; waarna ik, in aller bijzijn, eene aanteekening desaangaande, bij wijze van protest, in mijn dagboek ter neder schreef, welke ik, om den Lezer mijne bedoeling daarmede te beter te doen kennen, hier woordelijk, uit hetzelve overgenomen, wil doen volgen. » Op dit bovenstaande verhaal,'' — dus luidt dezelve, zich hechtende aan een voorafgegaan, eenvoudig *narré* der daadzaken: » waarvan ik ten
» allen tijde bereid ben, de getrouwe waarheid te
» bezweren, als man van eer, met overweging van
» den eed, aan den lande gedaan als luitenant in
» 's konings zeedienst, en van den eed als ridder
» van de Militaire Willemsorde, vestig ik mijne
» geheele verdediging, als onschuldig aan het willen
» en bewust zijn, dat er goud aan boord van mijn
» schip gesloken zou worden, beroepende mij tevens

» op de verklaringen, gedaan van den kapitein
» YOUNG, den Heer P**, mijnen eersten stuurman en
» mij zelven; en klage uit dien hoofde den Heer P**
» aan, als eenige oorzaak van al deze en verdere
» ongelukkige omstandigheden voor schip en lading,
» afwijkingen en niet volbrengen der reize, stellende
» hem, P**, verantwoordelijk voor alle schaden,
» avarijen en onkosten, daaruit gesproten en nog
» kunnende ontspruiten: waarom ik hem, P** of
» zijne firma, tot vergoeding van alle schaden, ava-
» rijen en onkosten attaquere, en bij deze verklare,
» dat ik daarom beslag legge op de vijf duizend
» piasters, door hem of zijne firma in mijn schip
» geladen, om aan zijne firma, de Heeren S**, P**
» en Comp., blijkens cognoscement, te *Valparaiso*
» uit te leveren, en dat ik op deze vijf duizend
» piasters beslag zal blijven leggen, totdat hij, P**
» of zijne firma, aan mij of mijne reeders, de Heeren
» INSINGER en COMP., te *Amsterdam*, voldaan heeft
» alle onkosten en schaden, welke, door deze afwij-
» king der reize, vlugt uit de haven van *Ilay*,
» veroorzaakt zijn of nog veroorzaakt kunnen wor-
» den. — Hierbij verklare ik, dat ik mij voorbe-
» houde om, ter eerste plaatse van aankomst, waar
» mij zulks mogelijk is, naar behooren te protesteren:
» doch, opdat dit door mijne eigen hand geschreven
» stuk, bij mijn onverwacht overlijden, de noodige
» kracht zal kunnen oefenen, heb ik hetzelve aan
» de equipagie voorgelezen en ter lezing gegeven,
» en door eenigen met hun handschrift doen onder-
» teekenen, op den dag, den datum en de plaats,

» waar ik hetzelve heb onderteekend in hun bij-
» zijn. — Aan boord van het schip *Wilhelmina* en
» *Maria*, in zee op 17° 12′ zuiderbreedte en 72° 37′
» lengte bewesten den meridiaan van *Greenwich*, den
» twintigsten december achttien honderd zeven en
» twintig.

» J. BOELEN JZ."

Het volgende werd door mij daaronder geplaatst,
en voorts met de voornoemde handteekeningen voorzien, gelijk zij hier zijn te lezen: » Wij onderge-
» teekenden erkennen, dat wij den kapitein JACOBUS
» BOELEN JOH. ZOON, op dag, datum en plaats hier-
» boven gemeld, in goeden welstand deze boven-
» staande verklaring hebben zien onderteekenen,
» na ons te zijn voorgelezen en ter lezing aange-
» boden.

> » B. J. WEYMAR.
> » JOHAN DAU, Zeilemaker.
> » P. J. CLAASEN, Stuurman.
> » CHRISTOPHER THESSEN, Bootsman.
> » J. J. WIERENGA, Bootsmansmaat.
> » CHRI. WEYS, Timmerman."

Onaangenaam was zeker bij dit alles, voor den
Heer P***, zijn, door de aanhaling der goudbaren
geleden, verlies, ter waarde — gelijk wij dit vroeger gesteld hebben — van veertien duizend piasters.
Gelukkig had de Heer WARD zich in tijds meester
gemaakt van deszelfs nog met honderd twintig gou-
den dubloenen gevulde *cassette*, welke door P***
even zoo onbedacht aan de mouille gebragt was en
in het zand stond, als hij het goud, bijna open,

met den *arriero* had verzonden. De man, troewens, toonde, voor dergelijke onderneming, als waarin hij zich gewaagd had, weinig te zijn berekend; waaromtrent de *administrador*, in den loop der verhandelingen, mij nog verhaalde, dat dezelve, bij de uitbetaling der vijf duizend zilveren piasters aan de douane, zoodanig gebeefd en zulke blijken van ontsteltenis had gegeven, dat, reeds daardoor, de sterkste achterdocht, ten aanzien eener door hem voorgenomene sluiking, ontstaan was. — Hiermede zullen wij van deze, voor den Lezer voorts dorre, geschiedenis verder afstappen, en knoopen het reisverhaal weder aan.

Nadat wij dan van *Ilay* onder zeil gegaan waren, flaauwde de wind; waardoor wij zóó weinig vordering maakten, dat wij ons den volgenden morgen — 20 december 1827 — met het schip nog digt onder den wal bevonden, en, bij het opgaan der zon, het dorp *Ilay* in vollen luister zagen liggen. Intusschen had ik, in verband met onze bijzondere omstandigheid, al de geweren geladen op het dek, om, in geval wij door sloepen aangevallen wierden, ons te kunnen verdedigen: doch men scheen aan den wal daaraan niet te denken. Ook kwam er, tegen tien ure, eene koelte op, waarmede wij de kust weldra uit het gezigt verloren, en kracht van zeil maakten, ten einde de eerste haven onzer bestemming zoo ras mogelijk te bereiken. — Het was ook te hopen, dat wij, gedurende dezen overtogt, niet veel tegenspoeden ondervonden, als waartoe wij — in de vooronderstelling, dat ik, van *Arica*, over *Ilay* naar

Callao zou zeilen , — niet spaarzaam genoeg geweest waren met het drinkwater, van welk ik mij had voorgesteld, in laatstgenoemde haven de vaten te vullen : toen ik nu echter, omtrent het bij ons voorhandene aan levensbehoeften , een overzigt nam, bevonden wij, dat hetzelve, met naauwgezette zuinigheid, voor zestig dagen konde strekken. Natuurlijk hadden wij aan kajuitsververschingen niet over; doch er was, voor eenen gelijken tijd, uitmuntend gezouten vleesch en spek in voorraad. Aangaande de drooge victualie berekende ik, dat wij de reis over de *Stille Zuidzee* naar *Oostindie* daarmede konden volbrengen. Na dus, omtrent het een en ander, de noodige beschikkingen gemaakt te hebben — ten einde zoo lang doenlijk, zonder gebrek aan eenig der vermelde levensmiddelen, de mogelijke wederspoeden op onzen togt te kunnen afwachten — vestigden wij allen, met nieuwen moed, ons vertrouwen op de gelukkige en aangename gewesten, welke wij hoopten te zullen aandoen.

Het opgewakkerde koeltje vermeerderde, naarmate wij ons van de kust verwijderden : waardoor wij eenige dagen achtereen, met alle lij- en ligte zeilen uitgespreid, door het etmaal eene vaart liepen van vijf à zes knoopen, op welke ons overigens niets bijzonder vermeldenswaardigs voorkwam. Zelden dan ook zal men over deze eenzame zeeën — op welker uitgebreide ruimte het aantreffen van schepen vrij minder gemeenzaam, dan in de vaart naar *Oost-* en *Westindie* of elders, is — iets ontmoeten, hetwelk den schepeling, en inzonderheid den passagier of reiziger, tot eenige afleiding van het altijd eenzelvige turen over den oceaan tot aan de kimmen zou kunnen dienen. Des té onverwachter klonk mij dan ook in den nacht van den zesden Januarij 1828, toen ik in mijne kooi lag, het luide geroep in de ooren: » een schip aan bakboord voor den boeg!" Ik sprong uit mijnen slaap op, vloog naar het dek, en zag wezenlijk, aan dien kant, een groot schip zóó digt bij ons, dat zijn kluifhout ons fokkewant bijna raakte. Nu was het: » bakboord, aan boord » het roer!" en de *Wilhelmina* lag, binnen weinige oogenblikken, met al hare stuurboords- lij- en andere zeilen tegen. Onze makker, die, zoo als ik zag, onder zijne drie enkelgereefde marszeilen lag, had toen gelukkig een vallend schip; terwijl, ten gevolge van het deinzen, ook onze bodem den kop eindelijk weder neêrsloeg, zoo dat wij, met het roer stuurboord aan boord te leggen, den onbekenden vriend strijkelings achteromkwamen. Tot hiertoe hadden wij nog volstrekt niet kunnen bemerken, dat er, bij onzen plotselijk opgedaagden buurman, eenig bewijs van een levend wezen bestond. Alles was en bleef er doodstil; waardoor het geen' twijfel leed, of deszelfs roerganger stond hangende te slapen aan het stuurrad. — welke onbezorgdheid men, des nachts, bij de Zuidzee-visschers, wanneer zij het, bij den wind gelegen, onder klein zeil laten drijven (en nog wel het meeste bij de Noordamerikanen) veelal kan verwachten. Toen wij reeds weder koers stuurden, en onze lantaarn, die wij tot een teeken van groete hadden uitgestoken, innamen, kwam er, door

het vertoon van een licht, hetwelk wij voor een bewijs van wedergroet hielden, blijk, alsof men ons
ontwaard hadde. Met het aanbreken echter van den
dag was er van den vreemdeling niets meer te zien:
waardoor deze onverwachte nachtelijke verschijning,
die ons van zoo nabij had betroffen, aanleiding gaf,
dat — toen, des morgens, het wachtvolk daarvan
aan de anderen verhaalde — hiervan jegens of dezen, in jokkernij, ook wel een spookschip gemaakt
werd, dat ons bezocht had.

In vroegere tijden, trouwens, zou men, door eene
dergelijke ontmoeting, ongetwijfeld op de gedachte
zijn gekomen aan een bezoek van het schip: *de
verwenschte Hollander*, dat bij de Engelsche zeelieden
bekend staat onder den naam van *the flying Dutchman*.
De menigte sprookjes, bij de zeevaarders van alle
natien omtrent dit schip in omloop, is bijna onnoem-
baar; onder welke wij enkel willen verwijzen op
een belangwekkend relaas van dien aard, uit het
dagboek van een Engelsch oorlogschip getrokken,
hetwelk men in zeker werk: *flower of literature* zal
aantreffen. — De fabel, aangaande het schip: *de
verwenschte Hollander*, dagteekent zich, ten opzigte
van haren oorsprong, uit den aanvang der zeventiende eeuw. Zekere schipper, BAREND FOKKE geheeten, gaf daartoe de aanleiding. Hij was een ongemeen stoutmoedig en ondernemend zeeman, die —
gelijk de overleveringen luiden — zonder zich aan
weer of wind te krenken, altijd met volle zeilen
over bank en klip heenvoer: hij had ijzeren stengen
op zijne masten, ten einde die, met harden wind,

niet over boord konden waaijen, en maakte — toen
reeds — de reis van *Batavia* naar *Holland* in negentig
dagen, terwijl hij binnen acht maanden uit en te huis
was. Zijne buitengewoon forsche en plompe gestalte,
gepaard met eenen ruwen en onvriendelijken inborst,
deed hem door eenen ieder ontwijken; en zijne ver-
wenschingen, zoo dikwerf hij op zee eenige hindernis ontmoette, zouden hem berokkend hebben,
dat hij op zijne laatste reize — in plaats van het
vaderland te bereiken — door den duivel gedoemd
wierd om voor altijd met zijn schip tusschen de kaap
de Goede Hoop en de kust van *Zuid-Amerika* te
blijven kruisen, zonder immer eenige haven te mogen aandoen. Van dit zonderlinge, zwervende schip
wisten, in de vorige eeuw, schier alle zeelieden der
Indische vaarwaters te spreken; en de bijgeloovige
verzekerdheid, omtrent deszelfs bestaan en verschij-
ningen, leverde eenen schat van vertelsels, aan welke
hoogstwaarschijnlijk zinbedrog, inbeelding, schrik en
wat dies meer zij het meeste deel hadden. Menig
zeeman was, des nachts, door het *verwenschte Hollandsche schip* gepraaid, en had het duidelijk gezien;
de manschap dáár aan boord bestond slechts uit den
schipper, den bootsman, den kok en éénen eenigen
matroos, allen stokoud en met lange baarden: nimmer, wanneer men hun iets vroeg, gaven zij eenig
antwoord, terwijl het schip dan ook verdween. Somtijds werd dit spookschip mede bij dag gezien, en
meermalen had men ondernomen, met eene sloep
daar aan boord te gaan; doch, als men hetzelve op
zijde kwam, werd het weder eensklaps onzigtbaar. —

De bootsman van het vaartnig, aan welk deze fabel
haar aanzijn heeft te danken, moet niet minder ruw
en onbeschaafd, dan de bevelhebber, wiens vertrouwde vriend, dezelve was, geweest zijn. Men
verhaalt van dezen, dat, toen zij eens — na eene
korte reis in straat *Sunda* gekomen zijnde — door de
zuidoostelijke winden het eiland *Crocktoa* niet te boven konden stevenen, en uit dien hoofde nog eenen
slagboeg moesten maken, hij, ten uiterste verbolgen
over dien tegenspoed, den wensch zou geuit hebben,
dat de duivel hem, na zijnen dood, mogt' bestem-
men om de eilanden *Crocktoa* en *Bessy* aan elkander
te taliën, ten einde het vaarwater voor de schepen
hierdoor te verbreeden; en men geeft daarbij voor,
dat men, tot op den huidigen dag, aan den noord-
oosthoek van het eiland *Crocktao* den bootsman, bij
diens na zijnen dood hem opgelegden arbeid, van
de twee genoemde eilanden tot elkander te brengen,
nog — volgens de gewoonte der matrozen, als zij
aan een touw trekken, — kan hooren zingen: tot
welk laatste verzinsel voornamelijk mag hebben aanleiding gegeven het gehuil van den wind in de holle
rotsen, hetwelk, dáár ter plaatse, een in de daad
vreemd geluid te weeg brengt. — Wat van het een
en ander als waarheid is aan te nemen, blijve overgelaten aan de beoordeeling van den Lezer: niettemin
is het zeker, dat de gedachtenis van BAREND FOKKE,
lange jaren na diens verscheiden, werd in het aanwezen gehouden door een metalen standbeeld, hetwelk
men, ter zijner eere, op het eilandje *de Kuiper*
zoodanig geplaatst had, dat hetzelve allen schepen,

die de reede van *Batavia* opzeilden, moest in het
oog vallen; en waardoor men zich ook wel een
geheel ander denkbeeld van 's mans oorspronkelijke
verdiensten zou kunnen vormen, dan hetgene het
gerucht, in den loop der tijden, daarvan gemaakt
heeft. Gezegd beeld wil men, dat door de Engelschen, toen zij meester van het eiland *Java* waren,
van daar is weggehaald.

Den achtsten Januarij 1828 passeerden wij, sedert
ons verlaten van het vaderland, voor de tweede maal
de linie, en sneden die op 113° lengte bewesten den
meridiaan van *Greenwich*. Wij hadden ook nu, gelijk
gedurende den meesten tijd sedert ons vertrek van
de kust van *Peru*, zoo veel koelte, dat het schip van
vijf tot zes mijlen vaart liep; de wind was inmiddels
van het Z. O., Oosten tot O. N. O. Deze koelte
behielden wij, totdat wij in den echten trek van
den oostpassaat waren, en ondervonden dus ditmaal,
bij het passeren van den *equator*, niet die stilten, met
zware regenbuijen vergezeld, welke men gewoonlijk
aan den oostkant van *Zuid-Amerika*, op gelijke
breedte, zal waarnemen. Met dat al, geloof ik,
dat, als men zich van eenen spoedigen doortogt onder de linie wil verzekeren in deze zee, het niet aan
te raden is, dezelve veel oostelijker te snijden, en
verbeeld mij, dat men, nader aan de kust van
Zuid-Amerika staande, ook meerder kans op flaauwe
koelte en stilten zal hebben, welke het hooge land
van *Columbia* kan te weeg brengen.

Omtrent de passaatwinden in den *Stillen* oceaan —
ten einde ook daarvan het gepaste aan te halen — kan

Het passeren der linie in den Stillen oceaan.

Aanmerkingen desaangaande.

Passaatwinden in den Stillen oceaan.

men over het algemeen zeggen, dat dezelve, even als beoosten het land van *Amerika*, benoorden de

derzelver strekking op zee,

linie van het N. O., — bezuiden de linie van het Z. O., — en in de nabijheid der linie gewoonlijk van het Oosten waaijen en als vaste passaten regeren. In het eerste deel, hoofdst. VII, bladz. 259 en 265, — gelijk mede in het tweede deel, hoofdst. XIV, bladz.

bij de kust,

210, — heb ik reeds aangetoond, dat, hoe meer men in het perk der passaatwinden het land nadert, die uit het Z. O. allengs zuidelijker, en eindelijk meestal langs de rigting van de kust trokken, ook in kracht afnamen; waarop dus hier wordt teruggewezen.

omstreeks de linie,

Op de 10° zuiderbreedte trekken deze vaste Z. O. winden gemeenlijk naar het O. Z. O., en, nader bij de linie, uit het Oosten.

omstreeks de keerkringen,

Ook in den *Stillen* oceaan — even als in de *Atlantische*, *Ethiopische* en *Indische* zeeën — bepaalt zich gewoonlijk het perk der passaatwinden tot omstreeks de 27° à 28° van den evenaar. Dit geldt echter voor het meerderdeel de nabijheid der kust; waartegen men, op denzelfden tijd, den vasten passaat — op grooten afstand van het land — dikwerf niet vroeger zal aantreffen, voordat men met zijn schip zich bevindt omstreeks de breedte der keerkringen.

op hooger breedte.

De N. O. winden van het noorderhalfrond, zoo wel als de Z. O. winden van het zuiderhalfrond, kunnen zich reeds van af eene aanmerkelijk hooge breedte — zoo als van de 50° à 60° — doen ondervinden, en, even als men zulks tusschen *Europa* en

Noord - Amerika, gelijk mede bezuiden de kaap *de Goede Hoop*, aantreft, met de N. O. en Z. O. passaten zich vereenigen.

De zon bezuiden de *equator* staande, waait gewoonlijk de Z. O. passaat tot aan de 2° zuiderbreedte: doch, wanneer de zon weder benoorden den evenaar is, zal dezelve, even als beoosten het land van *Zuid - Amerika*, zich tot aan de 4° op het noorderhalfrond kunnen uitbreiden. Omstreeks den tijd der herfstnede zal men, op even aangehaalde breedte, dezen passaat meestal variabel vinden.

Het zich regelen van den passaat, bij de linie.

Ook in den *Stillen* oceaan waait gewoonlijk de N. O. passaat met meerder kracht, dan de Z. O. passaat. Bij het passeren der linie naar het noorderhalfrond, hadden wij, gelijk ten deele reeds gezegd is geworden, den wind van het Z. O. tot O. N. O. en eene vaart van 6, 7 en 5 knoopen bij de log. Deze O. N. O. wind herstelde zich echter weder naar het O. Z. O. tot Z. O., en nam eerst van omstreeks de 5ᵈ noorderbreedte de stelling van den vasten noordoostpassaat aan. Nu behielden wij, over het geheel, eene frissche bramzeils-, marszeils- en zelfs gereefde marszeils-koelte, zoo dat het schip van 7, 8 tot 9 knoopen vaart liep. Van de 6° noorderbreedte hadden wij, eenige dagen achtereen, nu eens meer — en dan weder minder — buijig weder, met weêrlicht en regen. Den zestienden Januarij, omstreeks de 12° 55′ noorderbreedte, wakkerde de wind aan, van dubbele tot digtgereefde marszeilskoelte; waarbij wij donkere, verstopte lucht, met regen, hadden. Dit ongestadige weder, met hoogaanschie-

Eigenschap der passaatwinden in den *Stillen* oceaan.

Ondervinding dienaangaande.

tende zee, behielden wij tot den vier en twintigsten, toen wij reeds op 19° 17′ noorderbreedte en 144° 51′ lengte bewesten den meridiaan van *Greenwich* ons bevonden. Daarna kregen wij stilte en ook flaauwe koelte — met eene tevens hooge zee — van het N. O. Ik moet hierbij mede nog aanhalen, dat, over het algemeen, — gedurende onze overvaart, — benoorden de linie de passaatwind eenen vrij ongeregelden stand hield, en, eenige keeren, van het N. O. t. O. tot het Oosten en Z. O. varieerde. Den drie en twintigsten Januarij — op 19° 25′ noorderbreedte en 144° 14′ lengte bewesten den meridiaan van *Greenwich* — hadden wij, in den voor- en achtermiddag, den wind zelfs van het zuiden, met weêrlicht in de kim, — vervolgens, voor een oogenblik, N. N. O., en voorts weder, met flaauwe koelte, van het zuiden: dezelve bleef aldus wakkelende tot aan den middag van den vijf en twintigsten, en wakkerde toen weder op van uit het Noorden en N. N. O., doch varieerde — totdat wij bij de *Sandwichs*-eilanden waren — soms nog evenwel naar het O. Z. O., tot zelfs het Zuiden. Hieruit blijkt, dat — hoezeer ook wij, over het algemeen, meerder koelte met den N. O., dan met den Z. O. passaat, ondervonden — de eerstgenoemde, gedurende onze reis in den *Stillen* oceaan, niet zulk eenen bestendigen stand in de windstreek behield, dan de laatstgenoemde. Hierbij dient nog vermeld te worden de algemeene opmerking, dat ook in deze zeeën, even als in den *Atlantischen* oceaan, de N. O. passaat zelden of nimmer tot beneden de linie doordringt, maar gewoonlijk

Algemeene op-merking.

eerst op eenige graden breedte benoorden den evenaar wordt aangetroffen.

De westelijke begrenzing der passaatwinden is mede
zeer ongelijk, en wijzigt zich ten deele met de ge-
tijden van het jaar. Zoo wil men, dat, bij den
stand der zon benoorden den *equator*, de zuidoost-,
en, daarentegen, in den wintertijd van het noorderhalfrond de noordoostpassaat betrekkelijk verder naar
het westen doorstaat.

Het verdient tevens opmerking, dat men op de
westkust van *Mexico* zelden of weinig den invloed
van den N. O. passaat, maar wel de variabele koelten
zal ondervinden, welke over de zoogenaamde *Span-
jaards-*zee het gebied voeren, en nu en dan van
stilten tot dikwerf zware stormen aangroeijen, die,
in de golf van *Panama*, onder den naam van *Papa-
jallos* bekend zijn. (Dat gedeelte van den *Stillen*
oceaan, hetwelk men de *Zee der Spanjaarden*
noemt, is gelegen tusschen de westkust van *Guati-
malo*, de bogt van *Panama*, de kust van *Choco* op
West-Columbia en de *Galapagos*-eilanden.)

In het eerste deel, hoofdst. VII, bladz 264 en
267, — zoo ook in het tweede deel, hoofdst. XVII,
bladz. 312, — heb ik bereids gesproken van stroomen in den zuider *Stillen* oceaan, welke om de
N. W. en naar het Westen trekken. Bij onze overvaart van de kust van *Peru* naar de *Sandwichs*-eilan-
den ondervonden ook wij, zoo lang wij ons op het
zuiderhalfrond bevonden, eenen min of meer westelijken stroom; toen wij echter over de 8ᵉ noorderbreedte kwamen, werden wij, zoo als de tijdmeter

aangewezen
door den tijd-
meter.
mij aanwees, veeleer gezet naar het oosten. Op mijnen chronometer nogtans van CHARLES BROWN, N°. 207, kon ik vertrouwen. Deszelfs gang, dien ik de laatste maal aan de kust van *Peru* had berekend, bleef, naar hetgene de jongste waarnemingen van zons— en maansafstanden mij telkens aantoonden, in Deszelfs gang
aan boord. de vier en twintig uren $5,7''$ seconden versnellen. Ziehier eenige vergelijkingen van den middelbaren tijd op *Greenwich*, zoo als de tijdmeter mij dezelve steeds op het oogenblik aanwees, dat ik dien middelbaren tijd door gezegde observatien had berekend; en welke ik ten overvloede hier bijvoegé:

Toetsingen van
denzelven met
waarnemingen
van ☉ en ☾.

	Midd. tijd op *Greenw.*		Tijdm.
Den 9 Jan. door afstand van ☉ en ☾	$7^u\ 39'\ 32''$		
bij den tijdmeter	$7^u\ 39'\ 14''$	÷	$18''$
— 10 — door afstand van ☉ en ☾	$7^u\ 48'\ 48''$		
bij den tijdmeter	$7^u\ 48'\ 52''$	+	$4''$
— 11 — door afstand van ☉ en ☾	$7^u\ 55'\ 0''$		
bij den tijdmeter	$7^u\ 54'\ 44''$	÷	$16''$
— 25 — door afstand van ☉ en ☾	$9^u\ 39'\ 44''$		
bij den tijdmeter	$9^u\ 39'\ 24''$	÷	$20''$
— 26 — door afstand van ☉ en ☾	$9^u\ 47'\ 0$		
bij den tijdmeter	$9^u\ 46'\ 56''$	÷	$4''$

met peilingen
op het land.
Den negen en twintigsten daaraanvolgende, toen wij, des morgens ten acht ure, het land van het eiland *Owhyhee* zagen, bevond ik, gelijkerwijze, bij peiling over het midden van hetzelve, vergeleken met de observatien van den tijdmeter, dien morgen genomen, dat, volgens deze laatsten, ons bestek 10' oostelijker stond, dan naar de berekening volgens gezegde peiling, als welke ons bragt op 154° 46' lengte bewesten *Greenwich*, en die ik naar de bepaling van *Karakakooa*-baai door J. W. NORIE's *practical*

navigation 1817 — welke dezelve stelt te liggen op
155° 56' 23" lengte bewesten *Greenwich* — had genomen. Nu stonden wij evenwel, dien dag van den
negen en twintigsten Januarij, met onze gegiste
lengte — het laatste verbeterd, den zes en twintigsten
Januarij, naar de berekening door waargenomen afstand van zon en maan — op 154° 48' bewesten
Greenwich, dus slechts 2' westelijker dan volgens de
peiling: waaruit weder blijkt, dat de tijd van het
zeehorologie met den middelbaren tijd van *Greenwich*, door de vroegere waarnemingen van zon en
maan berekend, voldoende overeenkwam. Ik moet
hierbij nog aanhalen, dat ik geene kaart van de
Sandwichs-eilanden aan boord had, maar gedurende
deze reis mij bediende van de groote kaart, of den
overzeilder, van ARROW SMITH 1798, met de laatste
verbeteringen tot 1822.

De aangehaalde uitkomsten omtrent den geregelden
gang, welken de chronometer had behouden, deden
mij dan later ook vertrouwen, dat de stroomen,
welke ik, gedurende onze vaart van de kust van *Peru*
naar de *Sandwichs*-eilanden, volgens gebeterden koers
en verheid had berekend, wezenlijk van ons waren
ondervonden. Bezuiden de linie was, volgens dien,
deze stroom veelal naar het Westen tot N. W., — bij
de linie meer West, met eene gemiddelde snelheid
van 7 tot 8 knoopen in het etmaal; doch, omstreeks
de 8° noorderbreedte en op 121° lengte bewesten
Greenwich, trok dezelve naar het Oosten en zelfs
N. O., met eene tevens grootere snelheid, en wel
van twintig knoopen in de vier en twintig uren: op

*Gevolgtrekking
ten opzigte van
stroomen,*

*bezuiden de linie
naar het N. W.,*

*benoorden de
linie naar het
Oosten en N O,*

den vier en twintigsten Januarij echter, toen wij met
het schip op 19° 17' bevondene noorderbreedte waren, strekten goede waarnemingen, die ik van zons-
en maansafstanden had, mij tot bevestiging, dat,
sedert eenige dagen, het zeehorologie ons weder met
regt eenen stroom om de West had aangewezen,
welke, van omstreeks de 15° noorderbreedte ingevallen, nu — hoewel met eene nietsbeduidende snelheid
van zes à zeven minuten in het etmaal — tot aan de
Sandwicks-eilanden ons bijbleef. — Dan ik zou mij
veelligt al te zeer in deze soort van zeevaartkundige
aanmerkingen verdiepen, en keer nu liever tot de
orde van mijn reisverhaal terug. —

Eenige dagen dan nadat wij, als bij wijze van een
nachtelijk verschijnsel, het ons voorts onbekend gebleven schip gezien, en ook verder niets opmerkelijks
in onze vaart ontmoet hadden, vertelde mij de
bootsman — en wel op den achttienden Januarij, —
dat hij en eenige anderen van het scheepsvolk, daags
te voren, aan bakboord van het schip een lijk hadden
zien voorbijdrijven, zijnde naar het aanzien een man,
gekleed in eenen korten zomer-rok en broek. Ik
was, in het eerste oogenblik, ontevreden, dat men
zoodanig eene ontmoeting niet belangrijk genoeg
geacht had om den stuurman of mij zelven daarvan
te verwittigen. Men voerde hiertegen aan, dat,
» daar het lijk" zoo als men zich uitdrukte: » toch
» immers niet meer in het leven kon teruggebragt
» worden," niemand zulks noodig had geoordeeld;
ofschoon het mij welras toescheen, dat veeleer
zekere — onder het zeevolk verbreide — bijgeloo-

vige schroom, tegen het aan boord ontvangen van lijken, hierin gewerkt had, hoe meer het van mij te voorzien was, dat ik, gewaarschuwd zijnde, het doode ligchaam niet maar zoo, zonder alle onderzoek, aan den oceaan zou hebben overgelaten. En dit zij dan ook bijgebragt, als eene proeve voor den Lezer, ten opzigte van de bekrompene denkwijs, die men bij sommige zeelieden nog altijd aantreft, en welke het te ligter begrijpelijk zal maken, hoe, in vroegere jaren, ook de zee, zoo wel als het land, derzelver min of meer rijkgestoffeerde spookverhalen had; waartoe, trouwens, het element en de zonderling verhevene, ja! dikwijls onkenbare verschijnsels, die zich van tijd tot tijd voor de zinnen hier opdoen, ruimschoots het hunne mogten bijdragen. Een en ander schemerde mij dan ook ras voor den geest, en het werd mij meer en meer waarschijnlijk, dat ook het geziene lijk wel niet veel meer, dan een of ander spelend gezigtsbedrog, geweest was; waarvoor ik het te eerder nog steeds moet houden, daar wij toch, sedert den zesden, noch schip noch schipsgelijke verder ontwaard hadden, en zoodanige doode ligchamen niet lang, zonder door haaijen of andere dergelijke watermonsters opgemerkt en verslonden te worden, in zee blijven ronddrijven. Niettemin deed ik dan toch dien dag getrouwelijk, van de bramzaling, naar schepen uitkijken: doch niets vertoonde zich langs de kimmen in het rond aan het oog, evenmin als de volgende dagen, — totdat wij eindelijk, op den negen en twintigsten, des morgens ten acht ure — gelijk reeds gezegd is geworden — het eerste gezigt kregen van het oostelijkste en grootste der *Sandwichs*-eilanden, of het reeds genoemde eiland *Owhyhee*, welks oosthoek wij peilden in het N. W. t. W. misw. k. — Des avonds te voren hadden eenige voorboden van land vooruit ons reeds doen zien, dat het bestek ons ter bestemder plaatse zou teregt brengen. Het was toen goed weder, met betrokken lucht en weêrlicht, hetwelk zich — vooral in het Westen — aan den horizon vertoonde.

Het voorland van den oostelijksten uithoek van het eiland, welk zich aan ons opdeed, was niet zeer hoog, en strekte in eene afloopende punt naar zee; terwijl, op eenigen afstand van daar, een verder gedeelte der kust, als een daarvan afgescheiden eilandje, of eene platvormige klip, weder verrees. Het binnenland verhief zich, in schilderachtige schakering van vruchtbaar en dorre hoogte, tot aanzienlijk gebergte, op welks meest verheven kruinen een zoom van sneeuw schitterde, door de morgenzon beglansd. De zuidelijkste dezer bergen, *Mowna Roa* genaamd, heeft eene koepelvormige gedaante; de hoogte van deszelfs top wordt berekend op 16,890 Parijsche voeten boven de oppervlakte der zee. De noordelijkste, of die aan den noordoostkant van het eiland en *Mowna Kaah* geheeten, kwam ons minder hoog voor. Eindelijk rijst er nog een derde, de *Mowna Worroray*, aan de westkust van het eiland: doch van dezen hadden wij, voor het oogenblik, geen gezigt.

Wij zeilden op drie mijlen afstands van den wal,

Het eiland Owhyhee.

Hoe het zich aan ons opdeed.

Het zeilen langs de kust.

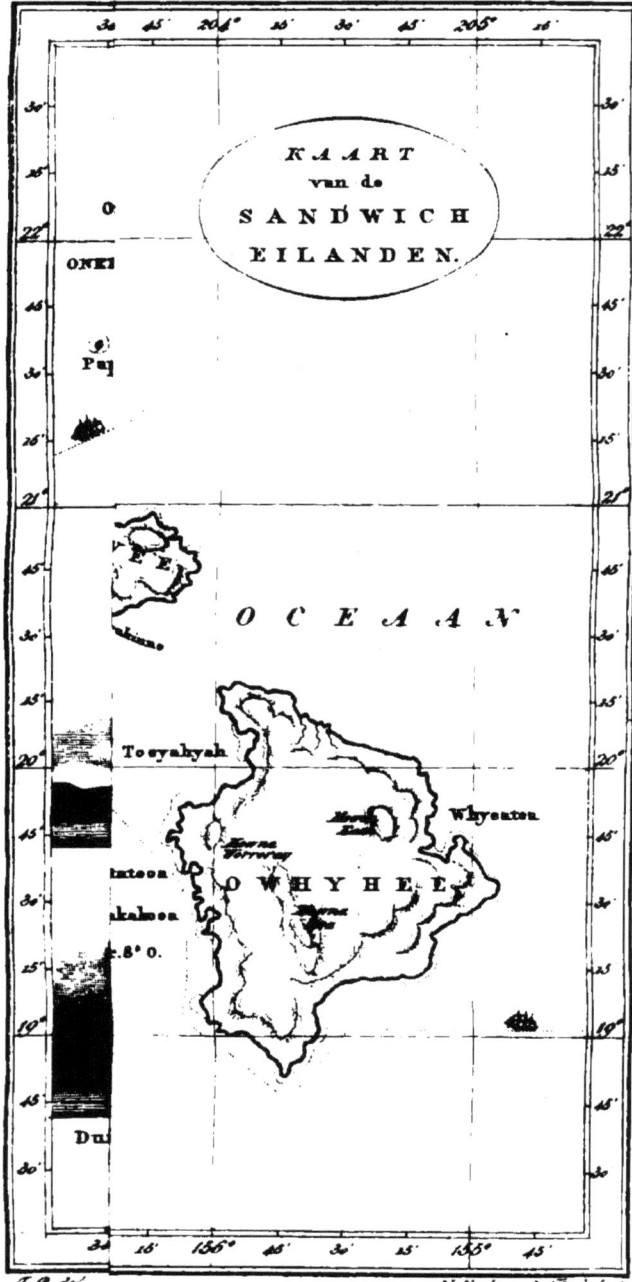

30 45 204° 15 30 45 205° 16

30'
25'
22° ── KAART
van de
SANDWICH
EILANDEN.
15'
O
ONEI
9
Paj

V E
OCEAAN
kiano

Tooyahyah
Whyeatea
na
Terrory
O WHYHEE
ntooa
Terre
akaloa
.8° O.

Du

30 15 155° 45 30 15 155° 45

g. B. del.

dien wij aan stuurboord van ons hadden, en zagen
op verscheidene plaatsen rook opgaan. Tegen den
avond konden wij eenige hutten of woningen onderscheiden, welke, zoo als het mij voorkwam, op
dit gedeelte van het eiland eeniglijk langs de kust
gebouwd schenen, en allen belommerd waren door
liefelijk groen, waartusschen de kokos- of palmboom
uitstak. Met zonnenondergang peilden wij den zuidelijksten hoek van *Owhyhee* Z. W. t. W. ½ W.
van ons, en hadden dien op eenen afstand, naar
gissing, van vier en eene halve mijl. Den daaropvol-
genden nacht was het flaauw en stil. Ik hield het
schip, op bekwamen afstand, onder klein zeil langs
den wal, en maakte des morgens van den dertigsten,
zoodra wij met het aanbreken van den dag een duidelijk gezigt van het land kregen, weder zeil. Het
bleef dien dag echter flaauw en meerendeels stil, zoo
dat wij gezegden zuidelijksten hoek eerst ten twee
ure in den achtermiddag passeerden; waarbij wij een
vliegend tij om de west ondervonden, uit welks
kracht wij evenwel geraakten, naarmate wij met het
schip oploefden en om de noord kwamen. Bij het
omzeilen van dezen hoek of kaap, bemerkten wij
voorts eene geweldige kabbeling van het water en
eene sterke maling van den stroom, even alsof wij
over een rif voeren: ik deed het lood werpen, doch
met eene lijn van zestig vadem hadden wij geenen
grond. Ik nam waar, dat die stroom om de zuidwest
trok; waardoor dan ook het schip uit den wal zette.

Het land aan den zuidhoek was kaal, en vertoonde
weinig of geen geboomte; evenwel zagen wij ook

Gelegenheid van wind en weder.

Stroom bij den zuidhoek.

hier weder eenige woningen, of wel een dorp, van
waar de eilanders ons schip schenen op te nemen.
Niet verre van den wal lagen verscheidene kanoos,
waarin men bezig was met visschen. Het duurde niet
lang, of wij kregen ééne derzelven aan boord, in
welke zich drie mannen bevonden, allen geheel
naakt, en hebbende slechts eenen gordel om hunne
middel, die tusschenbeens doorging en door de inboorlingen de *maro* genoemd wordt. De kleur dezer
lieden was zoo wat naar het kopergeelverwige. Toen
zij ons genaderd waren, kwamen zij mij zeer robust
en sterk voor, maar hadden iets trouwhartigs in hun
uitzien; zij waren, de een zoo wel als de ander,
sterk getatoueerd, en wel het meeste langs de armen
en de dijen, die zich zonderling en, als ware het,
met meetkundige figuren — meerendeels, gelijk het
daarvoor wordt gehouden, van eene zinnebeeldige
beteekenis, in verband staande met het lands-bijgeloof
als anderzins — van rondom bestreept toonden. De
jongste der drie — een fraaigevormd en weluitgewas-
sen manspersoon, naar schatting circa vijf en twintig
jaar oud, — kwam alléén op het schip over, en bood
ons eenigen visch aan, welken ik voor snuisterijen inruilde: ook hadden zij eene melkgeit bij zich, waarvoor echter geld door hen begeerd werd; terwijl zij
niet eer tevreden waren, voordat ik hun éénen en
eenen halven piaster daarvoor betaalde. De bij ons
aan boord zijnde jonge man scheen zeer vrolijk, en
lachte bij alles, wat hij ons poogde te verstaan te
geven. Ik beduidde hem, zoo goed zich dit door
teekens doen liet, dat ik met het schip naar *Kara-*

kakooa- of, gelijk de inlanders zeggen, *Kaavaroa*-
baai wilde; hetwelk hij zeer goed scheen te begrijpen, daar hij, al lagchende en onder het uitspreken
van het woord *moemoerie* (hetwelk, onder meer andere beteekenissen, zeggen wil: » verder!") mij,
om den hoek van het land, naar de noord wees:
waarop hij en zijne gezellen ons welvoldaan verlieten.

Wij stuurden inmiddels aan op den volgenden of
Z. W. hoek van het eiland, en hadden dien, met
zonnenondergang, in het N. W. ½ W. misw. k., op
drie en eene halve mijl afstands van ons. Tegen den
avond werd het stil, met omloopende, flaauwe koelte; de lucht betrok van uit het O. Z. O., en pakte
zich zamen tot dik, donker weder, waaruit wij harden stortregen kregen, opgevolgd door koelte van
het O. N. O., die tot onstuimig weder aannam: zoo
dat ik twee reven in de marszeilen deed nemen, en
om de Z. Z. O. bijdraaide, met het groot-marszeil
op steng. Dewijl ik het echter niet te lang om de
zuid wilde laten drijven — ten einde niet in dien,
bij den zuidhoek ondervonden', stroom te vervallen,
welke ons te verre aan lij van het eiland zou gezet
hebben, — deed ik, te middernacht, het schip weder om de noord halzen: met den dageraad ook
helderde de lucht op, en wij kregen goed weder,
zoo dat wij weldra weder zeil maakten en het andermaal langs de kust hielden. Wij passeerden thans
den Z. W. hoek, waar zich nu het land, naar gissing twee en drie vierde mijl ver, nagenoeg N. N. W.
en Z. Z. O. tot eenen anderen hoek strekt, na
welken dan de kust eene bogt krijgt. — Het was,

*Het verdere
zeilen langs de
kust, en gele-
genheid van
wind en weder.*

overigens, dien dag mooi helder weder; en wij hadden, daardoor, nu een ongemeen fraai gezigt op het
eiland, hetwelk zich hier, over het geheel, wezenlijk
opdeed als een groote koepel, welks gewelf, door
den sneeuw, als met een wit laken bedekt was, hetwelk, naarmate men het oog naar de lagere vlakte
rigtte, al dunner en dunner werd, en eindelijk, gelijk een steeds fijner weefsel, over de barre rotsen
zich verloor. Beneden den zoom dezer witte bedek-
king vertoonde zich dan een zwartbruine grond,
welke, ofschoon reeds in minder gure luchtsgesteld-
heid, evenwel al het aanzien van onvruchtbaarheid
behield. Lager — en al verder en verder — kleurde
meer en meer een liefelijk groen het land tot aan
de zeekust, die nu schilderachtig bezet was met
boschaadjen, meestal bestaande uit den palm of ko-
kos, en meer ander soortgelijk geboomte der keer-
kringgewesten, hetwelk — als ware het om de zeelieden tot deze gastvrije streken uit te noodigen — het
hoofd opstak, terwijl onder deszelfs lommer, het voorland als omheind scheen door de hutten der *Stille*-
oceaan-bewoners van deze eilanden; die dan nu ook,
in menigte, met hunne kanoos ons schip welras
omringden, meerendeels met vruchten, *james*, hoenders, varkens enz., welke zij ons te koop of in
ruiling kwamen aanbieden. Tegen den middag kregen wij eene kano aan boord, waarin twee mannen
zaten, aan welke de overige eilanders, zoo het mij
voorkwam, zekere meerderheid toekenden. Zij on-
derscheidden zich dan ook van al de anderen in zóó
verre in ligchaamsbedekking, dat de een eenen ouden

vilten hoed op het hoofd, en de ander éen lang geel-
duffelsch buis aanhad; kleedingstukken, welke deze
eilanders veelal van de zeelieden der walvischvangers
inruilen voor ververschingen enz. Dit zonderling
toilet maakte, zamengenomen met hunnen bruingelen
pantalon en verderen natuurlijken opschik van ADAMS
wege, zeker, in vergelijking met de Europesche mo-
des, geene bevallige vertooning: niettemin schenen
zij, in verband met hunnen tooi, zich zelven zóó
verre boven de anderen verheven te gevoelen, dat
zij — als personen van gewigt — door de menigte
hunner landlieden, welke reeds op het dek stond,
heenstapten en op mij aankwamen. Terwijl nu
de een zijnen hoed afnam, haalde de ander, weder
met een schijnbaar gevoel van bevoorregting boven
den eersten, wegens het bezit van een wambuis! een
papier uit eenen zijner zijzakken, hetwelk mij werd
overhandigd, en waarop in het Engelsch stond geschreven, dat zij de schepen konden loodsen naar
Karakakooa-baai. Ik deed mij door hen beduiden,
waaromstreeks deze baai was gelegen, en zij wezen
mij die meer om de noord. Intusschen achtte ik het
raadzaam, onze vriendelijke bezoekers, waarmede
wij al gaande weg overstroomd raakten, met alle
beleefdheid een weinig af te weren — dewijl ik welhaast inzag, dat, naarmate hun getal aangroeide en
hun verblijf aan boord zich verlengde, de verschillende begeerte naar de onderscheidene voorwerpen en
scheepszaken al meer en meer, zonderdat men
op alles genoegzaam een wakend oog konde houden, zou aanwakkeren: en ik moet zeggen, dat

deze goede lieden ons weder even zoo tevreden verlieten, als zij ons vrolijk waren komen bezoeken. De twee loodsen echter begeerden aan boord te blijven, en verzochten mij dringend, hunne kanoos op zijde van het schip te doen hijschen: waaraan ik voldeed.

Terwijl zij hiermede regt in hunnen schik schenen, werden zij dan nu ook ras zoo blijhartig en gemeenzaam, dat zij, zoo dikwijls wij eene nieuwe sigaar hadden aangestoken, ons die uit den mond namen, om eenige teugen te rooken, en dezelve ons dan weder aan te bieden: voor welk beleefdheidsbewijs wij eindelijk moesten bedanken. Inmiddels verhaalden en beduidden zij ons veel, waarvan wij weinig begrepen; hoewel zij mij, op mijne teekensgewijze vragen, duidelijk te kennen gaven, dat er in *Karakakooa*baai drinkwater te verkrijgen, als ook hoe vele vademen diepte er was ter plaatse, waar het schip ten anker zou komen: waarbij de man met den hoed zich veel moeite gaf om mij, in hunne taal, tot tien te leeren tellen. Toen zij nu echter, tegen etenstijd, de spijzen naar de kajuit zagen dragen, gaven zij, al even vertrouwelijk, den wensch te verstaan, dat ik hen ter maaltijd zou noodigen; en, daar ik wezenlijk begeerig was, de geaardheid dezer eilanders meer van naderbij te leeren kennen, bewilligde ik ook in dit verlangen: waarop de een zijnen hoed eerbiedighijk afnam, en dien, even als het zeevolk gewoon is, op de kajuitskap — toen hij den trap afging — liet liggen. Wij gaven hun, met ons aangezeten zijnde, mes en vork, waarvan zij zich dan ook, in navolging van ons — echter zeer

onhandig — bedienden; maar zij aten daarbij zóó
gulzig en veel, dat het ons allen onbegrijpelijk moest
voorkomen, hoe menschelijke ligchamen zulk eene
massa van spijze konden bergen, — ofschoon het
er, bij het avondmaal, weder even wakker op los
ging: zoo dat men daaruit zou mogen besluiten, dat
aan deze lieden nog volstrekt geen denkbeeld van
matigheid bekend is. Beiden waren niettemin zware
en kloeke mannen, en inzonderheid die met den
hoed. — Evenwel verlustigden wij ons toch ook
met onze gasten, die, zoo als ik opmerkte, van den
anderen kant weder zekere niet te verwachten be-
scheidenheid betrachtten, en niet eerder tastten naar
eenige spijze, voordat men hun die had gegeven. Ik
bood hun een glas wijn aan, dien zij echter niet
schenen te lusten en ook niet uitdronken: maar te
meer wilde het mij voorkomen, dat zij veel smaak in
sterken drank hadden. De heer WEYMAR schonk hun
eenige, hem niet meer dienstige, oude kleedingstukken; waardoor zij geheel en al in het pak raakten,
en met welke zij uitermate verheugd schenen. —
Over het geheel hechten deze eilanders vooral veel
aan dergelijke plunje door de verbeelding, die zij
zich maken, van, daarmede toegerust, reeds nader
op den beschaafden Europeaan te gelijken: maar zij
hebben daaromtrent ook nog een zoo verward denkbeeld, dat zij alles, wat zij meester kunnen worden,
het eene over het andere zouden aantrekken. Evenzoo vermaakte ons niet weinig de parmantigheid van
den loods met zijn wambuis, die, uit aanmerking, dat
hetzelve zijzakken had, scheen te begrijpen, dat

daarin de handen behoorden, welke hij er dan ook getrouwelijk in liet hangen.

Vervolg van het reeds aangestipte. Wij hadden, dien dag, doorgaans flaauwe koelte of ook stilte, zoo dat wij met het schip weinig vordering maakten. Onze bevondene middagsbreedte was 19° 8' noord, en onze lengte, volgens chronometer, 156° 6' bewesten *Greenwich:* wij peilden toen den tweeden westhoek van het eiland Z. O. t. O ¼ O., op drie vierde mijl van ons, — zoo dat ik dien kon bepalen op 29° 5' noorderbreedte en 156° 3' lengte; *Karakakooa*-baai hadden wij, volgens J. W. NORIE 1817 — als die dezelve plaatst op 19° 28' 10" noorderbreedte en, zoo als reeds gezegd is geworden, 155° 55' 25' westerlengte. — N. N. O., vijf en eene halve mijl van ons. Met zonnenondergang peilden wij den uitersten hoek van het land N. t. W., op eenen afstand van ons van vijf mijlen. Het bleef inmiddels stil, en wij kregen, tegen den avond, andermaal dik weder, met — bijna den geheelen nacht — zwaren regen. Onze beide loodsen waren, na het ruim genot van spijze en drank, ter rust gegaan, en kwamen niet, voordat het reeds dag was, weder te voorschijn. Zij wezen mij toen *Karakakooa*-baai, die Karakakooa-baai. wij hadden in het N. O. t. O., op twee mijlen afstands van ons. Het bleek nu dan ook tevens, dat wij, reeds gisteren, derzelver rotsachtig, hoog, steil en tafelvormig achterland in het gezigt gehad hadden: gelijk men hetzelve bereids op verre afstand in zee zal ontwaren. Bij deszelfs aannadering echter ontdekt men in den, als hoog opgeworpenen rotsmuur vier gaten bij wijze van kanonpoorten, op welke men, om de reede te bezeilen, veilig kan aansturen, en dáár dan ten anker gaan. — Deze gaten dienden weleer tot schuilplaatsen, tegen het geval, dat een of ander opperhoofd dezer eilanden, voor eenen vervolgenden vijand, moest vlugten. Sommigen derzelven moeten tot diepe kelders leiden, welker ingangen dan werden verdedigd. Ik besef niet, op wat wijze men holen van eene dusdadige uitgebreidheid in dezen rotswand heeft weten daar te stellen.

Indien men, met zijn schip van uit het oosten komende, den wil heeft, de *Sandwich*-eilanden allen te bezoeken, met de eerste bestemming naar *Karakakooa*-baai, zal men, naar mijn oordeel, best doen met *Owhyhee* aan den oostkant in het gezigt te loopen, doch niet zuidelijker, dan op 29° noorderbreedte: want, is men eenmaal bezuiden en aan lij van dit eiland, dan valt het, door de heerschende N. O. en O. N. O. winden en den stroom, die hier om de west trekt, niet gemakkelijk, weder naar hetzelve op te werken; waaromtrent ik later in de gelegenheid zijn zal, terug te komen op de kracht, met welke de gewone passaatwind, bij deze eilanden, kan waaijen. Is men nu echter eenmaal digt langs den vroeger vermelden zuidhoek en zuidwesthoek gepasseerd, dan zal men het, op ééne à ééne en een vierde mijl, langs den wal om de noord kunnen houden, als wanneer het niet zal missen, of men krijgt, tegen het hooge land, eene steilte te ontwaren, die, digt aan zee, in eene bogt ligt, aan elke van welker beide kanten een dorp gezien wordt. Het noordelijkste is het dorp *Kowrowa*, alwaar

Zeildirectie.

Hoe Karakakooa te verkennen is.

Kapitein **cook** vermoord werd, en het zuidelijkste het dorp *Kakooa;* en deze bogt vormt de baai, alwaar de schepen van dien beroemden zeeman ten anker Het aandoen en lagen. — Wanneer men nu deze baai goed open heeft, kan men, mits midden in het vaarwater blijvende, gerust naar binnen zeilen, en zal, als men de hoeken aan stuur- en bakboord nagenoeg dwars van zich heeft, met het lood acht en twintig vadem zandachtigen grond werpen, en verder afdiepen tot dertien, tien en negen vadem; welke laatste diepte nog tot digt onder het hooge, steile land wordt aangetroffen. Hieromstreeks kan men met zijn schip dan nu ook veilig liggen, ja zou men zelfs eenen harden Z. W. wind, die de baai invalt, veelligt kunnen afwachten: aangezien het gezegde hooge, steile land, waartegen die wind aanbotst, alsdan gemeenlijk eenen tegenwind terugkaatst, waardoor niet zelden de schepen — ook nu zelfs — met den voorsteven naar de kust gezwaaid blijven en, gelijk mij verzekerd werd, meer gevaar loopen van, bij zulke gelegenheid, door de uit zee rollende deining tegen de klippen te worden geworpen, dan door eenen Z. W. storm zelven.

beschrijving dier haven. De baai van *Karakakooa*, in derzelver geheele uitgestrektheid, is voorts, nagenoeg W. N. W. en O. Z. O., eene kwart Duitsche mijl lang, — eene achtste mijl, N. N. O. en Z. Z. W., diep, — de monding een groote kabellengte wijd. De miswijzing van het kompas is er 8° noordoostering. Met nieuwe en volle maan heeft men hier ten 3 ure, 45 minuten, hoog water; en het getij rijst, in deze baai, twee en eenen halven tot kleine drie voet.

AN BOORD VAN DE
AKAROOA.

De zon was nog niet boven het hooge land verrezen, toen reeds weder eene menigte eilanders met hunne kanoos op ons afkwam en ons schip omringde. Velen van hen hadden ook ditmaal onderscheidene produkten, meestal uit vruchten, varkens en andere levensmiddelen bestaande, bij zich, welke zij ons te koop of in ruiling aanboden. Circa ten tien ure roeide er eene kano op zijde van het schip, uit welke een Engelschman bij ons overstapte, die zich JOHN OLLY OWIN noemde, en aanbood, het schip te loodsen. Tegen één ure des achtermiddags bragt hij ons dan ook, in deze — gedeeltelijk door het hooge land beschutte — haven, het naaste aan het dorp *Kakooa* ten anker, in tien vadem water op zandigen grond. Wij staken vijftig vadem ketting voor, en maakten de zeilen vast. — Middelerwijl kwam er eene kano de baai binnen en bij ons aan boord, welke aan Mr. OWIN berigtte, dat het hoofd van dit eiland, met zijn vaartuig, in aantogt was: waaruit men mogt vermoeden, dat wij een bezoek van dezen gebieder stonden te ontvangen. De naam van den laatsten was KOAKINI. Zijn gezag, aan den koning der *Sandwich*-eilanden ondergeschikt, strekte zich uit over geheel het eiland *Owhyhee*, alwaar hij resideerde in de baai van *Kairooa* of *Tyeatatooa*. — Het leed dan ook niet lang, toen wij twee dubbele, lange kanoos met kracht van zeil en pagaaijen de baai zagen inzetten. In de voorste van dezelven bevond zich het hoofd, hetwelk, binnen weinige oogenblikken, met zijn vaartuig op zijde van het schip was. KOAKINI werd begeleid door eenen heer, die zich, bij het overstappen, bekend maakte

III.   3

als *Mr.* FRENCH, Noordamerikaansch koopman, op
Woahoo gevestigd, en welke mij tevens mededeelde,
dat de *Governor* JOHN ADAMS, zoo als eerstgemelde
door hem genoemd werd, gekomen was om mij te
verwelkomen. Ik betuigde, dat het mij zeer aangenaam was, denzelven te kunnen opwachten. Doch
nu rees de zwarigheid, hoe wij die Excellentie zouden doen overkomen: want, ofschoon Mr. OWIN mij
wel reeds voorloopig had verwittigd, dat dit Indiaansche opperhoofd een buitengewoon groot en
zwaarlijvig man was, die niet in staat zou zijn, het
schip te beklimmen — waarom ik dan ook al, tegen
het geval eener mogelijke visite, den stoel had doen
gereed maken, met welken men de dames aan boord
ontvangt, — leed het, toen ik nu *Governor* JOHN
ADAMS in het oog kreeg, bij mij geen' twijfel, dat
de leuningstoel niet alleen te smal voor hem zijn zou,
maar ook het touw, bij mogelijkheid, niet sterk genoeg om hem daaraan toe te vertrouwen. Wij moesten dus nog eerst eenen anderen wipper op de ra
brengen, en den stoel zoodanig met eene plank
voorzien, dat KOAKINI zich daarvan kon bedienen.
Nadat dus alles behoorlijk in gereedheid was gebragt,
werd de *Governor* (als het eerste opperhoofd van de
Sandwich-eilanden, dat wellig eenen Hollandschen
bodem betrad,) met de volle equipage aan boord over-
geheschen; en een ieder wenschte niet onnatuurlijk
zich geluk, toen men dit, omtrent dezen persoon van
beteekenis —die, volgens den Heer FRENCH, vier honderd zeventig pond Engelsch zwaar woog — wel en
behouden volbragt had. Ik was echter naauwelijks

voor mij zelven van deze beklemdheid bekomen, toen wij plotselijk allen als door eene beroerte van schrik getroffen werden — KOAKINI rees van den stoel op, trad eenige schreden voorwaarts, doch sloeg, eer wij op zoo iets konden verdacht zijn, in zijne volle lengte — achterover — met zulk een geweld op het dek neder, dat in waarheid het geheele schip er van daverde. Natuurlijk, dat iedereen ijlings toeschoot om den Indiaanschen vorst ter hulp te snellen; en het was eerst met vele krachtige armen, dat wij hem weder op de been kregen. Hij had zich gelukkig niet bezeerd, en scheen zich wegens den val minder te bekommeren, dan ik hadde kunnen verwachten. Waarschijnlijk, dat de ongewoonte van schoenen te dragen, of mogelijk ook eene duizeling, door het zwevende overhijschen op den stoel, aanleiding tot dezen smak had gegeven. Zoodra de man eenigzins van zijn ongeval was bekomen, gaf hij mij vertrouwelijk de hand, en wenschte mij, in zeer verstaanbaar Engelsch, welkom in de baai. Hij was op Europeesch-Oostindische wijze gekleed, in wit katoen, doch droeg geene kousen. Ik noodigde beide mijne bezoekers ter maaltijd; hetwelk met veel genoegen door hen werd aangenomen. —

De Noordamerikanen hebben al vroeg getracht, zich met deze eilanders gemeenzaam te maken en in hunne gunst te dringen, doch bijzonder om het vertrouwen en de vriendschap te winnen van derzelver hoofden. Op eene aardige wijze wisten zij, in de persoonlijke hoedanigheden van deze laatsten, trekken van gelijkenis te vinden met hunne eerste

staatsmannen, wier namen zij aan gezegde Indiaansche hoofden dan toelegden, waarmede dezen hunne
ijdelheid dikwerf niet weinig gestreeld voelden. Zoo
was ook KOAKINI aan den naam van *Governor* JOHN
ADAMS gekomen, dien hij zich gaarne liet aanleu-
nen. —

De heer W. FRENCH, die, reeds bij het aan boord
komen, een goed oog op mijn schip had gekregen,
bood mij thans aan, hetzelve met eene volle lading
sandelhout naar *Canton* te bevrachten. Hierop, gelijk
ik hem zeide, diende ik mij echter eerst nog te
bedenken — dewijl het, bij de voortzetting der reize,
nog niet zoo bepaald in mijn plan lag, naar *China*
te stevenen, en dus ook, in allen geval, de onkosten, welke aldaar een schip, bij het voorbijzeilen der
Chinesche forten op de rivier *Tigris*, heeft te betalen, bij mij te meer in aanmerking zouden moeten
komen. Vermits nu evenwel de heer FRENCH, van
zijne zijde, voorshands nog niet genegen scheen, diens
aanbod van vracht hiernaar in te rigten, was deze
onderhandeling dan ook daarmede, voor het oogenblik, afgebroken. Wij werden niettemin meer en
meer gemeenzaam en vertrouwelijk met elkander;
waarbij het mij niet ontglipte, dat de Noordamerikaansche koopman de hoop, van partij te trekken
van mijnen bodem tot het voorgestelde einde, nog
altijd in zijne gedachten bleef behouden. Hij gaf mij
te kennen, dat het aan KOAKINI niet onaangenaam
zijn zou, indien ik, in mijne overvaart naar het eiland
Woahoo, nog eerst deszelfs residentie in de baai van
Kairooa wilde aandoen, en hem daar dan tevens weder

aan land zetten; hetwelk, daar het ook mij niet onverschillig zijn kon, het schip veelligt naar mijnen
wensch bevracht te krijgen, des te gereeder door mij
werd aangenomen. KOARINI en *Mr.* FRENCH bleven derhalve, voorloopig, als mijne passagiers aan
boord. De kanoos, welke het opperhoofd gebragt
hadden, vertrokken weder naar derzelver haven.

Na den maaltijd begaven de heer WEYMAR en ik,
onder het geleide van *Mr.* FRENCH, ons naar den wal:
Governor ADAMS verkoos, aan boord te blijven. Wij
landden met de sloep bij het dorp *Kowrowa*, omstreeks de plaats, waar kapitein JAMES COOK, door
de *inwoners*, den noodlottigen dood onderging, die,
hoewel een einde aan zijn nuttig en werkzaam leven,
echter in geenen deele een einde aan zijnen roem
maakte. Mr. FRENCH wees ons de zwarte klip, waarop deze groote man den geest gaf, en nevens welke
nog aanwezig is de kolk, alwaar hij, tegen eene aanmerkelijke overmagt, tot zijnen laatsten ademtogt
zich spartelend verweerde. Daar wij zoo nabij
die treurige plaats aan wal stapten, werd ik als
door mij zelven gedrongen, daarheen mijnen eersten
tred te rigten, alsof eene stem in mijn binnenste
mij toeriep, dat wij deze hulde aan den, ons voor
altijd voorbeeldigen, zeeman waren verschuldigd; en
ik kon niet nalaten, deszelfs verdiensten, die de
wereld ten eeuwigen dage in hem zal moeten erkennen, dankbaar te gedenken.

Aan het strand zagen wij ons verwelkomd door den
Heer GOODRICH, een' der zendelingen op dit eiland,
en toenmaals, met zijne vrouw en kinderen, aan

deze baai woonachtig. Gemelde heer en *Mr.* FRENCH geleidden ons, groote honderd schreden landwaarts-in van de plaats, waar wij aan wal gestapt waren, naar eene, in háre soort, aanzienlijke en — meer nog ruime — woning, zijnde het verblijf van eene der met den koning der *Sandwich*-eilanden vermaag-schapte prinsesse van den bloede, zuster van JOHN ADAMS. Het geheele kostuum dier dame bestond uit eenen zwart-nankingen rok, welken zij over een wit katoenen hembd droeg; daarbij ging zij blootshoofds en ook met bloote voeten: gelijk ik niet hebben kunnen bemerken, dat eenig ander kleedingstuk meer haar toilet hielp daarstellen. Met eene gulhartige vrien-delijkheid, die, als ware het, karaktertrek dezer eilanders is, ontving zij ons reeds aan den ingang harer woning, en noodigde ons binnen te komen; waaraan wij voldeden, terwijl wij voorts plaats namen op met fijn matwerk bekleede banken of sofaas. De prinses — zoo als ik nu vernam KAPIOLANI geheeten, — die zich ons tegenover had nedergezet, deed eenige vragen, welke wij overigen niet verstonden, maar die door den heer FRENCH werden beant-woord: waarop deze haar kennis gaf van het doel onzer komst in de baai, gelijk mede van de natie, waartoe wij behoorden; welk alles hare hoogheid met belangstelling en welgevallen scheen aan te hoo-ren. Het verblijf van deze prinses was in de daad zeer geschikt ingerigt ter bewoning. Het geraamte van het gebouw was kunstmatig zamengesteld uit eene palisadering, waarop de kap van een hoog en ruim dak lag, welks balken — even gelijk de stammen

van gezegde palisadering — allersierlijkst met bind-
rotting, of eene andere vezelachtige plant, aan
elkander, zoo wel als aan de zijwanden, waren verbonden, op eene wijze, die, voor het oog, de
hechtheid en het welstandige allezins deden gepaard
gaan. De vertrekken waren door matwerk afgescheiden; gelijk ook de binnenzijde der wanden daarmede,
als met eene digtgevlochten heining, bekleed, en
de grond zóó dik met matten belegd was, dat men,
als ware het, over eene matras liep. In de zaal;
waar wij gerecipieerd werden, stonden hier en daar
groote uitgeholde kalabassen, welke tot zoo veel als
kwispeldoren dienden. Terwijl wij nu, eenige oogenblikken, als stommen het gebouw en alles, wat zich
daarin bewoog, gade sloegen, zat onze gebiederes —
mogelijk om daarmede eenige gracie te ontplooijen —
met onderscheidene kluchtige ligchaamswendingen,
als: draaijen met het hoofd en lijf, ons op te nemen.
Achter haar stonden eenige vrouwen, waarschijnlijk
tot den hofstoet behoorende, en welke allen min of
meer de gebaren van derzelver meesteres naboot-
sten. Ook eenige mannen vertoonden zich in deze
woning, maar bleven meer op afstand. Overigens
was prinses KAPIOLANI op verre na geene schoonheid:
terwijl zij, als zuster van JOHN ADAMS, de familiesta-
tuur van eene ongemeene grootte en dikte met dien
gemeen had. — Nadat wij, op deze wijze, onze
opwachting aan gezegde dame gemaakt hadden,
legden wij nog een bezoek af bij een ander opperhoofd van het eiland, NAIHEE geheeten; en werden
daarna door den Heer GOODRICH geleid naar diens

huis, alwaar wij door deszelfs wezenlijk beminnens-
waardige echtgenoot, een jong Noordamerikaansch
vrouwtje, allervriendelijkst ontvangen werden, en de
thee gebruikten. De woning van den Heer GOODRICH
vertoonde de Europesche bouworde, met eenen gang,
vertrekken en vensterramen: doch dezelve was niet
groot, slechts ééne verdieping hoog, maar, overigens, bijzonder proper en net ingerigt. Ik kon een
zeker gevoel van bewondering niet onderdrukken,
ten opzigte van deze goede, vrome en, zoo als het
gansche lievenswaardige gezin mij voorkwam, zacht-
zinnige lieden, welke, oogenschijnlijk alleen door
een beginsel van christelijk geloof en liefde gedreven,
zich, hoezeer nog in jeugdelijken leeftijd, reeds uit
al het gezellig verkeer der beschaafde wereld hadden
verbannen, met geen ander oogmerk, dan de nog
geheel onnoozele Heidenen dezer afgelegene gewesten
tot het licht des Christendoms te voeren. Wij bragten eenen genoegelijken — maar ik moet tevens
zeggen: stillen en min of meer someberen — avond bij
hen door; waarbij wij eenen toon en stiptheid van
devotie aan hen waarnamen, welke men, gelijk het
mij voorkwam, bij ons te lande niet alzoo zal aantreffen. De heer GOODRICH verhaalde ons, dat deze
zendelingspost binnen kort zou ingetrokken worden,
en dat Zijn Eerwaarde alsdan naar een ander gedeelte van het eiland stond te vertrekken — zoo ik
meen, naar de baai van *Whyeatea*, aan deszelfs noord-
oostkust gelegen, op nagenoeg 19° 42′ noorderbreedte.
Deze baai draagt thans ook den naam van *Byrons*-
baai.

Het was reeds duister, toen wij weder aan boord van het schip kwamen. Mijn stuurman had gezorgd, dat, voor het opperhoofd, in de kajuit eene legerstede gespreid was geworden, waarop zich KOAKINI dan ook had nedergevleid. Bij onze terugkomst vonden wij hem nog in diepe rust, terwijl de bazuin, die hij, als een gewoon teeken van het volle genot der weldaden van MORPHEUS, met ongewone kracht deed weêrgalmen, geenen onzachten naklank in het benedenschip te weeg bragt.

Den volgenden morgen, aan het ontbijt, kwam de heer FRENCH op het bevrachten van mijn schip terug, en werden wij het in dier voege eens, dat ik het sandelhout, tegen eene vracht van twee piasters per *picol*, naar *China* zou brengen, maar dan verpligt was, hetzelve op al die eilanden en plaatsen te laden, totdat ik de volle vracht had, als welke de heer FRENCH mij zou aanwijzen. Ik had te minder daar iets tegen, dewijl ik, zoo doende, tevens in de gelegenheid kwam, iets meer van deze eilanden en hunne bewoners te leeren kennen. Na het ontbijt begaven wij ons, met den heer FRENCH, weder naar den wal, aan den kant van het dorp *Kairooa*, ten einde het sandelhout, dat wij dan hier reeds zouden innemen, te doen bijeenbrengen: terwijl inmiddels het voorruim gereed gemaakt werd, om hetzelve te bergen. — Wij legden ook nog een bezoek af bij vorstin KAPIOLANI en meer andere personen van gewigt. — Onder dezen bevond zich eene der vrouwen van TARANIOPU of TARAIOPU, overgrootvader, van moeders kant, van den tegenwoordigen koning der *Sandwich*-eilanden , en beheerscher dezer eilanden tijdens dat de moord aan Kapitein cook plaats had; hetwelk nu, op weinige dagen na, negen en veertig jaar was geleden. KANONA (aldus heette deze sedert lang reeds, zoo het scheen, in vergetelheid levende koningin) was thans eene vrouw van hooge jaren , groot van gestalte, met zilverwit haar, en vertoonde, hoezeer door ouderdom gebukt gaande, niettemin nog altijd iets gebiedends en deftigs in houding en voorkomen: meermalen gaf zij te kennen, dat gezegde aandoenlijke gebeurtenis haar nog altijd, in al derzelver bijzonderheden, duidelijk geheugde. — Wij deden voorts eene wandeling naar de, op de landtong van *Kowrowa* gelegene, *Morai*, welke echter zoo veel aandacht niet verdiende, als de later vermelde bij *Kakooa;* weshalve ik, straks, liever spreke over deze laatste. Nu gingen wij landwaarts-in naar het gebergte: maar ik kan niet zeggen, dat, naarmate wij hetzelve naderden, het oord zich in lagchende of vruchtbare voorwerpen aan ons opdeed. Integendeel werd de bodem onder onze voeten allengs dikker en vaster, en was met eenen zwarten, hompelachtigen lavasteen bekleed, welks bedding, zoo als het mij voorkwam, langs de geheele afhelling van den berg en tot aan diens kruin — of immers tot onder den sneeuw — zich vervolgde. Hier en daar op den benedengrond schenen eenige velden van gezegde vernielende stof bevrijd te zijn gebleven , en deze waren dan ook bebouwd; terwijl daarbij veelal woningen stonden , dooh allen , even als hare bewoners, van een armoedig aanzien. De mannen, die wij te

zien kregen, waren weder geheel naakt, uitgenomen
den reeds vermelden gordel om de middel; de vrou—
wen hadden een kleed, meerendeels geelkleurig, om
het lijf geslagen, welks doek, dat uit den bast van
eenen boom geklopt wordt, wel iets heeft van het
Chinesche pakpapier: de kinderen liepen mede allen
geheel naakt. Ook kan ik niet zeggen, dat de grond
hieromstreeks van belang bebouwd was; waartoe,
trouwens, het land geene genoegzame vruchtbaarheid
scheen te bezitten. De boomvruchten bestonden in
dezen omtrek meestal uit kokosnoten. Wij vervolgden onzen wandeltogt tot aan eene vlakte bij eenen
hoek van het land, welke door eenen geduchten
veldslag, dien de inwoners daar eertijds aan elkander
geleverd hebben, vermaard is; keerden toen, langs
het steile gebergte, naar het strand der baai terug,
en bezochten hier nog eenige eilanders, in hunne
almede schamele hutten: waarop wij eindelijk de
landingsplaats bereikten, van welke wij met de sloepen, die men intusschen allen met sandelhout geladen
had, naar boord terugvoeren. — Het dorp *Kakooa*,
aan de noordzijde der baai, kwam mij voor, grooter
en meer bevolkt te zijn; het ligt ook in een vrolijker
en meer welig landschap, terwijl men niet verre van
daar een geelachtig strand ziet, waar zich alsnog de
overblijfsels vertoonden der zoo even reeds gedachte
Morai (met welken naam deze eilanders plegen te
bestempelen: de doodentempels of begraafplaatsen
hunner opperhoofden.) Het grondvlak van dit gebouw was een langwerpig vierkant, naar gissing ter
lengte van honderd tien à honderd twintig voet en

ter breedte van zestig; deszelfs hoogte schat ik op
veertig voet. De geheele massa van dit ligchaam bestond uit steenen, met zoo veel netheid, in eene min
of meer piramidaalvormige gedaante, op elkander
gestouwd, alsof dezelve gemetseld waren; de top
vormde een — weder langwerpig — vierkant, hebbende eene gelijke bevloering. Van de zeezijde beklom men dezen steenklomp langs eenen opgaanden,
smallen weg, andermaal van gestapelde steenen, en
die tegen de zijde der groote massa aanlag. Op het
middelvak van gezegde bevloering stond een huis,
welks dak met het blad van den kokosboom bedekt
was: dit gebouw, dat de eigenlijke tempel zijn moest,
had echter niets bijzonders, even min als twee andere, kleine huizen, hier nog staande naar den
zeekant, en die bijna de gedaante vertoonden van
hooimijten. Opmerkelijker waren, op dit bovendeel
der steenmassa, eenige hier en daar nog overgeble-
vene afgodsbeelden, aan welke men, in de daad met
eenige kunst en met blijkbaar doel van beteekende
uitdrukking, eene gedrochtelijke, karaktermatige gedaante had weten te geven: waarbij het scheen,
dat men al het belagchelijke of dwaze, hetwelk in
den mensch is, daarmede had willen voorstellen en
op deze beelden — of op hetgene zij vertegenwoor-
digen — overbrengen, daar de gewoonte bestond,
van, bij de godsdienstige oefeningen of het eerbewijs
rondom dezelve, die te beschimpen. De omgang
van gezegd bovenvlak der *Morai* was, op sommige
plaatsen, nog met eene soort van houten staketsel
omgeven, waarop eertijds de doodshoofden der onge-

lukkigen geplaatst werden, welke men, volgens be-
staand godsdienstig gebruik, tot offers plagt te be-
stemmen, in de gevallen, dat er een opperhoofd was
overleden, dat er oorlog ontstond, of dat er een
groote veldslag zou worden geleverd. Dezulken, welke, bij zoodanige gelegenheid, als de slagtoffers der te
verrigten afschuwelijke plegtigheid sneven moesten,
waren nimmer vroeger van hun lot bewust, dan in
het oogenblik, dat men hen dadelijk te lijf viel. De
priesters zonden daarbij dan hunne afgevaardigden uit
of waren het veelal zelven, die de uitgekozenen op-
spoorden, waar zij zich ook mogten bevinden. Deze
werden dan met knodsen doodgeslagen, en de lijken
hierop naar de *Morai* gesleept, waar men denzelven
het hoofd van den romp sneed, en dit op het houten
hekwerk van de *Morai* nu ten toon stelde: waartegen
aan het overige gedeelte van het ligchaam de eere
wedervoer, van in de nabijheid van het lijk van den
onlangs verstorven' vorstelijken persoon te worden
begraven. Bij het verscheiden van een der opperhoofden was voorts niemand van beiderlei sekse, die tot
den stand der *Towtows*, d. i. het gemeene volk,
behoorde, zeker, wie het wreede lot, van tot zulk
een offer te moeten strekken, ondergaan zou; en,
wanneer een der *Erie-taboos* of *Erie-moeis*, welke tot
de aanzienlijksten der opperhoofden en der priesters,
werden gerekend, kwam te sterven, bragt men niet
minder dan tien mannen, benevens hunne vrouwen,
op deze afgrijsselijke wijze om het leven.

Gedurende ons verblijf in de baai stond de vaart
met kanoos, van onderscheidene grootte en gedaante,

niet stil. Het wemelde van deze vaartuigen., allen
krielende van menschen, om ons schip; maar wij
hadden, zoodra KOAHINI aan boord was, van de
inboorlingen geenen last meer. Dit was dan ook ten
deele het uitwerksel van een oud regt van *tabooten*
(ontzeggen,) welk de grooten zich nog altijd voorbe-
hielden, en hetwelk hierop nederkwam, dat, wanneer
dezen dit verbodswoord over iets hadden uitgesproken,
het eene heiligschennis werd geacht, hetzelve te overtreden. Dit *tabooten* werd toegepast op alles, wat
de hoofden voor zich wilden bewaren en aan het
gemeene volk onttrekken. Zoo werd b. v. een *taboot*
gelegd op het afvaren van kanoos; in welk geval het
aan niemand was geoorloofd, met zijn vaartuig van
den wal af te steken. Ook de grond werd *getaboot*,
welke dan door niemand mogt betreden worden.
Huizen en woningen werden *getaboot* — zekere spijzen
almede; het laatste voornamelijk in betrekking tot de
vrouwen. Men legde den *taboot* op het visschen
enz.; en vroeger stond op het schenden van den *taboot* de straffe des doods.

. Ook het af- en aanvaren te *Kowrowa* en *Kakooa*
hield niet op; gelijk de stranden dezer dorpen,
en wel vooral dat bij *Kakooa*, gestadig met menschen en kinderen opgevuld waren, die te water
gingen om zich met zwemmen te vermaken: waarin
deze eilanders het zeker zóó verre gebragt hebben,
als eenig volk op den aardbol. De kindertjes zijn
naauwelijks ter wereld gebragt, of zij worden door
de moeder naar het water gevoerd, die zich dan
reeds met haren jonggeborene in zee baadt. Het

zuigelingetje wordt hierop, dagelijks, aan dit verblijf van NEPTUNUS. zoodanig gewend, dat het ten laatste niet beter weet, of het behoort zoo wel in zee, als op het land, te huis: het kruipt eindelijk, terwijl de moeder zich zwemmende bij den oever bevindt, op het strand langs den waterkant; en, wanneer het ter naauwer nood gaan kan, staat het, met uitgestrekte armpjes, de zwemmende moeder bereids vriendelijk toe te lagchen, terwijl het zich verlustigt met den kleinen golfslag, welke de voetjes, en nu en dan de beentjes tot over de knietjes, reeds besproeit. Eindelijk, wanneer het wichtje goed loopen kan, geeft men het eene plank, bij wijze van een vierkant, langwerpig schild; waarmede het te water gaat — en al verder en verder zich waagt van den oever. Het gaat, wanneer het zich niet meer vertrouwt, met den buik op dit schild leggen, en roeit dan met de handen; natuurlijk wordt het daarbij al stouter en moediger. Knapen en meisjes zwemmen zoo wel onder als boven water; maar de jongeling en vrijster moeten van hunne bedrevenheid aan gevaarlijke plaatsen doen blijken. Daartoe kiest men zelfs de zware branding tegen de klippen, waarbij zij dan den slag van de zee met zoo veel kunst en vlugheid weten te vermijden, dat zij zich juist het diepste onder water bevinden en van de rotsen weder afzwemmen, wanneer anders de oceaan hen daartegen met onweêrstaanbaar geweld zou aanwerpen.

Governor JOHN ADAMS was ook nu weder den geheelen dag aan boord gebleven, en had zich, gedurende onze afwezigheid, in eene zittende houding op het dek te goed gedaan, onder het genot van tabak, spijs en drank. Wij kregen, tegen den avond, het overige van het sandelhout, dat er te laden was, aan boord; ook had ik de sloep naar *Kakooa* gezonden, om water te halen uit eene bij dit dorp ontspringende wel, doch waarvan de kom zich zoo nabij aan het zeestrand bevond, dat, niet onnatuurlijk, het water daardoor brak en zeer schadelijk, tot gebruik op eene zeereis, zijn moet. Ik kocht hier echter, bij inruiling, eenen grooten, vetten bok, waarmede ik aan de equipage uitmuntend vleesch verstrekte; benevens eenige zoete aardappelen, en ook visch.

TWEE EN TWINTIGSTE HOOFDSTUK.

Vertrek naar en aankomst in de baai van Kairooa. De dochter van het hoofd KOAKINI brengt een bezoek aan boord van de Wilhelmina en Maria. Zondag te Kairooa. De kerk. Gastvrije ontvangst bij Governor JOHN ADAMS. Handel met dit hoofd. De heer FRENCH. De zoon van KARAUNOKO.' De Morai van Kairooa. Vertrek naar Woahoo. Stormweder. Beschrijving van het vaarwater tusschen deze eilanden. Aankomst in de bogt van Whytetee. De loods ALEXANDER ADAMS. Het koninklijk Pruissische schip Prinses Louise. Oponthoud voor den wal van Woahoo. De haven van Honoruru. Onwil van den loods. Het schip wordt, zonder behulp van denzelven, de baai van Honoruru binnengebragt.

Wij waren nu weder gereed om te kunnen vertrekken, zoo dat wij des morgens ten drie ure van den derden Februarij, met het doorkomen van den landwind, anker ligtten en de baai uitzeilden. Hierop hielden wij het, nagenoeg op eene halve mijl afstands, langs den wal. De wind uit het oosten wakkerde aan, en reeds ten half tien ure kwamen

Vertrek van Karakakooabaai.

Vaart langs de kust van Owhyhee.

III.   4

De baai van Kairooa.

wij, in de baai van *Tyeatatooa* — of ook *Kairooa* genaamd, — op twaalf vadem vuilen klipgrond ten anker; staken tot vijf en veertig vadem ketting, en peilden toen het nieuwe gebouw van het hoofd van het eiland N. W. t. W. en den westhoek der

Voorzorg tot behoud van het schip, met het doortasten van den Z.W.wind.

baai W. N. W. Men zal steeds voorzigtig handelen met in deze baai eenigzins zuidelijk te ankeren, en wel dwars van zeker geelachtig strand: want, komt dan de zuidwestewind onverwacht met zóó veel kracht opzetten, dat men het, om zijn schip voor stranden op lager' wal te bewaren, met te zeilen van het land moet afwerken, alsdan kan men, over stuurboord, mogelijk nóg boven den westhoek stevenen en het aldus op zee brengen; terwijl men, met eenen meer westelijken wind daarentegen, weder, over bakboord gelegen, beide de hoeken van *Karakakooa*baai zal kunnen te boven zeilen.

Wij vonden alhier ter reede liggen eenen Amerikaanschen schoenerbrik, welks kapitein, MICK genaamd, weldra bij ons aan boord kwam en ons verwelkomde. Deze achtingwaardige zeeman, met wien ik bijzonder bevriend geraakte, was reeds sedert eenige jaren met dit zijn schip in de vaart op de Noordwestkust van *Amerika*, de *Sandwichs*-eilanden, *China*, *Mexico* en *West-Columbia*.

Niet lang waren wij hier ten anker geweest, toen eene groote dubbele kano het schip op zijde kwam, in welke zich bevond de dochter van *Governor* ADAMS — gelijk *Mr.* FRENCH mij verzekerde, aanstaande koningin dezer eilanden en reeds verloofd aan den tegenwoordigen, jongen koning KAUIKEOULI. De

prinses KOAKINI, die mij toescheen, een meisje van
omstreeks veertien jaar te zijn, kon zich in de daad
beroemen, van te behooren tot de schoonheden van
dit eiland. Zij was op de Europesche wijze gekleed — — dat is te zeggen: met uitzondering van al
die sierlijke schikking; ten opzigte zóó van het eene
als andere, welke onze dames tot een voltooid toilet
weten bij te brengen: evenwel moet ik bekennen,
dat dit geene afbreuk deed aan den luister der schoone gedaante, noch der bevallige gelaatstrekken van
de jonge vorstin. Wij ontvingen hare hoogheid met
al die staatsie, welke het min voorbereide harer komst
toeliet. Het meisje was wezenlijk lief en vriendelijk.
Ook bleef zij met haren vader, benevens de twee andere heeren, bij mij aan boord het ontbijt gebruiken;
waarop wij naar land voeren. — Het was zondag,
en wij zagen al de eilanders in hun *sabbaths*-gewaad,
zoo veel ieder hier met een zoodanig kon prijken; terwijl elk zich gereed maakte om naar de kerk te gaan.
Wij begaven ons mede den weg op naar dit, aan
gebed en vrome overdenking toegewijde, godshuis.
Schilderachtig, en grootsch in zijne soort, vonden wij
hetzelve gelegen tusschen hoog en zwaar geboomte,
hetwelk in het rond als ware het een bosch vormde
van kokos-, brood-, dadel-, banan- en andere boomen,
boven welke het kolossale tempelgesticht nog verre
zich verhief. *Mr.* FRENCH zeide, dat KOAKINI deze
kerk had doen zetten, welker gelijke, in ruimte en
uitgebreidheid van bestek, nimmer te voren op deze
eilanden bestaan had. Overigens was het gebouw,
in zijn geheel, zamengesteld naar 's lands wijze, en

4*

dus al de balken, benevens het gansche geraamte (of de kap) van het dak, weder, met eene kunstrijke netheid, in dier voege aan elkander verbonden, dat ieder bindsel op zich zelve een matwerk vertoonde met verschillende figuren; bij welk alles men voorzeker aan KOAKINI de eer niet kon onthouden, van, tot op heden, de eerste bouwheer te wezen van zijnen landaard. De binnenwanden van dit ruime gebedshuis waren met fraai matwerk bekleed, gelijk ook de vloer zeer proper daarmede belegd was. De zitplaatsen bestonden uit eenige lage banken. Den kansel, op Europesche wijze eenigzins boven den grond verheven, beklom men met een trapje. Het was de heer THURSTON, zendeling tot het verbreiden der christelijke leer, welke de godsdienstoefening bestuurde: deze evenwel werd in de taal der inlanders gehouden, zoo dat wij niets daarvan verstonden. Gedurende dezelve heerschte er eene diepe stilte, en ik kan zeggen, dat al de inlanders wezenlijk met veel devotie en aandacht schenen te luisteren naar hetgene hun door den leeraar werd verkondigd.

Governor JOHN ADAMS had ons tot het middagmaal genoodigd, en wij begaven ons dus nu eerlang ten zijnent. Het huis, waar wij ontvangen werden, was naar den in *Noord-Amerika* gewonen bouwtrant getimmerd, en het geraamte daarvan, in zijn geheel, van gezegd land naar *Kairooa* overgebragt. Hetzelve bevatte vier bovenkamers, drie benedenkamers, eene keuken enz. Wij spijsden, in een der benedenvertrekken, aan eene lange tafel, en zaten daarbij allen op Amerikaansche stoelen; het tafelservies bestond uit Engelsch aardewerk — zoo dat, gelijk ik moet zeggen, het ameublement enz., in dit prinselijk verblijf van KOAKINI, reeds ver boven mijne verwachting een Europeesch aanzien had. De spijzen waren soep, varkens- en bokkenvleesch, benevens zeer smakelijken visch; ook verscheen er op tafel een schotel met een toebereidsel van hondenvleesch, doch waarvan wij, zoo min als de heer FRENCH, ons bedienden. Deze eilanders houden hetzelve voor eene de grootste en kostbaarste lekkernijen, en het was eertijds alleen aan de grooten vergund, zich daarop te mogen vergasten. Men bezigt hiertoe, nogtans, ook eene afzonderlijke soort van honden, die, tot gezegd einde, in hokken, even als de varkens, worden vetgemest; maar heeft daarentegen, even zoo zeer als een schotel van deze soort tot eene smul wordt gerekend, weder eenen beslisten afkeer van het eten van alle andere honden. Bovendien werden er ook nog aangeregt aard- en tuinvruchten, als: *jams*, banannen enz. zoo dat ons de gastheer — gelijk getuigd mag worden — wezenlijk goed onthaalde. Den heer WEYMAR en mij werd eene der bovenkamers aangewezen tot slaapvertrek. Wij hadden ieder eene soort van ledekant, doch zonder behang of gordijnen; het beddegoed bestond uit gestapelde fijne geweven matten, en de dekking uit zeker doek, dat mede gebruikt wordt tot de kleeding der vrouwen. — *Governor* JOHN ADAMS logeerde echter niet in dit Amerikaansche huis, maar in een van de andere gebouwen, welke in deszelfs nabijheid stonden, en dat op de landswijze dezer

eilanders was vervaardigd: waarin ik hem geen ongelijk kon geven, daar ik — naar het huis te oordeelen,
hetwelk ik van prinses KAPIOLANI gezien had — bekennen moet, dat de lokaliteit en geheele inrigting der
inlandsche woningen veel meer gemakken, om er in te
slapen, aanbieden. Hoezeer nu echter ook de gastvrijheid van KOAKINI voor ons iets bijzonders en tevens
aangenaams had, berouwde het mij evenwel, dat ik
niet, des avonds, naar boord was gevaren, daar het
des nachts slecht weder werd, met dikken regen en
harde rukwinden, zoo dat ik gestadig de onveilige
ligplaats van de *Wilhelmina en Maria* in gedachten
hield. Des morgens van den vierden vernam ik van
mijnen stuurman, dat het schip, met de omloopende
winden, gedurig was rondgezwaaid geworden, waarbij de ketting van het anker met zóó veel geweld
over den klipgrond sleepte, dat de dekken er van
dreunden.

Wij begonnen dien dag weder met het laden van
sandelhout, en ik zette aan het hoofd van dit eiland
eenige ijzerwaren af, als: bergwerkhaken en koevoe-
ten, waartegen ik inruilde veertien zware, vette gesne-
dene bokken, zes groote, welgemeste varkens, ettelijke
hoenders, *jams*, broodvruchten, banannen enz. De
heer FRENCH bragt ons in zijn huis, nevens welk hij
een aanzienlijk *stoorroom* of magazijn had, waarin
zich onderscheidene soorten van manufacturen, ijzer,
koper, blik, aarde- en glaswerk bevonden, welke
hij aan de eilanders verdebiteerde, grootendeels tegen
inruiling van sandelhout. Het wilde mij voorkomen,
dat deze heer zijne zaken, op dit eiland, zeer goed

overlegd had, en — als een gevestigd koopman — jaarlijks, op gezegde wijze, alhier vrij wat sandelhout afscheepte, hetwelk altemaal ging naar *Canton* in *China*. Wij bezigtigden nog eenige inlandsche woningen van hoofden van dit eiland, welke echter geene van allen zoo vele bijgebouwen hadden als dat van *Governor* JOHN ADAMS, die, behalve de woonverblijven voor zijne hofhouding, ook nog afgeperkte plaatsen en hokken had, tot het mesten van varkens en honden — de laatsten, zoo als ik bekennen moet, van een onoogelijk en walgelijk aanzien. *Mr.* FRENCH had de goedheid, ons met eenige personaadjen van stand *bekend* te *maken*, tot welke in eene eerste plaats moet gerekend worden zekere knaap, naar gissing niet ouder dan zeven à acht jaar, en die *young* PITT genoemd werd. Hij was de zoon van KARAUNOKO, een' der voornaamste hoofden van de *Sandwich*-eilanden, en die, gedurende de afwezigheid van den koning RIHORIHO, toen deze met de koningin naar *Engeland* was, het bewind had waargenomen. KARAUNOKO, de vader, kreeg, door de Engelschen, op dezelfde wijze den naam van BILLY PITT, als ik pas gezegd heb, dat KOAKINI aan dien van JOHN ADAMS kwam. Eerstgemelde stierf in 1827.

Den jongen prins vonden wij niet te huis, maar — op eenen geringen afstand van zijn paleis, hetwelk links van de landingsplaats bij het strand lag, — spelende met andere knapen. Zoodra wij evenwel aan denzelven voorgesteld waren, huppelde hij ons vooruit; sprong, door het gat der palisadering, van welke bijna ieder gebouw, met een terrein tusschen beide,

(doch vooral dat der grooten) ómheind is, naar binnen;
vloog het huis in, en wierp zich in eene hangende
scheeps-slaapkot, zoo dat wij, die bedaard hem ge-
volgd waren, zijne hoogheid heen en weder slinge-
rende in dezelve — en tevens zingende — aantroffen,
gezind, ons aldus audientie te verleenen. Wij hadden dan nu ook reeds een paar woorden van de
landstaal geleerd, en naderden *young* BILLY PITT
met ons » *aroga* (ik groet u!") hetgene hij op
gelijke wijze beantwoordde. Het gebouw vonden wij
grootendeels ingerigt gelijk dat van prinses KAPIOLANI
te *Karakakooa*-baai. In het hoofdvertrek zat eene
menigte vrouwen, op over den grond gespreide matten; hetwelk des prinsen voedsters en huisbedien-
den waren: gelijk hier dan ook eenige mannelijke
bedienden stonden, die allen eenen min of meer
hoogen rang bij het gevolg van den jongen KARAU-
NOKO schenen te bekleeden. De eenen zoo wel als
de anderen legden eenen bijzonderen eerbied voor
den vorst aan den dag, die, als een dartele, vrolijke
knaap, uit en in zijne hangmat — hetwelk hem veel
vermaak scheen te verschaffen — bleef voortspringen,
en vlugtig, doch tevens op zekeren toon, welke het
gevoel zijner meerderheid boven al de anderen kenmerkte, op alles antwoordde, wat de heer FRENCH
hem toesprak.

In deze tweede door ons bezochte baai was de
Morai alsnog geheel in het aanwezen, doch weder
op eenen zeer verschillenden trant ingerigt, vergeleken met die van *Kakooa*. De grond was
hier slechts, in een langwerpig vierkant, door eenen

steenen muur van twee à drie voet hoog afgezet; in
het midden stond andermaal een gebouw, doch geheel
van steen, en hebbende eene soort van venster, benevens eene poort of ingang. Het terrein rondom
deze *Morai* was bovendien ook nog met een hekwerk
afgeperkt, dat — hoezeer voor het grootste gedeelte
alsnog aanwezig —echter hier en daar zeer in verval,
en gedeeltelijk reeds gesloopt, scheen: op dit hekwerk
of staketsel vertoonden zich mede weleer de doodshoofden der, bij het overlijden van een opperhoofd
als anderzins, geofferden. Aan de west- en zuidzijde
van het bovenvlak der *Morai* prijkten, meer nog dan
te *Kakooa*, weder onderscheidene soorten van houten
fetichen, doch allen hier staande op zware palen, ter
hoogte van circa twaalf voet. Aan eerstgezegden kant
zag men, bovendien, nog het offertafeltje, waarop de
inlanders aan hunnen meestgeëerden afgod KOONORAE-
KAJEE geslagte biggen, kokos-, brood- en banan-
vruchten plagten aan te bieden. Gaarne hadde ik eene
uitlegging begeerd van het zinnebeeldige, dat deze
verwrongene en monstreuze nabootsingen van menschelijke gedaanten moesten voorstellen, welke, daarenboven, bij de plegtigheden dan nog veelal, naar
derzelver verschillenden rang enz., met rood- en
anders gekleurde doeken of gewaden werden omhan-
gen: maar men kon mij geenen uitleg daarvan geven.
Overigens scheen het geheel van dezen tempel thans
in eenen staat van bouwval en niet meer in aanmerking te zijn. Dezelve bevond zich mede digt aan
den zeekant en de landingsplaats, gelijk ook niet
verre van het huis van *young* BILLY PITT.

Het sandelhout, dat de heer FRENCH te *Kairooa* voor mijne lading had uit te leveren, kregen wij nog altemaal voor den avond aan boord; weshalve ik thans tevens klarigheid maakte om, zonder verder oponthoud, naar het eiland *Woahoo* te zeilen. Genoemde heer zou daarbij andermaal mijn passagier zijn. Wij namen afscheid van *Governor* JOHN ADAMS; en, terwijl wij, als voor altijd goede bekenden en vrienden, elkander vaarwel zeiden, betuigde mij dezelve, dat het hem aangenaam zijn zou, wanneer ik te eeniger tijd dit eiland en zijne residentie weder kwame bezoeken: hetwelk ik beloofde, ongetwijfeld — indien mij zulks mogelijk ware — te

Vertrek naar het eiland Woahoo. zullen doen. Hierop gingen wij scheep; en des avonds, nadat — ten half elf ure — de maan was opgegaan, zeilden wij, met het opkomen van een landwindje uit het O. N. O., de baai uit. —

Tot heden hadden wij, zoo lang het schip zich onder de eilanden bevond, nog elken nacht slecht *Weêrsgesteld-heid.* weder gehad; ook nu begon, in de hondenwacht, de lucht met zwarte, donkere wolken te betrekken, en wij kregen andermaal zware stortregens, *Ondervinden eenen krachti-gen passaat-wind.* tevens met hooge deining van het N. O. Met den dag klaarde het weder op; wij zetten toen lijzeilen en bovenbramzeilen bij, doch waren, kort daarna, niet slechts verpligt, dezelve te bergen, maar moesten ook de marszeilen digtreven, en al de andere zeilen vastmaken: want de wind was, tegen tien ure, reeds dermate aangenomen, dat het schip, voor het digtgereefde groot- en voormarszeil, nog acht *Oorzaak daar-van.* knoopen vaart liep. — Wij bevonden ons toen juist voor de opening van het kanaal tusschen de eilanden *Takoorowa*, *Mowee* en *Owkyhee*; en hier nu vormt het hooge land aan den Z. O. kant van de eerstgenoemden, in verband met het hooge land aan de N. W. kust van het laatstvermelde, als ware het eenen trechter, door welken, bijna gestadig, een harde passaatwind van het N. O. blaast, die somtijds met eene dusdanig vermeerderde kracht kan waaijen, dat dezelve niet zelden tot vliegenden storm aanwakkert. Opmerkelijk is het, dat daarbij dan, in dit vaarwater, de stroom meestal om de O. N. O. trekt, en dus een schip, hetwelk, van *Kairooa* of *Karakakooa*-baai, naar de zuidkust van het eiland *Woahoo* stevent, volstrekt niet noordelijker behoeft te sturen, dan, volgens miswijzend kompas, N. W. t. W. ½ W. of N. W. t. W.: waarop men dan *Diamond-hill* — zijnde een min of meer steile berg en hoek ten oosten van de bogt of baai van *Whytetee* — zal aanloopen.

Opmerkingen omtrent eenen stroom tusschen deze eilanden.

Het eiland *Takoorowa* voorts heeft, aan deszelfs westhoek, een rif, dat, meer dan drie kwart mijl van land, westwaarts zich uitstrekt, zoo dat men, naar de — aan de Z. W. kust van *Mowee* gelegene — reede van *Mackerrey* willende opwerken, *Takoorowa* niet te na moet aankomen. Ik, voor mij, zou daartoe altijd de passage beoosten hetzelve, d. i. tusschen laatstgezegd eiland en *Mowee*, verkiezen. Men kan dan zoo wel beoosten als bewesten het — nagenoeg midden vaarwater gelegene — eilandje *Morokinne* passeren.

Het rif van Takoorowa. De reede Mackerrey.

Op den beschreven' passaat — afgezien daarvan, dat die den éénen dag wat krachtiger dan den

Opmerkingen betreffende den passaatwind tusschen deze eilanden, anderen kan waaijen — is bijna altijd te rekenen; en het gebeurt zelden, dat men — op deze hoogte tusschen de eilanden — bij dag flaauwe koelte zal aantreffen. Tegen den avond evenwel wordt het doorgaande handzamer, en des nachts kan het somwijlen zóó flaauw zijn, dat onbekenden, welke, op dien tijd, met gezegde gelegenheid van *Karakakoòa* of *Kairooa* afzeilen, zelden zullen verwachten, binnen weinige uren voor top en takel te kunnen lenzen. Dit nu was bij ons het geval; waardoor wij dan ook in eens handen vol werks kregen, en wel met het opzetten van de ankers; waarvan ik, voor *Kairooa* liggende, er nog één, wegens de zoo onveilige reede aldaar, uit voorzorg had doen afzetten. — De wind nam inmiddels met zoo veel spoed in kracht aan, dat wij te gelijker tijd onze oude versletene fok en ons kruiszeil, die uit de lijken begonnen te scheuren, moesten bergen en vastmaken; de twee andere marszeilen liet ik staan, totdat wij de ankers bezorgd hadden, — en, nadat later ook de marszeilen digtgereefd waren, liep het schip nog negen knoopen vaart. Bij deze gelegenheid had ik het genoegen, mijnen Noordamerikaanschen patroon te kunnen overtuigen, dat zijne lading met eenen goeden bodem, van een sterk en gemanierd tuig voorzien, over zee zou gebragt worden; want, gedurende het verwijl, dat mijn stuurman zich bezig hield met de ankers, vraagde hij mij telkens: » of ik, om mijne » stengen te behouden, geene marszeilen zou strij-» ken?" waarop ik hem dan, tot zijne verwondering, met gerustheid antwoordde: » dat zeil en treil

» altemaal Hollandsch spul was, en zoo min stengen
» als want zich begeven zouden." Intusschen hadden wij gelijktijdig eene hooge en óngemakkelijke
zee — waarschijnlijk door den stroom veroorzaakt,
die, zoo als reeds uit het vroegere moet blijken,
alhier tegen den wind optrok. — Het hooge land van
Owhyhee en dat van *Mowee* hielden wij in het gezigt, en peilden, op den middag, het eiland *Ta-
hoorowa*, over het midden, in het N. N. O. Onze
noorderbreedte was toen 20° 10', onze lengte bij
tijdmeter 156° 45', en dus drie minuten minder westelijk, dan volgens de peiling. In den achtermiddag
werd het weder wat handzamer; wij staken toen
twee reven uit het groot- en één rif uit het voormarszeil, en zetten der fok grootzeil en kluiver bij.
De wind was thans van het N. O. tot N. N. O.,
doch nam, tegen den avond, weder aan tot stormvla-
gen; weshalve ik andermaal de marszeilen deed digtreven. Wij zagen de eilanden *Ranai* en *Morotoi*,
en peilden, met zonnenondergang, den westhoek van
het eerste, volgens misw. k., in het N. N. W. en de
piek van het eiland *Tohoorowa* N. O. ½ O. Ten
tien ure, in de eerste wacht, ontwaarden wij van
het dek — doordien het maanlicht was — het eiland
Woahoo; geiden toen de fok, haalden grootmars-
zeil tegen, en lieten het, aldus bijgedraaid, met
den kop in den wal liggen. Tegen middernacht
nam de wind merkelijk af. Ik giste mij toen, op
nagenoeg twee mijlen van de kust, bij den zuid-
oosthoek van het eiland. —
Dezen hoek kan men na aanloopen: maar den

en het vaar-water.

Verdere ge-steldheid van het weder.

Diamond-hill, of diamants-berg. volgenden, eenigzins westelijker gelegen, en *Diamond-hill*, of diamants-berg, genaamd, moet men, vooral bij nacht, niet digter naderen (wegens het daarvan uitliggende gevaarlijke rif met klippen,) dan op eene groote mijl afstands. —

Den zesden Februarij, toen de dag aanbrak, wakkerde de wind weder aan tot dubbelgereefde marszeils-koelte: waarom ik niet eerder afhield, dan toen wij Gelegenheid voor de baai van *Whytetee*. een duidelijk gezigt van het land hadden. Wij stuurden thans, om gezegden hoek *Diamond-hill*, naar de baai van *Whytetee*, en gaven hier, volgens onderrigting door den heer FRENCH, een kanonschot; op welk de loods, Mr. ALEXANDER ADAMS, dan gewoonlijk naar buiten komt om het schip in de haven van *Honoruru* te brengen: hetgeen echter, zoo als ik later vernam, niet anders kan geschieden, dan des morgens vroeg, bij de alsdan gemeenlijk plaats hebbende windstilte. Dewijl voorts ieder schip hier naar binnen moet boegseren, bestaat er eene havenwet in deze baai, van elkander met sloepen te adsisteren; zoo dat, wanneer een schip voor den wal ligt, dat naar binnen moet, alle in de haven zich bevindende bodems gehouden zijn, eene of meer sloepen tot het boegseren af te zenden. — Bij ons naderen der baai zagen wij voor de monding een schip liggen, onder Pruissische vlag. Toen, van hetzelve, de stuurman bij ons aan boord kwam, kregen wij te weten, dat dit de *Prinses Louise* was, den avond te voren hier van *Callao* gearriveerd. —

Tot circa ten half acht ure bleven wij voor den wal over en weder houden, voordat de loods Mr. ALEXANDER

ADAMS aan boord kwam. Deze man maakte dadelijk, onder veel beweging, eene menigte manœuvres met het schip, waarvan ik niets begreep: want, niettegenstaande hij mij poogde te beduiden, dat ik reeds aan lij van *the good birth* (de goede ligplaats) was, van waar wij met het schip naar binnen konden werken, kwam hij, na eenige slagen gelaveerd en toen weêr te hebben afgehouden, ten negen ure zeker geene scheepslengte van de plaats, alwaar hij met zijne sloep bij mij aan boord was gekomen, en op welke wij ons reeds eene kabellengte te loefwaart van de *Prinses Louise* hadden bevonden — zoo dat wij andermaal op zestien vadem diepte lagen, en ankerden. Toen daarna het schip voor vijftig vadem ketting was opgetornd, loodden wij vijf en twintig vadem diepte: hetwelk aantoont, dat de grond langs dit strand aanmerkelijk steil is, en wel zoodanig, dat men, op eenige roeden afstands van het anker, eene onpeilbare diepte zal aantreffen; waardoor de ankers, wanneer zij doordreggen, weldra regt op en neêr voor den boeg hangen. In zulk geval is men dan veelal verpligt, zeil te maken; en sommige schepen hebben hierbij niet zelden, gedurende eenige dagen, hard werk om weder tot naar de ankerplaats op te laveren.

Toen de *Wilhelmina en Maria* voor hare ketting opgezwaaid lag, peilden wij, volgens misw. k., *Diamonds-hill* O. Z. O. ¼ O., *Tafelberg*, waarop eene batterij of eenige kanonnen staan, N. N. O. ¼ O., en den van het eiland afstrekkenden westhoek, *Barboes-point* genaamd, W. ¼ N. — Deze hoek heeft *Barboes-point.*

dien naam gekregen door het stranden van eenen
Engelschen bodem, die op het rif, hetwelk van daar
in zee uitloopt, totaal is gebleven. Deszelfs kapitein,
BARBOES geheeten, bevond zich, gedurende den
nacht, aan den wal; terwijl zijn schip, aan den
eersten stuurman toevertrouwd, voor het eiland kruisende bleef, en de laatste hetzelve, in den vroegen
morgenstond, op gezegd rif verzeilde. — Eene gewigtige les tevens voor scheepsbevelhebbers, van niet
ligtzinnig hunne aanvertrouwde bodems, zoo die niet
op veilige reede liggen, te verlaten. —

Reede voor de haven van Honoruru. Op de zoo even aangegevene peilingen hadden wij
nu, om naar binnen te werken, de naauwte tusschen
de banken, of het gat naar de haven van *Honoruru*,
circa N. N. W. — eene achtste mijl van ons. Men zal
op deze peiling goeden ankergrond hebben, en tevens, met opkomenden Z. W. wind, het beste naar
buiten op zee komen. Ook ligt men te loefwaart
van het gat, waarin de koers, volgens het regtw. k.,
is N. N. O. ½ O., en hetwelk men, indien de wind
bezuiden het oosten staat, een goed eind kan naar
binnen zeilen.

Oponthoud voor den wal, tot het binnenloodsen van het schip. Door den gestadigen harden wind van het O. N. O.
en N. O. was er dezen dag niet aan te denken, het
schip in de haven te krijgen; de loods ging dus
weder van boord. De heer FRENCH en ik begaven
ons naar land, alwaar ik vernam, dat deszelfs com-
pagnon (natuurlijk niet vermoedende, dat eerstgemelde in *Karakakooa*-baai een schip ontmoet en
reeds, met het afteleveren sandelhout, naar *Canton*
zou bevracht hebben,) bereids gisteren met het Pruis-

sische schip *Prinses Louise*, tegen anderthalven piaster per *picol* van de volle vracht, voor dezelfde reis
geaccordeerd had. Deze ongelijke overeenkomst gaf
nu, zoo als ik niet onduidelijk bemerkte, aanleiding.
tot eenige kuiperijen, hoedanige, bij dergelijke gelegenheden, niet vreemd zijn: evenwel schikte zich
alles naar behooren. — Den volgenden dag was het
weder niet beter; het waaide ongestadig, met van
tijd tot tijd vallende regenbuijen, zoo dat wij, evenmin als gisteren, het schip konden naar binnen werken. Wij ontscheepten derhalve thans alvast de
passagiersgoederen, welke ik — toen wij, in den
nacht van den twintigsten December des vorigen
jaars (1827,) met het schip van *Ilay* moesten vlugten — aan boord had behouden; en ik leverde die
in handen van den heer CHARLTON, Britsch consul
op deze eilanden, met uitnoodiging, van dezelve bij
de eerste gelegenheid naar *Lima* aan het adres van
de heeren FRED. HUTH, COITH en Cº. te zenden;
waarbij ik eenen brief voegde aan de laatstgenoemden, met vermelding van degenen, aan welke deze
goederen behoorden, en onder bijgevoegd verzoek,
van deze bagaadje aan de eigenaars te doen toekomen.
Later heb ik, bij denzelfden brief uit *Lima*, welken
ik op bladz. 2 hiervoren reeds aanhaalde, vernomen, dat de heer CHARLTON met alle wenschelijke
promptitude aan mijn verlangen voldaan heeft, als
ook dat de zaken ter laatstgezegde plaatse aangekomen en door de eigenaars ontvangen waren.

Den achtsten bleef het weder hetzelfde; het waaide
nog even hard uit het O. N. O., met veelvuldige

III.   5

vlagen van regen. Wij lagen nu wel met het schip
onder den opperwal, doch steeds met de kans, dat
ons anker van den grond stond te dreggen, en wij
dan zeewaarts zouden drijven. Kanoos kregen wij
hier niet aan boord, maar des te meer bezoek van
de schoone sekse van het eiland, van welke er in
gezelschap kwamen aanzwemmen en verscheidene
malen — tot, zoo als ik zelf gezien heb, drie keeren
achter den ander — onder het schip doordoken, ja
uren aanëen aldus in het water bleven dartelen.
Diegenen van dezelven; welke dan aan boord kwamen, wisten, bij het zwemmen, op eene behendige
en aardige wijze — met de ééne hand naar boven —
haar pakje kleeding voor nat te bewaren; terwijl de
overigen, even vlug en vrolijk als zij ons genaderd
waren, weder naar den wal zwommen. Neemt men
nu hierbij in aanmerking, dat het schip circa eene
mijl van den wal lag, en dat deze lieden dan nog
eerst door eene zware branding hebben te worstelen,
zoo zal men zich moeten verwonderen over de kracht
en het vermogen, welke het Opperwezen, ook hieruit
blijkbaar, aan den mensch heeft geschonken, indien
hij dezelve slechts naar behooren weet te gebruiken
en te oefenen.

  Des morgens van den negenden hadden wij windstilte. Ik verwachtte thans, dat de loods naar buiten
zou komen, tot het naar binnen brengen der schepen.
Ik deed een kanonschot: maar *Mr.* ALEXANDER ADAMS
daagde niet op. De koelte begon weder aan te wak-
keren, en wij bleven dus ook nog heden voor den
wal geankerd liggen:

Den tienden was het onstuimig weder, met regen, en er viel dus andermaal op naar binnen werken met het schip niet te hopen. Aan den wal komende kon ik niet nalaten, den loods ADAMS te doen opmerken, dat hij, naar mijn oordeel, gisteren morgen verzuimd had, de beide schepen te loodsen, en dat, wanneer hij tijdig genoeg met dit werk begonnen ware, — zoo niet de twee schepen — dan toch ten minste één van dezelven thans in de haven zou liggen. Zulks kon *Mr.* ADAMS nu wel betwisten, daar hij, op *dit* (of liever gezegd: *op al deze* eilanden,) de eenig-ste man van zijn vak was: maar dat belette mij nog-*tans niet*, deze hem alleen *bekende* wetenschap — zoo veel mij doenlijk ware — te willen nasporen. Toen het dus des anderen daags morgens nog even hard waaide — waarbij wij regen hadden en onstui-mig weder — deed ik bij tijds de groote boot uitzet-ten en optuigen; nam lijnen en handlooden, benevens een kompas, mede, en bezeilde thans op alle wijze het gat van de haven van *Honoruru.*

De laatste wordt gevormd door eene steile, harde koraal- en zandbank, die zich schier evenwijdig, en hier ter plaatse bijna oost en west, langs het strand van dit eiland uitstrekt, en op welke eene gestadige zware branding staat, die, bij Z. W. en zuidelijken wind, met te meerder geweld tegen de gronden aan-werkt. Tusschen gezegde bank en de kust heeft de natuur eene waterkom daargesteld, welke, over hare grootste lengte, nagenoeg noord en zuid ge-strekt ligt en de haven is van *Honoruru* — dat wil zeggen: *veilige haven*, teregt aldus genaamd, dewijl

Beschrijving van de haven van Honoruru.

5 *

de bank, die, zelfs bij vol getij, grootendeels (en, bij half getij, geheel) boven water ligt, dezelve afsluit, en dus de schepen, ten opzigte van de dei-ning en den slag der zee, aldaar even zoo goed beschut zijn als in een gesloten dok. Het land van deze haven loopt voorts in twee bogten, tusschen welke een uitstekende hoek ligt, dien ik *Morai*-hoek zal noemen, omdat men daarop alsnog de overblijf-selen van eenen dusdanigen tempel in het aanwezen ziet. Van *Morai*-hoek strekt zich zuidwestelijk, tot op eene kabellengte van den wal, eene droogte, die — te zamen met gezegden hoek — de haven in twee ovaalvormige, aan elkander gelegene kommen afdeelt, van welke ik de noordelijkste de binnen-reede, en de zuidelijkste de buitenreede, wil noemen. De zuidzijde van laatstgemelde verlengt zich op de strekking van nagenoeg Z. W. t. Z. en N. O. t. N. — in eene guil over de bank — tot aan zee, en welke guil nu het gat is naar *Honoruru*-haven. Den oost-hoek van den mond dezer guil zal men ten naasten bij aanlooden, met *Diamond-hill*, volgens misw. k., in het zuid 57° oost te brengen, op circa anderhalve mijl van zich.

Het vaarwater naar binnen. Over het geheel is meergenoemde guil, in wijdte, op eene kabellengte te schatten, en zal men het echte vaarwater daarin aantreffen, met zijn schip eenig-zins nader aan de oost-, dan aan de westbank, te houden; als wanneer men achtervolgelijk van 6, 5¼, 4, 5 en 6 vadem zal looden. Ik heb trouwens reeds aangehaald, dat langs de geheele bank, welke de haven en deze gansche zuidkust van het eiland be-

schut, eene zware branding staat; de laatste nu zal
men, van tijd tot tijd, ook in den mond der guil
kunnen ontmoeten, en wel het sterkste nagenoeg
in het midden, of liever: iets meer naar de west—,
dan naar de oostbank — waarschijnlijk doordien in
de eerstgenoemde helft doorgaans minder water staat,
dan in de laatste; gelijk men in den mond der guil,
van de westbank over naar de oostbank, 3, 4, 5,
6, 5, 3½ vadem diepte zal treffen. De plaats in de
guil, waar die branding de meeste kracht oefent,
wordt *de middelgrond* geheeten. Evengelijk de geheele bank, is ook het oploopen naar dezen middelgrond steil, zoo dat men, als tegen eenen drempel,
van 15, 12, en dan 6, 5, 4 vadem water bij het
lood zal vinden.

Nadat ik mij, gedurende den geheelen dag, had
bezig gehouden met, in de groote boot, het vaarwater naar de haven van *Honoruru* op te nemen, schreef
ik, nog dien avond, in mijn journaal de navolgende
aanteekeningen:

» Om de haven van *Honoruru* binnen te komen,
brenge men eerst het houten huis van den Amerikaanschen Consul (hebbende, oostelijk en westelijk,
op ieder einde eenen roodgeschilderden schoorsteen)
over of *in* elkander met eene strooijen of inlandsche
woning, welke, aan den oostkant van de binnenreede, bij het fort of de vroeger vermelde *Morai*
staat. Het beste geleimerk is dan: gezegd huis van
den Amerikaanschen Consul zoodanig ten westen van
bovengenoemde inlandsche woning te houden, dat
men het — ten oosten naast aan het Consuls-huis

Aanwijzing tot
het boegseren
naar binnen.

geplaatste — kleine gebouw, zijnde het kantoor of
de kanselarij, even ten westen van genoemd groot
strooijen of inlandsch huis zien kan. Dan heeft
men, regt vooruit, tusschen eenige kokosboomen
eene roodgeschilderde offertafel — of laat mij dit,
wegens de gelijkenis, noemen: een uitkijkhuisje op
palen — en, achter hetzelfde kokosboomenbosch,
een dergelijk, groengeschilderd uitkijkhuisje: men
houde nu het groengeschilderde ten westen van het
roodgeschilderde, en beide aan elkander vast; als
wanneer men over het diepste van den in het gat gelegen' drempel zal varen, en van 6, 5½, 5, 4, 4½
tot 5 vadem water looden. Wanneer men nu, op
deze merken, zóó verre gevorderd is, dat men aan
bakboord — meer dwars, dan kraanbalksgewijze
vooruit — drie, op den wal staande, kokosboomen
met zeker aan den berg gelegen boschje in elkander
ziet schuiven, dan moet men, bij tijds, het vaarwater der guil iets meer naar de oostbank verkiezen,
en aldus den verre uitstekenden binnenwesthoek der
bank zoeken te vermijden — die trouwens meestentijds onder water zal te zien zijn, ten ware er te
veel regen mogt zijn gevallen: hetwelk het water van
de reede dik en ondoorschijnend maakt. Zoodra men
de drie, aan bakboord op den wal staande, kokosboomen in voornoemd boschje aan gezegden berg
heeft, dan is men den vermelden binnenwesthoek der
bank gepasseerd, en kan meer noordelijk naar de
buitenreede halen. — Wijders valt er, bij het naar
binnenwerken met het schip, niets anders te vermijden, dan, aan stuurboord; de van *Morai*-hoek uit-

stekende droogte: doch deze is mede onder water
zigtbaar, en kan men — doordien er thans in het echte
vaarwater 5 vadem, en, digt bij gezegde droogte,
4 vadem gevonden wordt — ook aanlooden. — *Morai*-
droogte aldus nu gepasseerd zijnde, is men op de
binnenreede, en kan daar ten anker gaan in 4¼
tot 3¾ vadem water; doch, willende lossen of laden,
ligt men beter bij het dorp *Honoruru*, en wel benoorden het steenen hoofd, dat er tijdens ons verblijf gemaakt werd. Omstreeks het huis van den
Amerikaanschen Consul heeft men eene goede plaats Ligplaats voor
koopvaarders.
om het schip te meeren; en, aan het strand vóór
hetzelve, liggen daartoe dienende ankers op den wal,
aan welke men zijne achtertouwen kan vastmaken.
Vooruit moet men een zwaar anker en goed touw of
eenen ketting hebben, en zal dan meestentijds W. t. Z.
en O. t. N. gestrekt liggen; doch heeft in den zomer
somtijds zware, vliegende buijen van het noorden te Zomerbuijen.
wachten, welke derhalve dwars invallen. Wan-
neer men dan geene schepen aan bakboord van zich
heeft, zal het raadzaam zijn, het voortouw of den
ketting te steken, en het schip op de achtertouwen
tegen den modder te laten aanzwaaijen: zonderdien
zou het eene zeldzaamheid wezen, dat, bij zulk eene
gelegenheid, het anker niet doordregde; terwijl men
het nu, daarentegen, niet weder behoeft te ligten
om het te verzetten, maar slechts, ketting te korten,
nadat de bui is overgewaaid. Gedurende ons oponthoud in deze haven ondervonden wij eene dergelijke
bui, maar konden — doordien er aan lij van ons twee
schepen lagen — geenen ketting steken. Het in het

midden gelegene schip dreef tegen het derde aan; ons
anker ging niet door, maar het schip haalde dan ook
zoo geweldig over, dat de rusten te water lagen. De
bui duurde ongeveer een groot kwartier uurs. —

Waarschuwing voor schepen, die, voor den wal van het eiland Woahoo, bij de haven van Honoruru ten anker liggen;

Bijaldien men, buiten de haven, voor den wal ligt,
zonder met het schip naar binnen te willen, moet
men, bij het vermoeden van weste- en zuidwestewinden, dadelijk zee kiezen. De teekens, als voorboden van harde zuidwestewinden, zijn een à twee
dagen te voren reeds te kennen: dan is de lucht, in
die streek, donker en dik, met bijna gestadig weêrlicht; de passaatwind waait nu over dag flaauw, en
men heeft des morgens ligte zuidelijke winden. —
Wil men daarentegen naar binnen, dan geeft men
des morgens ten vier ure of vroeger, als het stil is,
het sein met een kanonschot; de loods aan den wal
waarschuwt dan al de in de haven gelegene schepen,
van hunne sloepen naar buiten te zenden, en deze
komen daarop gezamenlijk het schip naar binnen
boegseren. — Wanneer de passaatwind niet te hard
doorwaait, en men is van goede werpankers en trossen voorzien, dan kan men ook naar binnen werpen.

en voor sloepen of andere roei-vaartuigen, welke van de bui-ten liggende schepen naar binnen varen.

Met het vaarwater naar de haven van *Honoruru*
niet bekend zijnde, moet men de eerste maal, bij het
naar binnen varen met sloepen, behoedzaam te werk
gaan; want het kan gebeuren, dat de zee, op onderscheidene gedeelten van de buitenbank, even zoo
min als over den middelgrond, in eenige uren
breekt — waardoor men alligt, omtrent het echte
vaarwater misleid rakende, zich op onbevaarbare
plaatsen vertrouwt; en, wanneer dan de brekers aan-

komen, geschiedt het niet zelden, dat de sloepen omslaan, en tegen de harde, klippige gronden verbrijzelen. De menigvuldige bootsgezellen, welke, door eene dergelijke noodlottige verdwaling, het leven verloren, strekken tot waarschuwing voor onbekende scheepsbevelhebbers, die met hun schip voor dit eiland komen, van niet eerder sloepen naar binnen te zenden, voordat zij eenen goeden wegwijzer hebben. De merken van het vaarwater, op welke *Merken voor naar binnen varende sloepen.* sloepen naar binnen kunnen roeijen, zijn weder, overeenkomstig de vroegere aanwijzing, op de peilingen, rakende het huis van den Amerikaanschen Consul enz. Het merk, welk ik mij zelven het eerst daarvoor opzocht, was: het laatste kokosbosch te brengen in eene bergkloof boven het fort. Wanneer die kloof regt open is, stuurt men gerust naar binnen. Over den drempel zijnde, kan men met eenen riem of haak het vaarwater voelen." —

Volgens deze beschrijving zal men, vertrouw ik, genoegzaam overtuigd zijn, dat *Honoruru* met de daad tot de veiligste havens van onzen aardbol kan worden gerangschikt. — Eerst na den dood voorts van kapitein JAMES COOK, werd het eiland *Woahoo* bezocht, en wel door deszelfs opvolger, kommanderende het schip *Resolution:* dan men ankerde onder de westkust van dat eiland, in de baai van *Whymea*; waardoor het niet onnatuurlijk was, dat toen *Honoruru* aan de aandacht ontslipte. In 1793 kwam de niet minder kundige zeeman VAN COUVER met zijn schip bij dit eiland, en ankerde, eenigzins aan lij van *Honoruru*, voor den wal van *Woahoo*, doch mede

zonder van het bestaan dezer haven iets alsnog op
te merken; — en het was eerst in 1796, dat kapitein
BROUGHTON, met het koninklijke schip *Providence*,
van dezelve eenige kennis kreeg.

Den twaalfden Februarij, in den morgenstond,
was het stil; de loods ALEXANDER ADAMS bevond zich,
reeds vroegtijdig, aan boord van het Pruissische
schip *Prinses Louise*, ten einde hetzelve naar binnen
te brengen. Men deed bij herhaling kanonschoten,
om de sloepen te doen uitkomen; ook van mij vraagde men al mijne sloepen, tot adsistentie, — terwijl
de loods beloofde, dat, zoodra hij het voornoemde
schip door de guil gebragt had, van waar men
het zonder zijne hulp of aanwijzing verder kon verhalen, hij alsdan mijnen bodem zoude loodsen. Ik
vond niets billijker, dan, in de voorhandene omstandigheid, met mijne vaartuigen bij te staan; men
bragt dan ook gezegd schip, over den drempel, op
de buitenreede, en voorts op de binnenreede, alwaar
men het meerde met achtertouwen op den wal; tot
welk laatste, mede, mijne sloepen gebruikt werden.
Deze kwamen eindelijk weder aan boord, doch zonder den loods. *Mr.* ADAMS deed zeggen, dat het
voor heden te laat was om mijn schip binnen te
brengen. — Dit nu, wil ik wel bekennen, stond
mij slecht aan. Het zou niet te laat geweest zijn,
bijaldien men, nadat het Pruissische schip in de
eerste kom was gebragt, onmiddellijk een begin gemaakt hadde, van, met mijne sloepen, ook de
Wilhelmina en Maria alvast zóó verre te verhalen.
Ik heb echter reeds te kennen gegeven, dat de hoogt

bevrachting van mijn schip naar *China* den afladers niet allen evenzeer naar genoegen was, en men er min of meer belang in scheen te hebben, dat het-zelve niet eer binnenkwam, voordat de andere bodem zijne lading inhad. Van den anderen kant evenwel was ik niet zeker, dat de wedersgesteldheid, den volgenden dag, tot het naar binnen werken beter en geschikter zou wezen; en, in aanmer-king nemende, dat men, met een schip voor den wal gelegen, zeer gemakkelijk — zoo als ik reeds aanhaalde — door eene onverwachte bui met de ankers van den grond kan weggeslagen en dan in de verpligting gebragt worden, van dagen aanëen te laveren, eerdat men den ingang der haven weder bereikt heeft, — zoo besloot ik kortäf, eens eene proef te wagen, of het niet mogelijk ware, de *Wil-helmina en Maria* naar binnen te werpen — in de hoop tevens, van hiermede aan *Mr.* ALEXANDER ADAMS te toonen, dat ook voor anderen zijn geheim, van schepen in deze haven binnen te loodsen, niet ver-borgen kon blijven. Met dat al was er, toen wij nu aan het werk zouden gaan, reeds een goed gedeelte van den morgenstond verstreken; en, middelerwijl wij, door het in gereedheid brengen van werpankers en trossen, de noodige preparatien daartoe maakten, begon ook bereids de passaatwind het hoofd op te steken — hetwelk ons zeker niet best te stade kwam. Evenwel ging ik van mijn besluit niet af; ik deed twee op elkander gestokene, goede *Manilla*-trossen (*),

(*) Onder trossen of verhaaltrossen verstaat men zwaar touwwerk, of ligte kabeltouwen, waarmede men het schip ver-

aan een zwaar werpanker, in de rigting naar den
drempel uitbrengen; en een ander werp, met een
ligt kabeltouw, vooruit, om het schip, zoodra het
anker geligt was, daarop te laten tornen. Toen wij het
anker voor de kluis hadden, vierden wij van het
kabeltouw, totdat het schip voor de *Manilla*-trossen
was opgezwaaid; daarop deed ik, om mij van de
gesteldheid des ankergronds te overtuigen, het lood
werpen, doch, met eene lijn van zestig vadem, hadden wij nog geen' grond, hetwelk tevens de steilheid
van den bodem hier voor den wal staafde. Nu ligtten
wij het anker, waarop het kabeltouw zat; kortten
van de *Manilla*-trossen in; lieten toen het zware
anker even op den grond vallen, om — door de val-
winden, die thans reeds met kracht van het hooge
land kwamen, — met het werpanker niet van den
grond te dreggen; bragten voorts het werp met
het kabeltouw reeds tot aan den drempel, en haalden, met aldus voort te werken op mijne peilingen — die ik, daags te voren, met de groote boot
had opgenomen, — het schip, tot in de eerste kom
(of de dus door mij genoemde buitenreede,) behouden
naar binnen. Ik had dan nu ook wel geene kanonschoten gedaan, tot sein voor de in de haven gelegene schepen, dat ik hulp verlangde; nog minder
kwamen er van dezelve sloepen naar buiten, en

baalt. Het *Manilla*-touwwerk is hiertoe zeer geschikt, als
wordende vervaardigd van zeer blanke, sterke en ligte vlasàch-
tige vezels; waardoor de trossen, goed droog zijnde bij het uitbrengen over het water, even als het *Cajer*- en *Goemoed*-
touwwerk, blijven drijven en niet zinken, en dus bijzonder
gemakkelijk door de sloeproeijers kunnen worden uitgebragt. —

dat wel, zoo als ik later vernam, doordien een ieder, die, van de binnenliggende schepen of van den wal, ons met het schip had zien arbeiden, geloofde, dat mijn pogen ten koste van mijnen bodem zou afloopen, of dat ik met de werpankers van den grond raken, en dan naar zee moest drijven. Maar ik mag, van den anderen kant, niet verzwijgen, dat er een Russisch ontdekkingsschip in *Honoruru* lag, welks kapitein de beleefde hulpvaardigheid had, mij eene barkas met kloeke mannen te zenden, die ons, bij het halen aan de trossen, bijzonder goed te pas kwamen; en het is gedeeltelijk door deze medehulp van dien achtingwaardigen Bevelhebber, met wien ik in het vervolg meer bekend en bevriend geraakte, dat ik mij beroemen kan, de eerste te zijn geweest, wiens bodem, zonder bijstand van den loods — en ook niet in den vroegen morgenstond, noch bij stilte, maar in den loop van den dag, en met eene stijve marszeilskoelte, — *Honoruru*-haven binnengebragt werd. — Dit strekt dan ook tevens tot een bewijs, dat het juist niet noodig is, schepen zóó lang voor den wal te laten liggen, totdat windstilte het, in den ochtendstond, toelaat, dezelve naar binnen te loodsen: waardoor reeds menigeen — óf voor den zuidwestewind heeft moeten vlugten — óf, met de ankers van den grond dreggende, dagenlang laveren, om weder onder het eiland ten anker te komen. —

Toen wij nu, op de zoogenaamde buitenreede, niet verre van *Morai*-hoek lagen, verscheen de loods ALEXANDER ADAMS aan boord, zich dáármede verschoonende, dat hij geene sloepen tot boegsering had kunnen krijgen, en niet konde denken, dat ik zulke goede scheepsbehoeften, tot het naar binnen werken van een schip, zou aan boord hebben. Dit kwam er nu altemaal bij mij niet meer op aan: want ik had het genoegen, *Mr.* ADAMS te kunnen overtuigen, dat ik eergisteren, of den tienden, zoo zeer niet mis gedacht had, toen wij verschilden omtrent de mogelijkheid tot het binnenloodsen der schepen. —

Niettemin hadden wij voor heden onzen arbeid ruim gehad; en, dewijl de avond begon te vallen, wilde ik, hoezeer anders wel genegen, ook nog de droogte van *Morai*-hoek voorbij te werken, mij toch liever ten laatste niet aan eene flater wagen. Ik kwam dus op de buitenreede ten anker, welke trouwens — gelijk de lezer, uit de beschrijving van de haven van *Honoruru* in haar geheel, zal kunnen opmaken — even veilig als de binnenreede is; ten minste in zóó verre, dat men aldaar geen' dier vermelde tegenspoeden meer te wachten heeft, waaraan een schip, buiten voor den wal geankerd, kan blootliggen. —

Den volgenden dag, den dertienden Februarij, boegseerden wij, met onze sloepen, het schip naar de binnenreede; haalden hetzelve bij het dorp *Honoruru;* bragten het, omstreeks het huis van den Amerikaanschen Consul, digt bij den wal, en meerden het dààr, met twee ligte kettingen van achteren op het land en met een zwaar anker en ketting vooruit, naar de hiervoren reeds beschrevene orde van vertuijen.

DRIE EN TWINTIGSTE HOOFDSTUK.

Wij lagen dan nu met het schip voor het Indiaansche dorp *Honoruru*, de hoofdstad van al de *Sandwich-*eilanden, en de residentie van den koning, welke daarover het gebied voert. Deze vorst, toen een

jongeling van slechts veertien jaar oud en alsnog
onder zekere voogdijschap· regerende, bragt zijnen
jeugdigen leeftijd door in vermaken; en één zijner
grootste genoegens bestond in het bezoeken der onderscheidene schepen, die in de haven ten anker
kwamen.

Denzelfden morgen, toen wij het schip in de baai
meerden, zagen wij dan ook reeds groote beweging
aan den wal. Dit was de koninklijke stoet, die
aánrukte. Het Pruissische schip *Prinses Louise* had
bereids aan Z. M. een saluut gegeven, van, zeventien
kanonschoten; hetwelk, door het fort, met een
gelijk getal was beantwoord geworden. Nu begaf zich
de jonge koning naar boord van voornoemden bodem; terwijl mij werd aangezegd, dat ik, den volgenden dag, een bezoek van denzelven had te
wachten.

Mr. FRENCH verzekerde mij, dat de *Wilhelmina
en Maria* het eerste in deze haven geziene Nederlandsche schip was, en dat de bewoners van dit eiland de
Hollandsche vlag nog niet kenden: waarom hij het
voegzaam, ja zelfs noodig, achtte, dat ik den koning — even als het Pruissische schip gedaan had —
een saluut gaf van een gelijk getal kanonschoten.
Dezen raad evenwel diende ik eerst in overweging te
nemen. De kapitein van het schip *Prinses Louise*
voer onder koninklijk Pruissische vlag — welke, zoo
als ik vermeen, vergund was geworden aan alle
schepen, die tot de Berlijnsche handelcompagnie behoorden. In hoe verre nu deze bevelhebber zich,
hierdoor, als gemagtigd kon beschouwen, namens

zijnen Monarch te salueren, was mij niet bekend :
doch ik diende te weten, dat ik mij, in mijne toenmalige betrekking, geene bevoegdheid tot het geven
van eenig eerbewijs, van wege onzen Souverein, kon
aanmatigen. Van den anderen kant echter ook begreep ik, dat het·van mij nu niet oordeelkundig
gehandeld zou geweest zijn, met den jongen vorst
dezer eilanden in diens aangename verwachting,
van, ter zijner eere, ook het kanongebulder van
het Hollandsche schip te·hooren, te leur te stellen.
Kort en goed: ik besloot, zeventien geregeld achtereenvolgende kanonschoten, stuur- en bakboord uit,
te doen; en, wanneer men dan daarop, bij wege
van wedersaluut, het grof geschut van het fort
even zoo vele keeren wilde laten knallen, dit aan te
nemen — voor hetgene het mogt gelden.

Den volgenden morgen — van den veertienden
Februarij — begaf ik mij naar den wal, en ging, met
den heer FRENCH, naar het zoogenaamde fort, hetwelk gekommandeerd werd door generaal KEKUANOOA.
Wij vonden dezen veldheer in een inlandsch gebouw,
alwaar hij, op zijne wijze, in volle montering gekleed — bestaande in een blaauw nanking pakje —
met de onbewegelijkheid van eenen automaat op eene
bank zat, ten einde zich, door eenen Noordamerikaanschen kunstenaar, te laten portretteren. Zelfs
zijne oogen stonden hierbij zóó strak, als hadde hij
die nimmer kunnen draaijen, en even zorgvuldig
wachtte hij zich van te spreken. Het scheen, dat aan
KEKUANOOA deze houding allerstrikst met het oogmerk was voorgeschreven, dat de schilder toch niets

III.   ·   6

van deszelfs wezenlijke trekken of gestalte mogt' missen, en welke dan ook, in olieverw op het doek
gebragt, naar mijn oordeel al zoo min sprekend
werden nagebootst, als het voorkomen van dezen
Indiaanschen generaal diens krijgsrang zou hebben
doen vermoeden. De trawanten van onzen kommandant stonden allen met eene gespannen aandacht,
en zonder zich te verroeren, beurteling op hunnen
gebieder of het onder hunne oogen wordende won-
derstuk van den schilder te staren — zoo dat het
geheel van dit tooneel meer naar eene galerij van
Indiaansch-gekostumeerde beelden, dan naar even
zoo vele levendige menschen geleek.

Mr. FRENCH deed aan KEKUKANOOA verstaan, dat
ik genegen was, een saluut te geven van zeventien
kanonschoten, en vroeg hem, of het fort ook mij
met een gelijk getal schoten zou beantwoorden?
Thans liet de gebieder dezer vesting voor het eerst
zijne stem hooren, doch niet dan zeer spaarzaam, en
zonder de oogen te bewegen om ons aan te zien —
waarschijnlijk opdat er niets, van zijne eenmaal door
den kunstenaar aangewezen gestalte, zou uit de
plooi raken. KEKUANOOA gaf last, dadelijk een tegen-
saluut gereed te maken, en ik vertrok naar boord,
ten einde de noodige orders, tot het salvo van mijnen
kant, te geven.

Om voorts zoo veel mogelijk de tevredenheid van
den jongen koning op te wekken — opdat hij ook de
Nederlandsche vlag niet met een geheel onverschillig
oog mogte aanzien — deed ik den reedersstandaard,
waarin de naam van het schip pronkte, aan den grooten

mast — en mijne vlag als lid van het zeemanskolle-
gie, onder N°. 25, van den voortop — wapperen.
Ook de groote vlag en geus werden geheschen, de
staatsietrap op zijde van het schip gehangen, en alles
aan boord gereed gemaakt om de jonge majesteit
van deze eilanden met zoo veel deftigheid mogelijk
te kunnen ontvangen. Ten elf ure in den morgenstond gaven wij het reeds aangeduide saluut, hetwelk
kort daarop door het fort, van waar de vlag der
Sandwich-eilanden geheschen was, met een gelijk
getal schoten werd beantwoord. Tenzelfden tijde
zond ik naar de mouille aan den wal twee sloepen,
met welke, weinige oogenblikken daarna, de koning
en zijn gevolg aan boord kwamen. — Thans echter
zal het noodig zijn, den Lezer, alvorens, met deze
hooge personaadje nog eenigzins nader bekend te
maken.

TAMEHAMEHA de derde — ook KAUIKEOULI genaamd,
en oppergebieder der *Sandwich*-eilanden; hoewel
regerende onder de voogdijschap van de oude koningin
KAAHUMANA, den regent KAHAYMOKU en het opperhoofd
BOKI, — was, ofschoon toen niet meer dan veertien
jaar oud, voor zijnen leeftijd ongemeen groot, vet en
log van gestalte. Zijn gelaat teekende niets meer-
ders, dan dat van al de overige eilanders, met welke
hetzelve dan ook, in gelijkvormigheid van trekken,
zoo zéér overeenkwam, dat men hem als met de
towtows (geringste volksklasse) uit denzelfden stam
gesproten hadde kunnen aanzien. Zijn gezigt was
bovendien zeer lelijk — bol, opgeblazen en geschonden van de kinderpokken, en kenmerkte niet ondui-

delijk, in hoe verre deze jonge vorst, reeds, met eenige verleidelijke en voor de jeugd schadelijke lusten had kennis gemaakt. Hij ging gekleed in een wit hembd, dito vest en een zwart, zijden buisje; had eenen bonten halsdoek om, ook schoenen en kousen aan. Voorts werd hij vergezeld door den regent KARAÏMOKU en den kommandant zijner lijfwacht KARUHU, beiden gekleed in een smerig, blaauw nanking · pak. Deze laatsten hadden eenen . grofstrooijen matrozen - hoed op, doch KAUIKEOULI eenen zwart vilten. De overigen van zijn gevolg waren geheel naakt, uitgenomen dat zij den *marro* droegen, en eenen mantel over de schouders hadden van zeker — uit den bast van eenen boom geslagen — doek.

Mr. FRENCH, welke den jongen koning naar mijn schip begeleidde, had tevens de goedheid, voor tolk te dienen. Zoodra KAUIKEOULI van de valreep op het dek stapte, reikte hij mij de hand, en groette mij met het gewone: » *aroga, captain!* (goeden dag, kapi- » tein!") hetwelk ik, volgens eenmaal aldaar aangenomen gebruik, in het Engelsch beantwoordde met: » *good morning, King! how do you do?* (goeden » morgen, Koning! hoe vaart gij?") KAUIKEOULI wandelde het schip rond, en scheen in mijnen bodem bijzonder veel schik te hebben. Bovenal behaagde hem de daarop getimmerde kampanje, die hij beklom, en op welke' hij met eenigen van zijn naakt, zoo wel als gekleed, gevolg zich nederzette, terwijl hij nu even als een kind, zoo dartel en verheugd, bleef rondkijken. — Gedurende ons verblijf in de haven van *Honoruru* herhaalde hij verscheidene malen, met ettelijken van zijnen stoet, zijn bezoek bij ons aan boord. Het gansche gezelschap zat dan, uren achtereen, op voornoemd bovendek te praten, of zich de lessen overluid in te prenten, die hun door de missionarissen waren opgegeven — zoo dat wij nu, even als weleer in onze kinderscholen, eenen onophoudelijken dreun van *b. a. ba, b. e. be, b. o. bo; a. b. ab, e. b. eb, i. b. ib* enz. van zóó vele zich kruisende stemmen vernamen.

KAUIKEOULI deed mij door *Mr.* FRENCH vragen: » of ik hem mijn schip zou willen verkoopen?" en aanbieden, dat hij voor hetzelve het eilandje *Oreehona* in ruiling wilde afstaan. Ook deed hij aan mij vertolken, dat hij, bij het eerste ontwaren van mijne vlag, geloofd had, dat mijn schip (zoo immers bragt de heer FRENCH het mij over) onder *the Union-flag of the Islands* voer — welke in zóó verre eenige gelijkenis met de Hollandsche heeft, dat deszelfs veld bestaat, behalve de Engelsche geus aan den bovenhoek, uit roode, witte en blaauwe strepen, ten getale van negen, of wel: juist zoo velen, als deze *Sandwichs*-groep in den *Stillen* oceaan eilanden telt.

De jonge vorst scheen mij overigens niet zeer weetgierig te zijn, en volstrekt niets te vragen te hebben, betreffende het land der Nederlanden of deszelfs Koning. Hoezeer dit nu ook ten deele aan deszelfs jeugd mogt zijn toe te schrijven, wekte nogtans deze onverschilligheid met reden mijne aandacht, en achtte ik het eenigzins van belang, koning KAUIKEOULI ter maaltijd te noodigen; hetwelk hij dan ook gaarne

aannam. Ik kan niet zeggen, dat ik, aan den disch,
veel onderscheid ontdekte, tusschen de manieren aan
het hof van deze eilanders en die der burgers, welke
den een en dertigsten Januarij bij mij aan boord ge-
spijsd hadden; want ook mijn koninklijke gast at van
al de geregten geweldig veel en gulzig. Het moet
evenwel gezegd worden, dat hij het gebruik van het
tafelgereedschap beter kende, dan mijne vroegere
gasten; ofschoon het mij voorkwam, dat hij de spijzen toch gemakkelijker met zijne vingers naar den
mond konde brengen — vooral zekere pap, *pooy*
genaamd, waarvan men eenen grooten houten bak vol
aan boord gebragt had, aan welken vier mijner
matrozen hunne bekomst hadden kunnen eten. Deze
bak werd door eenen van de lijfwacht, die, aan
's vorsten regterzijde, naast hem gehurkt op het dek
zat, zoodanig naar boven opgeheven gehouden, dat
KAUIKEOUI, zonder daarnaar om te kijken, zijne reg-
terhand in de pap konde laten vallen; waarna hij
dan met de twee voorste vingers in dezelve rondroer-
de, en nu de hoeveelheid van eenen spijslepel op-
schepte en naar zijnen wijdgapenden mond bragt.

Gedurende den maaltijd deed ik zoo veel mogelijk
mijn best om des jongen konings weetlust, aangaande
de ligging en gesteldheid der *Nederlanden*, op te wekken: doch het bleek weldra, dat noch het een, noch
het ander hem bijzonder belang inboezemde. Hij
deed mij enkel de vraag: » of de Koning van *Holland* ook oorlogschepen bezat?" en, toen ik hem
zulks met » ja!" beantwoordde, zeide hij: » ik wil
» ook oorlogschepen koopen." Daarop wilde hij nog

weten, » of die oorlogschepen wel zoo groot waren
» als het Engelsche fregat *the Blonde*, gekomman-
» deerd door den zeekapitein *Lord* BYRON, of als
» de Amerikaansche korvet *Peacock*, welke onlangs
» de *Sandwich*-eilanden had aangedaan?". — waarmede het gesprek was afgeloopen. Na den maaltijd
wees ik hem, op eene groote wereldkaart, Nederlands *Oostindie*, en trachtte hem te doen verstaan,
dat deze bezittingen van onzen Koning niet zoo zéér
verre van de *Sandwich*-eilanden aflagen, als *Europa*.
Hierop vraagde hij mij: » of dâar de Koning van
» *Holland* woonachtig was?" — Overigens scheen
hij nog hoegenaamd geen denkbeeld van geografische
kennis te hebben, — veel minder bewust te zijn van
iets, hetwelk de vroegere of latere politieke geschiedenis van *Europa* aanging. Van *Engeland* en *Noord-
Amerika* echter had hij, zoo als het mij voorkwam,
een groot denkbeeld; ook *Spanje* en *Rusland* schenen
bij hem eenige aandacht verwekt te hebben: doch
de overige landen van ons werelddeel waren hem
alsnog geheel vreemd en onbekend. In het kort: ik
moet zeggen, dat de jonge vorst mij van alle eigenlijke verworven kundigheid nog ontbloot en daaromtrent ook wel nimmer scheen te zijn onderwezen.
Zijn gedrag, trouwens, was, over het geheel, zoo
kinderachtig en joolig, als dat van meest elken aan-
komeling van gelijken leeftijd. — Niet alleen aan boord
van mijn schip ook leerden wij hem aldus kennen:
maar, gedurende ons verblijf in de haven van *Honoruru*, spijsde ik bijna dagelijks — in het zoogenaamde *Blonde hotel*, van welk *Governor* BOKI eigenaar

was, — aan eene door zekeren *Mr.* RENEL gehoudene open tafel, waar bijna al de blanke vreemdelingen op het eiland het middagmaal gebruikten, en
aan welke de jonge KAUIKEOULI verscheidene malen,
als gast, verscheen. Ook dan sprak hij nimmer over
iets anders, dan de nietigste beuzelingen, en lachte,
even als bij mij aan boord, op alles, wat er gezegd
werd, veelal zonder te weten waarom. Overigens
kwam hij mij voor, een goede — doch loshoofdige —
jongeling te zijn, wien men alles kon wijsmaken,
waarvan dan ook sommige vreemdelingen (niet altijd
op zeer edelmoedige wijze) gebruik gemaakt hebben — voornamelijk door hem kostbare kostumen van
zijne voorvaders, zoo als die eertijds van de hoofden dezer eilanden gedragen werden, af te troonen;
en welke overblijfselen der verledenheid, door deze
onnoozele eilanders, nog niet zeer geteld mogen worden, hoezeer er niettemin, wanneer de beschaving
onder hen zijnen voortgang blijft behouden, ééns een
tijd te voorzien is, dat zij het gemis dier gedenktee-
kenen van hunne vroegere gebruiken, leefwijze en
geschiedenis, en het overgaan daarvan in vreemde
handen, die hunne argloosheid verschalkten, te laat
betreuren zullen. —

Dan wij stappen hiervan af. KAUIKEOULI scheen,
na het gebruik van onzen maaltijd, bijzonder verge-
noegd met het hem aangedane onthaal. Wij werden beste vrienden; en, toen hij van boord ging,
reikte hij mij vertrouwelijk de hand, onder belofte
van mij weldra weder te zullen komen bezoeken:
hetwelk hij ook nakwam, terwijl hij dan, zoo als ik

reeds gezegd heb, met eenigen van zijn gevolg urenlang op het dek zat, te lagchen, te praten en de
schoollessen op te dreunen.

Den volgenden dag begonnen wij reeds weder met
kracht aan het innemen van het hier mede te laden
sandelhout. Wij bezigtigden tevens de kerk van
Honoruru, die, gelijk mij verzekerd werd, ruim duizend personen kon bevatten. Dezelve was echter op
verre na zoo groot niet, noch ook zoo fraai gebouwd, als die van *Kairooa* op het eiland *Owhyhee*.

Voorts legden wij een wederkeerig bezoek af bij
den jongen koning. Het paleis van dezen bestond weder *uit* eenige afzonderlijke woningen van verschillenden bouwtrant en grootte, allen bij elkander gelegen.
Het hoofdgebouw was andermaal een houten huis,
gelijk aan dat van *Governor* JOHN ADAMS en mede
van *Noord-Amerika* naar dit eiland overgebragt; doch
ook KAUIKEOULI scheen, bij voorkeur, in eene zijner inlandsche woonverblijven te logeren. — Wij
vonden hem uitgestrekt liggen op eene van bamboes gemaakte rustbank, terwijl hij lachte of schertste
met eenigen zijner rondom hem staande hovelingen.
Bij het binnentreden maakten wij onze groete met
het gebruikelijke: » *aroga, king!* " hetwelk hij, in
de landstaal, beantwoordde: doch ook hiermede was
het onderhoud geeindigd. — Terwijl *Mr.* FRENCH
hetzelve met eenige nietsbeduidende redewisseling nog
een weinig poogde gaande te houden, bediende ik
mij van dien tijd om het vorstelijke verblijf ditmaal nog iets naauwkeuriger in oogenschouw te nemen. Het was in denzelfden trant als dat van

Prinses KAPIOLANI op het eiland *Owhyhee* gebouwd,
doch veel grooter en — naar mijne gissing — omstreeks honderd veertig voet lang. De kap rustte op
drie evenwijdig staande rijen stijlen van den palmboom; van welke rijen de middelste het hoogste
oprees, zoo dat het dak, over lange sparren gelegd,
naar de twee zijdelingsche rijen afhing. De bedek-
king van het laatste bestond uit palmbladeren,
die — met dezelfde netheid als op de daken der kerken — aan rieten of bamboezen stokken, door middel van fijn bieswerk, gehecht waren. Het verband,
in zijn geheel, van de stijlen met het zamenstel der
dwarsbalken en sparren van de kap was weder,
met niet weinig kunst, als door een matwerk om-
woeld; hetwelk andermaal, gelijk wij dit reeds op
Owhyhee gezien hadden, even sierlijk als wezenlijk
welverbonden zich voordeed. Gelijkerwijze was ook
hier weder de binnenzijde van het gebouw met een
fijn gevlochten matwerk behangen, en de bodem
daarmede bedekt. De groote of receptie-zaal be-
sloeg, naar het aanzien, tachtig voet in lengte; en
aan elke der wederzijdsche uiteinden van dit luchtig
verblijf, zag men dan twee, weder door matwerk
afgeslotene vertrekken, dienende tot slaapkamers, en
tusschen welke in het midden het verlengde der zaal
was. Het beddegoed in gezegde slaapkamers bestond
ook hier alléén uit matten, ten getale dikwijls van
twintig stuks op elkander gelegd, met de grofsten van
onderen en de fijnsten bovenop. Het verlengde, of
de ruimte tusschen de slaapvertrekken, was opgeluis-
terd door drie groote schilderijen, met vergulde

randen; waarvan ééne het portret vertoonde van de in *Engeland* overledene koningin dezer eilanden (de gemalin van RIHORIHO), en eene der beide anderen KAUIKEOULI zelven scheen te moeten voorstellen. Het geheele ameublement, overigens, was zamengesteld uit twee groote tafels, eenige Amerikaansche stoelen en een paar rustbanken.

De hofstoet van dezen jongen gebieder bestond uit ettelijke mannen, die, behalve den *maro* en eenen mantel over de schouders, geheel naakt gingen. Ook de lijfwacht had geene andere montering. Enkelen van dezelve waren met snaphanen gewapend, die zich nogtans in eenen ellendigen staat bevonden; anderen hadden pieken. Over het geheel, geloof ik, was dit korps toen hoogstens twintig man sterk; gelijk het uit menschen van allerhande statuur scheen te zamen geraapt. Verwijderde zich KAUIKEOULI uit zijn paleis, dan volgde hem deze zijne lijfwacht, doch nagenoeg in dezelfde orde, als de schapen gewoon zijn te loopen. Men kon dan, aan het geluid eener doffe trom, die het geleide vergezelde, en aan het geschreeuw der soldaten, den monarch dezer eilanden reeds, op verren afstand, hooren naderen. Wanneer de trein voor het huis kwam, alwaar de jonge koning, aan de open tafel, veelal mede het middagmaal nuttigde, werd er niet zelden, uit één of twee geweren, eene soort van salvo gegeven. Des nachts, van het tijdstip af, dat de vorst zich ter rust had begeven, hoorde men, keer op keer, gemelde zijne lijfwacht als uit éénen mond eenen kreet aanheffen — ten naasten bij op die wijze, gelijk bij ons,

op de oorlogschepen, het zeevolk van de wacht,
om het halfuur, » alles wel !" moet roepen. —

Het paleis van de oude, toen mede-regerende Koningin KAAHUMANA, hetwelk wij vervolgens bezochten,
stond niet verre van dat van den jongen koning,
maar was op lange na zoo groot of ruim niet, schoon
weder, van bouw en inrigting, gelijk ik de woningen dezer hooge personen reeds genoegzaam heb beschreven. Ik dien evenwel nog te zeggen, dat beide
deze paleizen, namelijk dat van de oude koningin
en dat van den jongen koning, benevens al derzelver
bijgebouwen, in een groot, uitgebreid park bij elkander lagen, hetwelk door eene heining — en, aan
den kant van den algemeenen weg, door eene plan-
ken schutting — was afgesloten. De deur van het
paleis der oude koningin stond open; en, aan deszelfs voorportaal reeds, werden wij door eenigen der
hofdames ontvangen, weder naar 's lands wijze ge-
tooid, maar overigens, in evenredigheid, veel be-
tamelijker gekleed, dan de hovelingen van KAUIKEOULI.
Doch naauwelijks waren wij de eerste poort van
dit vorstinnen - verblijf binnengetreden, of *Mr.* FRENCH
wendde zich linksaf, terwijl zijne woorden — *» aroga,
» queene!* (dag koningin!") mij, die bereids eene
schrede meer voorwaarts was, ijlings deden omzien
naar degene, aan wie hij dezen groet rigtte. Thans
ontwaarde ik, aan die zijde, vlak bij de deur eene
lelijke, menschelijke gedaante, liggende, op eene
houten rustbank, onder eene katoenen of sitsen deken. Dit nu was vorstin KAAHUMANA, destijds omstreeks twee en vijftig à drie en vijftig jaar oud,

afschoon men haar wel zeventig hadde kunnen geven. Zij lag, als geheel in elkander gekromd, met
het hoofd onder het dek gedoken. Nu en dan evenwel stak zij hetzelve, even als eene schildpadde,
voor een oogenblik te voorschijn, zuchtende en ker-
mende dan eenige woorden, die ik niet verstond.
Zij strekte, toen zij ons zag, ons de hand toe, en
sprak — niet zeer verstaanbaar en nog minder luide —
de woorden: » *my queen, my queen;*" waarmede
zij aan mij, als vreemdeling, ongetwijfeld te verstaan
wilde geven, dat zij de koningin was. Wij vertoefden bij haar niet langer, dan vereischt werd,
om het inwendige van het gebouw weêr eenigzins
gade te slaan. Dit bevatte onderscheidene, door matten afgeschutte vertrekken, genoegzaam allen op ééne
rij; en hetwelk zeker de slaapkamers waren der
hofdames. Eenigen — en vooral de jeugdigen —
van deze laatsten hadden een niet onaardig voorkomen. — De lijfwacht van KAAHUMANA liep — maar
niet veel beter, dan als in het wilde, — rond het
paleis, en bestond, zoo veel als ik heb kunnen bemerken, enkel uit ettelijke *kanakas* (mannen,) die
in dezelfde montering — te weten: den *maro* en den
mantel — gekleed waren, als bij den koning.

Wanneer deze Regentes zich, tot het doen eener
wandeling of inspectie, buiten haar paleis op den
weg wil begeven, dan wordt hoogstdezelve ter deur
uitgedragen, en op eene kar met twee wielen
gelegd, die alle overeenkomst heeft met sommige
bij ons in gebruik zijnde turfwagens. De *kanakas*
spannen zich aan dit rijtuig, en deze staatsiekoets

rolt nu voort, onder een uitbundig geschreeuw van
den hofstoet — hetwelk zeker zoo veel als een
salvo aanduidt, dat van wege hare Majesteit gerigt
wordt.

Van tijd tot tijd gingen wij met onze bezoeken
voort, en kwamen dus ook nog bij andere personen van de vorstelijke maagschap. Overal werden
wij nagenoeg op dezelfde wijze, als bij KAUIKEOULI,
ontvangen, met dit onderscheid echter, dat de meesten van zijn geslacht, die wij na hem aantroffen,
hem in spraakzaamheid en ook in beschaafdheid
schenen te overtreffen. De woningen overigens van
deze prinsen en prinsessen waren allen alweder ten
naasten bij, van zamenstelling en inrigting, zoo als
ik die hiervoren heb beschreven. Behalve de tafels
en stoelen, benevens eenige van bamboes gemaakte
rustbanken, strekte zich het ameublement bij sommigen nog uit tot chinesche koffers.

Niet geheel onbelangrijk voor den vreemdeling is,
van zekere zijde, de kennismaking met de tot hiertoe
door ons bezochte klasse van hoogadelijke personen,
als welke allen tot de vermaagschapping der *Eries* behooren, zoo als het geslacht dezer edelen in zijn geheel hier pleegt genoemd te worden. Men zal dan
eene familie van menschen ontmoeten, die men, zoo
als ik zou durven verzekeren, bijna nergens op onzen aardbol grooter en kloeker van gestalte mag
aantreffen. Niet alleen zal men over de buitengewone lengte zoo wel der vrouwen als der mannen van
den hier regerenden stam, maar ook over derzelver
grof gebeente, zich moeten verwonderen: gelijk zij

gewis hunne handen en voeten, tegen die van de zwaarste en grofste karels in *Europa*, zouden kunnen monsteren. En evenzoo onbehouwen als de gestalte dezer lieden is, zoo min verfijnd zijn, over het algemeen, ook hunne gelaatstrekken. Zij hebben allen bijzonder breede kaken, met hangende wangen, voorts eenen breeden, platten neus, ver vooruitstaande en dikke lippen, benevens eenen grooten mond. Hunne oogen echter zijn zwart, groot en fonkelend, en zeker zoo fraai en sprekend, als ik dezelve bij eenig Indiaansch volk gezien heb. — Overigens hebben de *Sandwich*-eilanders in het gemeen eerder *iets spotachtigs* in hun voorkomen, dan ernstigs. Veelal bestaat, ook bij hen wederkeerig, de gewoonte van aan een ieder, en vooral aan den vreemdeling, eene soort van *alias*-naam te geven, welke dikwerf niet onaardig met het opgemerkte in handelwijze, gestalte, bedrijf, manier van kleeden, toon van stem enz. overeenkomt.

Tot de voornaamsten der dames, die wij gingen zien, behoorden ook de drie weduwen van den koning RIHORIHO, welke, in het jaar 1822, te *Londen* is overleden. Men weet, dat zekere kapitein van eenen walvischvanger loszinnig genoeg was, dezen vorst aan te praten, dat hij, mitsgaders de koningin, zich, aan boord van deszelfs schip, als passagiers mede naar *Engeland* zou begeven, opdat RIHORIHO — zoo als gemelde kapitein zich uitdrukte — *» might become more acquainted with the world* » (meer met de wereld mogt bekend raken.") Evenmin welkom was het bezoek van deze hooge personen aan het Engelsche gouvernement, als het den reeders van het schip aanstond, dat de kapitein, in plaats van met eene lading traan uit den *Stillen* oceaan, met deze vreemde gasten te huis keerde. Hij werd ontzet van zijnen bodem, en de Britsche regering vaardigde een verbod uit, van immer weder Indianen — hetzij van kusten of eilanden dier zeeën — met schepen, toebehoorende aan iemand van de Engelsche natie, naar *Groot-Brittannie* over te voeren. Het is tevens bekend, dat zoo wel RIHORIHO als zijne gemalin — ten gevolge van het onmatig genot van het ruim en gul onthaal, welk men dit merkwaardige vorstelijke paar, in *Engeland*, als om strijd aandeed — ziek werden en kwamen te sterven. Het Britsche oorlogsfregat *the Blonde*, gekommandeerd door *Lord* BYRON, bragt de stoffelijke overblijfsels der doorluchtige echtelingen, gebalsemd, naar de *Sandwich*-eilanden terug; en het was alleen de bij mijn verblijf nog in leven zijnde mede-regent BOKI, die, zijnen koning en koningin naar *Europa* begeleid hebbende, deszelfs vaderland mogt terug zien.

De namen der vermelde door ons bezochte exkoninginnen waren KINAU, KEKAURUOHI en KEKOUONOHI. — KINAU scheen mij de schoonste te zijn, en was, geloof ik, ook de jongste. Men verhaalde mij, dat de missionarissen deze prinses wilden uithuwelijken aan den jeugdigen koning, die echter meer behagen scheen te hebben in zijne eigen zuster, met wie de vorsten dezer eilanden dan ook gewoonlijk, volgens landsgebruik, in den echt traden. Ook de koninginregentes KAAHUMANA en *Governor* BOKI hadden liever de oude zeden in deze zien volgen, en de verbindtenis tusschen KAUIKEOULI en diens zuster NAHI-ENAENA — door de zendelingen ook HARIETA genoemd — voltrekken ; waarop dan ook KINAU weder hertrouwd was, en wel met KEKUANOOA, zoo veel als generaal zijnde over 's konings leger. Hij behoorde voorts mede tot de voornaamste hoofden van dit eiland, en bewoonde weder een houten gebouw, van *Noord-Amerika* herwaarts overgebragt. KEKUANOOA (of ook KAIKE-OEVA) was wijders de broeder van den koning, doch niet van ééne moeder: hij en prinses NAHI-ENAENA, op welke de jonge vorst verliefd was, waren kinderen van de oude prinses KAPIOLANI, en dus mede verwant aan *Governor* JOHN ADAMS op *Owhyhee*. — Ook KEKAURUOHI was hertrouwd, met KANAINA: waarmede het, ten opzigte van deze genealogische opteekeningen, voor het oogenblik moge genoeg zijn.

Van tijd tot tijd traden wij bij nog meer andere hoofden van het eiland binnen, welke wij dan ook allen — naar het verschil van hunnen rang — in meerdere of mindere mate beter dan het gemeene volk, zoo wel in kleeding als in woning en huisraad, vonden uitgerust. De mannen onder dezelve droegen veelal een blaauw nanking pak. De hoofden van minder allooi waren geheel naakt, en enkel bekleed met den *maro*, benevens den mantel van grof doek. De voornaamsten der vrouwen of prinsessen hadden eenen langen tabbaard aan van blaauw of zwart nanking, welke haar over den — van inlandsch doek gemaakten — rok afhing. Gemelde tabbaard was, tot aan den hals, met eenen band digtgesnoerd, en werd aldaar op de eilanden verkocht onder den naam van missionaris - hembd (*missionarys - shirt*).

De huisselijke bezigheden dier dames bestaan, zoo mij verzekerd werd, nog zoo wat in niets uit te voeren, op hare stapelmatten te liggen, en zich dan, door derzelver vrouwelijke bedienden, te laten voorvertellen. Zij gingen echter veel, en wel meermaal daags, naar de kerk, gelijk mede naar eene algemeene school, om het lezen en schrijven te leeren. Ook de mannen van dezen stand hebben weinig om handen: eenigen evenwel van hen begeven zich van tijd tot tijd, met eene menigte volks, ter vischvangst. De aanzienlijksten dezer hoofden bezitten hunne paarden, die zoo wel door de mannen als vrouwen bestegen worden; en ik moet bekennen, dat er, ten opzigte van de kunst van rijden, onder de laatsten reeds echte Amazonen zich bevonden. Voorts ontmoet men op dit eiland ook bereids karikels: immers heb ik KAIKE-OKVA met zoodanig rijtuig op weg gezien — — zoo dat, indien de vermeerdering van behoeften bij deze eilanders eenen zekeren trap van beschaving kenmerkt, de voortgang in deze dan zeker niet valt te betwijfelen.

Bij den Engelschen Consul *Mr.* CHARLTON genoot ik zeer veel vriendschap en bewijzen van beleefdheid. Zijne vrouw, benevens twee lieve kindertjes en zijne vrouws — of eigen — zuster, had hij bij zich. Menigmaal gebruikte ik er des avonds de thee, en bevond mij dan veeltijds in gezelschap met den Russischen kapitein van het in de haven ten anker

liggende ontdekkingschip. Ook door den Amerikaanschen Consul *Mr.* JONES werden wij meermaals genoodigd.

Gezegde Engelsche Consul had zijne woning aan
den oostkant van het dorp (of liever van de hoofdplaats) *Honoruru*, of wel: naar den kant van den
berg *Puwaina*, ook *Punchbowl-hill* genaamd. Deszelfs
huis was niet zeer groot, doch ik kan zeggen: bijzonder net en met smaak zoo wel ingerigt als gemeu-
bileerd; gelijk er een regt aangename en beschaafde toon heerschte. — De woning van den Amerikaanschen Consul lag, zoo als ik reeds vroeger gezegd heb, niet verre van de landingsplaats. Op
eenige roeden van het strand, kwam men er, door
eene poort, tot een groot plein, in welks midden
het woonhuis stond, hebbende een balkon, waartoe
men met eenen langen trap opsteeg, en van waar men
een ruim en fraai gezigt over de geheele baai en naar
zee had. Dit balkon geleidde naar eene lange en
ruime spijszaal. Over het algemeen scheen het mij
toe, dat de blanke vreemdelingen zich op dit eiland
reeds op eenen bijzonder goeden voet hadden ingerigt, en ook op hun gemak leefden. Tot de voornaamste en rijkste personen van dit eiland, was mede
té tellen zekere Spanjaard *Don* FRANCISCO MARINI,
welke van den koning vele landerijen gekocht had,
en zich met den meesten ijver op den landbouw en
veeteelt toelegde: hij bezat nu reeds omstreeks duizend stuks runderen.

Deze, zoo wel als de paarden, werden, in 1794,
het eerste naar deze eilanden gebragt door kapitein

7 *

57808.

VANCOUVER. Sedert is, op het eiland *Owhyhee* of *Hawaii*, het hoornvee bereids zoo aanmerkelijk aangefokt en loopt aldaar dusdanig in het wild, dat er de inboorlingen dikwijls last van hebben. Vaak gebeurt het, dat geheele kudden van hetzelve van het gebergte in de dorpen komen, en er nu generaal alarm is met op de jagt te gaan, welke — doordien deze runderen over het algemeen zeer verwilderd en van eenen kwaadaardigen aard zijn — bijlang niet ge makkelijk valt. Daarbij moet men evenwel zeggen, dat dezelve van een voortreffelijk ras zijn, en fraaije, lange hoornen hebben. Ook de voortteeling van paarden is op deze eilanden bijzonder sterk. Als men hierbij dan nog in aanmerking neemt de menigte er gefokte geiten en varkens, verwekt het geene verwondering, dat het veldvoedsel hier zoo schaars wordt; waarover men, tijdens ons bezoek van deze eilanden, algemeen klaagde. Als ééne der hoofdoorzaken daarvan werd trouwens mede opgegeven de nalatigheid en traagheid der eilanders in het bebouwen hunner gronden, als welke men wilde, dat niet weinig bevorderd waren geworden doordien de missionarissen aan deze lieden tot gezegden arbeid gee-nen tijd gunden, maar hen gedurig verpligtten om in de school het lezen te leeren en, meer dan ééns daags, ter kerke te gaan.

Van het plaatsje *Honoruru*, hetwelk toch eigenlijk de hoofdstad vormt van de gezamenlijke *Sandwich*-eilanden, valt niet veel te zeggen. Ten zuiden is hetzelve gelegen aan de haven, of de kom van dien naam (welke echter, naar het weifelende der uitspraak, ook wel *Honolulu* — en, in sommige kaarten, *Honoonoono* — wordt geschreven.) De landzijde in het N. W. bestaat voornamelijk uit *tarro*-velden. Meer noordelijk heeft men bereids eenige suikerplantaadjen, en daarbij ook eenen suikermolen, in beweging gebragt wordende door muildieren. Van het noorden tot het oosten eindelijk, waar het strand de bogt van *Whytetee* vormt, is het land omstreeks het dorp minder vruchtbaar, of immers niet veel bebouwd. — De huizen van dit Indiaansche gehucht staan niet zeer regelmatig geschikt, maar meer verspreid door elkander, en vormen, zoo veel men er van zeggen kan, slechts twee eenigzins geregelde straten. Dezelve hebben — wat de hutten der inboorlingen betreft — ook hier, gelijk op al de overigen dezer eilanden, alsnog een ellendig en armoedig aanzien. Voor bijna allen is eene soort van palisadering gerigt, met een gat in dezelve, waardoor men inklimt, terwijl men dan op eenigen afstand de opening, of deur, van het gebouw heeft. Meerendeels, geloof ik, dient deze palisadering tot afwering der varkens, welke, met geheele kudden door het dorp hun voedsel loopen zoeken, en alzoo tot de onreinheid, die men overal bij de Indianen ziet heerschen, ook nog veel helpen bijbrengen.

De vlakte overigens, waarin het dorp gelegen is, wordt aan de landzijde geheel omringd door bergen, welke, omstreeks het plaatsje zelve, het verste — en wel eene groote halve mijl — van de kust zich verwijderen, maar naar het oosten het zeestrand meer naderen, zoo dat de *Diamants*-berg onmiddellijk door

den oceaan bespoeld wordt. Het geheel der keten
van dit gebergte wordt, aan de zuidzijde of den
kant van het vlek *Honoruru*, door drie valleijen gebroken, van welke de westelijkste het, voor de
Sandwich-eilanders in het gemeen, altijd zoo merkwaardige dal vormt van *Kuaroa*. TAMEHAMEHA I.
behaalde aldaar, in eenen bloedigen veldslag, eene
beslissende zege, waardoor zijn alleenheerschend gezag over de *Sandwich*-eilanden werd gevestigd: hij
drong de vijandelijke Indianen zoodanig tot in
naauwte van het dal, dat slechts weinigen het door
de vlugt ontkwamen, en de overigen door de zijnen
werden afgemaakt. — De westelijkste voorts der
bergen van deze keten draagt ook hier den — op
het eiland *Owhyhee* mede reeds aangetroffenen —
naam van *Mowna roa* (dat heet: twee- of dubbel-
gebergte, — gelijk *Mowna* » berg," en *roa* » twee,"
beteekent;) en deze berg was eertijds meer, dan wel
hedendaags, bij de Indianen in aanzien, als bevattende, volgens hun gevoelen, het verblijf van hunnen God PELE. De oostelijker daaraanvolgende is
de *Mowna kakea*, waartegen de *Puwaina* aanleunt,
zijnde een berg in de gedaante van eenen afgeknotten
kegel, en die alle kenteekenen van eenen volkaan
heeft. Deze berg is thans in eene geduchte citadel
herschapen, welke, wegens hare hoogte — die ik
op bijna vier honderd voet boven derzelver basis
schat — niet gemakkelijk zou zijn te bemeesteren.
De wapening dier natuurvesting bestaat uit twaalf
kanonnen van onderscheiden kaliber, welke het bin-
nenkomen van de reede, even als de geheele baai,

bestrijken. Voor het overige valt er aan deze sterkte
niets bijzonders te bezien; hoewel het, buiten een
speciaal verlof van den koning, aan niemand veroor-
loofd was, dit rotskasteel te bezigtigen. Nog oostelijker ontwaart men dan eindelijk den — in zee steil
afloopenden — *Mowna bejahai*, of den — door de
blanke vreemdelingen aldus genaamden — *Diamants-
berg*.

Naar dien kant der stad *Honoruru* is het, dat
meestal de vreemdelingen des avonds hunne wandeling
nemen. Men komt dan langs eenige zeer aardige
landhoeven, welke aanzienlijke kudden van geiten en
schapen fokten, en zal, zijnen weg vervolgende,
reeds eene soort van herberg aantreffen, waar men
meestentijds gaat melk drinken. — Verscheidene
wandelingen maakten wij mede naar de zijde van het
N. W. en Noorden van *Honoruru*; doch in de eerste
dier rigtingen is de weg bijna onbegaanbaar, en alleen
langs de wallen der *tarro* - velden te betreden. —
Deze aardvrucht wordt, even als de rijst in *Oostindie*,
op gronden gekweekt, die men onder water kan
zetten. Ook de *Sandwich* - eilanders, zoo wel als
de Indianen op *Java* en elders, vertoonen eene
ongemeene geschiktheid in daartoe aan het water
de vereischte leiding te geven, zoo dat het, van
veld tot veld, zeer langzaam afloopt, en altijd de
vrucht, tot op zekere diepte, daaronder blijft be-
dolven. De wallen, welke die velden vanéénschei-
den, zijn hier veelal beplant met bananboomen. —
De *tarro*, overigens, is een witte meelachtige
wortel, hebbende, in sommige opzigten, wel iets

van de *camotes* of den Oostindischen *pataler*; deszelfs lof vertoont eenige overeenkomst met dat van
onzen beetwortel. Als spijze is het gebruik der
tarro-vrucht onderscheiden. De wortel wordt veelal
eenvoudig gebakken, waartoe men een gat in den
grond graaft, en heeten asch bezigt, — of men
snijdt denzelven ook wel aan schijven en braadt die
met vet; doch voor het meerderdeel maakt men van
deze vrucht eene soort van pap, zijnde de reeds
aangehaalde *pooy* (of *poï*.) De bereiding dier spijze
is mede zeer eenvoudig. De wortel wordt eerst afge-
kookt, en daarna, in bakken of troggen, met groote
steenen tot deeg geslagen, hetwelk men voorts met
water kneedt en dan tot gisting laat overgaan; waartoe hetzelve ongeveer vier en twintig uren moet blijven staan. Wannéer de *pooy* gegeten zal worden,
lengt men die gewoonlijk eerst aan, tot eene brei,
die dan wel eenigzins gelijkt op gekookte stijfsel.

Den zes en twintigsten Februarij maakten wij, in
gezelschap van eenige goede vrienden en bekenden,
een uitstapje naar de — door de Indianen aldus genaamde — haven van *Oporooa*: hetwelk, zoo als ik
geloof, » parelrivier" moet beteekenen — althans
wordt gemelde baai aldus door de vreemdelingen geheeten; gelijk de Indianen daar somtijds paarlen
visschen, die zij te *Honororu* te koop komen aanbie-
der. Des morgens, ten tien ure, derhalve vertrokken
wij, met twee sloepen, naar buiten de haven naar
zee; roeiden, ongeveer den afstand van drie vierde
à ééne mijl, om de west langs de reeds aangehaalde
koraalbank, die de geheele zuidkust van het eiland

Woahoo opgeeft, en passeerden toen over de zoogenaamde *bar*, of drempel, van *Oporooa*-haven, op
welken, met laag tij, niet meer dan tien voet water
staat: waaruit ligt is af te leiden, dat de zee aldaar
in hooge brandingen kan vallen. Ook zelfs met ge-
wassen water is het passeren dezer *bar* — wanneer
men niet het gunstige tijdstip waarneemt, dat de zee
daarop kalm is, — zeer gevaarlijk. Tot zóólang
hielden wij het dan ook, naar den wil van onzen
loods (zijnde een inboorling van het eiland,) vóór
den drempel op riemen, en roeiden nu, op zijne
aanwijzing, met kracht naar binnen.

Wij bevonden ons hierop in eene langwerpige baai,
of liever gezegd: in een meer met verscheidene armen, of dat uit verschillende diepe bogten bestond,
waarvan twee der voornaamsten zich naar het N. O.
strekten, terwijl die van het N. W. het meeste
(en, van de monding te rekenen, circa ééne en een
vierde mijl) landwaarts inliep — waarbij gezegde
monding aan den zeekant op hoogstens eene kwart
mijl in breedte was te schatten, en de oevers der baai
in het rond zóó laag en tevens steil waren, dat het
geheel zich ten naasten bij hier vertoonde, gelijk
men bij ons het water in de uitgegravene veenlanden
ziet staan. De landouw echter in dezen omtrek scheen
ons, al bij den eersten opslag, ongemeen vruchtbaar, en bestond uit weilanden, *tarro-* en suiker-
velden.

Toen wij met de sloepen naar binnen voeren, passeerden ons verscheidene kanoos, van welke eenigen met volk als opgepropt waren, dat zich juist

naar de koraalbank begaf, om te visschen. — Dit laatste geschiedt, bij deze eilanders, op onderscheidene wijze. Zij hebben een net, hetwelk veel overeenkomt met onze gewone schakel, en dat zij in zee uitzetten. Eenigen van hen begeven zich dan te water, en jagen, door het plassen met armen en beenen, den visch naar het net, hetwelk nu, door kracht van volk, op de — thans droog en boven water liggende — bank gehaald wordt. Ook gebruiken zij — evenzoo als ik bereids wegens de Indianen op de rivier van *Guayaquil* gezegd heb — eene soort van kruid, welk zij met zekere andere specie tot een deeg vermengen, en voorts over het water strooijen. De, daarop azende, visch komt dan — bedwelmd — naar de oppervlakte van het water bovendrijven, terwijl de Indianen zich nu haasten, dien te grijpen en in hunne kanoos te werpen. Tevens zijn deze lieden ook zeer geoefend in de bijzondere kunst van — door middel van lijnen — binnen korten tijd eene menigte visch aan den haak te vangen. Ik noem dit: » eene bijzondere kunst," uit aanmerking, dat mijn volk, hetwelk, op dezelfde plaats en met hetzelfde aas, insgelijks eene proef nam, van met dergelijke lijnen te visschen, evenwel niets kon opdoen. Twee inboorlingen, daarentegen, van de *Sandwich*-eilanden — een jongman van vier en twintig en een knaap van acht jaar — welke ik aan boord had, hielden, waar wij ons ook in het vervolg met het schip ten anker bevonden, zich, als er visch bij het schip was, dan meestentijds, in de rusten van hetzelve, met visschen bezig, en haalden, met hunne lijnen, steeds slag voor slag op; terwijl mijne matrozen slechts enkele visschen konden vangen.

Wij roeiden de haven van *Opooroa*, of de zoogenaamde parelrivier, ten einde, en landden met de sloepen bij een klein Indiaansch dorp, *Mannonco* genaamd. *Mr.* FRENCH had alreede voor een nachtverblijf gezorgd, als ook dat er een maaltijd bereid wierd; hetgeen ons, daar wij allen goeden appetijt hadden, niet onwelkom was. — Inmiddels deden wij eene wandeling in de omstreken, welke overal zeer vruchtbaar waren, en eene afwisseling opleverden van *tarro*-velden, maïs en ook suikerplantaadjen. Hier was het, dat de reeds genoemde Spaansche heer *Don* FRANCISCO MARINI eenige bezittingen in landerijen had, welke hij met evenveel zorg, als oogenschijnlijke kennis van den landbouw, cultiveerde. Wij legden mede een bezoek af bij eenen Indiaan, die, in ondergeschikte betrekking, met den koning RIHORIHO naar *Engeland* geweest was, en thans, als een vrije burger, hier leefde; de tegenwoordig regerende koning had hem met een stuk lands en eene woning begiftigd, waarmede hij, voor zijne aan RIHORIHO bewezene diensten, zich zeer gelukkig beloond scheen te achten. Evenwel moet ik zeggen, dat wij het ten zijnent niet veel beter gesteld vonden, dan bij zijne overige landslieden. Het inwendige zijner hut was uitermate morsig, en ontbeerde zelfs de reeds beschrevene palisadering, zoo dat de varkens, even zoo vrij en met hetzelfde regt als zijne kinderen, de woning van dien — anders vergelijkend reeds meer

beschaafden — Indiaan schenen te mogen in- en uit—
gaan. Met dat al sprak deze zoo te zeggen land-
heer vrij verstaanbaar Engelsch; waardoor hij dan
toch in zóó verre zich boven zijne overige landslieden verheven kon gevoelen.

Middelerwijl wij deze wandeling maakten, begon
de avond reeds te vallen; en dit noopte ons te
meer, voordat de duisternis ons overviel naar het
bestemde nachtverblijf terug te keeren. — Dit bestond — om er thans ook iets naders van te zeggen — uit eene naar inlandsche wijze gebouwde hut,
doch welke in zóó verre van al de anderen, die ik
tot hiertoe gezien had, verschilde, dat de bodem,
waarop men huisvestte, eenige voeten boven den
grond was verheven, zoo dat wij, langs eenen uitge-
hakten boomstam, de deur en deze woning moesten
binnenklimmen. In de laatste bevonden zich volstrekt
geene meubelen, maar hier en daar hing eenig visch-
tuig en verder gereedschap, voor kanoos enz. —
langs de wanden. Op den grond lagen matten.

Het was alreede volkomen duister, toen wij dit logement intraden. Onze Indianen ontstaken eene soort
van lamp. De olie, welke zij daartoe gebruiken,
wordt getrokken uit zekeren boom, *koekai* genaamd;
en wij hadden daarmede, in het vertrek, een zeer
goed licht. Het duurde nu ook niet lang, toen, voor
onzen maaltijd, werd binnengebragt een langwerpig
pak bananbladen, hetwelk, door deszelfs warmte,
de geheele hut met damp vulde. Voorzigtig werd
dit pak in de lengte opengemaakt, en toen vertoonden zich aan ons oog vier stuks groote visschen,

welke allerkeurigst gekookt, gebakken of gebraden waren — of hoe ik die wijze van bereiden, waarbij de spijzen, in bladen gepakt en dan in den grond begraven, door middel van heet gegloeide steenen gaargebroeid worden (gelijk zulks op deze eilanden algemeen, ook omtrent de andere geregten, in gebruik is,) het geschikste zal noemen. Een bak met *pooy*, eenige beschuit en ettelijke flesschen rooden wijn, welke wij van boord hadden medegenomen, voltooiden overigens het geheel van deze aanregting. — Of het de bijzondere eetlust was, die ons met zulk eene graagte aan dezen maaltijd deed vallen, wil ik niet tegenspreken; doch allen, welke daarbij waren aangezeten, verklaarden eenstemmig, dat zij nimmer zulken uitmuntenden en smakelijk toebereiden visch, als den ons hier toegedienden, hadden gegeten. Dezelve geleek wel eenigzins, in gedaante, en ook in den smaak, op den makreel, maar was veel grooter, dan die, welken men in de *Noordzee* en in het kanaal vangt. —

Niet minder stemde dit Indiaansche avonddiné ons op vrolijken en opgeruimden toon, dan dat de spijzen ons wel smaakten. Hiertoe gaf voornamelijk mede aanleiding de wijze, waarop wij aanzaten. De geregten stonden geflankeerd op de over den grond gespreide matten, die ons tevens tot zitplaats dienden: wij hadden daarbij schotels noch borden, veel minder eenig ander tafelgereedschap, dan onze zakmessen. Evenwel kan ik betuigen, dat de visch op geene sierlijker wijze konde opgedist zijn, dan in het zindelijke pak bananbladen; en men mag zeggen, dat deze eilanders hierin eene wijze van spijsbereiding verstaan, welke menige Europeaansche lekkerbek zou begeeren bij zijne huishouding te kunnen invoeren, indien hij eens den smaak daarvan geproefd hadde.

Gedurende ons verblijf in de haven *Honoruru* konden wij, van het achterschip, elken morgen het koksbedrijf in deze zien uitoefenen, en ons daardoor, meer in zijn geheel, met hetzelve bekend maken; waartoe de ligging van het schip omstreeks de kombuis, of aanregtplaats, van een der hoofden van het eiland, bijzonder geschikt was. Des morgens werd er dan gewoonlijk een varken gedood. Nadat men het schoongemaakt en er de ingewanden had uitgehaald, bekleedde men, ook het inwendige van dit geslagte dier, zeer netjes, en even sierlijk, met zuivere banan- of andere bladen. Dan vulde men den buik met heete steenen; en het geheele varken werd, in bananbladen gehuld, op heete steenen in eenen daartoe in den grond gemaakten kuil gelegd, welke vervolgens weder met andere dergelijke steenen gevuld en daarna met aarde werd toegedekt; waarop het een met het ander nu verder van zelve zich gaar stoofde.

Niet alleen trouwens het varkens-, bokken- en hondenvleesch, maar ook andere spijzen, zoo als groenten en alle verdere aardvruchten, bereidde men op deze — of immers soortgelijke — wijze. Het geregt evenwel, dat deze eilanders over het algemeen als eenen der eerste en lekkerste schotels beschouwden, bestond uit zekeren kost, *lou-out* genaamd, en hebbende, in sommige opzigten, wel iets van de bekende *olla podrida*, waarvan ik, in het tweede deel bladz. 290, gesproken heb; hoewel ik moet zeggen, dat de *lou-out*, aangaande den » rijkdom van » smaak" — om het op de Spaansche manier uit te drukken — welken men daaraan weet bij te brengen, op verre na de kroon spant. Voorts bestaat ook deze schotel uit eene ondereenmenging van gevogelte, spek en andere vleezen, benevens onderscheidene soorten van groente en specerijen; en ik moet bekennen, dat het kruijige en smaakrijke, welk men aan dit landsgeregt weet te geven, wezenlijk éénig is onder al, wat ik alsnog van soortgelijke fijnere bereidingen geproefd heb. Deze spijze wordt almede opgedragen in bananbladen, doch is zeer kostbaar, en werd dus ook alleen voor de opperhoofden van deze eilanden teregt gemaakt.

Nadat wij, bij vrolijke scherts en onder het rooken van digestie-sigaren, nog de natafel door onze goede — op dezen togt ons verzellende — eilanders hadden zien nuttigen, werd het tijd, ons ter ruste te begeven; waartoe wij slechts, op de plaats, waar wij even als de Turken gezeten waren, ons regt behoefden uit te strekken. Ik, voor mij, en meer anderen dwaalden weldra rond met den geest van MORPHEUS: doch eenigen onzer konden volstrekt den slaap niet vatten — door de menigte kakkerlakken, die, nu zwermswijze eenen uitval doende, zich — dikwijls met onbeschaamde vrijpostigheid — meester van de oogleden, den neus en nog wel bovenal van den mond maakten. Voor allen was het een ware last, zoo vrolijk deze gasten thans hoezeerden; want, legde men dan den zakdoek op het gezigt, zoo kropen zij onder die dekking, — ging men met het gelaat plat op den grond liggen, alsdan gevoelde men gestadig, langs den neus, de drukke en snelle passage, welke dit gedierte, even als de mieren, over den bodem onderling wisselde. De nacht derhalve werd in allen geval niet zeer rustig doorgebragt; en niemand onzer kon den regten slaap vroeger dan met het naderen van den morgenstond vinden, als wanneer zich dit insekt gewoonlijk weder — tusschen de wanden, en nog wel het meeste tusschen de palmbladen van het dak — begint te verschuilen. Evenwel waren wij met het opkomen van de zon weder allen op de been, en hervatten dus onze wandelingen door het Indiaansche dorp en de omstreken.

Hier kon men bemerken, dat de inlanders nog niet zoo veel aan de blanke vreemdelingen gewoon waren, als aan de hoofdplaats *Honoruru*. Allerzijds zag men geheele troepen Indianen staan, die ons bespiedden. Wanneer men dezelve dan naderde, was het eerste, dat de jonge kinderen en de meisjes begonnen te vlugten; doch de mannen bleven ons toch nog, met een vrolijk en gulhartig gelaat, afwachten. Tevens stonden zij zich dan reeds, zoo als het aan deze eilanders hebbelijk is, omtrent onze wijze van kleeden, houding en gestalte spotachtig te vermaken; terwijl zij, zoo als *Mr.* FRENCH ons verzekerde, nu, op hunne manier, ook bereids aan een ieder diens *alias*-naam hadden toegedacht. In het dorp voorts heerschte eene drukte, alsof het er kermis ware. Waarschijnlijk ontstond deze oploop door de zich opdoende vreemden : edoch kwam het mij voor, dat hier de inboorlingen meer gelukkig en vrij leefden, dan te *Honoruru*. Toen ik deze opmerking maakte, werd daarop geantwoord, dat dezelve ook niet zoo stipt onder het scherpziend toezigt der missionarissen stonden; en, zeker, te *Mannonco* zag men de jongelingen en knapen nog sommige vrolijke wedstrijd - spelen uitoefenen, terwijl te *Honoruru*, daarentegen, alles het aanzien had van de heerschappij eener kloostergelofte op den geest en het leven.

Men bood ons kleine paarlen te koop aan. Ik heb er eenigen van gekocht, doch dezelve hebben niet veel waarde. — Vervolgens bragt ons de heer FRENCH naar de woning van zekeren Engelschman, een gewezen matroos, die zich alhier gevestigd had. Wij vonden hem niet te huis, maar naar de hoofdplaats: zoo dat ik niet veel, over den staat zijner omstandigheden onder deze Indianen, kon oordeelen. Evenwel kwam mij uit alles voor, dat bijzondere redenen moesten hebben bijgedragen tot het besluit dezes mans, van zijnen stand als varensgezel, met dien van landman in dit gewest, te verwisselen.

Ditmaal zouden wij onze terugreis naar *Honoruru* — van waar wij, volgens den begaanbaren weg derwaarts, nagenoeg vier en een half uur verwijderd waren — over land nemen. Te dien einde had de heer FRENCH voor gezadelde paarden gezorgd, welke wij, na het volbrengen onzer wandelingen, bij ons woonverblijf vonden gereed staan. Wij namen afscheid van de goede, vriendelijke eilanders, die ons omringden, en sloegen den weg in naar het gebergte.

Ons pad bragt ons langs eene armoedige woning, waarbij wij geene menschen zagen, doch in welke wij onophoudelijk hoorden kloppen of pletten. Afstijgende, ten einde het inwendige dezer hut eens op te nemen,' vonden wij aldaar eene oude vrouw op hare knieën liggen, en met eenen ronden stok bezig in het kloppen van den bast van zekere plant *mamakoe*; een arbeid, gewoonlijk door zoodanige oude vrouwen verrigt, welke, door ligchaamsgebreken, niet meer tot vele andere bezigheden bekwaam zijn. — Het op deze wijze bereide doek noemen de inlanders *tapa*; welke benaming zij voorts mede op hunne mantels en verdere, van hetzelve vervaardigde, kleedingstukken overdragen. De plant, waarvan de fijnste *tapa* gemaakt wordt, is de *koekoe*. Ook de reeds aangehaalde *koekai*, waaruit zij de lampolie trekken, levert hun een — op soortgelijke wijze bereid — doek tot dekking.

Bij het voortzetten van onzen togt, reden wij digt langs de hellingen van den *Mowna roa*; welk tweegebergte een belangrijk gezigt oplevert, als hebbende hetzelve, in overeenkomst met dien naam, twee naar elkander toegekeerde steile rotswanden, behoorende, zoo men wil, tot den rand van eenen krater. Over het geheel telt het eiland *Woahoo* vijf uitgebrande kraters, nagenoeg cirkelvormig in betrekking tot elkander gelegen.

Ook aan eene Indiaansche hut stegen wij nog af, die alleraangenaamst aan de afhelling eener hoogte *lag*, van welke tevens eene beek stroomde, met een overheerlijk kristalhelder water. Hier toefden wij een weinig, en verkwikten ons met eenig ooft; waarna wij onzen weg vervorderden tot aan het zeestrand, en daaromstrecks langs een klein gehucht kwamen van ettelijke visscherswoningen, die, ofschoon verspreid liggende, echter, door de gansche gelegenheid van het oord, een niet onaardig noch ongezellig aanzien gaven. Thans moesten wij met onze paarden door het water waden, en wel langs de wallen der, benoorden de haven van *Honoruru* gelegene, vischvijvers van den koning dezer eilanden. — Dit zijn uitgestrekte onregelmatige kommen, door muren van steen van de koraalbanken omringd. Aan het ondereind hebben die muren een aantal gaten, door welke de visschen tot binnen den vijver dringen, doch zóó — gelijk mij verzekerd werd — dat zij niet weder naar buiten in zee hunne vrijheid kunnen zoeken. — Het was, toen wij aan dit gedeelte van onzen weg genaderd waren, juist laag tij, zoo dat wij met onze paarden uiterst gemakkelijk door het water konden stappen. Daarbij ontmoetten wij een aantal Indianen, en nog wel het meeste vrouwen, bezig met het zoeken van krabben en schelpvisschen. Niet verre van *Honoruru* raakten wij weder op den vasten wal, en reden, kort daarna, den noordkant van het dorp binnen; allen uiterst voldaan over het aangename uitstapje, welk wij, in vrolijk gezelschap, volbragt hadden.

8 *

VIER EN TWINTIGSTE HOOFDSTUK.

Nieuwigheden van den dag te Honoruru. *Visch-vangst. Een nieuweling in de scheepsrol. Des-zelfs moeder. De walvischvangst. Jagt op* walrussen, — *op* pinguins, — *op robben. Jagt der walvischvangers. Gevaren, daaraan verbon-den. Schildpadden-jagt op de* Galapagos. *Geeft slechte rekening. Hoofdprodukt der* Sandwich-*eilanden. Heffingen door den koning en de opperhoofden. Haven-regten. Het sandelhout. De* Sandwich-eilanden, *beschouwd als handel-en als ververschingsplaatsen. Gemeenschap met de* Noordwestkust *van* Amerika. *Verdere pro-dukten der* Sandwich-*eilanden. Mijne handels-verrigtingen. Vertrek van* Woahoo. *Afscheids-groete. Vaart naar* Atooi. *Aankomst. Gastvrije ontvangst door kapitein* DIBBITS. *Verrigtingen op* Atooi. *Beschrijving van het eiland. Kanoos. Vertrek naar* China.

Toen wij aan de residentie van den alleenheer-scher dezer eilanden waren teruggekomen, werd er van groot nieuws gesproken — want ook hier, als op bijna alle andere plaatsen van den aardbol, had men

de gewoonte, elkander te vragen naar de bijzonderheden van den dag. — Er zou namelijk een misdadiger worden opgehangen: de eerste geregtelijke
strafoefening van dien aard, welke hier stond plaats
te grijpen. Het wanbedrijf van dezen man bestond
daarin, dat *hij* eene vrouw van het leven beroofd
had; ofschoon, naar al hetgene daarvan verhaald
werd, de misdaad geenszins met opzet gepleegd,
maar in eene soort van vlaag van krankzinnigheid
bij den dader begaan scheen. Mijne vraag was derhalve, of dan toch niet eerst de gesteldheid van
het feit onderzocht, en alle daarbij in aanmerking komende omstandigheden overwogen wierden,
alvorens zoodanig vonnis op te maken en te voltrekken. Men gaf ten antwoord, dat de regerende hoofden van deze eilanden zich, in dergelijke zaken,
voor het grootste gedeelte door de heeren zendelingen lieten leiden. Niettemin scheen het, dat de
goedaardige Indianen, voor hun deel, meer toege-
vend en met verschooning voor den veroordeelde
gestemd waren; want er werd bij herhaling verteld,
dat de gevangene misdadiger weldra op vrije voeten
zou komen: en het was dus voor dezelven allen eene
onverwachte gebeurtenis, toen er nu aangekondigd
werd, dat, den volgenden morgen, de ongelukkige — bij eenige kokosboomen naar den kant van
Diamants-berg — wezenlijk de doodstraf met den
strop ondergaan zou.

Het tweede gewigtige nieuws hield in, dat koning
KAUIKEOULI voor zich zelven stellig gezind was, den
in de haven gelegenen Noordamerikaanschen koop-

vaardijbrik *Tamehameha* te koopen. — Dit schip
welk ik bezigtigd heb, was een in allen deele fraai
gebouwd en sierlijk vaartuig, inwendig meest doelmatig en proper tot het overbrengen van passagiers
ingerigt; en het wilde mij uit alles voorkomen, dat
hetzelve voorheen wel als *Liverpool - packet* mogt hebben gevaren. De prijs, dien men er voor vraagde,
bedroeg zestig duizend piasters, te betalen in geld of
ook in sandelhout. KAUIKEOULI echter, als nog onder
voogdijschap staande, vermogt dezen koop niet te
sluiten, zonder toestemming der drie provisionele
regenten, waarvan één, *Governor* BOKI, zich afwezig bevond op eene soort van inspectie - reis rond
het eiland. Eindelijk verscheen BOKI weder aan de
residentie; en thans was alles in gespannen verwachting, wat er, vooral ten aanzien van den
brik *Tamehameha*, in den raad zou beslist worden.
Doch zijne Excellentie scheen, in den eersten tijd na
zijne terugkomst, tot dergelijke raadplegingen niet
zeer gestemd, maar begaf zich, daags na zijn arrivement, met wel bijna drie honderd man ter visch-
vangst. Het was, van de reede en het huis van
Mr. FRENCH te zien, eene zonderlinge vertooning,
die zich hierbij opdeed. Aan den buitenkant van de,
regt voor de baai liggende, koraalbank, liepen dan
al die mannen, geheel naakt, als in eene linie geschaard, en begaven zich nu gezamenlijk — hun
gebieder BOKI aan het hoofd — te water, om den
visch te jagen. —

Gedurende ons oponthoud in de haven van *Honoruru* hadden wij dagelijks eenige jongens aan boord,

welke zich urenlang, met het schip en de werkzaamheden te bezigtigen, vermaakten. Eenigen hunner waren ons bijzonder van dienst, doordien zij,
voor het aantal bokken, die wij aan boord hadden,
het noodige voedsel aanbragten. Ook sneden zij
gras, hetwelk zij voor ons aan den wal tot hooi
droogden en dan aan boord bragten; waardoor wij
tot de noodige zeeprovisie geraakten voor het bij
ons scheep zijnde hoornvee. Twee dier knapen waren mij gedurig aan, dat ik hen met het schip
zoude medenemen. Ik liet mij dan ook, ten opzigte
van éénen derzelven — zijnde een jongetje van naauwelijks acht jaar — daartoe overhalen. De eerste
stuurman van mijn schip had, staande ons verblijf in
de baai, dat knaapje gadegeslagen, en in dit kind
zoo veel vlugge, vrolijke bereidwilligheid gevonden,
dat hij besloot, zich hetzelve, gedurende de verdere
reize, bijzonderlijk aan te trekken. Ik kan nogtans
niet zeggen, dat de jongen op den duur aan de op-
lettende zorg en zedelijk goede opvoeding, welke
hij, op deze wijze, door gezegden stuurman aan
boord van de *Wilhelmina en Maria* ontving, in het
vervolg van tijd beantwoordde. — Toen de lading
aan boord was en wij het schip tot het vertrek gereed
maakten, hadden wij met dien jongen eene zonderlinge en, in hare soort, treffende ontmoeting. Daags
voordat wij de baai uitzeilden, kwam deszelfs moeder van den wal naar boord zwemmen, brengende
aan haren zoon nog eenen luttelen voorraad van
kruiden, welke deze eilanders, als een geneesmid-
del bij sommige ongesteldheden, gebruiken. Zij nam

tevens, onder het storten van eenen vloed van tra-
nen, een teeder afscheid van haar kind, en waarbij
zij met zulk een geweld hare droefheid uitte, dat
bijna de geheele baai er van weêrgalmde. Nadat zij
daarop den neus van het knaapje meermalen tegen
haren neus gedrukt, en hetzelve op hare wijze om-
helsd had, sprong zij, onder het uitroepen van haar
luid vaarwel, weder in zee, en zwom naar land.

· Nu en dan liepen er, tijdens ons vertoef in de
baai, reeds schepen binnen, welke, in den noorder
en zuider *Stillen* oceaan, op de walvischvangst kruis-
ten. Gewoonlijk komen, in de maand Maart, zoodanige schepen zich aan deze eilanden van levensmiddelen. en ververschingen voorzien, en zeilen dan
doorgaans tot naar de kusten der Japansche eilanden.
Het is van belang, dat de tot genoemde visscherij uit-
geruste bodems snelzeilenden zijn, om, wanneer zij
niet, op zekere verwachte hoogte, in den trek der
walvisschen vallen, alsdan naar een ander gedeelte
van den aardbol te kunnen stevenen, totdat zij de
visschen ontmoet hebben. Op grond van het mij
medegedeelde door onderscheidene kapiteins van walvischvangers, met welken wij op de *Sandwich-*
eilanden in kennis kwamen, zeg ik: » naar een ander
» gedeelte van den aardbol;" gelijk één hunner mij
verzekerde, dat, wanneer hij, op zijne tegenwoordige
reize, onder de kusten. van *Japan* geene spermvis-
schen vond, zijn voornemen was, dan onverwijld
naar de kust van *Nieuw - Zeeland* te loopen. — Evenwel zal men, naar aanleiding van de hier en daar
verspreid door mij gedane opgave van gedurende deze

onze reis ontmoete walvischvangers, reeds eenigzins kunnen nagaan, in welken tijd van het jaar — en waar alsdan telkens — zich dezelve op de verschillende hoogten van den zuider en noorder *Stillen* oceaan bevinden. — Van *New-Bedford* overigens, alléén, zenden de Noordamerikanen jaarlijks twee honderd veertig schepen; uit *Engeland* gaan van jaar tot jaar circa tachtig, en van *Frankrijk* veertig, walvischvangers naar zee, waarvan de meesten naar de beide *Stille* oceanen en eenige anderen naar den zuider *Atlantischen* oceaan bestemd zijn.

Gemeenlijk houden sommigen van deze laatsten zich dan tot de vischvangst op aan de oostkust van *Zuid-Amerika*, van kaap *St. Antonio*, of de breedte van de rivier *la Plata*, tot aan de *Falklands*-eilanden. Van de eerstgemelden ontmoet men er op de kust van *Peru* en de westkust van *Columbia*. Een groot gedeelte weder kruist, in den zuider *Stillen* oceaan, omstreeks den *gevaarlijken Archipel* en de *Tasmans-* (of *Vrienden-*) eilanden. Ook bij de *Moluksche* eilanden heb ik walvischvangers aangetroffen; doch welke laatsten zich dan tevens veelal bezig houden, met het sluiken van specerijen dier eilanden naar boord hunner bodems. De Engelschen eindelijk hebben, in den *Ethiopischen* of zuider *Atlantischen* oceaan, ook nog eene andere soort van visscherij, welke men evenwel eerder eene jagt zou kunnen noemen. Het is die op walrussen, en wordt voornamelijk door hen bedreven op het eiland *Zuid-Georgia*.

Op de *Delphine* voer met mij een eerste stuurman, die eertijds, als matroos, eene reis voor deze jagt naar

genoemd eiland gemaakt had. Het volgende deelde
hij desaangaande mede :

De Engelsche societeit, door welke deze vangst
werd aangemoedigd, deed eenen kotter construeren,
die, daarna uiteen genomen, aldus, met volle uitrusting van zeil en treil, door een schip naar *Cumberland*-baai op het eiland *Zuid-Georgia* gebragt
werd. Bekwame timmerlieden gingen mede, en bouw-
den, in gezegde baai, op eene daartoe vervaardigde
helling den kotter in elkander, waarmede men nu
op de walrussenvangst in dier voege uitging, dat dit
vaartuig, zoodra de vangst was afgeloopen, weder
geheel onttakeld en op de helling gehaald wierd;
alwaar hetzelve dan tot het volgende jaar, wanneer
eerstgezegd schip andermaal van *Engeland* terugkwam, staan bleef. Thans bragt men hetzelve weder
te water, en tuigde het op. Het schip werd middelerwijl naar de meest veilige plaats van de baai
gehaald, de stengen en raas in het hol gestreken,
en de bodem, aldus voor goed met ankers en touwen
bezorgd, nu — behalve door den kapitein, den kok
en kajuitsjongen — van de geheele equipage verlaten. Deze begaf zich dan, onder de orders van
den eersten stuurman, aan boord van den kotter,
waarvan thans gewoonlijk de tweede stuurman de
schipper was, en zeilde naar de zuidkust van het
eiland, of daarheen, waar gemeenlijk de meeste walrussen aan land kwamen. Zoodra nu de eerste
stuurman met zijn volk ter bestemde plaatse aan wal
gezet was, werd er een begin gemaakt met het
opslaan eener tent of hut, waarin men de hangmatten

plaatste en de kombuis toerigtte. Men ontscheepte daarna de victualie, het water en verdere benoodigdheden, en vestigde zich hier tot een verblijf van tien of twaalf weken; waartoe gewoonlijk de maanden November tot Februarij werden uitgekozen. Nu ging men dagelijks, met goede knodsen gewapend, op de jagt; en, wanneer zich dan een troep walrussen op het strand vertoonde, was het eerste ·bedrijf, dezelve dood te slaan: waartoe echter eene bijzondere vaardigheid vereischt werd, als zijnde deze dieren niet anders op gezegde wijze te dooden, dan door juistgerigte slagen op den snoet; en welke arbeid ook niet zonder alle gevaar was, aangezien de walrussen — als zij zich te verre van den oever verwijderd gevoelden om tijdig genoeg de wijk naar zee te kunnen nemen — meest kwaadaardig zich te weer stelden, en, overeind gerigt op hunne achterpooten en staarten, met derzelver verschrikkelijke, lange slagtanden de aanvallers dan begrimden en hen zochten te bespringen. De in dezer voege nu afgemaakte walrussen werden daarop tot stukken gesneden, en de kotter, die, onder bevel van den tweeden stuurman, af en aan van de jagers naar het schip en terug bleef varen, achtervolgelijk met het spek daarvan geladen; welk laatste thans naar boord van het schip ging, alwaar de kapitein, de kok en de kajuitsjongen zich inmiddels bezig hielden met hetzelve uit te koken en de vaten met de traan te vullen. — Het tot deze jagt zich verbonden hebbende volk voer — even als die, welke op de walvischvangst gingen, — tegen zeker aandeel van de gewonnen traan. Het aandeel voor éenen kapitein van zoodanig schip beliep $^1/_{42}$ der geheele lading.

In den laatsten oorlog tusschen de Engelschen en Noordamerikanen gebeurde het, dat zich een oor-logsfregat van gezegde vrijstaten, juist toen meerge-meld schip hier weder in alle veiligheid lag, voor *Cumberland*-baai vertoonde. Het fregat zond zijne gewapende sloepen af en haalde den walvischvanger de baai uit, in een oogenblik, dat zich de kapitein en de kok op de jagt bevonden, tot het schieten van vogels en ander wild voor de tafel. De aan boord gebleven jongen, die het gevaar had zien aankomen, sprong ijlings in de — tusschen het schip en den wal liggende — sloep, en liep zijnen kapitein en den kok opzoeken, om hen te verwittigen; doch, eer deze door hem gevonden en bij de ligplaats van het schip waren, zagen zij reeds hunnen bodem, met kracht van sloepen tot buiten de baai geboegseerd: waardoor, vermits hun zelfs geene enkele boot was gelaten om dien te kunnen volgen, weldra, behalve dit ongeval, aan deze drie ongelukkigen ook nog het lot voor oogen moest komen, welk hun in een zoo bar en onvruchtbaar gewest — en zonder het geringste tot woning of voedsel bij zich — eerlang stond te wachten. De eerste stuurman bevond zich, op dat pas, weder met zijn volk aan den noordwesthoek van het eiland; en, doordien het fregat, met zijnen prijs, vervolgens ook naar dien kant den steven gerigt had, kregen zij weldra dezen vijand, met hunnen bodem bij zich, in het gezigt. Zij hadden den kotter met den tweeden stuurman op dit oogenblik juist tot hun

beschik, en, aangezien zij zich voor den naderen-
den winter, op dit — omstreeks de 54° zuiderbreedte
gelegene — onherbergzame eiland, eene allertreu-
rigste toekomst voorspelden, besloten allen eenparig,
zich dan nog liever aan den vijand over te geven; waartoe men dus in aller ijl aan boord van
den kotter scheep ging, en den steven naar den
Noordamerikaan rigtte. Deze, het zeilende vaartuig
in het oog gekregen hebbende, wachtte hetzelve gereedelijk op, en maakte, zoo doende, niet alleen
ook van den kotter zich meester, maar tevens nog
eenig knap zeevolk gevangen, welk hem tegelijk
voor de dienst aan boord te pas kwam. Van den
kotter nam men het bruikbare af, en deed den romp
zinken. — De kapitein dus, zoo als ik gezegd heb,
bleef, met den kok en den jongen, op het eiland alleen achter, alwaar zij moesten verwijlen, totdat men
in *Engeland*, van alles onderrigt, na den vrede met
Noord-Amerika een schip naar *Zuid-Georgia* uit-
zond. Twee winters hadden die ongelukkigen hier
toen, in de grootste ellende, overgebragt. Slechts de
kapitein had dezelve overleefd, maar de kok en de
kajuitsjongen waren, door de ontberingen en koude,
reeds bezweken.

Te beter zal men het beklagenswaardige lot van
deze drie achtergeblevenen zich kunnen voorstellen,
wanneer men in aanmerking neemt het verhaal van
mijnen vermelden stuurman, dat eens de equipage
van voornoemd Engelsch schip, na een verblijf
van drie maanden op voornoemd eiland, door de vele
kranken, die dezelve aan het scheurbuik verloren of

nog in de kooijen had, genoodzaakt geweest was, de wijk te nemen naar het eiland *St. Helena.* Aldaar had men ook aan hem toen de kuur tot genezing aangewend, van hem, tot aan den hals toe, in de aarde te graven; in welke gestalte hij vrij lang moest blijven zitten, en hetwelk dan ook door zijn volkomen herstel spoedig achtervolgd werd. — Behalve de walrussen, jaagt men op het eiland *Georgia* ook op de zoogenaamde *pinguins*-vogels, en wel van die soort, welke bij de Engelschen bekend is onder den naam van *kings-pinguins* (koninklijke *pinguins;*) aldus geheeten om het bijzonder fraaije dons, dat deze vogels aan den hals hebben, en hetwelk in *Engeland* hoog in waarde gehouden en bijzonderlijk gebruikt wordt tot pelswerken, of bonten voor dames-kleederen.

Eene andere jagt wordt ook nog geoefend op het eiland *Tristan d'Acuna* en op het eiland *Amsterdam* in de *Indische* zee. Naar het eerste zenden de Engelschen, en naar het laatste de Noordamerikanen, dikwijls ettelijke zeelieden, welke aldaar dan eenige maanden vertoeven, tot het doodslaan van robben, waarvan het spek, door hen gekookt, aldus in de vaten gedaan wordt. Na verloop van den gewoonlijk hiertoe gezetten tijd, haalt het schip, waarmede zij gekomen zijn, hen dan weder af, en neemt de gevulde vaten aan boord.

Zoo als ik vroeger reeds gezegd heb, hangt de goede vangst van walvisschen veel af naarmate van het geluk, dat men heeft, dezelve te ontmoeten; maar het komt er ook op aan, te weten waar, ten naasten bij, deze visch op bijzondere tijden van het jaar schoolt. Dáár dan houden de schepen zich, over en weêr kruisende, onder klein zeil gelegen op, tótdat de visch weder eenen anderen trek neemt. Thans begeeft zich de walvischvanger weder derwaarts. Te meer echter wordt vereischt, dat de hiertoe gebezigde schepen nu ook welbezeild zijn, aangemerkt den weg, welke deze zeemonsters in korten tijd kunnen afleggen. Maanden worden er voor dergelijke bodems dikwijls gevorderd, om dien trek te kunnen volgen.

De walvisschen-soort, waarop men in den *Stillen* oceaan jagt maakt, is, voor het meerderdeel, de zoogenaamde *sperm whale* (sperm-walvisch,) zijnde juist niet de grootste, en te kennen aan eene zwarte vin op den rug. Dit dier is — doch vooral in den paartijd — zeer kwaadaardig van aard; en nog meer gevaar zal men kunnen beloopen van het wijfje, wanneer het een jong heeft — hetwelk aan de kaap *de Goede Hoop* ″ het kalf″ en de moeder ″ de koe″ genaamd wordt. Toen ik, in het jaar 1822, aan gemelde kaap, met het schip *Delphine* lag, zagen wij meermalen, in de baai *Valsch*, met sloepen van de daar gevestigde visscherij op walvisschen jagt maken. Bij eene dergelijke gelegenheid schoot eens een harpoenier een kalf aan; hetwelk de koe dermate in woede bragt, dat zij, op eenige honderd roeden omtreks van de walvischboot, met haren staart eene beroering in het water verwekte, niet ongelijk aan eene zware branding in zee. Zij sloeg de boot tot spaanders; waarbij vijf man omkwamen,

en drie zwaar gekwetst raakten. Dit greep plaats zoo
nabij aan de *Symons*-baai, waarin de *Delphine* met
meer andere schepen voor anker lag, dat wij allen,
van het dek, dit ongeval duidelijk ontwaarden. Al
de aanwezige schepen zonden zoodra mogelijk, tot
hulp der ongelukkigen, derzelver booten af; waardoor dan ook het overige bootsvolk gered werd,
van welk evenwel, later, nog eenigen aan hunne
wonden overleden. — De Noordamerikaansche oor-
logskorvet *Peacock* werd, op hare reize van de
Sandwich-eilanden naar de kust van *Peru*, met zóó
veel geweld door eenen walvisch in den boeg aange-
loopen, dat de korvet, daardoor, een zwaar lek
ontving, en men, met hard pompen, het schip zoo
lang boven water hield, tot hetzelve eene haven kon
bereiken om de schade te herstellen. — Een ander
schip, zijnde een Noordamerikaansche walvischvanger
had, bij zekere gelegenheid, drie zijner sloepen
van boord, welke op eenen visch jagt maakten.
Dan het belaagde monster was zoo onhandelbaar en
kwaadaardig, dat hetzelve, als willens, met eene
onberekenbare vaart tegen het schip aanzwom; waardoor deze bodem in korte oogenblikken zonk, met
allen, die zich daar nog aan boord bevonden. De
drie sloepen namen hierop hunnen koers naar de kust
van *Amerika*. Mij is ontschoten, hoe vele dagen deze
ongelukkigen, in eenen jammerlijken staat van gebrek
aan voedsel, hebben rondgezworven. Eéne dier sloepen raakte dermate lek, dat het vaartuig de menschen
niet meer kon dragen. Nu voegde men de twee andere sloepen naast elkander, en haalde de lekke boot

in dier voege over dezelven, dat die, met de kiel
naar boven, op de beide andere sloepen kwam te
liggen. Thans begon men, met het linnen van de
hembden de opene naden van het beschadigde vaartuig te breeuwen, hetwelk men in zóó verre herstelde, dat deze drie Groenlandsche of walvischbooten
eindelijk de kust van *Kalifornia* bereikten.

Meerdere gevallen van dien aard hoort men op de
Sandwich-groep verhalen, dáàr te minder vreemd
zijnde, doordat veelal de inwoners dier eilanden,
op de van tijd tot tijd hier binnenloopende walvischvangers, als huurlingen dienen, en dan doorgaans
zóó lang dáàr aan boord blijven, totdat dezelve hunne
volle lading inhebben, en, voor de laatste keer op
de tegenwoordige reize, de *Sandwich*-eilanden vaarwel zeggen. De bladz. 106 reeds vermelde jonge man,
of *kanaka*, van deze eilanden, die bij mij als matroos diende en mede de reis naar *Holland* maakte —
nadat hij zich te *Karakakooa*-baai aan boord van
mijn schip verhuurd, en ik hem toen den naam van
KROON had doen aannemen, — was op verscheidene
dergelijke visscherstogten mede uitgeweest. Eens,
dat de sloep, bij het jagen op eenen walvisch, van
dezen tot spaanders wierd geslagen, had hij, door
zijne bedrevenheid in het zwemmen, den stuurman,
en ook nog eenen matroos, gered. Hij voegde evenwel *bij* dit zijn verhaal, dat eerstgemelde, een altijd
ongemakkelijke en ruwe zeeman, hem, voor die
edelmoedige daad, in het vervolg der reize daarom
niets te beter en nog even onzacht had behandeld.
Dit strekt weder tot een bewijs, hoe deze soort van

lieden, door den langdurigen, moeijelijken arbeid en door zoo lang van het gezellig-maatschappelijke verkeer der menschen ontstoken te zijn, eindelijk somwijlen tot eene stugge luimigheid kan vervallen, waardoor men hen niet altijd billijk beoordeelt. —

De wijze, waarop men de walvisschen vangt, is reeds zoo menigmaal en door zóó velen beschreven geworden, dat het overtollig zijn zou, daaromtrent iets verders te zeggen. Alleen wil ik dit hier nog aanhalen, dat de Zuidzee-visschers de vaten naar huis brengen, niet, als de Groenlandsvaarders, met spek, maar met olietraan gevuld; waartoe het eerste aan boord van het schip, gewoonlijk in twee gemetselde ketels, gekookt wordt. De daarbij dan gebezigde fustaadje zijn de lediggestorte watervaten, die tevens tot ballast van het schip strekten; en welke, om dezelve naar behooren te kunnen verwerken en plaatsen, op eene bijzondere wijze in onderscheidene tieren moeten gestouwd worden. Bij het koken van dit spek, voegt men gemeenlijk tot hetzelve een derde water; terwijl zoodanig kooksel, goed behandeld zijnde, nu doorgaans $^8/_{10}$ olie en $^2/_{10}$ sperm zal uitleveren. Ook kan het gebeuren, dat men $^7/_{10}$ olie en $^3/_{10}$ sperm verkrijgt; hetwelk voordeeliger is, aangezien de meerdere opbrengst van het laatste.

Tijdens ons verblijf aan de *Sandwich*-eilanden ankerde er in de haven *Honoruru* een schoener, komende van de *Galapagos*-eilanden. Deze was weder uitgeweest op eene geheel andere jagt — name-

lijk: de schildpaddenvangst; en bragt eene menigte levende schildpadden van buitengewone grootte, benevens eenige duizenden ponden schildpadblad, mede. De door dit vaartuig volbragte expeditie, nogtans, was zonder kennis van zaken ondernomen geworden; want de bladen, welke de schildpadden opleverden, waren slechts van den gewonen zeeschildpad, en hadden niet het minste van de zoogenaamde *caret*. De kooplieden evenwel op het eiland *Woahoo* kochten ettelijke duizenden ponden van dit artikel, waarvan ook ik nog vijf duizend pond, als vracht, mede naar *Canton* voerde. Hoewel ik zelve meermalen, in *Oostindie*, de eigenlijke soort van *caret* gekocht, en die, in *Holland*, altijd weder met een aanzienlijk voordeel had kunnen afzetten, liet ik mij, door den gezagvoerder van voornoemden schoener, kapitein ɪ★★★, te eerder bepraten om een klein partijtje van zijne schildpadbladen voor risico der expeditie over te nemen, dewijl de kooplieden van de *Sandwich*-eilanden allen in het gevoelen bleken te verkeeren, dat dit artikel, welk ik tegen 3¼ piaster per pond inkocht, bij de Chinezen bijzonder gewild was. Te *Canton* echter komende, ontdekte ik weldra de luttele waarde, welke men ook dáár er aan hechtte, en haastte mij toen, mijne schildpadbladen zoo goed mogelijk weder kwijt te geraken, tegen inruiling van eenige kistjes vermiljoen. Gedurende mijn eerste oponthoud in *China* bragt men aldaar nog onderscheidene partijen van dit nietige handelsartikel, van de *Sandwich*-eilanden, aan; en, omstreeks anderhalf jaar later, vernam ik,

dat, bij sommige kooplieden te *Canton*, nog magazijnen met hetzelve gevuld stonden, zonder dat men
toen, bij mogelijkheid, iets meer daarvan konde afzetten.

. Hoewel trouwens, zoo als men heeft kunnen bemerken, reeds eenige kooplieden zich op de *Sandwich*-
eilanden gevestigd hadden, kan ik evenwel niet zeggen, dat er, bij nader bevind, de handel — en
vooral meer in het groot beschouwd — alsnog van
veel belang was of zeer gunstige uitzigten aanbood.
Het hoofdproduct van uitvoer bestond uit sandelhout;
destijds aldaar tegen acht piasters per *picol* (of de
honderd vijf en twintig pond) verkocht. Dan de
verbazende massa, die toenmaals daarvan gedurig
werd afgescheept, gaf te voorzien, dat, binnen weinige jaren, het sandelhout geheel en al van deze
eilanden zou zijn uitgeroeid. Reeds moest het gehaald worden van de meest ontoegankelijke plaatsen
in het gebergte.

Het domeinregt over alle bosschen van dit hout
scheen in het uitsluitend bezit te zijn van den koning en de hoofden dezer eilanden; en niet zelden
moesten de arme Indianen, die hetzelve bij wijze van
heerendienst hadden te vellen, maandenlang met hunne
familien op het gebergte ronddoolen, om het hun
opgelegde contingent sandelhout te kunnen uitleveren.
Natuurlijk kwamen eerstgemelden daardoor aan belangrijke kapitalen. Ook nog andere wegen, van aan
geld of opbrengst te komen, staan hun daarbij open.
Jaarlijks — en, wanneer hij het noodig oordeelt,
meermalen — doet de koning eene heffing van hoofd-

geld, bedragende van ieder manspersoon (*kanaka*) eenen geheelen, van iedere vrouw eenen halven en van elk kind eenen kwart piaster, die dan aan de kroon moeten worden opgebragt. Bovendien laat zich de koning, van tijd tot tijd, door zijne onderdanen begroeten; bij welke gelegenheid elk een geschenk medebrengt. De op deze eilanden gevestigde vreemdelingen zijn van dit hofceremonieel niet uitgesloten, en moeten dan met nog al aanzienlijke giften overkomen, of de vorst en het regentschap zijn niet zeer tevreden. Kunnen de Indianen de hun opgelegde schattingen niet in geld afdoen, dan moeten zij de waarde daarvan uitleveren in producten. Eene andere wijze van cijns had men door den reeds vermelden *tabu* of *tabo*. Zoo b. v. was een gebouw, welk men — digt aan het strand — voor den koning oprigtte, *getaboot*; en niemand mogt daaromstreeks of in hetzelve komen, zonder betaling van eenen piaster aan den koning. Al de regerende hoofden van het eiland behielden zich wijders een regt voor van heffing, ook in betrekking tot vele andere zaken, zoo als vee en levensmiddelen. Dagelijks waren er dan ook, aan de markt of plaats, waar de inlanders hunne producten te koop aanboden, eenigen dier hoofden of hunner trawanten aanwezig, welke voorzeker, bij hunne eischen voor de zoogenaamde *Erie*-familie, niet het beste lieten liggen.

Behalve deze middelen van *revenu* voor de regerende hoofden dezer eilanden, bestonden hier ook reeds tonregten op de schepen; ten gevolge waarvan

bodems, welke enkel om zich te ververschen binnen-
kwamen, betaalden:

in de binnenhaven gelegen, 10 cents per ton,

in de buitenhaven ——— 6 — per idem;

doch de zoodanigen, die om handel te drijven de
haven inliepen:

in de binnenhaven gelegen, 60 cents per ton,

in de buitenhaven ——— 50 — per idem.

Als loodsgeld gaf men, zoo wel bij het uitzeilen als
naar binnen werken van het schip, voor iederen voet
diepgang eenen piaster. (De cents zijn hier die van
eenen piaster, en dus 60 derzelven zoo veel als
f 1.50 Hollandsch).

Voor alsnog zou ik niet weten, waarom het aandoen der *Sandwich*-eilanden met handels-oogmerken
aan te raden. Ledige bodems kunnen het treffen,
dat, van daar naar *China*, sandelhout valt te verzenden, en hierdoor dan eene vracht oploopen.
Doch niet alleen, gelijk ik reeds gezegd heb, zal dit
artikel schaarser worden, maar ook zullen de prijzen
daarvan, naar ik mij voorstel, in *Canton* te minder
stand houden doordien men hetzelve ook reeds van
andere plaatsen naar *China* begint aan te voeren, zoo
als van het eiland *Timor*, het *Sandelhout-* en verdere
omgelegene eilanden, gelijk mede van de kust van
Malabar, welker sandelhout van een veel superieurder
soort is, dan dat der *Sandwich* eilanden. Schepen
van de kust van *Peru* echter, hunne bestemming
naar *Canton* hebbende, kunnen geene in hunnen
weg gelegener ververschingsplaatsen aandoen, dan
deze. Evenwel stelle men zich niet voor, dat er de

levensmiddelen goedkoop zijn; want de geringste klasse dezer eilanden, of die der *towtows*, kent reeds het geld, en betoont, van den eersten tot den laatsten, — als hadden zij zulks van de *Jenkeys* (*) ingezogen — zich zóó winzuchtig, dat men hier niets bekomen en weinig kan gedaan krijgen, zonder daarvoor rijkelijk te betalen.

Toen wij ons te *Woahoo* bevonden, werd er nog met een enkel schip — zijnde de Noordamerikaansche schoener *Chinchilla*, kaptein T. MICK, — eenige handel gedreven op de noordwestkust van *Amerika*, bepaaldelijk op *Norfolk-Sound* en de daaromstreeks gelegene nieuwe Russische etablissementen, tot welke eene plaats behoort, *Nieuw-Archangel* genaamd. Kapitein MICK kocht van mij, in betrekking tot deze zijne vaart, eenige ijzerwaren, als bergwerkhaken enz., welke de Russen dan weder met de inboorlingen verhandelden; ook nam hij van mij eene partij besten rooden wijn in kistjes, voor den Russischen gouverneur. De ter laatstgezegde plaatse aangevoerde artikelen werden dan veelal tegen vellen verruild, die men voorts weder, van de *Sandwich*-eilanden, naar *China* bragt. Ik zelf heb derwaarts nog zes honderd stuks van de beste en fraaiste ottervellen, als vracht, in lading gehad.

Behalve het reeds genoemde sandelhout, bestaan de producten van de *Sandwich*-eilanden in suiker en tabak. Van den laatsten heb ik een monster naar *Europa* medegebragt; doch de soort is zeer inferieur

(*) *Jenkey* is — vooral onder de zeelieden — de gewone benaming der Noordamerikanen, gelijk men de Engelschen ook *Jack* noemt.

bevonden. De suikerplantaadjen produceerden alsnog zóó weinig, dat men dit artikel nog niet als een voorwerp van uitvoer kon beschouwen. Wijders levert het land, buiten de reeds vermelde handelvoortbreng- selen, eene menigte aard- en tuinvruchten tot levens- onderhoud op, als: aardappelen (de *pataters* of *camotes*,) maïs, boonen, kool, uijen, chalotten enz., en voorts, als boomvruchten, den banan, ook gra- naatappelen, vijgen en den ananas. Inzonderheid de Spanjaard *Don* FRANCISCO MARINI was het, die zich met het aankweeken van allerhande voortbrengselen van cultuur hier bezig hield, welke hij daartoe van andere gewesten naar herwaarts deed transporteren. Ook werd mij op de *Sandwich*-eilanden een boom gewezen, welks takken eenen vezelachtigen bast had- den, die eene uitmuntende soort van hennip ople- verde. Ik vertrouw, dat men daarvan een ongemeen sterk touwwerk zou kunnen vervaardigen. Deze eilan- ders, trouwens, bezitten, van alle dikte, eene soort van touwwerk, wezenlijk aan te prijzen om er zich, in geval van nood, mede te behelpen.

Op de *Sandwich*-eilanden, en vooral op dit tweede door mij bezochte, verdebiteerde ik een groot ge- deelte van het nog resterende der lading, als: eenige meubelstukken, Neurenberger waren, glas- en lamp- werk; welk alles mij, voor het grootste gedeelte, betaald werd in sandelhout, gerekend tegen acht piasters per *picol.* Tot de hier door mij afgezette koopwaren behoorde eene kist met zwarte zijden ves- ten, en twee vaten groene, roode en gele pantoffels. Deze artikelen nu werden allen, om bij het stuk te verkoopen, gebragt in het zoogenaamde *stoorroom* of magazijn van den heer FRENCH — zijnde een gebouw van twee verdiepingen, hetwelk op een afgeperkt of gepalisadeerd terrein stond, waarop tevens mastwerk en andere scheepsbenoodigdheden, mede ten verkoop, lagen. De onderste verdieping van dit etablissement diende tot pakhuis; terwijl de boven-*étage* zoo veel als eenen winkel voorstelde, waarin van alles door elkander, wat er aanwezig was, verkocht werd, en tot welken men langs eenen houten trap opging, die, van het plein buitenshuis, eerst nog tot eene soort van bordes of houten balkon, en dan naar binnen, leidde. *Mr.* RENEL, een Noordamerikaan, dien wij vroeger reeds aantroffen, was hier de hoofdpersoon, en beijverde zich met het nitventen, in het klein verkoopen of verruilen van het voorhandene. Het duurde dan ook niet lang, of men zag de meeste Indiaansche dames van de *Erie*-familie met groene of roode pantoffels rondwandelen. Allerkluchtigste vertooningen boden inmiddels, door het groote debiet van mijne zijden vesten en pantoffels, onder de inlanders zich aan. Eene menigte Indianen, uitgenomen den *maro* om het lijf geheel naakt, kwamen, tegen eenige stukken sandelhout, een zwart zijden vest of een paar pantoffels inruilen, waarmede zij nu, op de verkoopplaats zelve, onverwijld hun toilet maakten. Als men dan deze onnoozelen, met verblijde zelfvoldoening en prat op hunnen dos in een — volgens de toenmalige mode vrij beknopt — zwart zijden vest over hun naakte, welgevleeschte lijf, den trap zag afgaan en met zekere hoovaardij over het plein stappen, dan was het bijna onmogelijk zijnen lach te bedwingen. Anderen, die nu meer zin in het schoeisel hadden, zag men, met roode, gele of groene pantoffels aan hunne overigens geheel naakte beenen, meest omzigtig — en pijnlijk, als ware het voor hen eene penitentie, — den trap afklimmen, en toch, verheugd over den gelukkigen aankoop, welken zij gedaan hadden, ons voorbijgaan. — — Koning KAUIKEOULI, van eenen anderen kant, kocht van mij eene kist met veertien stuks biljardlampen; zoo dat dus nu ook de Lezer, die eenmaal lust en gelegenheid mogt krijgen, gindsche eilanden te bezoeken, reeds bij voorraad zeker is, van er een biljard aan de hoofdplaats te zullen vinden, staande bovendien in een niet onaardig gebouw, van een vrolijk aanzien.

De te *Honoruru* inteschepen lading aan boord zijnde, maakte ik mij gereed, naar het eiland *Atooi* te zeilen. De heer W. FRENCH ging weder als passagier mede, om mij aldaar het resterende tot de volle vracht sandelhout uit te leveren.

Het uitzeilen van *Honoruru*. Den zevenden Maart ligtten wij anker; bragten eenen tros op eenen naast ons gelegen' brik; haalden toen de achterkettingen, waarmede het schip gemeerd lag, binnen boord; zetten zeil; lieten den tros van den brik losgooijen, en zeilden, met eene oostelijke koelte — dus voor den wind, — van onze ligplaats en naar zee. Ditmaal bragt de loods ALEXANDER ADAMS het schip tot over den drempel, en ging hierop van boord.

Toen wij met de *Wilhelmina en Maria* van onze ankerplaats verzeilden, hadden wij wel omstreeks vijftig jonge eilanders aan boord, allen gekomen om het laatste vaarwel te brengen aan hunnen makker, den reeds vermelden jongen, die met mij naar *Europa* wilde, en welken ik nu reeds in een blaauw nanking pakje had doen steken; waardoor hij zich thans bereids even zoo verre boven zijne jeugdige landslieden gevoelde, als hij door dezen wederkeerig ook beschouwd werd. De jonge naakte Indianen, die zich gezamenlijk op het kampanje-dek (hunne altoos geliefde speelplaats) geposteerd hadden, dansten en zongen, onder allerlei potsige gebaren, en hielden hiermede aan, totdat het schip digt bij den drempel was, toen allen een gillend geschreeuw aanheften en tegelijk in zee sprongen, om weder naar land te zwemmen.

Zoodra wij een goed eind buiten de koraalbank waren, deed ik Z. W. t. W. sturen, ten einde op bekwamen afstand van den Z. W. hoek te blijven, welke, zoo als ik reeds op bladz. 63 aanhaalde, *Barboes-point* genaamd is. Ik bemerkte, dat dit rif eigenlijk nog wel iets verder van den wal uitstrekt, dan men zich naar de kaart van ARROWSMITH zou voorstellen. Met zonnenondergang peilden wij *Barboes-point* W. ¼ N. en *Diamant*-berg O. ¼ Zuid, misw. k.

Strekking van Barboes-point.

Wij hadden marszeils- en aannemende koelte; weshalve ik de ligte zeilen deed vastmaken, om, gedurende den nacht, niet te veel vaart te loopen. In de eerste wacht werd het flaauwer; waarom de ligte zeilen weder bijkwamen. De wind was, gedurende dien dag, van het O. N. O. en N. O.

Gelegenheid van wind en weder.

Den achtsten Maart hadden wij den wind van het N. W., Noorden, O. N. O. en eindelijk weêr N. O., met frissche bramzeilskoelte. Met den dag zagen wij het eiland *Atooi*, en peilden den oosthoek van hetzelve in het N. W. t. N. van ons, naar gissing op 3½ à 4 mijlen afstands. Aan gemelden hoek, van welken ik weder in mijne landkenningen eene afteekening bijvoegde, gaf ik — wegens deszelfs twee steilopstaande, hooge rotsen in de gedaante van hoornen — den naam van *Duivels*-hoek. Tot ten zeven ure, in den morgenstond, deed ik W. N. W. sturen, en voorts langs den wal van de zuidkust van het eiland. Wij ontwaarden het eiland *Oneeheow*, en vervolgens den westelijksten hoek van *Wymoa*-baai.

In den voormiddag passeerde ons een schoener, onder de vlag der *Sandwich*-eilanden. Dit was de zoogenaamde missionaris-schoener — een Noordamerikaansch vaartuig, alleen ten dienste der missionarissen dezer eilanden uitgezonden.

Ten half twaalf liet ik het, onder klein zeil, digt langs den wal loopen, en het lood gaande houden. Wij kwamen tot op vijf vadem diepte, doch moesten weder meer zeewaarts sturen, tot 7, 10 en 11 vadem — vermits er, aan den oosthoek van *Wymoa*, een rif ver in zee uitsteekt, hetwelk men vooraf op bekwamen afstand moet passeren, eer men, om de noord, naar de reede van *Wymoa* kan oploeven.

Ten twaalf ure kregen wij, van den wal, eene kano aan boord, met eenen Indiaan, welke ons als voor loods diende en eene goede ankerplaats aanwees. Wij kwamen, ten half een ure, op dertien vadem

Het aandoen van het eiland Atooi.

Het rif van Wymoa.

water, zachten grond, voor vijf en veertig vadem ketting ten anker, peilende toen van ons schip den steilen hoek van het eiland *Oneeheow* zuiden 82° west, en den vlaggestok van het fort van *Wymoa* noord 54° oost.

Uit de oost komende, en den oosthoek der reede van *Wymoa* tot op eene Duitsche zeemijl genaderd zijnde, houde men het niet te nabij aan den wal, en late reeds op eene en eene halve mijl afstands van de kust het lood gaan, om het — aan den oostkant van de reede van *Wymoa* gelegene — rif aan te looden. Op vijf vadem water bevindt men zich alreede digt aan die droogte, en mag daarom niet minder dan zeven vadem werpen. De westhoek der reede van *Wymoa* vertoont zich, voor den van het oosten, of van het eiland *Woahoo*, komende, als eene laag afloopende punt; en, zoodra men denzelven te zien krijgt, is het beste merk, om vrij van het rif te blijven: de vier à vijf kokosboomen, welke aan gezegden westhoek staan, altoos naar buiten den oosthoek te houden. Men kan dan, zonder gevaar, langs den wal zeilen, totdat men het fort N. O. ½ O., misw. k., heeft, of zoo lang men meer dan vijftien vadem water behoudt. Eenmaal de droogte aan den oosthoek voorbijzijnde, kan men op het fort of kasteel aansturen, en in dertien à twaalf vadem ten anker komen.

Het aandoen van *Wymoa*-reede,

Zoodra wij ten anker lagen, begaven wij ons — de heer WEYMAR en ik — met *Mr.* FRENCH naar den wal, alwaar wij, aan het strand reeds, werden opgewacht door den heer DIBBITS; een' ouden scheepskapitein, Noordamerikaan van geboorte, doch van

Hollandsche ouders ontsproten — waarom wij hem te meer welkom waren, en met gulhartige vreugde door hem ontvangen werden. Hij geleidde ons naar zijne woning, die niet verre van de landingsplaats lag, doch eigenlijk uit niet veel meer bestond dan eene Indiaansche hut — waarvan evenwel het inwendige reeds met meer gemakken tot huisvesting was ingerigt, als hebbende eenige kamers, of afgeschotene apartementen, voor slaap- en woonvertrekken. Het overige van het gebouw vormde weder eene soort van magazijn, of liever eenen winkel, waar men zoo wat van alles, hetwelk bij deze eilanders gewild is, te koop aanbood, of, beter gezegd, tegen sandelhout verruilde.

Wij begonnen ook hier dadelijk met het inschepen van het laatste van dit artikel, hetwelk wij, op de tegenwoordige reize, zouden aan boord nemen. Dit inschepen echter was uiterst moeijelijk, aangezien de op het strand staande branding de sloepen verpligtte, op eenen goeden afstand van hetzelve te blijven liggen. Hadde ons, bij dit werk, de geoefendheid der Indianen in het zwemmen niet groote diensten bewezen, dan zou het veel tijds en moeite gekost hebben, het overschot onzer lading scheep te krijgen.

Middelerwijl dit werk volbragt werd, namen wij de gelegenheid waar om het eiland te bezien, hetwelk mij, naar evenredigheid, op verre na zoo vruchtbaar niet voorkwam als *Woahoo*. Hetzelve scheen geheel en al volkanisch, en de meeste bergkloven en valleijen, naar mijn oordeel, niet anders te zijn, dan

uitgebrande kraters. Het dorp *Wymoa* — op eenige
roeden afstands van het strand in eene vallei gelegen,
die door vruchtbare *tarro*-velden, welke zich van
achter het dorp trapsgewijze naar de hoogte verheffen, — een allerschilderachtigst aanzien heeft, bevat
nagenoeg twee honderd veertig à vijftig huizen. Ten
oosten van hetzelve stroomt eene rivier, die zich,
omstreeks het begin der vallei van *Wymoa*, in eene
kom ontlast (wegens hare uitgestrektheid veeleer een
meer te noemen,) welke in zee uitloopt door eene
naauwte, als de monding der rivier te beschouwen,
doch voor welke eene bank ligt, waarop slechts zóó
weinig water staat, dat geene sloepen, maar enkel
kanoos, die kunnen passeren: en dit is te bejam-
meren voor het eiland, dewijl anders, zoo als ik
geloof, zelfs diepgaande schepen waters genoeg zouden hebben, om in de kom te liggen, die dan tot
eene haven konde dienen. Beoosten de kom verheft
zich de steilopgaande oever, ter hoogte van circa
twee honderd voet boven de oppervlakte der zee:
vanwaar dan het land deze hoogte blijft behouden,
doch nu ook daaromstreeks een alleronvruchtbaarst
en dor aanzien oplevert, zoo dat men zich kan verbeelden, aldaar in de woestijn te zijn. Gezegde steile
oever voorts strekt zich, langs de rivier, eerst noordelijk, en dan met eene bogt naar het oosten van
het eiland; en het is hier thans, dat de rivier (die,
zoo als ik zeide, bij het begin der vallei het water in
eene kom of baai ontlast,) van dáár noordelijk, ook
aan derzelver westkant, eenen anderen steilen oever
derwijze verkrijgt, dat men, tusschen deze twee rots-

wanden, tot binnen in het land van het eiland kan doordringen, schoon op zeer hobbelige en — voor zeelieden, die niet gewoon zijn, over klippen van allerlei gedaante te wandelen, — ongebaande wegen.

Ons eerste uitstapje naar het binnenland van het eiland was derwaarts gerigt, alzoo hetzelve ons door kapitein DIBBITS als zeer opnemenswaardig werd aanbevolen. Het was toen juist zondag, en al de inlanders, welke, ook op dit eiland, als aan de hand der missionarissen gingen, vertoonden zich ons in hun — zoo veel zij dat naar hunnen rijkdom bezaten — feestgewaad gekleed; dan er werd geene kerk gehouden, als zijnde de leeraar voor het oogenblik afwezig. Niemand evenwel verrigtte eenigen arbeid; waardoor het inschepen van sandelhout dan ook voor heden stilstond, en wij den dag te eerder tot het bezien van het merkwaardige op dit eiland konden besteden. De oude heer DIBBITS vermogt de wandelaars, op den voorgenomen', moeijelijken togt door hetzelve, niet te volgen, doch gaf ons eenen Indiaan tot gids mede.

Deze geleidde ons eerst, naar den oostkant van het dorp, tot aan den oever van het vermelde meer of de baai. Aan de linkerhand lieten wij voorts, tusschen andere Indiaansche woningen, ook die van het hoofd van dit eiland, QUEQUAHEVA genaamd, liggen. Wij vervolgden toen onzen weg, om de noord, langs de rivier, en kwamen weldra in eene soort van bergengte met ongemeen steile wanden, die, zoo wel als de door ons betreden bodem, aantoonden, dat hier de natuur, door volkanische beroerten, allerverschrikkelijkste omwentelingen moest ondergaan hebben, en welke, hoe verder wij in deze kloof doordrongen, meer en meer in voorkomen van barheid en onvruchtbaarheid toenamen. Genoemde wanden bestonden uit basalt-rotsen, kwartssteen, lavasteen en meer andere dergelijke volkanische (doch mij niet bekende) stoffen; terwijl de rivier, die zich tusschen deze bergengte waarlijk pittoresk slingerde, over de ongelijk rotsachtige bedding in verschillende cascaden heen- en afstroomde, doch tevens al smaller werd, en eindelijk niet meer dan de breedte eener beek verkreeg. In den beginne passeerden wij nu en dan nog eenige hutten van armoedige Indianen, die ons dan meestal volgden en zich met ons wandelen vermaakten. Wij hoorden hen, met veel verwondering, jegens elkander uiten, dat de blanke menschen, aan dit eiland komende, altijd gewoon waren, dan naar het binnenland te loopen — als konden deze lieden niet begrijpen, waartoe zulks toch wel dienstig was. Ten laatste zag men evenmin meer eene woning, als, buiten ons gezelschap, eenig menschelijk wezen, en vertoonde de bergkloof niets, dan barre rotsmuren.

Na voor een gedeelte denzelfden weg te hebben moeten terugwandelen, gingen wij westwaarts, en kwamen, langs de helling van het gebergte, bij vruchtbare velden, waartusschen eenige vijvers, of groote waterplassen, zich opdeden. Bij éénen van dezen zag ik eenen grooten boom, met bladen, volmaakt gelijk aan die eener zware aloëplant, en welks vrucht de grootte eener gewone peer, doch overigens alle gelijkenis had met onze rozenbottel. De jonge

III.   10

kanaka, dien ik van *Honoruru* had medegenomen, wierp, met den eersten slag, eenen steen met zoo veel kracht tegen den steel der vrucht, dat de laatste van den boom op den grond viel. Ik wilde daarvan oprapen; doch het geschreeuw der ons verzellende Indianen — zoo ook van den kleinen jongen — trok mij hiervan terug: waarop ik aan deze vrucht eene menigte fijne, lange stekels bemerkte, welke mij het gevaar, van die aan te vatten, deed vermoeden. De kleine *kanaka* plukte toen eerst eenige bladen van de rondom den vijver groeijende planten, waarmede hij dezelve opnam. Nu spoedde hij zich naar het water, en ontdeed de vrucht, aldus in die bladeren gewikkeld, met de — tevens in het water gehoudene — handen van de stekels en eene schil, brak dezelve open, en een allerfraaist rood vertoonde toen het vleeschig gedeelte, dat zeer saprijk en van eenen meest aangenamen, zoet-rinschen smaak was. — Vervolgens kwamen wij aan eenige woningen, en door een dorpje, *Atapa* genaamd, alwaar de eilanders veelal bezig waren met het kloppen van de *mamakoe* en de *koekoe* om *tapa* te maken, zijnde het reeds beschrevene inlandsche fabrijkaat tot kleeding.

Onze jonge *kanaka*, die zich thans gevoelde als tot de familie der scheepsequipage te behooren, scheen zeer gelukkig om ons henen te huppelen, en hield zoo wel de volwassen Indianen, als de jongens, welke hier en daar kwamen aanloopen om ons te zien, op afstand; hetgene oud en jong zich allergoedaardigst en gedwee lieten welgevallen. Duidelijk was hierbij weder de eerbied te bemerken, door deze vreedzame lieden voor de blanken gekoesterd, als kennende zij blijkbaar dien kleinen jongen, in zijn pakje gekleed en onder ons gezelschap vermengd, nu reeds, uit dien hoofde, eene meerderheid toe, welke de knaap, van zijnen kant en met een oogenschijnlijk gevoel van regt, ook niet verloochende.

Toen wij, te *Wymoa*, bij kapitein DIBBITS terug-kwamen, wachtte deze vriendelijke gastheer ons op met eenen uitmuntenden maaltijd, waaraan wij ons met graagte lieten vinden en van onze wandeling volkomen verhaalden. Daarna maakten wij een bezoek bij het hoofd QUEQUAHEVA, dien wij aan den ingang zijner woning gezeten, en omringd vonden door eene menigte mannen van zijnen hofstoet, welke, in twee rijen — links en regts van hem — geschaard en op de hurken zittende, dezen hunnen gebieder, door ge-sprekken en vertelsels, den tijd kortten. Wij naderden QUEQUAHEVA met het: » *aroga, Governor !*" dat hij op de gewone manier beantwoordde; waarna wij plaats namen op een bed van opeengestapelde matten. In de diepte of op den achtergrond van het gebouw ontwaarde ik mevrouw QUEQUAHEVA, liggende weder, onder eene deken en met het hoofd daar uitgestoken, op eene matras van matten; en, hoezeer deze dame meer spraakzaam en (in verband met hare mindere jaren) vlugger scheen, dan de oude koningin KAAHU-MANA, was zij evenwel alweder niet minder groot en vet als de beste van haar — aan de *Erier*-familie vermaagschapt — geslacht.

Den volgenden morgen deden wij een ander uit-stapje naar den oostkant van het eiland, varende toen, met eene kano, over het meer en naar den steilen oever van die zijde, alwaar wij tevens de nog aanwezige overblijfselen eener *Morai* bezigtigden (of liever: hier te zeggen, van een kerkhof der vroegere gestorvene opperhoofden van dit eiland.) Eenige plaatsen, ons hier aangewezen, deden met afgrijzen de voormalige bijgeloovige gebruiken herdenken dezer Indianen, die toch ook alweêr meenden, daarmede het eeuwige, ongekende en alle bevatting ver over-treffende Opperwezen op hunne wijze te vereeren, of pligten te beoefenen, waarvan zij eenen niet uitte-wisschen indruk bespeurden. —

Onze weg naar het oosten leverde voorts niets bijzonders meer op; alzoo wij, overeenkomstig het vroeger gezegde, eene dorre en onvruchtbare vlakte hier betraden, van welke, behalve dat die een fraai gezigt naar het noordergebergte en over eene groote uitgestrektheid van het eiland aanbood, niets ver-ders valt te vermelden. Wij keerden dan ook onzen gang thans naar het noordwesten, totdat wij weder aan de rivier of het meer kwamen, en van de hoogte afdaalden naar eene vallei, door welke dit water heenstroomde, en alwaar wij eene allerschilderachtigst gelegene landhoeve passeerden, toebehoorende aan eenen der missionarissen, die zich — te oordeelen uit de menigte schapen, geiten, varkens, kalkoenen, ganzen en verder pluimvee, dat wij hier zagen rond-loopen — bijzonder scheen toe te leggen op de vee-teelt. Hier lieten wij ons weder, met eene kano, naar den westkant van . het meer overzetten, en keerden naar het dorp *Wymoa* terug.

Dien dag was het maandag, en alle inlanders op nieuw met hunne werkzaamheden bezig, zoo dat het laden van sandelhout met kracht hervat wierd. Wij bezigtigden heden ook nog QUEQUAHEVAS scheepstimmerwerf, bestaande in groote afdaken of schuren, alwaar men van de fraaiste en' grootste kanoos vervaardigde, welke er aan deze eilanden gevonden worden. Het eiland *Atooi* was daarvoor, zoo . als men ons verzekerde, te allen tijde — van al deze eilanden — de voornaamste werkplaats. Onder eene zeer net vervaardigde kap stonden twee. der grootste dubbele kanoos, die ik immer gezien heb.

De kanoos van de *Sandwich*-eilanden in het gemeen schijnen voortreffelijk berekend te zijn voor snelheid in het roeijen en zeilen. Lang, smal, en. ligt gebouwd, hoezeer van eene harde en zware houtsoort, gaan dezelve tevens weinig diep in het water. Ofschoon voorts tot eene kano, gemeenlijk., niet meer dan een eenige boomstam wordt gebezigd, bevatten evenwel sommigen dezer vaartuigen — vooral die tot de dubbele kanoos behooren der grootere soort, van welke de voornaamste opperhoofden zich bedienen, — van zeventig tot tachtig voet in lengte, bij een à twee voet wijdte en drie voet diepte in het hol. De gewone dubbele kanoos, nogtans, zijn niet meer dan tot vijftig voet lang.

Het *casque* van de kano is doorgaans gedekt met eene soort zwarte verw, welke de inlanders, van verschillende aard- en plantachtige zelfstandigheden, bereiden. Aan het opperwerk van dit vaartuig

voegen zij in het rond, met ongemeene netheid, en
in denzelfden trant als de verbindingen der balken in
de huizen worden daargesteld, eene smalle strook
van wit hout, ter breedte van zes tot acht duim,
naar evenredigheid van de lengte en grootte van het
vaartuig; en welke strook dan, zoo wel aan den voor-
als achtersteven, in gekromden vorm tot elkander
sluit: waardoor dezelve, bij den snellen voortgang,
veel waters afkeert, hetwelk anders de kano zou
inkoopen. Al de kanoos dezer eilanders zijn tevens
ongemeen sterk gebouwd; en, hoewel over het algemeen niet zoo lang, als die der Nieuw-Zeelanders of
van andere bewoners der *Stille Zuidzee*, zijn doorgaans die van de *Sandwich*-eilanden veel beter gemaakt en netter bewerkt, — hebben ook, in het zeilen en pagaaijen, veel spoediger' voortgang, dan die
van al de andere eilanden dezer zeeën. Wat inzonderheid het laatste aangaat, zal dikwijls een enkele
Indiaan dezer gewesten zijne kleine kano met veel
rapper vaart over het water doen gaan, dan kloek
bootsvolk bekwaam is, eene walvisch- of Groenlandsche sloep voert te roeijen. Overigens is de takke-
laadje dezer kanoos zeer eenvoudig en doelmatig. De
mast komt te staan in eene daartoe vervaardigde
zeildoft, bij de dubbele kanoos gelegen over beiden.
De zeilen zijn van fijn gevlochten matwerk, en hebben thans veelal den vorm van onze gewone spriet-
zeilen; welk model gedeeltelijk van de sloepen der
vreemdelingen werd overgenomen. De pagaaijen der
Sandwich-eilanders, breed en sterk zijnde, hebben
gewoonlijk vier tot vijf voet lengte en een ovaalvormig blad, doch geen handvatsel: men bezigt daartoe

hetzelfde harde en zware hout als tot de kanoes, en
laat die zonder versierselen of snijwerk; doch derzelver wigt bemoeijelijkt zeer het pagaaijen, voor diegenen, welke niet gewoon zijn, daarmede te werken.

De Indianen waren dien morgen, van allerwegen
van het eiland, aangekomen met vette bokken, varkens, pluimvee, tuin- en boomvruchten, welke zij
ter markt bragten. Deze werd gehouden — niet verre
van het strand — op eene daartoe omheinde plaats;
die vrij vol van menschen liep. Tot provisie bij de
voortzetting der reize, kocht ik eene menigte der hier
voorhandene levensmiddelen; waardoor wij dan nu
ook weder van het noodige rijkelijk voorzien waren.
Alles evenwel moest ik ruim betalen, ofschoon men
eenige artikelen alhier goedkooper kon bekomen,
dan in de haven van *Honorura*.

Kapitein DIBBITS schonk mij eene buitengewoon
fraaije geit, met twee jongen, die ik als iets bijzonders naar *Europa* dacht te brengen. Deze dieren,
welke, over het geheel, donkerbruin (ja bijna zwart)
waren, hadden ongemeen laag neerhangende ooren,
met sneeuwwit lang haar, kruflend en zóó zacht, als
dat der ooren van onze in *Holland* bekende krul-
honden. Dewijl echter het aantal geiten bij ons aan
boord dagelijks het getal jongen deed vermeerderen,
beval ik eens, op zekeren dag, dezelven te slagten,
en er voor de equipage soep van te koken. Dit
gaf, tot mijnen grooten spijt, aanleiding, dat men,
door misverstand, ook die fraaije presentgeitjes doodden; terwijl, tot nog grooter' jammer, kort daarna
ook de moeder kwam te sterven.

Wij hadden nu onze volle lading aan boord, en waren tevens met alles gereed om zee te kiezen. Nadat wij dus ook nog heden het middagmaal bij onzen gullen gastheer gebruikt hadden, namen wij afscheid van hem, en thans tevens van mijnen vriend, den heer W. FRENCH. Deze en de oude, brave kapitein DIBBITS geleidden ons naar de sloep. Wij vertrokken, ten vier ure, aan boord; ligtten anker, en zeilden naar zee. Onze eerste bestemming met het schip was thans naar de rivier van *Canton*.

De wind — flaauw zijnde — liep om van het Noorden door het Oosten naar het O. Z. O. Evenwel kregen wij, op eenige mijlen afstands van den wal, den vasten passaat van het Oosten en O. N. O.

Het was ten zes ure van den tienden Maart 1828, dat wij, des avonds, de volgende peiling namen, waarvan ons bestek begon, als: den zuidhoek van het eiland *Oneeheow* W. ¼ N., het eiland *Tahoora* over het midden W. Z. W. ½ W.; en welke peiling, met het misw. k. en 9° noordoostering gerekend, ons bragt, in de groote kaart van ARROWSMITH (gelijk mede volgens J. W. NORIE's opgave aangaande de ligging dezer eilanden,) op 21° 44′ noorderbreedte en 159° 56′ lengte bewesten den meridiaan van *Greenwich*. Wij stuurden toen Z. Z. W., om op de parallel tusschen de 18° en 19° noorderbreedte te komen — als zijnde het, naar de aanwijzing van verscheidene zeelieden en ook die van kapitein DIBBITS, op deze breedte, dat men gewoonlijk den meest vast doorstaanden passaat zal aantreffen, tot het vervolgen der reize naar het westen.

VIJF EN TWINTIGSTE HOOFDSTUK.

Algemeen terugzigt op de Sandwich-*eilanden.*
Eenige bijdragen tot de Hawaiian-*taal.*

Voordat ik nu evenwel verder ga, en de laatst
aangedane eilanden-groep te eenen maal achter ons
laat liggen, zal het welligt niet ondienstig zijn, dat
wij, nog een oogenblik, op dezelve terugzien, onder mededeeling van eenige bijzonderheden, omtrent
de *Sandwich*-eilanden in het algemeen, gedeeltelijk
door mij getrokken uit een ons aldaar in handen gekomen *historisch overzigt, door missionarissen bijeen-
gebragt,* en gedeeltelijk in de aanteekeningen van
mijn journaal als anderzins vervat zijnde. Daarbij
zal ik dan, als bijlage, iets omtrent de taal voegen,
bestaande, hoofdzakelijk, eerstens: uit een *vocabu-
laire,* mede, naar een mij in handen geraakt dagboek,
voor den vaderlandschen Lezer vertaald, — en vervolgens; uit eene dergelijke lijst van woorden en
spreekwijzen, van tijd tot tijd — als uit den mond
der inlanders, en volgens de ons voorkomende uitspraak, — door mij zelven opgevangen.

Gelijk ik reeds aanhaalde, besliste de slag, tusschen de Indianen op het eiland *Woahoo,* in de
vallei van *Kuaroa,* geleverd, de alleenheersching van
TAMEHAMEHA over al deze eilanden; die dan ook,

door de vreemdelingen, gewoonlijk als TAMEHAMEHA I.
wordt aangehaald. Hij stierf in het jaar 1819. Zijn
zoon RIHORIHO, ook TAMEHAMEHA II. genaamd, volgde hem in het bewind op. Het was onder de regering van dezen, dat het stelsel van afgoderij in
zóó verre vernietigd wierd, als de met hetzelve in
verband staande gebruiken van het gouvernement of
de regerende hoofden afhingen of op de personen
van dezelven regtstreeks terugsloegen. Daartoe behoorde b. v. het offeren van menschen, bij het sterven
van een der mannelijke óf vrouwelijke opperhoofden
enz. Drie voorname oorzaken schijnen tot gezegde
afschaffing mede te hebben aanleiding gegeven:

Ten eerste de wensch van den kant des konings
om het lot zijner vrouwen te verbeteren, welke, in
het gemeen met alle andere vrouwelijke wezens van
deze eilanden, onderworpen waren aan vele pijnlijke
ongelegenheden door de werking van den *tabo;*

Ten anderen de daar heenleidende raad van onderscheidene, deze eilanden bezoekende vreemdelingen,
als ook die van de meest verstandige opperhoofden;

Ten derde, en nog wel bovenal, de berigten omtrent datgene, wat door POMARE, het opperhoofd der
Societeits-eilanden, in dit opzigt gedaan was.

Evenwel ging deze groote omwending van zaken
niet zoo geheel vreedzaam te werk, maar verwekte,
tusschen de Indianen dezer eilanden, eene soort van
burgeroorlog, welke echter door eenen beslissenden
veldslag — niet verre van *Kairooa,* op het eiland
Owhyhee, — werd geeindigd.

De missionarissen kwamen in April 1820 — juist,

gelijk ook van elders bekend is, toen gemelde afschaffing had plaats gevonden — alhier aan. Zij vestigden zich het eerste op het eiland *Owhyhee* (ook
Hawaii genaamd) in het dorp *Kairooa*, aan de baai
Tyetatooa. Deze nu, welke zich voor alle dingen
op de taal der eilanders — de *Hawaüan*-taal —
toelegden, teekenden, in Julij en Augustus van het
jaar 1823, naar eigen ondervindingen en als uit den
mond der inlanders zelve het navolgende op:

Het getal huizen te *Kairooa* is 529. Deze ieder
tegen vijf personen gerekend, beloopt de bevolking
van dit dorp op 2645 inwoners.

Er leefde toenmaals nog eene menigte Indianen —
zoo wel ter dezer plaatse als in anderen van hunne
dorpen — welke, gedeeltelijk, tegenwoordig geweest
waren bij den, aan het dorp *Kaavarooa* ontstanen,
ongelukkigen twist tusschen de eilanders en kapitein
COOK, of ook van ooggetuigen deze aandoenlijke gebeurtenis hadden hooren verhalen. De verklaringen
van allen eenparig kwamen, dienaangaande, op het
volgende neder:

» De vreemdelingen waren niet te laken, vermits ons
volk (namelijk: de Indianen) begon, met hunne boot
te stelen. Cook wilde slechts den koning aan boord
brengen, om hem zóó lang té bewaren, tot de boot
was teruggegeven. Met koning TARAIOPU ging hij
naar het zeestrand, totdat ons volk TARAIOPU kwam
omringen, hem weerhoudende van verder te gaan.
Terwijl de koning hieromtrent in twijfel stond, kwam
er een, van den anderen kant der baai, buiten adem
zich tusschen het volk dringen, schreeuwende, dat

de vreemdelingen met vijandelijkheden begonnen waren, als hebbende zij, uit eene hunner sloepen, op
eene kano gevuurd, waardoor een der opperhoofden
gedood was. Dit berigt bragt eenigen van ons volk
tot woede en de opperhoofden tot ontsteltenis, als
geloovende, dat men hunnen koning wilde dooden.
Het volk wapent zich met lansen, knodsen en steenen. KANONA smeekt haren man, niet verder te
gaan. Al de andere opperhoofden deden hetzelfde.
De koning ging toen zitten. De vreemdelingen schenen
bedremmeld, en spoedden zich naar hunne sloepen.
Toen werd COOK door een' van de onzen, met eene
speer gewapend, aangevallen; waarop hij zich om-
keerde, en, met zijn dubbel geweer, den man ter
neêr schoot. Hierop wierpen de onzen met steenen
naar hem. De vreemdelingen, zulks ziende, vuur-
den op de onzen. Kapitein COOK keerde zich om,
en trachtte de zijnen met het schieten te doen ophouden, maar hij kon dit niet gedaan krijgen, wegens het geweld, dat er was. Hij wilde zich juist
weêr omkeeren om tot ons te spreken, toen hij van
achteren, in zijnen rug, met eene *pahoa* vermoord
werd. Een ander doorstak hem te gelijker tijd met
eene lans. Hij viel in het water, en sprak niets
meer. Nadat hij dood was, jammerden wij allen.
Zijne beenderen werden gescheiden, het vleesch daar
afgeschraapt en verbrand, zoo als zulks gedaan werd
bij al onze gestorvene opperhoofden. Wij hadden
ook niet anders gedacht, dan dat hij onze god RONO
was; vereerden hem als zoodanig, en beschouwden
zóó ook zijn gebeente.

» Velen van de opperhoofden, wanneer zij aan hem denken, uiten dan hun leed, welk zij gevoelen. Het volk, over het algemeen, spreekt over deze gebeurtenis met veel berouw. Zij pleiten den koning van alle schuld vrij: niets was op zijnen last verrigt. Men heeft altijd geoordeeld, dat het verdeelen der beenderen en het afschrapen van het vleesch het gevolg was van eene woeste en meêdoogenlooste barbaarschheid, doch verre van dien: het was, naar onze gebruiken, het hoogste bewijs van achting, dat wij hem konden aandoen.

» Den grond, waarop wij in kapitein COOK de waardigheid van eenen god erkenden, zal men uit het volgende leeren inzien. Onder onze koningen, die over *Hawaii* regeerden" — hetwelk als de fabelachtige tijd in de *chronologie* der *Sandwich*-eilanders kan beschouwd worden — » was RONO of CRÒNO. Deze, door bijzondere oorzaken zich van zijne vrouw beleedigd gevoelende, vermoordde haar. Hierna jammerde hij zóó lang, dat hij in eenen staat van krankzinnigheid verviel; in welke gesteldheid hij over al de eilanden trok, en met een ieder, die hem ontmoette, slaags raakte. Hij begaf zich eindelijk alléén, met eene kano, naar vreemde landen. Na zijn vertrek werd hij door al zijne landslieden vergood, en rigtte men, ter zijner eere, jaarlijks vecht- en worstelspelen aan.

» Zoodra men kapitein COOK had zien aanlanden, werd er voorondersteld, en ook verspreid, dat god RONO was teruggekomen. Wanneer hij door het dorp wandelde, ontving hem daarom het volk met goddelijke eerbewijzen. Maar toen zij, bij den slag, die hem werd toegebragt, zijn bloed zagen stroomen en zijne zuchten hoorden, zeiden zij: » neen! dat is » RONO niet"; doch eenigen bleven, ook nog na zijnen dood, bij hun geloof, dat hij evenwel RONO zijn moest, en verwachtten nu, dat hij andermaal zou wederkeeren. Nadat dus de schepen vertrokken waren, werden zijne beenderen, zijne ribben en zijn borstbeen, als een gedeelte van RONO, heilig geacht en geborgen in eene *heiau,* of tempel, voor RONO gesticht en gelegen aan den anderen kant van het eiland. Men wijdde dáár aan zijne beenderen godsdienstige ceremonien, en jaarlijks werden dezelve, door de priesters, in processie naar andere *heiaus,* of tempels, gebragt. Ook trok men daarmede rond het geheele eiland, en verzamelde dan de offers, van het volk aan god RONO opgedragen.

» De beenderen werden in eene kleine mande bewaard, van teenwerk gevlochten, en waren in fraaije roode vederen gelegen, zoo wel als geheel en al daarmede bedekt. Deze behoorden, in die dagen, mede tot de allerkostbaarste zaken, welke de inboorlingen toenmaals bezaten. Zij beschouwden dezelve niet slechts als geheiligd, maar ook als een voornaam aanhangsel tot alle afgoden, en als een voorwerp van godsdienstige vereering over den geheelen *Stillen* oceaan, zoo ver die hun bekend was. Deze vederen werden voorondersteld, veel te kunnen bijbrengen tot den invloed of de kracht van het afgodsbeeld of *de reliquie,* waarbij dezelve gevoegd of waaraan zij gehecht waren."

De zendelingen van de *Societeits*-eilanden hadden, door middel van eenige *Sandwich*-eilanders, reeds te weten gekregen, dat eenige beenderen van kapitein cook alsnog in derzelver tempels bewaard wierden en godsdienstige eerbewijzen ondergingen. Na de aankomst dan ook van den Engelschen missionaris *Mr.* ellis (in gezelschap met de deputatie van 1822 uitgegaan) werd er alle onderzoek te werk gesteld om te weten, of gezegde beenderen nog aanwezig waren, en waar men die verborgen hield; doch nimmer, tot op den huidigen dag, heeft men daaromtrent eenige voldoende inlichting, en veel minder dadelijke aanwijzing, kunnen bekomen. Al, wat de Indianen dienaangaande losgeven, is, dat dezelve door de vrienden van rono bewaard zijn geweest, en ook plagten vereerd te worden; dan niemand heeft, tot heden, willen zeggen, waar die thans nog zouden zijn te vinden. Als de missionarissen den koning of kevaheva (mede een' der voornaamste opperhoofden,) — den opperpriester of eenig ander hoofd hiernaar vraagden, was altijd het antwoord: » die » zeggen, dat zij het niet weten, zijn degenen, » welke dezelve bewaren — ” of ook: » zij zijn thans » verloren.”

Na alle gedane onderzoekingen, lijdt het geenen twijfel, dat voornoemde beenderen door de priesters bewaard en van het volk als heilig beschouwd zijn geworden tot aan het jaar 1819, toen de afgoderij alhier ophield te bestaan. Tot op dat tijdstip waren dezelve der geheime zorg van eenigen der opperhoofden of priesters toevertrouwd; en hoogstwaarschijnlijk liggen zij alsnog in eenig verwulf verholen, doch welke verborgen plaats dan nog slechts aan eenige weinigen diergenen, welke weleer met deze zaak onmiddellijk in betrekking stonden, bekend is. Opmerkelijk was het, dat de alsnog in leven zijnde oude priesters en opperhoofden van dien tijd steeds zich ongenegen toonden om aangaande het geheel van dit treurige onderwerp, en al wat daarmede zamenhing, in redewisseling te komen. Zoo vaak dit beproefd werd, poogden zij duidelijk, alle herinneringen desaangaande te ontwijken. Dit konden wij te *Karakakooa*-baai ten klaarste bespeuren, toen wij, bij het dorp *Kaavarooa* (of *Kowrowa*,) zoo veel als onze bedevaart gerigt hadden naar de noodlottige plek, waar meergenoemde vermaarde zeeman zijn eind vond.

Het eiland *Owhyhee*, of *Hawaii*, in zijn geheel, beslaat eene oppervlakte van nagenoeg duizend vierkante Duitsche mijlen. Van den top van deszelfs hoogste gebergte (*Mowna roa* en *Mowna kaah*, die op vijftien à zestien duizend voet boven de oppervlakte der zee geschat worden zich te verheffen,) tot aan het strand is het geheele eiland als bekleed te beschouwen door eene massa van lava en andere volkanische stoffen, welke er in verschillende gesteltenissen van ontbinding of oplossing thans wordt aangetroffen. Tevens kan men zeggen, dat dit eiland, als ware het, eenen wonderbaarlijken boog of gewelf vormt, doorboord van eene menigte openingen, of kraters, en behoorende tot eenen vasten oven, aanwezig in het hart van eenen welligt ongeloofelijk grooten — onder water zich bevindenden — in werking zijnden berg, waarvan dat gedeelte, welk uit de zee verrijst en het eiland *Hawaii* daarstelt, slechts de oppervlakte van den uitersten top is.

Onder de inboorlingen zijn velerhande fabelachtige overleveringen en sprookjes verspreid, omtrent het ontstaan en het oorspronkelijke bevolkt raken van dit eiland. Volgens één derzelven legde een verbazend groote vogel een ei op het water, dat spoedig daarna openbarstte, en aan het eiland *Hawaii* het bestaan gaf. Kort daarop kwam, van de *Societeitseilanden*, een man, benevens eene vrouw, een varken, eenen hond en een paar hoenders, met eene kano alhier aan. Zij landden aan het oostelijke strand, en waren de eerstouders van de tegenwoordige bewoners.

Ook spreken de *Sandwich*-eilanders van eenen zondvloed, bij welken eenmaal de zee tot zulk eene hoogte opsteeg, dat het geheele land, uitgezonderd eene kleine piek op den top van den *Mowna kaah*, onder water geraakte. Slechts twee menschelijke wezens bleven, op die piek, in den algemeenen ondergang bewaard. Dit uitwerksel der natuur noemen zij de *kai a kahina' rü* (de zee van *kahina' rü*.)

Van de regerende personen of opperhoofden dezer eilanden bestaat het navolgende geslachtsregister, hetwelk ik hier mededeele gelijk het ons in handen kwam, en geve voor hetgene het is:

De toen nog in leven zijnde koningin KAAHUMANA of KARAMANU is de zuster van KOAKINI (of *Governor* JOHN ADAMS.) Zij was ééne der vrouwen van

TAMEHAMEHA I., en bezat meer eigendommen, schatten en invloed, dan eenige andere prinses van deze eilanden.

KAIKEOEVA is een der voornaamste opperhoofden derzelven.

NAHI-ENAEA, deszelfs zuster, en hij zijn beiden kinderen van de oude prinses KAPIOLANI, welke laatste mede eene der vrouwen was van TAMEHAMEHA I.

KAIKEOEVA is thans zoo veel als generaal en opvoeder van den tegenwoordigen jongen koning KAUIKEOULI.

KAUIKEOULI is een broeder van RIHORIHO, en beiden zijn kinderen van de nog regerende koningin KAAHUMANA.

RIHORIHO, als oudste zoon, kwam, na het overlijden van deszelfs vader TAMEHAMEHA I. in het jaar 1819, aan het bewind dezer eilanden. De vreemdelingen noemden hem TAMEHAMEHA II. Hij stierf, gelijk reeds verhaald is, in *Engeland* ten jare 1822. KAUIKEOULI volgde hem op in de regering, en draagt ook wel den naam van TAMEHAMEHA III.

KARAUNOKU — ook, gelijk reeds gezegd werd, BILLY PITT genaamd — is de broeder van *Governor* BOKI. KARAUNOKU voerde het bewind over al de eilanden, gedurènde de afwezigheid van koning RIHORIHO. Hij stierf in 1827.

KEKAURUOHE was eene dochter van TAMEHAMEHA I., en dus ook de zuster — maar tevens de vrouw — van RIHORIHO.

KOAKINI, zoo als reeds gezegd is de broeder van koningin KAAHUMANA en door de vreemdelingen JOHN

ADAMS bijgenaamd, was een der voornaamste hoofden en bewindhebber op het eiland *Owhyhee* of *Hawaii.*

Het gezag van TAMEHAMEHA, den vader van RIHO-RIHO en koning van de *Sandwich*-eilanden, strekte zich vroeger niet verder uit dan over twee distrikten van het eiland *Hawaii;* maar in 1780 rebelleerde hij tegen zijnen neef KAUIKEOULI, den toenmaligen koning dezer eilanden, en deed dien, in eenen der allerbloedigste veldslagen, sneuvelen. Daarop maakte hij zich meester van *Maui,* alwaar KAPIOLANI, eene kleindochter van TARAIOPU, hem als gevangene in handen viel, en welke hij tot eene zijner vrouwen nam. Voorts onderwierp hij zich het eiland *Oahoo (Woahoo),* en werd zoo doende oppergebieder van al de *Sandwich*-eilanden, uitgezonderd het eiland *Tauai,* mede *Atooi* genaamd. Ook dit kwam eindelijk onder zijne alleenheersching.

TARAIOPU of TARANIOBU, door COOK TERREOBOO geheeten, was koning van *Hawaii,* tijdens genoemde zeeman daar aanlandde.

TAUMUARII of TAMOREE was toen koning van *Tauai* (of *Atooi*) en stierf in 1824.

De *Sandwich*-, bij de inboorlingen zelve de *Hawaii-* (of, verbasterd, de *Hawaiian-*) eilanden genaamd — en gelegen, in den *Stillen* oceaan, tusschen de 18° 50' en 22° 20' noorderbreedte en op 154° 55' tot 160° 15' westerlengte van *Greenwich* — strekken zich in eene W. N. W. en O. Z. O. rigting. Zij zijn tien in getal en de namen derzelven, bij de inlanders in gebruik of gelijk die door hen worden uitgesproken, als volgt: *Hawaii, Maui, Tahurawa,*

Ranai, *Morokai*, *Oahu*, *Tauai*, *Nühau*, *Taura* en
Morokini.

De onderstaande opgave der lengte, breedte en
oppervlakte van ieder dezer eilanden is berekend in
Engelsche mijlen (of Duitsche kwart mijlen:)

	mijlen.		mijlen.							
Hawaii	is 97 lang,	78 breed,	en beslaat 4000 vierk. mijlen.
Maui	» 48	» 29	»	»	»	600	»	»
Tahurawa	» 11	» 8	»	»	»	60	»	»
Ranai	» 17	» 9	»	»	»	100	»	»
Morokai	» 40	» 7	»	»	»	170	»	»
Oahu	» 46	» 23	»	»	»	520	»	»
Tauai	» 33	» 28	»	»	»	520	»	»
Niihau	» 20	» 7	»	»	»	80	»	»

Taura
Morokini } zijn beide niet veel meer, dan barre klippen.

Hawaii of *Owhykee*, het grootste van allen, bevat
zoo wat vijf en tachtig duizend inwoners — een getal
veel grooter, dan de bevolking van al de overige
eilanden dezer groep te zamen genomen; doch aanmerkelijk kleiner, dan het door cook en andere be-
roemde reizigers na hem opgegevene. Vele oorzaken
trouwens zou men, bij wijze van bespiegeling, hier
kunnen aanvoeren van eene trapswijze en zóó ras
toegenomene vermindering des volks, dat daardoor de
waarschijnlijke juistheid van beide de opgaven gestaafd
wierd; als: het veelvuldige oorlogen, — de gestadige
onderlinge krijg, welke niet eer heeft opgehouden,
dan naarmate de omhelzing der Christelijke leer, gelijk die door de zendelingen werd gepredikt, hier
veld won; waardoor aan de wreedheden des bijge-
loofs, in het offeren van menschen bij godsdienstige
en andere plegtigheden, tevens een eind kwam.

Daarbij is mede in rekening te brengen de kinder-
moord, welken de ouders, en zonderdat zij daarbij
ook zelven eenig denkbeeld van misdaad hadden,
vermogten te plegen. Toen wij ons aan deze eilanden
bevonden, was het dooden van jonggeborene, mis-
vormde kinderen alsnog in zwang. Het waren dan
de moeders zelve, die zulk een kind op de aarde legden, en het met den voet doodtrapten.

De opperhoofden dezer eilanden — van den koning
af tot den minsten diergenen, welke over het volk
eenig gezag oefenen — schijnen, gelijk den lezer
reeds zal zijn voorgekomen, allen aan elkander vermaagschapt te wezen. Deze (zoo te zeggen: edelen)
zijn het, welke, als een vereend ligchaam, den
bereids vroeger vermelden naam dragen van het geslacht der *Eeries* (of *Earees*.) De hooge edelen
onder dezelven zijn de zoogenaamde, mede reeds
vermelde *Erie-taboos* — waarmede, in het algemeen,
eene onbepaalde magt verstaan wordt; — den tweeden rang vormen de *Erie-moeis* — aanduidende eenen
persoon, voor welken men zich buigen of ter aarde
moet werpen. (*Moei* beteekent ook » slapen.") Eindelijk heeft men nog eenen derden stand, bestaande
uit de zoodanigen, die eenigen eigendom bezitten;
terwijl de naam *towtows* voor de gemeene volksklasse
wordt gebezigd.

Daar bijna de geheele familie der *Eeries*, zonder
onderscheid van het vrouwelijke of mannelijke geslacht, uit zulke groote, zwaargebouwde en vette
menschen bestaat, zou men mogen vermoeden, dat
dezelve tot hare tegenwoordig bekleede oppermagt,

oorspronkelijk, door het regt van den sterksten en door zeker voorkomen van meerderheid geraakt zij; en welke voorrang uit dezelfde oorzaken door de anderen werd toegekend.

Eindelijk moet ik nog zeggen, dat, van al de eilanden dezer groep, *Maui* het vruchtbaarste is. Op *Oahu* resideert niet slechts de koning, maar bevindt zich ook de zetel van het oppergezag over al de anderen. Dit eiland heeft tevens van allen de beste haven, welke werkelijk eene zeer veilige — en trouwens hiervoren reeds beschrevene — reede voor schepen aanbiedt.

Zonder nu in het minste de verdiensten van den zoo vaak door mij — gelijk door velen — genoemden cook te willen verkleinen, schijnt het niettemin, dat de *Sandwich*-eilanden (schoon onder eenen anderen naam) bij de Spanjaarden reeds bekend waren, lang voordat genoemde Engelsche zeereiziger aldaar aankwam; en, volgens hetgene mij daaromtrent verzekerd is geworden, moet deze eilanden-groep op vroegere Spaansche kaarten staan aangeteekend. De menigvuldige zeerooverijen echter, welke, vooral gedurende de zeventiende eeuw, langs de kusten van *Amerika* in den *Stillen* oceaan plaats hadden, deden de Spanjaarden allerzorgvuldigst het bestaan en de ligging van deze eilanden geheimhouden — zelfs zoodanig, dat de *Acapulco*-vaarders, bijaldien zij die ook in het gezigt liepen, dezelve evenwel niet aandeden; waartoe nogtans kan hebben bijgedragen, dat zij derzelver wilde bewoners niet vertrouwden. Dat intusschen aan deze eilanden een of ander Europeesch schip, geruimen tijd vóór cook, moet zijn aangeland, daarvan schijnt onder de inboorlingen zelve eenige geheugenis te bestaan; gelijk zulks ook dáárdoor gestaafd wordt, dat, reeds lang voor deszelfs aankomst, het ijzer hier bekend was. Wij kunnen dus hoogstens aan kapitein cook de eer laten, van even zoo wel de door de Spanjaarden verborgen gehoudene *Sandwich*-eilanden opgespoord te hebben, als de Engelsche kapitein william smith, gezagvoerder van den brik *Williams of Blythe*, zich mag beroemen, dat hij het vroeger door de Nederlanders ontdekte, doch vergeten geraakte *Gerrit-Dirks-land* hervond, hetwelk thans onder den naam van *Zuid-Shetland* in de kaarten voorkomt.

Het volgende uittreksel van een *Météorologisch* of weêrkundig journaal der *Sandwich*-eilanden — te *Honoruru*, op het eiland *Oahu*, door de aldaar gevestigde Noordamerikaansche missionarissen gehouden — deel ik, na dit alles, ten slotte nog mede. Het journaal zelve is volledig voor iederen dag, en aldus, bij aanteekening, achtervolgelijk opgemaakt gedurende het tijdverloop van Augustus 1821 tot en met Julij 1822. De aanwijzing der hoogte van het kwik in den thermometer van fahrenheit, gelijk mede van de windstreek en de wedersgesteldheid, is ten acht ure na middernacht of des morgens, en ten drie en acht ure na den middag.

Maanden.	Grootste hitte.	Minste hitte.	Verschil in hitte.	Generaal verschil.	Gemiddelde temperatuur.	Generale windstreken.	Algemeene gesteldheid van het weder.
Augustus 1821.	88°	74°	14°	75° tot 85°	79°	N. O.	Helder. Slechts één dag regen.
September.	87°	74°	13°	76° —84°	78°	N. O.	Regen vijf dagen.
October.	86°	73°	13°	76° — 83°	78°	N. O.	Helder. Slechts één dag regen.
November.	82°	71°	11°	75° — 80°	76°	N. O.	Helder. Slechts één dag regen.
December.	80°	62°	18°	70° — 78°	72°	N. en N. O.	Helder. Regen, twee dagen.
Januarij 1822.	80°	59°	21°	68° — 76°	70°	veranderl.	Regen, één dag. 7 dagen bewolkt.
Februarij.	77°	61°	16°	68° — 75	71°	N. O.	Regen, 4 dagen. 10 dagen bewolkt.
Maart.	78°	66°	12°	71° — 75°	72°	N. O.	Regen, 5 dagen. 8 dagen bewolkt.
April.	81°	62°	19°	72° — 78°	73°	veranderl.	Regen, 5 dagen. 12 dagen bewolkt.
Mei.	81°	72°	9°	75° — 80	76°	N. O.	Regen, 4 dagen. 3 dagen bewolkt.
Junij.	84°	71°	13°	76° — 81°	78°	N. O.	Bewolkt, zes dagen.
Julij.	84°	74°	10°	76° — 83°	78°	N. O.	Regen, 5 dagen. 7 dagen bewolkt.
Resultaat voor het jaar.	88°	61°	27°	70° — 83°	75°	N. O.	Regen, in het algemeen, 40 dagen; de overige tijd bewolkt.

De regen kwam van het N. O. , Noorden, N. W., Z. W., Zuiden en Oosten; maar het meeste van het Zuiden, en dan veelal van het N. O. met den passaatwind.

BIJLAGE.

Het alphabet van de *Hawaiïan*-taal is het navolgende, en, omtrent uitspraak enz., valt in het algemeen te bemerken het daarbij aangewezene:

De *klinkletters* zijn: A, E, I, O, U. De A luidt als bij ons in het woord *vader;* de E als in het Fransche *tête;* de I als in het woord *marine;* de O als in *over;* de U als in het Hoogduitsche *du* (ons *oe.*) Voorbeelden: *la*, de zon; *hemo*, los; *mari*, stil of kalm; *ono*, zoet; *nui*, groot.

Medeklinkers: B, D, H, K, L, M, N, P, R, T, V, W, die genoemd worden *be, de, he, ke, la, mu, nu, pi, ro, ti, vi, we*, en vermeerderd door F, G, S, Y — *fa, ga, sa, ye* genoemd — bij het spellen van vreemde woorden.

Tweeklanken: ae, ai, ao, au, ei, eu, ou. *Ae* klinkt als in de meest gangbare uitspraak van ons » wereld;" *ai* als in ons *ijs*, maar eenigzins harder; *ao* als *a* in *vaart*, doch iets ook van de o hebbende; *au*, nagenoeg als in ons *hout;* *ei* als in het woord *eik;* *eu* als *ee* in *leed;* *ou* als in het woord *doek*, maar weder eenigzins zweemende naar eene dubbele o. Voorbeelden: *ae*, ja; *ai*, voedsel; *ao*, brood; *pau*, alles; *lei*; granen; *weuweu*, gras; *lakou*, gij.

Wederkeerige of ineenvloeijende letters. Hieromtrent wordt in betrekking tot de *Hawaiïan*-taal geleerd, dat het gebruik van de *l* of *r*, in welk woord ook deze beide letters met elkander verwisseld worden, geenen invloed op het welverstaan der meening oefent en men evengoed zal begrijpen: *aroha* of *aloha*,

» beminnen, groeten enz." Hetzelfde geldt ook ten opzigte van de *k* en *t*, de *v* en *w*, de *b* en *p* — gelijk: *tabu* of *kabu*, verbod; *Hawaü* of *Havaii*, de naam van het eiland; *pure* of *pule*, *bure* of *bule*, gebed; — welke allen op elke dezer wijzen kunnen uitgesproken worden, zonder de minste onzekerheid bij de inwoners te veroorzaken. Strikt genomen, ook, vormen deze twee letters eigenlijk slechts eene enkele, die gedeeltelijk de uitspraak van de *l*, gedeeltelijk van de *r* heeft, doch welke de vreemdeling niet kan nazeggen.

Nog mag hier worden opgemerkt, dat in de *Hawaiian*-taal ieder woord met eene klinkletter eindigt.

En hierop nu volge de dubbele woordenlijst, welke ik reeds toezeide:

I.

Lijst van de meest gebruikelijke woorden in de *Hawaiian*-taal, afgeschreven uit een dagboek van eene reize rondom het eiland *Hawaii*.

A	en, met.	*Ao*	brood, daglicht, de wereld, handvatsel
Arakou	slepen, halen.	*Au*	stroom, zwemmen, het getij.
Ake	willen, wenschen.		
Aki	afbijten — als: eenen draad afbijten.	*Au*	ik.
A-a	een steen, steenachtig.	*Anau*	zich baden, wasschen
Amita	begeeren — (voedsel of drinken.)	*Aikamu*	verslindend eten, verboden voedsel.
Aaa	gezellig, vriendelijk, gastvrij.	*Aihue*	stelen, een dief.
		Aikune	een vriend van dezelfd sekse, welke genegen is, vriendschappelijk te geven en te nemen
Ae	ja, zeker.		
Ai	leeftogt.		
Ai	de nek.	*Aina*	land, eiland, grond landhoeve.
Aia	daar.		

tipupuu	een knecht, een bediende, iemand, die, om te leven, eenen ander' dient.
tulama	boven.
tono	zes (getal.)
toke	niet.
tumee	middernacht of zeer laat.
tepuni	koningrijk, staat van vrede, rustige staat van een volk.
duvee	de kin.
dha	zuur.
dhoolde	oordeel.
dhi	vuur.
dhiaki	avond.
dhitu	zeven (getal.)
dhe	adem, geduld, zachtheid, toegevend.
dhupuaa	eene stad, een dorp.
dhaaka	duidelijk, helder.
dkaki	één (getal,) eerste.
dkake	zich schoonmaken.
dkamai	verstandig, kunstrijk, vindingrijk, ervaren, wijs, enz.
dkea	wijd, breed.
dkua	god, eene godheid, geest, ieder voorwerp van goddelijke eerbewijzing.
dkua la pu	de duivel, een kwade geest.
lla	zich wekken, voorzigtig zijn, iets oppassen, wachthouden.
llala	schreeuwen, roepen.
llakai	geleiden, behoeden, den weg wijzen.
llana	eene offering.
llani	eene oranje (vrucht.)
lle	baar der zee, branding.
llelo	de tong.
llii, of arii	koning, opperhoofd.
'lima, of arima	vijf (getal.)
'lua, of arua	twee (getal.)
'na	spelonk, kelder, graf.
Aniani	glas.
Ano	nu, thans.
Ana hura	een tijdverloop van tien dagen.
Anuenue	de regenboog.
Apopo	morgen.
Aroha	*is* de gewone groete bij ontmoeting, *en drukt ook uit:* dank, overeenstemming, medelijden, droefheid.
Aroha oe	liefde zij u, vrede met u.
Awawa	eene vallei.
Avi	een inham, eene haven, twee reven, waartusschen eene passage is.
Avaru	acht (getal.)
Bono of Pono	zeker, regt, naauwkeurig, eigenaardig.
Baka	tabak.
Bote	eene boot, eene sloep.
Buke	een boek.
Buoa	begraafplaats, eene graftombe.
E	ja, zoo wel ook in antwoord op eene groet als op eene vraag.
Ee	klimmen, ergens bovenop springen.
Eeu	gereed, vaardig, spoedig, ervaren, volhardend, hoofdig.
Eu	gaan, voorwaarts.
Ekeu	een vleugel.
Eha	vier (een getal.)
Ekekeu	een paar vleugels.
Emo-a	langzaam.
Emoore	binnen kort, vroeg.
Haahe	verwaand, laatdunkend, schitterend, trotsch, luisterrijk.
Haawi	geven, verschoonen.
Hae	vlag — als vlag van een schip.
Hai	vertellen, iemand iets zeggen.
Haikai	vrolijk, blijde.
Hao	ijzer.

Haumana	leerling.	Iku	de neus.
Haka	heer.	Iku loiki	lange neus.
Hale	huis.	Jole	eene muis.
Halii	spreiden, een net sprei-den, de tafel dekken of spreiden.	Ikaika of Haita	sterk, krachtig.
		Ite of Ike	zien, ontwaren, weten kennen, verstaan.
Hanai	voeden, onderhouden.	Ua ike iko nei au i ka palapala	ik heb juist uwen brief gezien, gelezen.
Hanaa	geboren worden.		
Hanika	een doek, zakdoek.	Ua ike au a pau roa iko palapala	ik begrijp ten volle uwen brief.
Hawawa	dwaselijk, zotachtig, gekkelijk.		
		Ilaeda of Ilaila	
Hea of hahea	roepen.	Iraida of Iraira	dáár, op die plaats.
Heao	leeren, eene wolk.	Iliahi	sandelhout.
Heamiki	goed, best.	Ili	sohors, bast van eenen boom, huid, vel.
Heena	drink, drank.		
Hekeli	de donder.	Ilio of Lio	een hond.
Heleama	een anker.	Ilo	een worm.
Helii moka	scheepskapitein.	Imo	zoeken, opsporen.
Heoho	haar.	Imua	te voren, vroeger.
Hewa of heva	verkeerdelijk, onjuist, oneigenaardig.	Inaina	toornig zijn, haten.
		Inehinei	gisteren.
Hewila	weêrlicht, bliksem.	Ino	slecht, kwaadaardig, verdorvenheid, een klap, eene bui, een storm.
Hiamoe	slapen.		
Hiapo	eeniggeboren.		
Hiilani	overdrijven, verhoogen.		
Hiu	een zeil.	Inoino	zeer slecht.
Hinana	eene mande.	Inoa	een naam.
Hoahanau	een naastbestaande als: neef of nicht.	Ineina	verachten, verontwaar-digen.
		Inu	drinken.
Hoeule	het roer van een schip.	E inu oukou ika waiono	drinkt gij het goede water?
Hoka of hota	eene ster.		
Honi	beteekent het tegen el-kander drukken van de neuzen, of af-scheidsgroet.	Ivi of Iwi	knook, schelp, het harde gedeelte van een riet.
		Ivipo	het bekkeneel, de hoofd-schedel.
Honua	de aarde.		
Horoi	wasschen, reinigen.	Kai	de zee, groote uitge-breidheid.
Hoomakaukau	gereedmaken.		
Hokeke	koude, rillen, beven.	Kaikake	vermogend, magtig.
Hue	een dief.	Kaikane	een jonge broeder.
Ja	hij, zij, visch.	Kaikukane	een broeder.
Jako	veertig (getal.)	Kaikuwahine	eene zuster.
Ike	eene lans, speer.	Kae	eene geit.
Ikea	wanneer.	Kaaa	oorlog.
Iko	afkomstig, naauwe-lijks, laatstelijk.	Kaukama	een komkommer.
Ikomai	afstijgen, afklimmen.	Kahakai	de oever, het strand, de kust.

Kahue	vriend.	Oe ala	hij, zij of het.
Kahuna	een priester.	Oe	gij of jij.
Kamaa	schoenen.	Oene	u of gij.
Kamailio	zamenspraak, onderhoud.	Oi	scherp.
		Oi ai	klimmen.
Keniai	de keel.	Oi iho	afdalen.
Kanaka	een man.	Ohana	eene familie.
Kala	een piaster.	Okale	kaal, kaalhoofdig.
Makakala	een bril.	Ohi	de, het.
Kepiki	eene kool.	Okia	appel (vrucht.)
Kiike papa	een resident.	Ola	het leven, behoud, heil, welvaart, gered zijn.
Kiike	een kind, een zoon.		
Kiikimahine	eene dochter.		
Kiikuana	een oude broeder.	Ona	dronken.
Koa	een soldaat, een krijgsman.	Olala of Orara	drenkeling, iemand, die met een schip vergaan is.
Koko	bloed.		
Kulina	maïs, Indisch koren.	Omaoma	boezem.
Kuahivi	een berg.	Onohe	de oogappel.
Kuono	eene baai.	Opu	de buik.
Kupunekane	een grootvader.	Oreore	een geweld, leven.
Kupunewahine	eene grootmoeder.	Orohe	hooren, gehoor.
Kupapau	een ligchaam.	Orone	gehoorzamen.
Lea	een boomblad.	Oukoa	gij, u.
Lauoho	haar.	Ou	gij, het uwe.
Leo	eene stem, een paard.	Pahi	mes, zwaard.
Lipi	eene bijl, gespouwen.	Paapu	al te zamen, gezamenlijk.
Liia	koud, koude.		
Lio	een paard.	Pepeido	het oor.
Lima Lima	de handen.	Perikane	Brittanje.
Lole	een kleed of laken.	Po	nacht.
Mahina	de maan.	Poo	het hoofd.
Meitai	goed, best.	Poeleele	duisternis.
Maka	het oog.	Pauli	doen, handelen.
Make	sterven.	Puola	eene graftombe.
Manaua	tijd, de tijd.	Ranakira	een veroveraar.
Mano	een haai.	Tamaiti	een zoon.
Mea	eene zaak, een ding.	U	de borst, ook melk.
Moana	de zee.	Uala	aardappelen.
Moni	zwelgen, inslokken.	Uao	daglicht.
Muluwai	eene rivier.	Pule	bidden.
Nau	gij.	Uarau	vier honderd.
Naia	een voornemen.	U'a	regen.
Vani	schoon, sierlijk.	Uu	schreijen, schreeuwen.
Viho of nino	tand.	Uharu	hongerig zijn.
Vuenui	zeer groot.	Ukane	een geest, de ziel.

Ukane weiwai	goederen, gerijfelijk-heden.	*Waia*	melk.
Uka	loon, belooningen.	*Waha*	eene maand.
Ula	rood.	*Walaaa*	geraas.
Umete	eene kalebas.	*Waimake*	tranen.
Umi	tien.	*Waina*	wijn.
Umikamarië	kinderenmoord.	*Wite* of *wite wite*	spoedig, haastig, so
Uma	bakplaats, een oven.	*Wohini*	vrouw.
Upine	een net, vischnet.	*Wauti*	de plant, waarvan d
Wa	tijd, de tijd.		inlanderen doek j
Wakia	hout.		maakt wordt, zijn
Wai	water.		eene verscheidenhe
			van den *morus pa*
			rifera.

II.

Lijst van woorden en spreekwijzen, door mij zelven uit den mond der inboorlingen, en volgens de ons voorkomende uitspraak, van tijd tot tijd opgeteekend.

Maka ligie	klein oog.	*Woway*	eene broek.
Maka-a	groot oog.	*Parurie*	een hembd.
Kuri kuri	stil, wees stil.	*Laketi*	een buisje.
Nami nami	roepen, spreken.	*Papale*	een hoed.
Alacaba	genoegzaam, voldoende.	*Bubumos*	een rok.
Poururie	honger.	*Iri*	de huid, het vel.
Pallau	eene kat.	*Lauogo*	het haar.
Iriou	een hond.	*Mata*	het oog.
Moa	een hoen.	*Paparina*	de neus.
Cauwra	een touw.	*Wega*	de mond.
Moca	een schip.	*Leherege*	de lippen.
Wai	water.	*Nigou*	de tanden.
Wai kai	zeewater.	*Aniai*	de kin.
Kai	de zee.	*Pipe jou*	de ooren.
Kaukau	eten.	*Poo*	het hoofd.
Kokauwai	drinken, water drinken.	*Lima lima*	de armen.
Warra (ook *oge* of *oghe*)	zoete aardappel.	*Peagie*	de handen.
		Mana mana	de vingeren.
Ouwarra	zoute aardappel.	*Majou*	de nagels.
Koa	suiker.	*Popo lima*	de kneukels.
Patai	zout.	*Tuai tuai*	de ellebogen.
Au	brood.	*Uma uma*	de borsten.
Wai kou (of *puna*)	melk.	*Ai*	de nek.
Pahe	mes.	*Ivirai*	het sleutelbeen.
Noho	stoel, zitting, tafel.	*Ume umi*	de bakkebaarden.
Coma	schoenen.		

ibou	de buik.
rriau	schouderbladen.
Vajou	borsten.
Vato vajou	de tepels.
Vawaay	de dijen.
Iga	beenen.
Oro oro wa way	de kuiten.
Tueno	de rug.
Otorie	de billen.
Eri Eri	zwart.
Tio tio	wit.
Rena rena	geel.
Oma Oma	groen.
Olo olo	rood.
Matuji	purper.
Tipere	schilderen.
t-kaay	een. 1.
t-rou-oi	twee. 2.
t-cor-rou	drie. 3.
t-ha	vier. 4.
t-rima	vijf. 5.
t-ta nou	zes. 6.
t-ke-ko	zeven. 7.
t-tar-rou	acht. 8.
t-t-va	negen. 9.
t-unmi	tien. 10.
Itopo(of abbobo)	morgen.
Vee nee	gisteren.
Agi agi nee	namiddag.
Tutui	licht, daglicht.
Viraje	vlam.
Agie	vuur.
Ipo tutui	kandelaar.
Apitie	eene bloem.
Ohe	gij.
Vouw	ik.
Tuve of nui	veel, groot.
Tuve roa	heel veel.
Tokini	gaan.
Ireke	waar, waarheen.
Tai owe	zijt ge ziek?
Teli puni puni	zegt ge leugens?
Ihia	hoeveel?
Iera	dat.
Ieja	dit.
Iouw momona	vette geit.

Hana hana	werken.
Henapa	maak vast.
Hemo	los.
Hanahemo	maak los.
Pa	vast.
Pimai	kom hier.
Jala kai noa	hoe noemt ge dat?
Hele ako oi ko moko	ga naar boord, naar het schip.
Hele ako oi ajouka (of ook kokini ajouka)	ga naar den wal.
Hele ako oi hare	ga naar huis.
Rike riki	hetzelfde.
Riki riki wouw	het is hetzelfde met mij.
Lauwity to apa	breng dit in de boot.
Pimai agie	breng vuur, haal vuur.
Punakele	lieveling.
Palla palla	schrijven, lezen, leeren.
Laure	bitchelemar of tripang (zekere zeeslak.)
Ai paa	soort van spijs.
Maira	soort van plant.
Malla maa	wees voorzigtig, voorzigtig.
Tapa	stoffaadje voor kleeding.
Wayhta	hout.
Hura karaau	dans aan het einde eens stoks.
Hura	zang of dans.
Aroga (of arocha)	ik groet u, of: groet.
Buhenehene	zeker spel.
Haaheo Hawaii	hoogmoed, het zich laten voorstaan van Hawaii.
Huna maru no	juist werken, in het geheim.
Pule	bidden.
Oreno	gehoorzamen (mede: opperpriester van RONO.)
Kamailio	praten, gesprek houden.
Kuahivi	hoog land.
Mumuku	bui, van wind of regen.
Rere	altaar.

Hura, araapapa	zekere dans.
Paraoa	walvischtand, aan haar geregen (zeker sieraad.)
Makaainana	het gemeene volk.
Operu	soort van haring-visch.
Wauti	grondstof, waar men goed van maakt.
Kahu	vriend.
Naau po	onwetend, duister in het hart, gek.
La tabu	heilige dag.
Pahu tabu	heilige plaats, geheiligde inhoud.
Tabu roa	volstrekt verboden.
Pahoa	zwaard.
Paraoa	kromme tand, aan menschenhaar hangende en om den nek gedragen.
Hare o KRAVE	huis van KRAVE.
Mumurie	straks, verder.
Kua kevi	bergrif.
Oos	soort van dissel, werktuig, met welk men sandelhout schilt.
Maro	gordel om de middel.
Kihei	lange mantel van inlandsch doek.
Pau	vrouwerok van inlandsch doek.
Nui roa maitai	het is zeer goed.
Kani	muzijk.
Kani hura	muzijk bij den dans.
Kaku	godvruchtige.
Huku roa	zeer kwaad.
Pahoehoe	lava (bergstoffe.)
Pauoho o PELI	haar van PELE.
Kaamakaa kaakue	het oog van God.
Haore	vreemdeling.
Hana pa ia ika palapala	vastgemaakt in het papier, of de woorden, op het papier gedrukt.
Akaaka	helder, duidelijk, klaar.
Tao	vertaling.

Horua	zeker spel.
Papa	eene slede.
Aoré	neen.
Ke ue nei au ia orua	ik lijde, of het smart mij, voor u beiden.
Aroha oe''	helaas voor u!
Ona i ka ruma	dronken van rum.
Watta	afgod.
Akua	godin.
Kanaka maore	inboorlingen.
Kanaka opu nui	een man zonder dikken buik.
Mamake	matten, matwerk.
Kumukahi	oostewind.
Marania	westewind.
Avaha	eene kano.
Pora	zitting of bank in eene kano.
Toa	eene pagaai.
Jako	kruishout, welk de dubbele kanoes te zamen houdt.
Puhonna	schuilplaats.
Ke hale o RIROA	het huis van RIROA.
Tii	beeld van RIROA.
Pela no i Hawaii	zoo is het hier te Hawaii.
Po	plaats (zetel) van den nacht.
Kapapa	klip.
Kanau	te peilen.
Moku	eiland.
Kapapa-kanau-moku	klip, te peilen bij het eiland.
Marama	dag of het licht.
Ao maroma	naar het licht.
Ora roa ia	oneindig leven.
Geheii maiy noa	wat wil dat zeggen?
Hamopo	het hoofd afsnijden.
Arou arou	zeer veel.
Proha	goede reis! geluk.
Tairie	een getrouwd man.
Whaheene	eene getrouwde vrouw.
Madova tanie	een vader.
Madooa whaheene	eene moeder.
Titu nanie	een broeder.
Titu whaheene	eene zuster.

een kind.		
een koning.		
een opperhoofd.	*Pi mai*	kom hier.
een slaaf of dienaar, bediende.	*Mire mire*	kijk, zie, *ook wijs mij.*
een heer, man.	*Arre*	ga weg, maak u weg!
een varken.	*Arenta*	aan den wal.
een hoen.	*Heeva*	zekere gezamenlijke zang.
visch in het algemeen.	*Ete*	klein.
kokosnoten.	*Nui*	groot.
suikerriet.	*Moë*	slapen.
zekere wortel.	*Poonine*	ziek.
pap van de taro.	*Meme*	water lozen.
banannen.	*Tooti*	stoelgang hebben.
de zon.	*Hone hone*	groeten.
de maan.	*Paha*	misschien, mogelijk.
een knoop.	*Arou arou*	zeer veel.
eenige bij elkander geregene knoopen.	*Emotoo*	oud, gebrekkig, gebroken, kapot.
een spijker.	*Matte matte*	dood, dooden.
eene vischhaak.	*Oure*	eene ontkenning van welken aard ook.
een halskraag van vederen.	*Owhytoenoa*	hoe is uw naam?
een waaijer om vliegen te jagen.	*Poota poota*	eene diepte, een gat.
eene lans.	*Poone poone*	leugenachtig, bedriegen. Over het algemeen is dit een woord, hetwelk eenig bedrijf aanduidt, dat men als verachtelijk wil kenmerken.
hout.		
zekere bedwelmende drank.		
een geschenk.		
ga naar beneden.		
een emmer of puts.	*Tonata*	man van den *Tabo,* of diegene, welke den *tabo* gebiedt of oplegt.
steen in den vorm van eenen beitel, een plat stuk ijzer.		
stuk doek, hetwelk de vrouwen om hare middel dragen.		
slecht.		
goed, schoon, regt.		
dadelijk, zoo op het oogenblik.		

NB. Waar de spelling van een en hetzelfde woord, in beide de vorenstaande lijsten, min of meer uiteenloopt, is dit gedeeltelijk toe te schrijven aan de verschillende uitspraak, op de onderscheidene, achtereenvolgens door ons bezochte eilanden.

— 178 —

VERZAMELDE SPREEKWIJZEN.

Aniani mai ka makani oluolu.
De wind geeft eene aangename verkoeling, — het waait aangenaam.

Ike arooke Akua.
De tegenwoordigheid van God.

Aroha ino oe, e noko la i Honoruru.
Groote toegenegenheid voor uwe woningen te *Honoruru*.

Ehele au e ike ia oukou.
Ik wil komen, om u te zien, — ik wil u komen bezoeken.

Aore nana ia kopala palaeké rii.
Uw brief is niet gezien door den koning.

Ua eha auiau.
Ik ben door u beleedigd.

E eha aka oe ia u.
Gij zult even zoo door mij beleedigd worden.

Make make maua ika palapala.
Wij beminnen het boek, — wij beminnen de onderrigtingen.

Ikei mai au i ka oleloa ko arii.
Wij hebben van 's konings woord verslag gegeven.

He aroha au ia oe i kou keike i make ei.
Ik gevoel met u het verlies, of den dood, van uwen zoon.

Epale ae ike akua i ke arii.
Bid God voor den koning.

Aore oukou ehele mai aui i ora oukou.
Gij wilt niet tot mij komen om behouden te worden.

Makou iho olelo maitai a JEHOVA.
Wij hebben korteling gehoord het goede woord van JEHOVA.

Ua ike au a pau roa i ko palapala.
Ik heb al uwe brieven begrepen.

Nui ka ino oka kou noau.
Groot is de angst van onze harten.

Nana ee i kahi kakei o haule.
Pas op het kind, anders zal het vallen.

Hookomo ia mai.
Laat het binnenbrengen.

Kamailio.
Van genoegens spreken.

Hura areapa.
Inlandsche dans.

Tangata en waheene taboo.
Man en vrouw, die opgeofferd en begraven zijn geworden op de begraafplaats van een opperhoofd.

Here - eere.
Begraafplaats van een opperhoofd.

Aweh medooah.
Ach! mijn vader.

Aweh Tanee.
Ach! mijn man.

He mea maitai ke ora, e make, make au.
Eene goede zaak is redding; ik wensch het.

E PALE! *eia ka ohelo au; e taumaha, akuwau ia oe, e ai hoi au tehahi.*
PALE! hier zijne uwe offers; ik offer eenigen aan u en enkelen wil ik eten.

Mai ka po mai aui wale ka kanaka i rakou.
Groot in de daad, van chaos tot nu, is het getal menschen, daarbij (bij de menschenoffers) geslagt.

Uarau, uarau, uarau kapuaa i tiaraia na rakou.
400, 400, 400 (ter uitdrukking van ons 1200) varkens zijn daarin geworpen.

Owan kahi e malama ia JEHOVAH; *e ako au i ora ia Jesu Christ.*
Ik ben een, die God dienen wil, en wensch gered te worden door J. C.

Make make au ia J. C. Aroha nui J. C.
Ik verlang verlang (d. i. ik verlang zeer) naar J. C. Gezegend groot is J. C.

E make paha anuanei.
Misschien moet ik spoedig sterven.

ZES EN TWINTIGSTE HOOFDSTUK.

Vervolg der reize naar Canton. *Opmerkingen omtrent eenige nieuwontdekte eilanden in deze route. Passeren de* Marian-, *of* Ladrone-eilanden. *Ontmoeten Chinesche visschers.* Pedra Branca. *Zien de* Chinesche *kust. Zware buijen. Het aandoen van de rivier* Tigris. *Chinesche visschers als loodsen. Brengen het schip naar de reede* Lintin. *Tijding met de compradoor-boot. Eene Hollandsche familie te* Macao. *De rivier van* Canton, *in vier onderscheidene afperkingen verdeeld en beschreven. Berigt en beschouwing, aangaande het voornaamste, dat bij iedere dezer afperkingen valt op te merken.*

Zoo als ik aan het slot van hoofdstuk XXIV gezegd heb, boegden wij met het schip om de zuid, naar de parallel tusschen de 18° en 19° noorderbreedte; vervolgende daarop met kracht van zeil onzen koers om de west. Woensdag, den negentienden Maart, passeerden wij, gelijk de tijdmeter aanwees, den laatsten meridiaan van *Greenwich*, en kwamen dus — over de 180° lengte zijnde, gerekend van die plaats, — nu weder op het oosterhalfrond. Daardoor hadden

Zeilen in de noorder Stillen oceaan.

Passeren den laatsten meridiaan van Greenwich.

12 *

wij het thans reeds over de twaalf uren vroeger, dan in het vaderland, en waren (nu onze lengte oost van *Greenwich* rekenende) gevolgelijk bij hetzelve eenen dag ten achteren; weshalve, om met de tijdrekening aldaar weder gelijk te komen, onze datum dien dag moest verspringen. Deze vereffening bewerkstelligde en teekende ik aan in mijn journaal op den eersten April, zoo dat wij, daags na zondag den dertigsten Maart, terstond dingsdag den eersten April schreven.

Gelegenheid van wind en weder. Over het algemeen troffen wij den wind somtijds oost, doch meestentijds van het O. t. N., O. N. O. en ook het N. O. t. O., met eene aangename bramzeilskoelte en de gewone passaatlucht. Enkele keeren kregen wij regenbuitjes, doch behielden over het geheel goed weder.

Wakes-eiland. Den drie en twintigsten bevonden wij ons, volgens de kaart van ARROWSMITH 1798, op de hoogte van *Wakes* -eiland, gelegen in dezelve op 19° 0′ noorderbreedte en 166° 46′ lengte beoosten *Greenwich*. Op den middag hadden wij hetzelve in het N. W. t. W. op zes mijlen afstands van ons, en passeerden het op vijf mijlen. Ik deed naar dit eiland uitkijken, doch kreeg er niets van te zien, en betwijfelde dus, of het, zoo al in deze omstreken bestaande, wel naauwkeurig in gezegde kaart geplaatst zij. Evenwel zagen wij dien dag eene menigte zeevogels.

Het eiland Halicon. Den vier en twintigsten des morgens passeerden wij, op elf à twaalf mijlen afstands, den meridiaan van het nieuwontdekte eiland *Halicon*, gelegen op 19° 18′ noorderbreedte en 165° 45′ lengte beoosten *Greenwich*, doch waarvan ons mede niets zigtbaar werd; evenmin als, op den vijf en twintigsten, van een ander nieuwontdekt eiland, gelegen op 19° 3' noorderbreedte en 163° 3o' oosterlengte, hetwelk wij op zeven en eene halve mijl voorbijliepen. Deze laatste twee eilanden had ik naar eene lijst van door onderscheidene Zuidzeevisschers van tijd tot tijd gevondene eilanden en klippen, welke mij door den Britschen Consul voor de *Sandwich*-eilanden, den reeds genoemden *Mr.* CHARLTON, ter hand gesteld werd, in de kaart geplaatst. Later heb ik die lijst aan andere zeevarenden uitgeleend, en sedert is dezelve in mijne papieren niet meer te vinden. Het zou echter geen wonder zijn, indien veel, van die door de zeelieden der Zuidzeevisschers als nieuwontdekt opgegevene eilanden en klippen, gedeeltelijk zoodanige landen betrof, die reeds vroeger gezien, doch toen niet goed bepaald waren. Immers ook de *Lobes*-eilanden, liggende volgens J. W. NORIE op 24° 5o' noorderbreedte en 146° 58' oosterlengte, worden, mede in de evenvermelde kaart (ofschoon onder de verschillende benamingen van *Lobes*- en *Sebastian-Lobes* aldaar opgenomen,) voorondersteld dezelfden te zijn, doch verschillend geplaatst; terwijl, weder, gezegde mijne lijst de nieuwontdekte *Sebastian—Lobes* bragt op 24° 16' noorderbreedte en 154° 27' oosterlengte.

Den eersten April ontwaarden wij, met het opkomen van de zon, de *Ladrone*- of *Marian*-eilanden, peilende het noordelijkste van dezelven, *Grigan* genaamd, over het midden West, misw. k., en hebbende hetzelve toen naar gissing op zes mijlen afstands van ons. Wij stuurden Z. W. t. W., om den

Een ander nieuwontdekt eiland.

De Ladrone- of Marian-eilanden.

doortogt te nemen tusschen *Grigan* en *Pagon.* Op den middag hadden wij het laatste, volgens misw. k., in het Zuiden ⅛ West van ons, op den afstand van zes mijlen naar gissing; het eiland *Grigan* peilden wij toen in het N. W. t. W., op anderhalve mijl naar gissing van ons, zijnde de miswijzing 7° noord-oostering. Op den middag was onze bevondene noorderbreedte 18° 41′ en onze lengte, volgens chro-

Derzelver geo-grafische ligging getoetst. nometer, 145° 58′. Volgens dien ontwaarde ik, dat deze beide eilanden in de kaart van ARROWSMITH 1822, waarin ik mijn bestek hield, én te noordelijk én te oostelijk geplaatst waren. Hij toch bepaalt *Grigans* zuidhoek op 19° 3′ noorderbreedte en 146° 11′ oosterlengte, en *Pagons* noordhoek op 18° 51′ noorderbreedte en 146° 2′ oosterlengte. Terwijl nu in diezelfde kaart de zuidkust van *Pagon* op 18° 3o′ noorderbreedte gesteld is, zoo zouden wij derhalve, naar onze bevondene breedte, met het schip op gezegd eiland hebben moeten staan; waardoor ik geleid werd, den zuidhoek van *Grigan*, volgens onze observatien, op 18° 45′ noorderbreedte en 145° 53′ oosterlengte te brengen, en den noordhoek van *Pagon* op 18° 17′ noorderbreedte en 145° 53′ lengte beoosten *Greenwich.* Drie dagen te voren had ik, door berekening van den middelbaren tijd op *Greenwich* naar waargenomen afstand van zon en maan, den gang van het zeehorologie getoetst; waarnaar ik mij voorstelde, dit bevonden verschil, bij de eerste te vertrouwen peiling op het land, nader te vergelijken.

Derzelver ver-tooning van het Oosten. De *Marian-* of *Ladrone*-eilanden, overigens, leveren in ligging, door derzelver hoog voorland,

— 183 —

hetwelk als groote koepels uit zee verrijst, eene
waarlijk prachtige vertooning. Bijzonder was dit
het geval, bij ons eerste ontwaren derzelven. De
zon was toen nog niet boven de kim, en meest
majestueus verheften nu de kruinen dezer groep zich
hoog in de wolken, die, met het purper van den
dageraad reeds geverwd, eene allerverrukkelijkste afwisseling aanboden met het donkerblaauwe van den
nacht, hetwelk over het benedenland alsnog ver-
breid lag. Ofschoon wij voorts, bij ons aannaderen, geen bewijs van eenig vaartuig zagen, kwamen
mij deze eilanden toch bewoond voor. Wij verbeeld-
den ons, op *Grigan* rook te zien opgaan. Over het
algemeen echter was het aanzien van dezelven niet
zeer vruchtbaar, en schenen zij gedeeltelijk uit eene
bergvorming van volkanische stoffen te bestaan.

Na de *Marian*-eilanden gepasseerd te zijn, ondervonden wij eenen meer ongeregelden passaat, en
werd het van tijd tot tijd flaauw, buijig, met veelal
dikke, donkere lucht en zware stortregens. De wind
varieerde nu en dan het geheele kompas rond.

Den zesden, zevenden, achtsten en negenden vergeleken wij andermaal den gang van den tijdmeter,
door goede waarnemingen van zons- en maansafstanden.

Den dertienden April — de wind van het Z. Z. W.
tot Z. W. zijnde — hadden wij, gedurende den
nacht, eene dikke, donkere lucht, met weêrlicht en
donder in het rond, zoo dat, indien de barometer,
welke op den middag 29,14 stond, niet op die
hoogte gebleven, maar slechts 0,02 gedaald ware, ik

Gelegenheid na het passeren dier eilanden.

alle klarigheden zou gemaakt hebben tot het waarnemen van eenen dier zware stormen of orkanen,
welke men, in de *Chinesche* zee en bij de *Bashee*-
eilanden, zoo menigmalen kan aantreffen en die bij
de Chinezen den naam dragen van *ty-foengs.* Dan
ten zeven ure des morgens kregen wij den wind uit
de lij, of van het Noorden en N. N. O. Het weder
klaarde op, en wij hadden andermaal den noordoostpassaat, met eene flaauwe tot bramzeilskoelte.

De Bashee-
eilanden.

Den veertienden, des morgens ten elf ure, zagen
wij het noordelijkste der *Bashee*-eilanden, en peilden hetzelve op den middag over het midden in het
Z. W. t. W. Ik nam de doorvaart tusschen het
kanaal van *Formosa.* Op den middag peilden wij
noorder *Bashee*-eiland in het Z. W. t. W., misw. k.
De miswijzing was nul, de bevondene noorderbreedte
21° 23′; hetwelk ons, in de kaart van J. W. NORIE
1821, bragt op 122° 23′ lengte beoosten *Greenwich.*
De tijdmeter gaf ons, mede op den middag, 122° 57′

Bepalingen
naar de vroeger
gemelde toet-
singen.

lengte, en bragt ons dus 14′ oostelijker. Om derhalve op de vroegere bepaling, aangaande de eilanden *Grigan* en *Pagon*, van den eersten dezer maand
terug te komen, zou, naar de tegenwoordige vergelijking met het zeehorologie, het eerste liggen op 18° 45′
noorderbreedte en 145° 59′ oosterlengte, en het tweede 18° 17′ noorderbreedte en 145° 59′ oosterlengte.

Het passeren
der Bashee-
eilanden.

De wind was nu meestal van het Noorden, met
eene frissche bramzeils- tot marszeilskoelte, en ten
vijf ure in den platvoet peilden wij het reeds genoemde noordelijkste der *Bashee*-eilanden zuid van
ons, op twee mijlen afstands naar gissing. Wij

hadden dus een vertrouwd bestek, om met zekerheid de kust van *China* te kunnen aandoen. Met het vallen van den avond zagen wij nog vier — meer zuidelijk en als aaneengeschakeld gelegene — eilanden, allen tot deze zelfde groep behoorende. Ik stuurde W. t. Z. en W. Z. W., om, met den nacht, te geruster beneden de *Vele - Rete* - klip te kunnen loopen — te meer vermits de op heden bevondene breedte mij had aangewezen, dat wij, gedurende het laatste etmaal, door eenen stroom veertien minuten om de noord gezet waren.

Ook de *Bashee* - eilanden, zoo wel als de *Ladronen*, deden in een allerschilderachtst en even trotsch aanzien zich op, vooral dien avond, toen wij dezelven met eene vaart van negen à tien knoopen achteruitliepen. De geheele bovenlucht, tot zelfs die in het Westen en Z. W., was zwart donker. De kimmen, daarentegen, ook in het oosten en zuidoosten, waren helder en blinkend: waardoor deze eilanden, welke in laatstgezegde streek zich aan ons vertoonden, in die mate met majesteit en pracht derzelver kruinen, pieken en koepelbergen uit den oceaan deden oprijzen.

Hoe dezelve zich van het Oosten vertoonden.

Wij waren nu in de *Chinesche* zee, en ondervonden ook reeds een meer ongestadig weder, met omloopende winden. Den volgenden dag — den vijftienden April — bevond ik, door azimuth - peiling, 0° 30' noordoostering.

Gelegenheden in de Chinesche zee.

Den zestienden stond het schip dwars voor de straat *Formosa*. Den zeventienden, op 22° 6' bevonden noorderbreedte en 117° 55' lengte volgens den tijd-

— 186 —

meter, moesten wij reeds op de gronden zijn van de Chinesche kust van *Quangtang*. Bij het werpen van het lood, vonden wij twee en veertig vadem diepte, op graauw (of fijn grijs) zand.

Verkenning aan Chinesche visschers. Daags daaraan, in den morgenstond, zagen wij ook bereids eene menigte Chinesche visschers-vaartuigen, met daarin bezige visschers. Schepen, die de rivier van *Canton* van de zuid komende aandoen, zullen dezelven niet ontmoeten; hetwelk daaraan is toe te schrijven, dat men aan dien kant geene aldus veruitgelegene gronden vindt, om aan te looden.

Pedra Branca. Den negentienden April hadden wij, volgens bestek, de klip *Pedra Branca* N. W. t. W. ¼ W. acht en eene halve mijl, en *groot Lema*-kanaal West twintig en eene kwart mijl, van ons. De wind was van het zuiden ten oosten, met aannemende tot gereefde marszeils-koelte; waarbij eene kabbelige en ongemakkelijke zee ons regt op den boeg stond. In den achtermiddag betrok de lucht tot dik, donker weder; ofschoon het des avonds, in het noorden, aan de kimmen opklaarde, waardoor wij, ten zes ure, van de voormarszeils-ra gezigt kregen van *Pedra Branca*, ontwarende die in het noorden, naar gissing op vier mijlen afstands van ons. Gezegde klip, door de Chinezen *Ty-sing-cham* genaamd, vertoonde zich toen als in tweeën gebroken of gespleten, met eene kruin van een witachtig aanzien; waarvan de naam *witte klip* (*pedra branca* in het Portugeesch) zal ontleend zijn. Deze — zich steil regtop uit zee verheffende — rotsmassa ligt op 22° 19′ noorderbreedte *Derzelver geografische ligging.* en 115° 8′ oosterlengte van *Greenwich*, of O.N.O.¼O.

twaalf en eene kwart mijl van *groot Lema*-kanaal.
Op eene groote halve mijl van dezelve zal men nog
twintig vadem diepte looden, en kan deze klip dus
ook digt aanloopen. Met een schip uit het oosten
komende, levert *Pedra Branca* eene, tot het aandoen
der rivier van *Canton*, uitmuntende verkenning.

Volgens onze laatste peiling zette ik dan nu ook
koers naar het groot *Lema*-kanaal, en had dit des
avonds, ten zes ure, West ⅓ Noorden elf en eene
kwart mijl van ons.

Na zonnenondergang kregen wij weder eene dikke, verstopte lucht, met zwaar weêrlicht van het
N. W., Westen en W. Z. W., bij onophoudelijken
geweldigen donder. De barometer echter bleef dien
nacht op 29,0, zijnde dezelfde hoogte, welke ik des
middags te voren, ten twaalf ure, had aangeteekend.
In de gedachte dan ook, dat ons enkel een zwaar
onweder stond te wachten, bleef ik gerustelijk mijnen
koers om de west vervolgen.

Den volgenden dag — zondag den twintigsten
April — ontwaarden wij, met het aanbreken van den
dageraad, ook reeds het hooge land der kust van *China*.
Het noordelijkst gepeilde hield ik voor den oosthoek
van *Mirs*-baai, bij de Chinezen *Ty-po-hoy* geheeten, — dat, welk wij in het N. W. peilden, voor
het hooge land bewesten *Negenpunts*-klip, en het
land, op nagenoeg drie mijlen naar gissing van ons
in het W. Z. W. gezien en zich als een eiland opdoende, voor de *groot Lema*-eilanden; welk een en
ander het naaste met ons bestek was overeen te brengen. Dien ten gevolge hadden wij de opening van

het kanaal dan nu in het westen, op nagenoeg drie mijlen afstands van ons.

Doch, in plaats van hetzelve naar binnen te boegen, werd het zaak, het schip tot het doorstaan van eenen orkaan gereed te houden. De wind trok van het Z. Z. O. naar het Z. Z. W., met opkomend geweldig onweder; waarbij de barometer daalde tot 28.11. Wij halsden dus het schip, en ik liet het O. Z. O. uitloopen, om, indien wij door eene *ty-foeng* bezocht mogten worden, dan, met den — gewoonlijk rondvliegenden — storm, in allen geval niet te nabij aan de kust te staan. De bramraas werden inmiddels afgenomen, de onderzeilen voor goed vastgemaakt, de marszeilen gegeid en digtgereefd, de voor- en grietjebramstengen op het dek genomen, de groot-bramsteng geschoten en de buitenkluiverboom ingevoerd; waarmede men naauwelijks gereed was, toen het onweder losbarstte, zoo dat wij ons nog haasten moesten om de marszeilen vast te krijgen. Dit weder begon van uit het W. N. W., waarbij de wind nu eens naar het Westen, straks Z. Z. W. en Zuiden liep. Ik liet het intusschen voor top en takel naar het Z. O. tot O. Z. O. voortlenzen.

Verdere gelegenheid Tegen den middag begon het weder te bedaren, en schoot de wind andermaal naar het O. N. O.; waarop wij het bezaan-stagzeil bijzetten, en het over stuurboord bijgedraaid lieten liggen. In den achtermiddag werd het weder al handzamer, en rukten wij de digtgereefde marszeilen bij, ook om het schip in het werken te steunen: vermits, in desen korten tijd, de zee, met eene steeds kokende kabbeling, tot eene aanzienlijke hoogte was aangeschoten. — Dienzelfden achtermiddag bevonden wij, door twee waargenomene zonshoogten, de breedte te zijn 21° 58'; onze gegiste lengte was 114° 42', en gevolgelijk *Lema*-kanaal W. N. W. vijf en eene kwart mijl van ons. Met den avond klaarde de lucht op; ook slechtte de zee af, en wij zagen de kust van *China*, benevens de *groot Lema*-eilanden, hebbende die ten zes ure in het W. N. W. van ons: tevens peilden wij nog land in het N. W. t. W. ¼ W., dat ik voor het eiland *Heong kong*, en land in het N. W. t. N., hetwelk ik voor het westland van *Mirs*-baai hield. Alzoo ik op dat oogenblik geene kaart van de rivier van *Canton* rijk was, eerst later op *Macao* door mij aangekocht, lieten zich daaromtrent voor het oogenblik geene duidelijker bepalingen maken, dan deze, allen naar den grooten overzeilder of de kaart der *Chinesche* zee van J. W. NORIE (1821) genomen.

Met den avond, gelijk gezegd is, helderde het weder op, naar gelegenheid waarvan wij zeil maakten. Ten tien ure deed ik naar het land afhouden en N. N. W. sturen; doch omstreeks middernacht nam de wind weêr aan tot dubbelgereefde marszeilskoelte, terwijl ook het weder andermaal met eene dikke, donkere lucht opzette, en het weêrlicht alvast aan allen kant rondwoedde. De wind middelerwijl naar het zuiden loopende, achtte ik het noodig, af te wachten, wat er verder van dit weder zou worden. Het schip deed ik intusschen naar het W. Z. W. oploeven, en, onder de drie dubbelgereefde marszeilen, met het groot-marszeil op steng bijdraaijen. Wij loodden toen zeven en twintig vadem.

Met den dageraad van den een en twintigsten April knapte het weder op; waarbij het flaauw en zelfs stil werd, loopende de wind naar het Z. Z. O. Wij hielden dus op nieuw af, en stuurden N. N. W.; bragten bramraas op, en maakten, met den dag, *en het werken naar het groot Lema-kanaal.* kracht van zeil, ter bereiking van het *Lema*-kanaal. Ten acht uur loodden wij drie en twintig vadem. Het bleef nogtans den geheelen dag flaauw en *stil*. Het van ons geziene land verkenden wij voor hetzelfde, dat den vorigen avond door ons gepeild werd, doch stonden nu, zoo als ook het gegist bestek aanwees, iets zuidelijker.

Op den middag was onze bevondene noorderbreedte 21° 59' en de lengte volgens tijdmeter 114° 38'. Volgens dien hadden wij *groot Lema*-kanaal W. N. W. vier en eene kwart mijl van ons; hetwelk met onze peiling over het midden van *groot Lema*-eiland — in het W. t. N. — en met onzen gegisten afstand van hetzelve, zijnde vier en eene halve mijl naar gissing, zoo goed strookte, dat ik in allen deele met den geregelden gang, door onzen chronometer behouden, tevreden zijn kon. Het was toen tijd, dat wij den waren stand van het schip te weten kwamen, aangezien kort daarna een sterke mist ontstond, waardoor ons het gezigt op het land werd benomen. Niettemin bleef ik — in de hoop, dat deze mist tegen den avond optrekken en wij dan gezegd kanaal zouden kunnen binnenstevenen —

mijnen koers W. N. W. voortsturen. Tegen vier ure
des namiddags werd het in zóó verre iets helderder,
dat wij weder den oosthoek der *groot Lema*-eilanden
te zien kregen, peilende die in het westen op twee
mijlen gegisten afstands van ons.

Circa ten half zes ure naderden ons twee Chinesche
vaartuigen, die eenige Chinezen met hunne bootjes
bij mij aan boord zonden, welke zich aanboden, het
schip, tot op de reede van *Macao*, te loodsen; doch
waarvoor de ongehoorde som door hen gevraagd
werd van honderd vijftig piasters. Merkende evenwel, dat ik vast beraden was, eerder zelve mijn
schip binnen te brengen dan dit verlangde loodsgeld
te betalen, werden zij handelbaarder, en daalden eindelijk af in hunnen eisch tot op twee en twintig piasters, willende dan dienzelfden nacht de *Wilhelmina
en Maria* nog naar binnen sturen. Vermits wij nu,
hadde ik dit binnenzeilen op mij genomen, toch, tot
den volgenden dageraad, voor den wal bijgedraaid
zouden zijn blijven liggen, was het mij wel twee en
twintig piasters waard, den bodem zoo spoedig mogelijk op behouden reede ten anker te zien, en kwam
dan ook eindelijk met de Chinesche loodsen tot een
accoord, volgens welk zij het schip — niet voor
Macao, maar — ter reede *Lintin* hadden te brengen;
waarvoor ik hun het laatstgevraagde loon voldoen
wilde. Niettegenstaande deze mannen enkel hunne
landstaal spraken, van welke ik geen woord verstond,
had onze onderhandeling eenen gemakkelijken loop,
naardien dezelven, onder het uitspreken van het
woord *dolla* (*dolar* of piaster,) door eenige — aan een

Chinesche lood-sen

brengen het schip naar de reede Lintin.

touwtje geregene — koperen Chinesche muntstukjes te kennen gaven de som, die zij begeerden.

Nadat ik, omtrent het binnenloodsen van de *Wilhelmina en Maria*, met hèn eens was geworden, kwamen twee hunner, zijnde bejaarde lieden, bij ons aan boord, middelerwijl de overigen met hunne bootjes weder naar derzelver vaartuigen vertrokken. Onze Chinesche loodsen haalden nu een klein, rond kompasdoosje te voorschijn, waarop slechts acht hoofdstreken waren aangeteekend; en welk kompas geene beweegbare roos, gelijk die onzer zeekompassen, maar enkel eene naald op eene punt had, ter aanwijzing van het noorden en zuiden. Hiermede echter stuurden zij het schip zoo naauwkeurig, en tevens met zoo veel oplettendheid, dat de man aan het roer, volgende hun begeeren (naar welk de stuurman van de wacht telkens aan den roerganger de streken op ons kompas moest aantoonen,) den regten koers allezins kon behouden.

Vaart door het groot Lema-kanaal. Wij doorzeilden het *Lema*-kanaal, en lieten daarbij de eilanden *Pootoy* en *Lin-ting* aan stuurboord liggen, passerende voorts tusschen het laatstgenoemde en de — door ons aan bakboord gelatene — eilanden *Sammoon* en *Ichow;* waarbij onze koers W. t. Z. en West was. In den voornacht hadden wij fraai, helder weder; doch in den nanacht betrok weêr de lucht dermate met donkere wolken, dat het den loodsen te duister werd om met het schip te blijven voortwerken. Ook verliet ons de — tot hiertoe gunstige — wind van het Z. O., die nu begon rond te malen en flaauw werd: waarom wij — te meer daar

tevens de ebbestroom tegen was — des morgens, ten
half vijf ure, in het *Lantoa*-kanaal — tusschen de
eilanden *Achow* en *Chi-chow* — ten anker kwamen, in tien vadem water op slijkgrond.

Ten zes ure gingen wij weder onder zeil, en
stuurden, naar begeerte van onze loodsen, N. N. W.
en N. W. tusschen de, aan bakboord gelatene, eilanden *Laff-sam-mee*, *Now-tow-moon* en *Chung-
chow-sye*, benevens het groote eiland *Lantoa* aan
stuurboord, door. Tegen acht ure kwam de boot
van den Hollandschen compradoor aan boord, mij
schrijvens brengende van den heer VAN DER MEULEN,
schoonzoon van den heer BLETTERMAN, te *Macao*.
De kapitein van de *Prinses Louise*, die eenige dagen
vóór ons van *Honoruru* vertrokken, en, zonder
zich op te houden, regtstreeks naar *China* gezeild
was, had aan laatstgenoemden heer eenen brief voor
mij medegenomen, waarin ik ZEd. verzocht, ons,
zoo mogelijk, door den compradoor-boot te doen
weten, of het zaak ware, dat ik vooreerst bij *Lintin*
bleef ankeren, dan of wij dadelijk naar *Canton* moesten doorzeilen. De heer BLETTERMAN, naar *Batavia*
afwezig zijnde, had de heer VAN DER MEULEN mijne
letteren beantwoord; waarop ik besloot voor *Lintin*
ten anker te gaan. Terwijl nu de eerste stuurman
met het ter reede brengen der *Wilhelmina en Maria*
aan gezegd eiland verder belast bleef, vertrok ik met
de compradoor-boot naar *Macao*.

De heer VAN DER MEULEN ontving mij met ronde
gulhartigheid, en van deszelfs gastvrij aangeboden
verblijf in zijn huis maakte ik gaarne gebruik. Het

was juist de dag, dat hij, als naar gewoonte, met zijne vrouw bij zijnen schoonvader aan huis spijsde; hetgene hem mij beleefdelijk deed noodigen, derwaarts mede te gaan. Ik moet bekennen, dat het, na eene afwezigheid van ruim zes en twintig maanden uit het vaderland, eene aangename verrassing voor mij was, ten huize van den heer BLETTERMAN eene — ofschoon op *Macao* geborene — echter Hollandsche familie te vinden, in wier midden niet alleen een zeer kiesch-beschaafde en tevens vrolijk ongedwongen toon heerschte, maar alwaar tegelijk de talenten — inzonderheid der jonge dames — harer allezins gesoigneerde opvoeding eere aandeden.

Nadat ik den heer VAN DER MEULEN verzocht had, mij, bij het behandelen der zaken voor de expeditie, behulpzaam te zijn, sprak hij met zulk een vlug en gezond oordeel over de belangen der laatste en de verdere reize van het schip, dat welras de met het locale volkomen bekende en daarmede vertrouwde koopman in hem niet was te miskennen. Den toekomstigen loop mijner verrigtingen, besloot ik dan ook, naar deszelfs aanwijzingen te regelen. Doch, alvorens desaangaande breeder verslag te geven, zal het voor den algemeenen Lezer welligt noodig zijn, eenige inlichting omtrent de scheepvaart op *China* en wat daarmede in nader verband staat, hier te doen voorafgaan.

De rivier *Tigris*, ook wel die van *Canton* en bij de Chinezen *Choo-keang* genaamd, is, aan derzelver monding in zee, als ware het door eenen archipel van eilanden verschanst, welke onderling een aantal

CANTON op 23° 7′ N: Breedte en 113° 14′ lengte bewesten Greenwich.

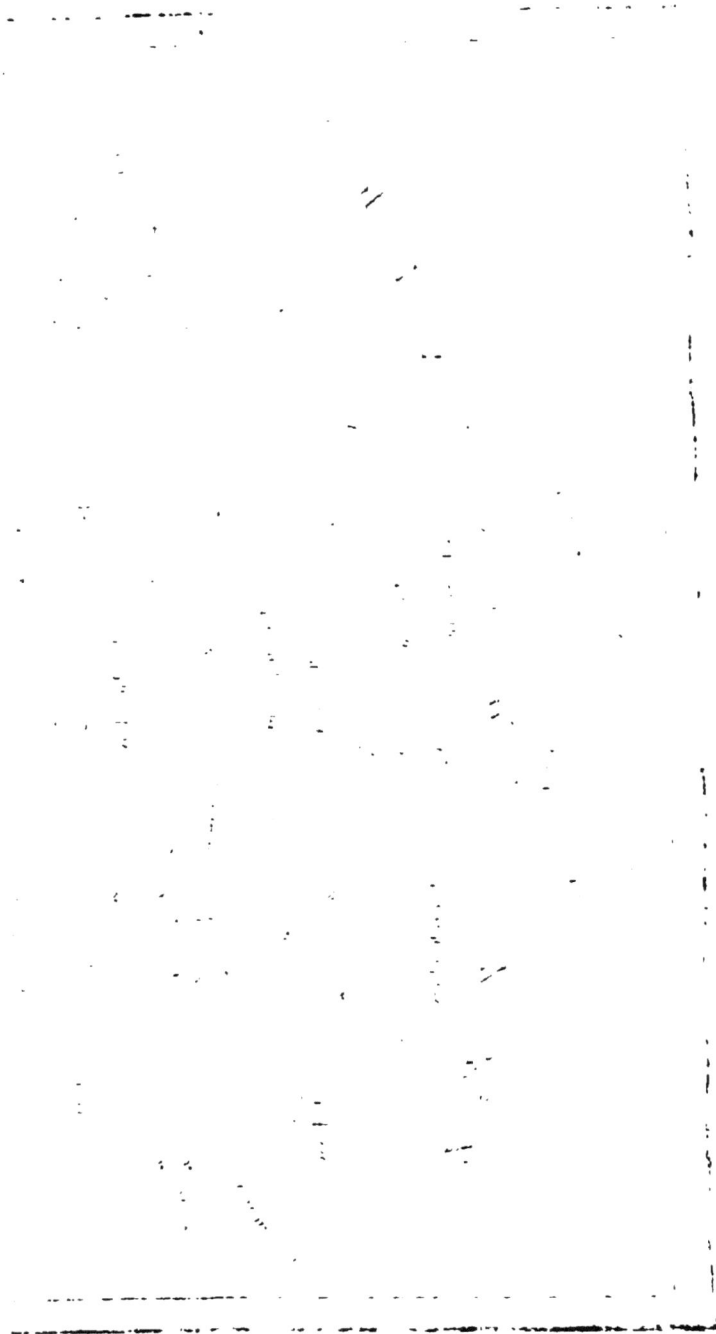

passagen doen ontstaan, waarvan onderscheidenen zelfs met groote schepen zijn te bevaren; ofschoon twee dezer vaarwaters, en wel die van den regter- en linkeroever, als de meest veiligen beschouwd en dus de overigen niet, dan bij hooge noodzakelijkheid, worden gekozen. De van gezegde monding verst uitgelegene eilanden, zijn de *Lemas*, formerende het *Lema*-kanaal, dat naar de passage van *Lantoa* leidt, welke het noorder- (of liever: ooster-) vaar-water en veelal dat bij den noordelijken moṇsson is. Daarop loopen in deze groep het meest in het oog de *groot* en *klein Ladrone*-eilanden, de eersten bij de Chinezen *Ty-man-chan* genaamd, en vor-mende met den regteroever het zuider- of wester-vaarwater.

De onderscheidene schilderachtige vertooningen, welke deze eilanden, bij het tusschendoorzeilen van het schip, gedurig — als een bewegelijk en levend panorama — opleveren, zijn in de daad even bekoor-lijk als, in hare soort, deelswijze nieuw. Hier ziet men dezelve verrijzen met koepel- of tafelachtig ge-bergte, — dààr met hemelwaarts strekkende pira-midaalvormige en kegelachtige pieken, — ginds wis-selen vruchtbare valleijen met hooge rotswanden, — op eene andere plaats ontwaart men kleine Chinesche dorpen of gehuchten, de meesten van welken met visschers bewoond zijn, die dit tooneel weder verle-vendigen door hun uitgeoefend bedrijf, en op zich zelve een vreemd schouwspel aanbieden door hunne zonderlinge — uit een lang, somtijds met schelpen bedekt, wambuis van matwerk bestaande — kleeding.

Eenigen ziet men met mantels van zeker lang en breed, over elkander afhangend stroo; ook hebben er, op deze wijze gedekte, groote kegelvormige (schoon lage) hoeden, welke, weder bij anderen, mede het gebruik toonen, dat deze eilanders van de voortbrengselen der zee weten te maken, als zijnde niet zelden insgelijks bekleed met schubben of schelpen. Overigens barrevoets gaande, dragen deze lieden slechts eenen korten, doch wijden pantalon; terwijl het geheel hunner lijfsbedekking in het gemeen, zoo naar het substantieele als door gezegd uitwendig bekleedsel met schelpen, zamenwerkt om hen, behalve tegen verwondingen, hoofdzakelijk te beveiligen en te dekken voor den regen en het water, waarin zij hunne gedurige bezigheid hebben en misschien den grootsten tijd huns levens doorbrengen.

Om zich nu, van de rivier *Tigris*, zoo ver die door groote schepen is te bevaren, een meest mogelijk bepaald en duidelijk denkbeeld te vormen, zal het noodig zijn, dezelve in vier onderscheidene gedeelten, of zoo te zeggen afperkingen, te beschouwen:

Het *eerste* gedeelte bevat — behalve den genoemden archipel — *aan den regteroever* het vaarwater van *groot Ladrone* en de reede van *Macao*, gelegen voor de stad van dien naam; hebbende men hier tevens in het midden de passage naar het, benoorden de eilanden der monding, circa drie en eene halve mijl hoogerop liggende eiland *Lintin*. *Aan den linkeroever*, daarentegen, ligt het groote *Lantoa-* (of tijger-) eiland, formerende met de vaste kust de reede van *Cap-sing-moon*.

In den tijd van den noordelijken mousson biedt, op dit gedeelte der rivier, het eiland *Lintin* eene veilige reede aan. De schepen liggen dan gewoonlijk aan den westkant van hetzelve, doch gaan, gedurende den Z. W. mousson, aan deszelfs noordkant ten anker. Vertoonen zich echter teekenen van eenen ophanden zijnde storm, of zoogenaamden *ty-foeng*, dan verzeilen dezelve allen, van de reede van *Lintin*, naar die van *Cap-sing-moon*. — De reede van *Macao*, daarentegen, is, over het algemeen en vooral in den Z. W. mousson, zeer onveilig, zoo dat men, in welken tijd van het jaar daar ook ten anker liggende, er niet langer, dan hoognoodzakelijk, moet vertoeven.

Onbekenden, welke van de reede van *Macao* naar die van *Lintin* of *Cap-sing-moon* willen zeilen, is het niet geraden, zulks zonder loods te ondernemen, aangezien men, naar eerstgezegd eiland, niet alleen aan bakboord de *Negen*-eilanden passeert, bij welke, met flaauwe koelte, eene maling van het getij heerscht, waardoor het schip zich volstrekt niet laat sturen, (gelijk wij zelven ondervonden, en uit hoofde waarvan ik verpligt was, ten anker te gaan;) maar ook loopt men gevaar van in ongelegenheid te komen met de — door de Chinesche visschers, nu eens hier dan weder daar, te midden van het vaarwater geplaatste — vischbunnen of stekken, welke dikwijls eene uitgebreide lengte beslaan, en die dan bovendien aan zware, van rotting of andere taaije specie geslagene, kabeltouwen ook nog vastliggen; weerstandbiedend genoeg om voor het grootste schip niet

te wijken. Mij is bewust van een Engelsch compagnieschip, hetwelk, ter oorzake van den stroom in
zoodanig eene vischbun vervallen geraakt, fokke-
mast en boegspriet daardoor verloor. Doch, buiten
in zee niet reeds eenen loods ontmoet hebbende, is
men altijd zeker, er eenen op de reede van *Macao*
te kunnen geworden.

Men zij niettemin behoedzaam, van ook de sloepen tot dit halen van loodsen niet overhaast van
boord te zenden, en neme zijne voorzorgen, dat
dezelve, door het invallen van buijen, mist, het
getij of den avond, niet verdwalen en zoo doende in
handen der roovers vervallen, van welke het op al
de hier omgelegene eilanden krielt. Menigvuldige
treurige voorbeelden doen tevens zien, dat kleine
vaartuigen in het geheel — vooral op deze hoogte
der rivier — ten opzigte dier wezenlijke barbaren op
derzelver hoede moeten zijn. Immers viel niet alleen
menige sloep reeds in hunne handen, waarvan dan
het bootsvolk vermoord of voor groote sommen gelds
moest losgekocht worden: maar een gelijk lot trof,
eenige jaren geleden, zelfs ook het volk van eenen
Noordamerikaanschen koopvaarder.

De gezagvoerder van dit — voor *Macao* ten anker
liggende schip — was met eene sloep naar *Canton*
opgezeild, om te onderzoeken, of hij aldaar zoo
vele zaken zou kunnen verrigten, dat het de moeite
beloonde, van met zijnen bodem de rivier hooger
op te werken. Den volgenden avond na deszelfs vertrek kwam een Chineesch vaartuig den Amerikaan op
zijde. Een Chinees stapte daaruit over, vraagde

naar den eersten stuurman, en overhandigde dien
eenen brief — naar het voorgeven van deszelfs kapitein. De stuurman, niets kwaads vermoedende, begaf zich hierop naar het nachthuis, om, bij het
daarin voor het kompas brandende licht, het adres te
lezen — toen de brenger des briefs denzelven met
eene bijl het achterhoofd kloofde, zoo dat hij leven-
loos op het dek viel; middelerwijl andere Chinezen,
mede reeds uit het vaartuig overgesprongen, dé geheele
equipage vermoordden, het schip plunderden, en
daarna allen met den buit, grootendeels in geld bestaande, afzakten. Daags daaraan eerst kreeg men,
door de Chinesche compradoorboot, die versche levensmiddelen kwam aanvoeren, het feit te weten.
De tweede stuurman was toen de eenigste van allen,
die nog blijken van leven gaf, en, te *Macao* aan
den wal gebragt zijnde, van alles omstandig berigt
gaf. De Chinesche mandarijns lieten zich dadelijk
aan de zaak gelegen liggen, derwijze, dat al de
lijken ten naauwkeurigste geschouwd en elk teeken
van mishandeling en moord, aan dezelve nog te
onderkennen, stiptelijk werd opgeteekend. Middelerwijl deed men op de booswichten jagt maken, die
dan ook allen weldra gevat werden, en, gelijk men
ons verhaalde, tot straf, volgens het gehoudene
proces verbaal, dezelfde martelingen moesten ondergaan, onder welke gezegd Noordamerikaansch scheepsvolk door genen was afgemaakt.

Een tweede, niet minder afgrijsselijk geval gebeurde
er tijdens ons verblijf zelve in *China*. Een Fransch
schip, op de kust van *Palawang*-eiland in de bran-

ding geraakt, en hetwelk daardoor een zwaar lek had
bekomen, bragt het evenwel nog over naar de kust
van *Cochin-china*, alwaar men hetzelve deed stranden
en aan de Cochinchinezen verkocht. De kapitein
en de equipage scheepten zich voorts in op eene,
naar *Macao* bestemde, Chinesche jonk. Het, in
eenige kisten medegenomene geld, was weder hun
ongeluk, en de jonk naauwelijks tot onder de *Ladrone*-
(dieven-) eilanden genaderd, toen het mede scheep
zijnde Chinesche bootsvolk op de Fransche schipbreu-
kelingen aanviel, en hen allen onbarmhartig vermoordde. Eén echter van dezen, zijnde een Portugees, was nog tijdig over boord gesprongen, en zwom
nu vrij lang alreede rond, toen hij eindelijk door
eenen Chineschen visscher ontdekt en gered wierd,
die hem naar *Macao* bragt, alwaar wij ons juist aan
den wal bevonden, toen dit geval daar bekend werd.
Oogenblikkelijk zagen wij ook ditmaal eene menigte
gewapende mandarijnbooten afgaan, ten einde op
gezegde jonk jagt te maken, en deze mede werden
de misdadigers eerlang meester, welke daarop, met
beide de handen (door middel van eenen daar door-
heengestoken rotting) aaneengeregen, naar *Macao*
gevoerd, weldra hunne geregte straf, niet minder
dan de dood zijnde, aldaar ondergingen.

Het *tweede* gedeelte der rivier — gaande van het
eiland *Lintin* tot aan de zoogenaamde *Boca Tigris* —
strekt zich, op de lengte van groote vijf mijlen, nagenoeg N. N. W.

Hier nu ontmoet men hoofdzakelijk het eiland
Lintin zelve, de — gelijk ik reeds aantoonde — voor

binnenkomende bodems verkieslijke reede, en de gewone ankerplaats tevens der zoogenaamde *opium*-schepen. Deze, meestal uit Engelsche en eenige Portugesche vaartuigen bestaande, liggen alhier — sommigen onder een jurri-tuig, anderen met een ligt tuig — thans reeds sedert verscheidene jaren; en dienen enkel tot pakschepen of magazijnen voor de ladingen van gezegd artikel, die jaarlijks, om in *China* te verhandelen, door de Engelschen en Portugezen worden aangebragt. Hoewel, trouwens, de invoer van *opium* in genoemd rijk gestrengelijk is verboden, en de door de mandarijnen daarmede aangehoudene Chinezen allen zonder onderscheid met den dood gestraft worden, bloeit deze tak van handel aldaar met steeds toenemend vertier, zoo dat, toen wij ons in *China* bevonden, de jaarlijksche aflevering van *opium*, door middel der voor *Lintin* gelegene schepen, reeds werd gerekend, er eene waarde van meer dan dertien millioen piasters te bedragen. Deze handel nu gaat op de volgende wijze:

De met dit artikel van uit zee binnenkomende Engelsche of Portugesche schepen lossen hetzelve in de hiertoe bestemde magazijn-bodems voor *Lintin*, alwaar het algemeen *depot* daarvan is gevestigd. Daaruit nu verdebiteren de kooplieden te *Canton* den aanwezigen voorraad van *opium* aan de Chinezen bij de kist. Deze laatsten varen dan, voorzien van een bewijs tot afgifte van wege gezegde kooplieden, naar *Lintin*, alwaar zij de omschreven hoeveelheid ontvangen, betalende, behalve de waarde, bovendien voor iedere aan hen uitgeleverde kist eenen piaster, zijnde de verdienste van den kapitein van het betreffende bewaarschip. De tot dien invoer van *opium* in *China* gebezigde kisten zijn vierkant en doorgaans eene *picol* zwaar (bedragende de *picol* 100 *cattys*, welke gelijk zijn aan 122⅓ pond Hollandsch, of 60,5,2,6 Nederlandsch; of ook aan 133⅓ Engelsche, 137 Spaansche en 127,6 Pruissische ponden.) Het *opium* thans in de Chinesche vaartuigen geladen zijnde, begint daarmede ook reeds het gevaar van dezen sluikhandel; want niet zelden liggen, op eenigen afstand, nu ook bereids de mandarijnbooten gereed om het smokkelaars-vaartuig aan te houden, welk dan vaak door de *opium*schepen moet ondersteund worden, tot het vinden van eenen doortogt. Gezamenlijk zenden daartoe de laatsten hunne sloepen dan af; en waarbij, wederkeerig, het eene magazijn–schip het andere pleegt te helpen. De Chinesche smokkelaars-vaartuigen, gewoonlijk door vijftig à zestig sterke, kloeke bootsgezellen voortgeroeid, die allen even geresolveerd, moedig en bekwaam zijn, weten echter doorgaans, bij stil weder, door kracht van riemen uit den weg te komen; en gebruiken, met koelte, daarbij tevens hunne zeilen. Niettemin, ofschoon het zich laat begrijpen, dat de hiertoe gebezigde vaartuigen ook allen van een goed en snelzeilend maaksel zijn, hebben de mandarijnen mede hunne rappe en met niet minder kloek en moedig volk bemande booten; waardoor het dan, bij zulke gelegenheid, niet zelden tot hardnekkige gevechten komt, van welke men bijna dagelijks, zoo ter reede van *Whampoa* als voor *Lintin* en elders, op deze rivier ooggetuige kan strekken.

De mandarijn-vaartuigen zijn daarbij gewoonlijk met meer geschut gewapend; maar de sluikers — wetende, welk een lot hun, als zij den mandarijnen in de handen vallen, te wachten staat — vechten, met de hun eigene wapenen, dan ook des te scherper, en redden er zich daardoor schier altijd doorhenen — — waarbij men evenwel in aanmerking moet nemen, dat, indien het gebruiken van *opium* niet reeds bij alle standen onder de Chinezen, en zelfs bij de hoogste mandarijns, tot eene stellige behoefte ware geworden, de Chinesche regering denkelijk wel met meer kracht en tevens voorspoed dezen verboden handel zou kunnen te keer gaan.

Niettemin is het waar, dat dezelve het den *opium*-schepen, die vroeger voor *Whampoa* lagen, moeijelijk genoeg maakte, om deze, in het jaar 1821, van daar naar *Lintin* te doen verzeilen, werwaarts het *depot* van toen aan verlegd werd. Sedert moet er van tijd tot tijd aan den onderkoning te *Canton* verslag gedaan worden, of de geheele rivier tot aan zee van *opium*-schepen is gezuiverd; waartoe nu en dan een oorlogsvaartuig met *sondoks*-mandarijnen komt afzakken, ten einde dit op te nemen. Voordat zulks plaats had, echter, werden genoemde schepen hiervan dan steeds onderrigt, die daarop gewoon waren, van *Lintin* naar *Cap-sing-moon* te verzeilen, of ook anker te ligten, en het, hier of daar, op de rivier gaande te houden. De mandarijnen, van hunne inspectie-reize naar *Canton* teruggekeerd, berigtten nu, dat er geene *opium*-schepen te vinden waren. Dan de geschenken, van tijd tot tijd voor deze goedgunstige oogluiking door hen ontvangen, hebben aan de gelegenheid van zaken voor dezen handel allengs die wending gegeven, dat thans dikwijls de schepen niet eens meer van *Lintin* vertrekken, en den onderkoning evenwel altijd het oude en zelfde gerapporteerd wordt.

Diegenen, welke het bedrijf van den *opium-* (*amfioen-*) handel op *Java* medeaangezien hebben, weten, dat dit artikel gemeenlijk in koeken van vier à vijf duim diameter aldaar wordt aangebragt, gepakt liggende tusschen het kaf; gelijk ook, dat er in hetzelve eene groote verscheidenheid van waarde bestaat. Het Turksche *opium*, voor het rooken te krachtig zijnde, wordt als het minste geacht; het *Patna-* en *Benares-opium* daarentegen voor het beste gehouden: het laatste is van eene bruingele kleur, en de doorsnede der koeken heeft iets glanzigs, met witte stipjes. Ook de prijzen van dit artikel zijn aan eene even aanmerkelijke als wisselvallige rijzing en daling onderhevig, zoo dat men, in den handel met hetzelve, ongehoorde sommen gelds kan winnen of verliezen. Ten bewijze voege ik den stand van het *opium* gedurende het jaar 1827, volgens mij daarvan in handen gekomen prijscouranten, hierbij:

Soorten en hoeveelheden.	5 Julij.	19 Julij.	2 Aug.	16 Aug.	6 Sept.	20 Sept.	4 Oct.	18 Oct.	3 Nov.	15 Nov.	3 Dec.	13 Dec.
Opium pr. kist. Patna (oude) ..	1000	1000	1020	1090	1080	1030	1020	1010	920	880	910	895 à 9
id. (nieuwe)	910	930	990	1065	1015	950	940	940				
Benares	870 à 975	900	960	1040	980	920	900	900	880	870	890	865 à 9
Companie Malwa	810	850	950	1030	1030	990	980	990	975	920	920	900
Daman id. .	810	840	930	1050	1000	960	950	975	960	905	910	890 à
Turksch pr. *Picol*	860	800	800	850	770	770	780	780	750	650	740	740

De onderscheidende waarde van het *opium* geeft
tevens aanleiding, dat met dit artikel niet weinig
(gelijk men het noemt) gemorst wordt; en de bevelhebbers van de *opium*-schepen houden zich dan ook
dagelijks bezig met deszelfs vermenging, waarbij echter veel beleid en omzigtigheid moeten aangewend
worden, wil men de Chinezen daarmede verschalken.

Onderstaande tafel kan tevens aantoonen, in welk
eene progressie het gebruik van *opium* in *China*
als van jaar tot jaar toeneemt: waardoor tevens
eindelijk de eenigste weg gebaand is om iets van
die onberekenbare sommen gelds uit *China* weder
te geworden, welke er, nu reeds sedert eeuwen,
voor de massa van producten, van daar naar bijna
alle gedeelten der wereld uitgevoerd, werden aangebragt:

van 1 april tot 1 april.	kisten van 100 *Cattys*.	waarde in piasters.
1818—1819	4580	4,159,250
1819—1820	4600	5,583,200
1820—1821	4770	8,400,800
1821—1822	4628	8,314,600
1822—1823	5822	7,988,930
1823—1824	7082	8,515,100
1824—1825	8655	7,619,625
1825—1826	9621	7,608,205
1826—1827	9969	9,610,085
1827—1828	9475	10,382,141

Gelijk over bijna geheel *Oostindie* het *opium*, of *amfioen*, gerookt (of, zoo als men het noemt, geschoven) wordt door bamboezen pijpen, bestaat deze wijze van dit heulsap te gebruiken ook bij de Chinezen, die nogtans, voor het meerderdeel, hetzelve met eenigen tabak vermengen, en dan een bolletje daarvan in eenen kleinen metalen pijpenkop leggen, aan eenen fijnen, bamboezen steel gehecht zijnde. Dit weinigje tabak volstaat juist om slechts eenige teugen rooks te kunnen ophalen; als waarmede de rooker dan ook gewoonlijk voldaan is, en min of meer de bedwelming, of het voor hem aangename genot, daarvan zal ondervinden.

Alvorens nu verder te gaan, en van den handel in het algemeen op deze gewesten nader te berigten, of opgave van daarmede gepaard gaande onkosten te doen, zal het hier de plaats zijn, tot inlichting omtrent de Chinesche geldrekening te zeggen, dat de standaard daarvan is de ingebeelde waarde van de zoogenaamde *Thayl.* Voorts doen een *thayl* 10 *maas*, 1 *maas* 10 *candaryn*, 1 *candaryn* 10 *caesch*; zoo dat een *thayl* bedraagt 1000 *caesch*: terwijl 72 *thayl* gelijk staan 100 piasters. Waarmede het te dezen opzigte voor het oogenblik genoeg zij.

Het eiland *Lintin* — om hier van hetzelve nog iets te vermelden — strekt zich, over deszelfs grootste lengte, eene halve mijl N. W. en Z. O. Aan den N. W. kant heeft dit eiland eene kreek of inham, zeer geschikt tot eene haven voor kleine vaartuigen, en welke, voor het meerderdeel, dan ook dient tot eene veilige ligplaats van mandarijn-booten of Chi-

nesche oorlogsvaartuigen. De breedte van dit eilandje
zal nagenoeg bedragen eene groote kwart mijl. —
Eigenlijk bestaat hetzelve in zijn geheel slechts uit
eenen boven water oprijzenden bergrug, met eene
kennelijke piek van omstreeks duizend à twaalf honderd voet hoogte, en welke iets meer zuidelijk dan
het midden van het eiland zich verheft. De merk-
baar naar het noorden overhangende top dezer piek
vertoont enkel kale, naakte rotswanden, een bevallig
contrast opleverende met de schilderachtig vruchtbare
bouwlanden, in welke de voet van dit hooge land
tot aan den oever zich van rondom verliest. Aan
den westkant van het eiland, ziet men, tusschen
deze groene velden, een niet onaardig, zindelijk
Chineesch dorpje, hetwelk, amphitheaterswijze, langs
de helling van het gebergte gespreid ligt. De met
hunne schepen voor *Lintin* zich bevindende vreemdelingen gaan daar veelal, om te jagen en te wandelen, aan den wal; hetgene tevens de eenige wijze
van zich te vertreden is voor diegenen, welke hier,
jaren achtereen, met hunne *opium*-schepen moeten
banken.

Komende thans tot het *derde* gedeelte der rivier
Tigris — van de *Boca Tigris* tot aan de reede van
Whampoa — zal de volgende, nadere beschrijving
der vaart op deze hoogte hier welligt niet overtollig
noch te onpas geplaatst zijn:

De *Boca Tigris* (of mond der, meer bepaald nu
zoo te noemen, rivier van dien naam, welke eigenlijk eerst van hieraan hare geregelde oevers ontvangt,) ligt, op de strekking van N. N. W., zes

mijlen van het eiland *Lintin;* terwijl ook dit vaarwater met eene menigte vischbunnen bezet is, die
almede, gelijk de vroeger vermelde, door de Chinezen van tijd tot tijd verplaatst worden. Over de
helft tusschen het eiland *Lintin* en de *Boca* (in de
wandeling ook wel de *Booc* geheeten) ligt eene —
twee mijlen lang zijnde — zandbank, *Lintin-bar* genaamd en aan wier beide kanten men het vaarwater
heeft, van welke de Chinesche loodsen, die de schepen van *Macao* opbrengen, gewoonlijk dat aan de
westzijde kiezen, doch de van *Lintin* naar boven
varende het ooster. *Lintin-bar* gepasseerd zijnde,
worden, in de verte, reeds zigtbaar de Chinesche forten in de *Boca Tigris,* welke, van dezen
afstand te zien, door derzelver vreemde bouworde
eene zonderlinge vertooning aanbieden — bijzonderlijk, aan den oostkant, het groote fort op de landtong of den hoek van *Anunghoy,* hetwelk wel het
meeste in het oog loopt en zich opdoet als een uitgebreide, van eenen berg afhellende grond, die enkel
door eenen witten muur omringd is. Eene tweede,
daarop als in rang volgende fortificatie vertoont zich
op een eiland, *Wantong* genaamd, liggende, tusschen
de beide oevers, in het midden van het vaarwater.
Bij het aannaderen dier sterkten, erlangt men tevens
allengs een trotsch en waarlijk prachtig gezigt op
den ingang der rivier tot aan de naauwte van de
Booc, gelijk mede, in het verschiet boven *Wantong,*
van het achter het laatste zich allerstatigst verheffende
Tijger-eiland; terwijl deze zamenschakeling van bergen, fortificatien, eilanden en de monding der rivier

zich, bij den voortgang van het schip, meer en meer
kennelijk zal ontwikkelen.

Lintin-bank of *bar* gepasseerd zijnde, zal men,
eenigzins noordelijker en reeds naar den hoek van
Chuen-pee sturende, daardoor op bekwamen afstand
van zich aan bakboord laten eene tweede *bar*, en
voorts de droogte of het rif van *Lankeet*, vormende eene zandplaat, op welke het eiland van gezegden
naam ligt, dat dus enkel met kleine vaartuigen
is te naderen. Verder heeft men in deze route nog
de eilandjes of rotsen *Sampan-chow* en *Ouchow*,
en krijgt eindelijk aan stuurboord genoemden hoek
van *Chuen-pee*, op welken die van het eerste Chinesche fort volgt, zijnde zoo veel als een toren of
blokhuis. Dan komt, aan bakboord, de hoek·van
Tycock-tow, waarna eerst de *Boca Tigris* gepasseerd wordt — onder welken bepaaldelijk te verstaan
is de doortogt, aan den oostkant van het eiland
Wantong, tusschen het op dit eiland gelegene kasteel
en de zoo evenvermelde, uitgebreidere sterkte op
den hoek van *Anunghoy*.

De naauwte, welke men dus eerst teregt den mond
der *Tigris* kan noemen, wordt eigenlijk door zeven
sterkten verdedigd, allen te zamen beplant met, naar
schatting, ongeveer drie honderd stukken geschut.
Alleen de batterijen of vestingwerken van het eiland
Wantong zijn aangelegd met eenig blijkbaar, doch
ten deele tevens zonderling, denkbeeld van verschan-
sing; waarover de Lezer uit het volgende mag oordeelen, hetwelk tegelijk eene meer aanschouwelijke
teekening van het zich hier opdoende geheel geve:

III.   14

Laatstgezegd eilandje heeft twee bergtoppen, welker kruinen van muren omringd zijn, met schietgaten voorzien, waardoor de trompen van het geschut steken. De muur van den westelijken bergtop vormt volkomen eene rondte; doch vreemder vertooning levert het op, dat, zoo hier als over het geheel dezer sterkten, onder het schietgat van ieder kanon de tronie van een monsterdier is geschilderd, moetende, geloof ik, volgens de bedoeling der Chinezen, die van eenen tijger verbeelden, waarmede zij zekerlijk den vijand schrik willen aanjagen. Aan den oostkant van *Wantong* — als waar tevens het vaarwater is voor de groote schepen — ligt, daarenboven, digt aan de rivier eene tweede of beneden-batterij, zijnde mede niets anders dan een muur met schietgaten, en welke, met de bovensterkte aan deze zijde, door langs de helling van den berg gemetselde muren is vereenigd; terwijl op de beide bergtoppen, binnen den omtrek der eerstvermelde muren, eenige op zich zelven staande gebouwen te zien zijn, dienende ongetwijfeld tot woningen of bergplaatsen. Wat het kasteel op den tegenoverliggenden hoek van *Anunghoy* aangaat, zoo bestaat hetzelve, gelijk ik reeds zeide, uit niet veel meer, dan eene tegen de helling van den berg oploopende vlakte, mede door eenen muur met schietgaten omgeven. Aan den oeverkant vormt deze muur eene regte lijn, en is, even als de onderbatterij van *Wantong*, digt langs het water opgetrokken, gevende eene zijde van omstreeks honderd kanonstukken, onder ieder van welken weder eene misbaarlijke figuur prijkt, voorstellende het wezen van een of ander schrikgedrocht. De kanonnen voorts dezer batterijen liggen allen op vaste en onbewegelijke affuiten of rolpaarden, zoo dat men aan dezelven evenmin eenige elevatie als zijdelingsche rigting kan geven. Het kaliber dier stukken bedraagt, gelijk mij verzekerd werd; vijftig pond steen, bestaande de amunitie ook nog uit steenen kogels. Wederzijds op het uiteinde der batterij aan den waterkant van het laatstbeschrevene, uitgestrekte kasteel, ziet men een gebouw of eenen toren, zeker woningen voor de in deze sterkte bevelvoerende mandarijnen. In het midden van het bemuurde plein staan twee andere gebouwen; terwijl de langs het heilende gebergte opgaande muren, die hetzelve bovenwaarts omringen, in derzelver hoogste punt zich ovaalvormig aaneen-voegen.

Met een schip de *Boca Tigris* doorzeilende, kan men, van het dek, de inwendige gesteldheid van dit kasteel gemakkelijk bespieden, van welk mij met den verrekijker voorkwam, dat hetzelve aan den landkant geen geschut had liggen. De Engelschen, die zoo wat overal den baas willen spelen, kregen het, in die hoedanigheid, niet zelden met de Chinezen hier te kwaad; en zagen dan ook van tijd tot tijd, op de eene of andere gegevene aanleiding van oneenigheid, met het kanon der batterijen zich begroet, doch welke — door de Britsche schepen zóó krachtig beantwoord, dat de Chinezen voor hun eigen schutgevaarte bang wierden en het fort uitliepen — steeds zelven weder het eerst zwegen. Toen het Engelsche fregat *Alceste*, hetwelk *Lord* AMHERST

14 *

naar *China* bragt, tusschen deze sterkten passeerde,
gaven de Chinezen vuur op hetzelve; doch eenige
schoten van den Brit waren toereikend om de bezetting ijlings de vlugt te doen nemen.

De *Boca Tigris* eenmaal doorzijnde, bevindt men
zich reeds onmiddellijk onder de Chinesche heerschappij. Geen schip echter mag dezelve passeren,
zonder daartoe eerst eene *sjop* (pas) aan de *hoppo*,
of het douanen-kantoor, te *Macao* te hebben genomen; gelijk er, voordat men behoorlijk van zoodanig
eene *sjop* voorzien zij, evenmin loodsen aan boord
komen. Zoodra men dan ook de *Booc* doorgezeild
is, naderen de mandarijnen aan boord, tot het nazien der pas; middelerwijl er van nu aan tevens
een vaartuig van de *hoppo* het schip bijblijft, om op
de rivier bereids te surveilleren, dat in niets de wetten van het Chinesche rijk worden overtreden. Van
het oogenblik af voorts, dat men de *Boca Tigris* gepasseerd is, vertoont zich het land, ter wederzijde,
alreede meer bebouwd en ook bewoond; terwijl het,
hier en daar gelegen, begroeid gebergte, in afwisseling met de vlakte, alwaar, op eenige plaatsen, weder hooge, Chinesche pagoden prijken, een vreemd,
doch in zijne soort schilderachtig, aanzien verschaft.
Aan bakboord laat men nu het hoog-bergachtige
Tijger-eiland liggen, gelijk mede de eilanden *Geefow*
en *Samfow*, passerende wijders tusschen twee han-
ken en nog eenige eilanden aan stuurboord. Hier
heeft thans de rivier weder eene grootere breedte,
totdat men de zoogenaamde *second bar* voorbij is —
werwaarts gewoonlijk de zware Engelsche compagnie-

schepen, van *Whampoa* komende, zich, alvorens het
resterende hunner volle lading in te nemen, laten
afzakken, daartoe gedrongen door de naauwte en
ondiepte van het vaarwater, hetwelk, van *Whampoa*
tot hier, aan sommige plaatsen niet meer houdt, dan
drie vadem. Doorgaans dan ook vinden op deze
hoogte de groote schepen onderweegs reeds Chinesche
bar-boten liggen, welke zich tot adsistentie derzelven moeten gereedhouden en tevens tot merken voor
de loodsen dienen.

Verder de rivier nu opwerkende heeft men, bij de
second bar, aan bakboord de *Seeche·tow-pagoda* en
vervolgens de *Seechee-top-pagoda*, zijnde hooge,
van steen gemetselde torens of obelisken, welke bij
de Chinezen zoo veel als afgodsbeelden, of iets dergelijks, schijnen te moeten voorstellen, daar de Europesche schepen, die wegens het op- en neêrgaan der
rivier hunne rekening ontvangen, onder de gespecificeerde posten derzelve er éénen zullen vinden uitge-
trokken (immers volgens Chineesch zeggen:) » voor het
» aankijken der pagoden 19 piasters." Hoogerop van
deze pagoden ligt ter wederzijde laag land, bestaande
meestal uit *pady*- (of rijst-) velden. Eindelijk heeft men
aan bakboord het eerste *sjophous*, waarvoor mede in
de rekening een post als tol voorkomt, en vervolgens
de *first bar* en het tweede *sjophous* aan stuurboord.
Hier neemt thans de rivier eene meer noordwestelijke
rigting, en verdeelt zich in verschillende armen, die
eene menigte van eilanden formeren, waartoe het eiland
Whampoa behoort, tusschen hetwelk aan stuurboord,
en het *Deensche* en *Fransche* aan bakboord, de reede

is voor de ten anker liggende schepen, en welke die van *Whampoa* genaamd wordt. — Laatstgemelde twee eilanden hebben derzelver namen dáárdoor verkregen, dat die van gezegde natien er voormaals hunne pakhuizen vonden, waarin de ladingen der schepen, wanneer deze, het zij om te timmeren of om andere redenen, gelost moesten worden, werden geborgen. De Franschen hadden op het naar hen genoemde eiland tevens een hospitaal of ziekenhuis. De Engelschen en ook wij bezaten dergelijke gebouwen of etablissementen op het eiland *Whampoa*, dat op verre na zoo gezond niet is als de twee eerstgenoemden, welke uit hoog en bergachtig land bestaan; waartegen het laatste bijna uitsluitend rijstvelden oplevert.

Wanneer een schip voor *Whampoa* ten anker is gekomen, krijgt hetzelve gemeenlijk twee vaartuigen van de *hoppo* of de Chinesche douanerie op zijde, — aan iederen kant één. De daarop gezagvoerende mandfrijnen zijn gewoonlijk arme lieden, en daardoor, wanneer men iets aan of van boord wil brengen, gemakkelijk om te koopen. Ook is ieder schip nu verpligt tot het aannemen van eenen zoogenaamden scheeps-compradoor, gelijk dit, wanneer men te *Canton* in de factorijen logeert, omtrent eenen huis-compradoor mede plaats heeft; waarover straks nader. Alleen dezen scheeps-compradoor is het thans vergund, dagelijks aan boord te komen, en levensmiddelen of andere artikelen voor scheepsgebruik aan te brengen; waarvoor dezelve, van zijne zijde, eene menigte ongelden aan onderscheidene soorten van mandarijnen, als ook tollen, heeft uit te keeren, ten

opzigte waarvan de volgende gespecificeerde nota —
immers voor een te *Whampoa* gelegen Nederlandsch
schip — den Lezer tot een overzigt en inlichting mag
strekken :

	Piasters.
MACAO. *Sjoppen hoppo huis*	38
CASA BRANCA. *Sjoppen hoppo huis*	6
WHAMPOA. Tollen, oorlogsbooten, soldaten, oorlogsmanda-rijnen en bedienden	272
Voor gemeenschap aan land, ter bewaring of bewaking van goederen (benoodigd of niet)	38
Water-*sjoppen*, tot gebruik en vulling der vaten, . .	31
Sjoppen tot het aan boord brengen van ververschingen .	85

Mandarijn-booten, liggende ter wederzijde van het schip
(ja dan neen).

    Sontoks-mandarijnen. Piasters 25 pr. maand.
    Hoppo -   dito   »   18 » »
    Kleine *Cumshaws* (*)   »   8 » »

	Piasters 51 pr. maand. 3 maanden.	153
Aan den *Sontok*, voor het leveren van provisien (*Saastock*.)		50
» de *hoppo* . . . . . . '. . . .		36
» » Cantonsche *hoppo*-mandarijnen		12
» het *Tongt-jang Coen* tolhuis		33
» » *Poon-toei* dito		20
» » *Sei* dito		1 . 50
» » *Sei Hoohaun* dito		2
» de Cantonsche landmandarijen		9
» » *Whampoasche* dito		8 . 50
» » » *Sontoksche* landmandarijnen . . .		25
» » » soldaatmandarijnen		3 . 50
» » *Pagodas* tusschen *Boca Tigris* en *Canton* .		19
Voor *sing song* (vreugdebedrijf der mandarijnen) . .		15
Aan de *Sontoks*-mandarijnen, voor hunne bewaarplaats, .		8
» » zouttol, voor het gebruik van dit artikel, .		3
		868 . 50

(*) *Cumshaw* beteekent zoo veel als »eene fooi."

Vorenstaande óngelden zijn berekend voor eenen bodem, binnen de drie maanden van *Whampoa* weder vertrekkende; terwijl, bij langer verblijf, dezelve met 5o piasters per maand verhoogd worden. De scheeps-compradoor moet deze ongelden met zijne onkostrekening van het schip voor zich zoeken goed te maken, welke, niet genoeg bedragende, met eene som, *feemoney* genaamd, door hem naar den volgenden maatstaf wordt vermeerderd:

			piasters.	feemoney.
De onkostrekening, beloopende			. . 2500	. . . niets.
»	.»	»	. . 2300	. . . 100
»	»	»	. . 2000	. . . 200
»	»	»	. . 1700	. . . 300
»	»	»	. . 1400	. . . 400
»	»	»	. . 1100	. . . 500
»	»	»	. . 800	. . . 600
»	»	»	. . 500	. . . 700

Tusschen de bovenstaande termen in, wordt het *feemoney* met 25 of 50 piasters gradueel vermeerderd of verminderd.

Voorts komen, nadat het schip voor *Whampoa* ten anker is gebragt, — gewoonlijk den volgenden of twee à drie dagen daarna, — de *hoppo*-mandarijnen aan boord, om hetzelve te meten; waarnaar dan de raug of klasse wordt berekend, ter betaling van het zoogenaamde meetloon. Die meting geschiedt door het nemen van de lengte, of afstand, tusschen den fokke- en bezaansmast. Deze wordt vermenigvuldigd met de breedte, welke het schip bij den grooten mast heeft, en de uitkomst hiervan, door tien gedeeld, geeft het gezochte. Dus b. v. wordt een schip:

gemeten   rang   *Thayl.* m. c. c.

154 *Cobidos* en daarboven tot den 1ˢᵗᵉⁿ gerek. en betaalt 7—4—4—8 pʳ. *Cubido.*

122   »   »   »   »   » 2ᵈᵉⁿ   »   »   »   6—8—4—   pʳ. *idem.*

minder »   »   »   »   » 3ᵈᵉⁿ   »   »   »   4—7—8—8 pʳ. *idem.*

waarbij ik voege, dat:

een *Cobido*, de lengtemaat, . . is . . 14³/₄ Engelsche duimen.

»   »   der werktuigkunde   »   . . 13¹/₂   »   »

»   »   » timmermans   »   . . 12⁷/₁₀   »   »

»   »   » kleermakers en } »   . . 13¹/₂   »   »
        handelaars }

»   »   » artillerie en genie   . . 12⁶⁵/₁₀₀   »   »

(180 vadem, ieder van 10 *Cobidos* van de genie, maken voorts eene *li*, hetwelk de *li* gelijk brengt aan 1897 voet Engelsch, de Engelsche voet (bedragende, zoo men weet, 11³/₁₀ duim Amsterdamsch) tegen 12⁵/₁₀ Chinesche duimen.

Ofschoon de in- en uitgaande regten door de Chinezen zelven, het zij dan koopers of verkoopers, betaald worden, — de opslag der aangebragte goederen mede voor rekening van den kooper is, en de afgescheepte theeën en verdere artikelen, van wege den verkooper, voor de bedongene prijzen franko aan boord komen, zijn de navolgende onkosten, behalve de reeds vermelde, nog voor rekening van schip en lading, welke ik, tot betere calculatie, hier weder, zoo veel mogelijk uitgedrukt, ter neder stelle:

Boven en behalve de hiervoren reeds gespecificeerde ongelden voor den scheeps-compradoor en het bereids nader omschrevene meetloon, is nog te betalen:

Het *hoppo*-present, bedragende altijd   .   .   .   Thayl 1950

De loodsen, voor het opbrengen van het schip,   .   Piasters   60

»   »   »   » afbrengen van hetzelve,   .   »   60

Bar-booten, naar de grootte van het schip; elke boot   »   1

Linguist of tolks-onkosten   .   .   .   .   »   177 . 75

»   » tollen   .   .   .   .   »   20

»   » bedienden   .   .   .   .   »   20

Huis-compradoorgeld, door de Engelschen genaamd:
    Chouchou-money . . » 100
Los-*sampangs* (zeker vaartuig,) $\begin{cases} \text{dubbele} \\ \text{enkele} \end{cases}$ Thayl 11.4.8 . . » 16.4.8
Mitsgaders nog eenige kosten aan de, tot het nazien der geladene thee-
   kisten, aan boord komende *koelies.*

Alle vreemde schepen nu, welke ter reede *Wham-poa* zich bevinden, — ook omteven of zij met volle lading dan ledig daar aankomen, — zijn gehouden, naar derzelver grootte en den tijd van hun ver-blijf, de voorvermelde onkosten te voldoen, zonder zich op eenigerlei wijze daarvan te kunnen afmaken; waaruit tevens is na te gaan, tot welk een bedrag deze ongelden voor de groote Engelsche compagnie-schepen van twaalf à dertien honderd ton moeten oploopen — door welken dan ook, alleen voor meet-loon en *hoppo*-present, tot bij de drie duizend — en, aan scheeps-compradoor, *linguist*, *hoppo*- en meetloon te zamen genomen, zelden veel minder, dan vijf duizend vier honderd piasters, betaald wordt. Eéne uitzondering slechts bestaat er voor zoodanige schepen, die met eene volle, ten verkoop in *China* bestemde lading rijst voor *Whampoa* aankomen, en welke — ten gevolge van eenen verschrikkelijken, eenige jaren geleden te *Canton* plaats gegrepen heb-benden hongersnood, waardoor de regering op de meest mogelijke bevordering van den invoer daarvan bedacht werd — geen meetloon noch *hoppo*-present hebben uit te keeren.

Ten slotte van hetgene er omtrent deze reede door mij valt te zeggen, dien ik nog bij te brengen, dat men, bij het naderen der eerste *bar* reeds, eene menigte vaartuigen, meestal opgepropt met Chinesche vrouwen., zal zien opdagen, welke, ter wederzijde van het schip, om strijd haar best doen in te rooven en te stelen, wat los en vast is. Meermalen zagen wij dezelve of haar bijhebbend gezelschap in een oogenblik de metalen, tot stuur- of noodtalies dienende kettingen van het roer weghalen, het touwwerk afsnijden en meer andere dergelijke diefstallen plegen; waarover ik nog nader gelegenheid zal krijgen te spreken. Wijst men dat gemeene volk dan van zich, zoo raken zij aan het razen en schelden, en komen, wetende, dat niemand hen durft deren, aldra weêr terug. Het veiligste zal men doen met te zorgen, dat zij niets meester kunnen worden, zoo als ik, bij tijds reeds, de kettingen van het roer had doen innemen. Tevens dient aan iedere zijde van het schip iemand op te passen, dat ook de twee eerstvermelde booten niets ontvreemden.

Het *vierde* gedeelte van de *Tigris*, namelijk van *Whampoa* tot *Canton*, vormt eenen afstand van circa drie en eene halve zeemijl, doch is, gelijk reeds vroeger gezegd werd, door groote schepen niet te bevaren, maar moet men afleggen met zijne sloep. Twee onderscheidene wegen staan hierbij dan open, van welken de eerste gaat langs de zoogenaamde *Jonken*-rivier — het vaarwater, welk de groote jonken kiezen, en waarbij men, gaande naar *Canton*, het eiland *Whampoa* houdt aan bakboord.

Wanneer men, dezen weg inslaande, gezegd eiland geheel en al gepasseerd is, krijgt de *Jonk*-rivier, aan stuurboord, eenen anderen arm, zijnde de zoogenaamde *Zout*-kreek, mede doorvaarbaar, en aan wier einde twee Chinesche dorpen zich opdoen, waarvoor het, van allerlei soort van vaartuigen, reeds krielende vol ligt. Het zij nu deze kreek kiezende, of het groote vaarwater der jonken blijvende volgen, beginne men met van hieraan wel uit te kijken naar de in de rivier liggende klippen, en drage voort zorg van met zijne sloep niet voor den boeg van een of ander in de rivier ten anker liggend Chineesch vaartuig te drijven: want het Chinesche varensvolk is, over het algemeen, niet alleen hoogst beleedigend en grof, maar, wanneer het er op aankomt den blanken vreemdeling te helpen, ook even onmeêdoogend, zoo dat het liever iemand zou zien omkomen, dan hem bijstand te verleenen. Tegendat de theeën van de opperrivier worden aangebragt, ligt het hieromstreeks bovendien digt bezet met groote *champangs*, die het vaarwater aanmerkelijk vernaauwen, en nieuwe ongelegenheid kunnen baren.

Nu passeert men, aan stuurboord, twee ruïnen van forten, het eerste *Deensche dwaasheid* en het tweede *Hollandsche dwaasheid* (of *Danish folly and Dutch folly*) geheeten. De legende van het laatstgezegde vermeldt, dat, in den eersten tijd van der Hollanderen vaart op *China*, onze landslieden, zich op dit punt willende verschansen, er, aanvankelijk met toestemming van het Chinesche gouvernement, deze sterkte optrokken, onder voorwendsel van haar te willen doen dienen tot een hospitaal voor de zieken en eene scheeps-werkplaats. Ook bragt men hier alreede de watervaten, tot reparatie, aan den

wal, doch ongelukkig brak, uit één daarvan, de bodem; en thans kwam er een stuk kanon te voorschijn,
hetwelk den Chinezen, aangaände de bedoeling onzer
voorvaderen, van in het gewaande lazareth een fort
te stichten, waaruit zij de stad *Canton* konden be-
schieten, de oogen moest openen en de verstoring
van dezen bouw tevens ten gevolg hebben. De Denen
moeten iets dergelijks, doch weder op eene andere
wijze — schoon met gelijk gevolg, — getracht hebben te ondernemen.

Canton nu naderende, wordt het aantal vaartuigen
allengs grooter, en vormt eindelijk een bosch, waardoor ten laatste de sloep moeijelijk heen kan om
den trap der Hollandsche factorij te bereiken.

De tweede weg is die langs *Whampoa*-rivier, met
het eiland *Whampoa* aan stuurboord; en, ofschoon
in zich zelven evenlang als de vorige, heeft men, van
den anderen kant, in deze route — op ten naasten
bij twee derde van *Whampoa*-rivier — aan bakboord
eene smalle kreek, de *vuilnis*-kreek genaamd (van
de hier zich ontladende vuilnis-vaartuigen van *Canton*, of ook: de *pagode*-kreek, wegens eenen, digt
aan den waterkant staande, pagode-toren,) waardoor de vaart eenigzins valt te bekorten. Men komt
echter, in allen geval, aan het einde weder uit op de
groote, doorloopende *Jonken*-rivier, alwaar, nog beneden de *Zout*-kreek, beide wegen voor het oogenblik
zamenvloeijen; terwijl de rivier, van hieraan hooger opgevaren naar *Canton*, nu dra het gezigt op
ontzettend groote, drijvende watergevaarten zal aanbieden, waarbij een driedekker slechts een klein
schip is, en dienende tot vlottende fabrijkplaatsen.

Ook op het eiland *Whampoa* staat voorts een pagode-
toren, hebbende in de spits vier gaten. Door en door
die gaten kunnen de zien, is men met de sloep hal-
verweg; op welk punt dan nog steeds, als van ouds
in den compagnie - tijd, de gewoonte bestaat, van
het bootsvolk eenen borrel te schenken. . .

De volte en drokte op de rivier nemen, als gezegd
is, in *Cantons* nabijheid steeds meer toe. Duizenden
van groote en kleine vaartuigen verdringen zich
eindelijk en liggen gepakt op elkander, zoo dat men
als door eene stad vaart van drijvende gebouwen,
die, even zoo vele straten vormende, in rijen zich
aaneensluiten. De — deze waterstad formerende —
schuiten of vaartuigen voorts zijn, wat de stillig-
genden betreft, meerendeels van dezelfde lengte en
breedte; hebben allen op het midden eene groote en
hooggebouwde roef met verscheidene vertrekken, en
geven, door het digt bijeenliggen, aan het voor-
en achtereinde eene passage, welke, van den éénen
kant eener zoodanige straat naar den anderen, begaan wordt. Al deze rijen, nogtans, is het niet
even veilig te passeren; want, wordt men reeds sedert
het opvaren der rivier van *Whampoa,* van tijd tot tijd
door de Chinezen uitgejouwd en bespot, niet minder
zal de vreemdeling in het gedrang kunnen komen,
ongelukkigerwijze gerakende tusschen de vaartuigen,
welke het verblijf vormen der publieke vrouwen.
Het algemeene gelach en de kreet: » *fanquai!* " of
» *fanquai - loo!* " dien men daar dan hoort opgaan,
zijn alleen genoeg om den verdoolden en naar eenen
uitweg zoekenden vreemde razend en evenzeer verlegen te maken. — *Fan,* overigens, beteekent » wit"

en *quai* » duivel", te zamen genomen de eernaam, met welken de blanke, van wege het Chinesche volk, bij wijze van groet en schatting belegd wordt: waarbij het, blijkbaar bedreigende, *loo !* waarschijnlijk zoo veel als » kapot maken" uitdrukt; daar hetzelve, *bij* het uitspreken, doorgaans met de mine vergezeld gaat, alsof de bevalligen, zoo wel als de anderen, van wier lippen het vloeit, iemand het hoofd met de ééne hand vasthielden en met de andere afhieuwen.

Toevallig echter met zijn vaartuig in eene der achterstraten van deze drijfstad verdolende, zal het wél zijn, zoo men enkel met schelden en uitjouwen er afkomt, en niet met het een of ander wordt geworpen. In het laatste geval is het beste, stoutmoedig op den beleediger aan te roeijen, en hem te tuchtigen — doch met beleid en buiten drift, opdat men, van de andere zijde, aan eenen Chinees geen ongeluk bega; als hetwelk duur zou te staan komen en zeker met het leven moeten geboet worden, hadde een zoodanige hetzelve daarbij verloren.

Gelijk *Canton* in het geheel niet zelden door hevige branden wordt geteisterd, is het evenmin iets vreemds, dergelijke ramp ook deze waterstad te zien treffen. Tijdens ons verblijf in *China* verteerden de vlammen verscheidene vaartuigen in het door gezegd vrouwvolk bewoonde gedeelte; waarbij eene menigte dier ongelukkigen jammerlijk omkwam. — En thans keeren wij tot het reisverhaal met het schip terug.

ZEVEN EN TWINTIGSTE HOOFDSTUK.

De kapitein verlaat voor eene poos het schip, en vertrekt met eene zoogenaamde paketboot naar Canton. *Leefwijze der vreemdelingen in de factorijen. Korte beschrijving der stad en van de laatsten. Overzigt van neringen, bedrijven en gewoonten der Chinezen. Chinesche kookkunst. Het barbieren enz. Algemeene beschouwing omtrent* China *en de Chinezen. De vrouwen. De tuinen van* Fatee. *De tempel te* Honan. *Huis-altaren en feesten. Schets omtrent het algemeene volkskarakter. Terugreize naar* Macao.

Gelijk bladz. 193 gezegd is, bragt de eerste stuurman *de Wilhelmina en Maria* ter reede *Lintin*, alwaar ik dezelve den volgenden dag, den vier en twintigsten April, vond geankerd.

Na daar aan boord, omtrent het aankoopen en ontvangen van versche levensmiddelen voor den tijd van ons verblijf, de noodige beschikkingen gemaakt te hebben, vertrok ik weder met de mij gebragt hebbende compradoor-boot, en begaf mij naar *Macao*, ten einde van hier, in gezelschap met den heer WEYMAR en onder geleide van den heer VAN DER MEULEN, naar *Canton* op te varen, om aldaar te beproeven, wat er met de lading, en wijders in betrekking tot het schip, ware te ondernemen.

Met eenen kleinen kotter, toebehoorende aan zekeren Engelschen heer, *Mr.* LANE—welke dit scheepje, van *Macao* naar *Canton* en *vice versa*, als eene soort van paket tot het overbrengen van passagiers in de vaart hield — verlieten wij *Macao*. Gelukkig, dat, gewoonlijk, deze reis binnen tweemaal vier en twintig uren, of ook wel in minder' (schoon somtijds langer') tijd volbragt wordt — immers op de localiteit van het vaartuig viel, althans voor groot gezelschap, zeker niet te roemen, en nog al zoo weinig op den kok of de kombuis, tot het bereiden der spijzen. Zonder hindernis nogtans kwamen wij te *Canton*, en namen daar onzen intrek in dat gedeelte der Hollandsche factorij, hetwelk, bij tijdelijk oponthoud, ten woonverblijf strekte aan den heer BLETTERMAN en diens schoonzoon.

De vreemdeling, die, gelijk ons geval was, hier aankomt, zal zich weldra begroet zien door eene menigte Chinezen, die om strijd hunne dienst alsdan aanbieden, en uit een heir bestaan van kleermakers, schoenmakers, kooplieden in onderscheidene manufakturen en fabrikaten, welke gewoonlijk, even als in *Europa*, een gedrukt kaartje ook achterlaten, waarop, in het Engelsch, naam, woonplaats en bedrijf, naar alle behooren, vermeld staan. Reeds eenmaal te *Canton* geweest zijnde, ontvangt men, gelijkerwijze, van deze lieden hunne visitekaartjes, of zij verwelkomen u persoonlijk, en wel op eenen toon van belangstellende hartelijkheid, als waart gij oude vrienden. —

III.   15

Elke factorij — of liever: ieder afzonderlijk gedeelte
eener zoodanige — heeft voorts zijnen eigen' compradoor, dien men den hofmeester — of, volgens de
Spaansche wijze van zeggen: *el mayordomo* — zou
kunnen noemen; en aan wien alle huishoudelijke zaken, b. v. van keuken, tafel en wat in het algemeen
de zoogenaamde *menage* betreft, gedemandeerd *zijn*.
Daartoe beschikt hij over zijne koks en dier adsisten-
ten, — huisknechts, *koelies* en verdere bedienden van
dat slag. Hij ook bezorgt u den kamer-domestieke,
dien ieder vreemdeling genoodzaakt is te nemen, en
welke nu weder het toezigt houdt over elks lijfgoed
en linnen, of, in het geheel, over uw toilet; maar
andermaal den geringeren arbeid opdraagt aan *zijne*
onder-serviteurs. Wanneer gij elders of bij iemand
gaat dineren, dan volgt u deze Chinesche kamerdie-
naar, meest properlijk gekleed, en is tevens diegene,
welke aan de tafel, waar gij te gast zijt, u opwacht
en zoo veel attentie daarbij aan den dag legt, dat
de gedresseerdste liverei-knecht in *Europa* het hem
schaars zou verbeteren. De compradoor, voor zijn
deel, is, wijders, om het in één woord te zeggen: uw *homme d'affaire*, — uw kassier, en geeft,
zoo vaak men zulks begeert, van alles prompte ver-
antwoording. Vermits nu echter natuurlijk al deze
omhaal van personen ten laste komt van den hier ge-
huisvesten vreemdeling, die, bovendien, aan den huis-
compradoor ook nog honderd piasters *chau-chau-money*
moet vergoeden, door dezen uit te keeren aan de
mandarijnen, dan zal men hiernaar de kostbaarheid
der leefwijze en van het oponthoud in de factorijen

te *Canton* gemakkelijk kunnen beoordeelen, en het voor iemand, zonder stellig uitzigt op het doen van goede zaken, niet ligt geraden vinden, dezelve voor zijn genoegen te betrekken. — Overigens moge het volgende, aangaande het topografische der stad en dier gebouwen, hier volstaan.

Het vermaarde *Canton* (*Quang - tchou - foo*) — gelegen aan den westelijken oever der rivier *Tigris*, door de Chinezen, gelijk gezegd is, *Chookeang* d. h. *paarlrivier* genaamd — bestaat uit drie gedeelten, te weten: *de Nieuwe Tartaarsche* stad, aan den waterkant gesticht, — de vrij uitgebreidere *Oude*, waarin de onderkoning zijn paleis heeft, en welke, onmiddelhijk achter de eerstgemelde, landwaartsin gebouwd is, — benevens de *Kooplieden* - stad, ten westen der beide vorigen. De twee eerstgenoemden zijn, ieder afzonderlijk, in derzelver vollen omtrek door eenen muur omringd, langs welken, wat de *Oude* stad aangaat, bovendien eene gracht loopt, die haar water van de paarlrivier ontvangt. Het geheel der de beide steden omsingelende wallen heeft zestien uitgangen, doch welke vreemdelingen schaars zullen intreden, zonder van de Chinezen beleedigingen te ondervinden; waartoe deze dan al spoedig zamenscholen, tevens met scheldwoorden en gebaren te kennen gevende, dat men hun niet welkom is. Zelfs loopt men daarbij somtijds gevaar van, door hen aangerand en weggevoerd, niet eerder, dan na het betalen van ongehoorde sommen losgelds, zijne vrijheid te kunnen herkrijgen. Meermalen nogtans ben ik, in gezelschap met eenige anderen, tot binnen de poort doorge-

15 *

drongen — welke met houten deuren, even als die eener schuur, kon gesloten worden — doch zonder dat wij iets opmerkelijks, boven hetgene aan de meer ongehinderd bezochte deelen der Chinesche koopstad te zien was, kregen te aanschouwen.

De laatstgezegde vormt mede een aanzienlijk gedeelte van *Canton*, maar heeft dit onderscheidende, dat dezelve, insgelijks eene aanzienlijke oppervlakte beslaande, van rondom open en onbemuurd is. Op een klein, (en het naaste aan de *Nieuwe* stad gelegen) punt van dit *Canton* der vreemdelingen — om het zóó thans eens te noemen — staan, over de breedte eener door de *Tigris* bespoelde landtong, dan nu ook de factorijen, waarin de kooplieden van de verschillende, op deze gewesten handeldrijvende natien derzelver, hun toegewezen woonverblijven hebben, zonder evenwel hier door hunne familien zich mogen te doen vergezellen. Al deze (te zamen eene vrij uitgebreide kade daarstellende) min of meer aanzienlijke gebouwen behooren, afzonderlijk, aan zoodanige Chinesche, rijke particulieren, welke, naar hunnen stand en betrekking, den onderscheidenden naam dragen van *hong*-kooplieden, en die dezelve locaalswijze — ook, zoo zulks begeerd wordt, met het bijbehoorende mobilair, tafelgoed en zilver (het laatste vaak in waarlijk vorstelijken overvloed —) aan de vreemden verhuren. Van den beneden- naar den bovenkant der rivier voorts gerekend, volgen de respectieve factorijen elkander op in de nabeschrevene orde, en vormen te zamen het geheel, hetwelk hier voor den Lezer, in ruwen omtrek, geschetst zij:

N°. 1. De *kreek-* of *dam*-factorij;

N°. 2. De *Nederlandsche* (of meer gewoonlijk dusgenaamde: *Hollandsche.*)

N°. 3. De *groote Engelsche* factorij, naast welke dan eene smalle straat volgt, met eenige kleine, Chinesche winkels, meestal van kleermakers voor het zeevolk; en die daarom, door de matrozen, de *Uitdragers*straat genoemd wordt.

N°. 4. De *Persische;*

N°. 5. De *kleine* (of *oude*) *Engelsche;*

N°. 6. De *Zweedsche;*

N°. 7. De *Oostenrijksche* factorij, doch welke, gelijk verhaald werd, reeds sedert vele jaren door de Keizerlijken verlaten geworden en tot op den huidigen dag eene aanzienlijke somme gelds aan de Chinesche eigenaars is schuldig gebleven.

N°. 8. De *Gelukkige;*

N°. 9. De *Amerikaansche* factorij.

Daarop komt de zoogenaamde *Nieuwe Chinesche* straat, door eene menigte Chinesche kooplieden bewoond, en hebbende op derzelver anderen hoek, tegenover de Amerikaansche factorij, het woonhuis van den *hong*-koopman TJONKWA; waarnaast belendt:

N°. 10. De *Fransche* factorij, zijnde de kleinste van allen, en voorts:

N°. 11. De *Spaansche;* waarop weder eene straat volgt, genaamd: de *Oude Chinesche,* meerendeels mede door Chinesche kooplieden ingenomen, en op welker anderen hoek, tegenover de Spaansche factorij, een groote, Chinesche winkel voornamelijk eetwaren te koop biedt — naast welken dan eindelijk is gelegen:

No. 12. De *Deensche* (of zoogenaamde: *tjouw-tjouw-*) factorij, die — gelijk de naam *tjouw-tjouw* zoo veel als » allerlei, een mengsel, eene verwarring" aanduidt — meer echter eene algemeene huisvesting voor vreemdelingen van alle natien dooreen oplevert; waartoe dezelve, in haar geheel, destijds door zekeren *Mr.* PITTMAN, eenen Noordamerikaan, van de Chinezen gepacht was. Ook logeerde men aldaar, gelijk het heette, vrij wel; had het mobilair van wege den ondernemer, doch zorgde elk voor zijn eigen onderhoud en bediening: waartoe het nogtans weder niet aan compradoors, met hunne koks en onderhoorigen, mankeerde; die ook weêr den Chineschen huisknecht verschaften enz. enz. Onmiddellijk naastaan de *Deensche* factorij sluit zich nu weder een gedeelte der Chinesche stad, daaromstreeks grootstendeels bestaande uit eethuizen.

Van al deze factorijen is de groote Engelsche de uitgebreidste en fraaiste, en mag met regt den naam voeren van een vorstelijk gebouw. Daarop volgt de Hollandsche. Beide vertoonen aan den — op circa twee honderd voet in lengte door mij geschatten — voorgevel een *corridors*-wijze bijgebouw of uitstek, met eene overdekte en van eene kolonnade voorziene, doch overigens opene, bovengalerij en een benedenvertrek; het laatste, door eenen overzolderden doorgang, van gezegden voorgevel gescheiden, zoo dat de passage voor den algemeenen voetganger niet gestremd wordt. Naar den waterkant heeft dit benedenvertrek den uitgang in een, met eenen houten schutting afgezet, vrij uitgebreid terrein, hetwelk de *breedte* van het geheele gebouw beslaat en tot aan de rivier loopt, alwaar een gemakkelijke trap de beste gelegenheid tot het aanleggen der sloepen aanbiedt. Van dezen trap passeert men, om in die omtuiningen te komen, door een houten hek, zoo dat zich dezelven in haar geheel laten afsluiten. Primitievelijk werden deze terreinen aangelegd tot het uiteenzetten der van en naar boord gaande ladingen, — waartoe, voor meer precieuse goederen enz., mede, als berg-plaats, gezegd benedenvertrek de bestemming had te dienen. Binnen dezelve, het naaste aan het front der gebouwen, hebben, tevens, de Engelschen en Hollanders hunne vlaggestokken staan, aan welke, des zondags en bij andere feestgelegenheden, de vlaggen van derzelver onderscheidene natien plegen te worden geheschen.

In het gemeen hebben de kleinere factorijen vier, de uitgebreidere vijf schuiframen in breedte; doch de *groote* Engelsche telt er negen, de Hollandsche zeven. Allen voorts zijn, behalve de — tot niets gebruikt wordende — zolders onder het dak, twee verdiepingen hoog. Een verschrikkelijke brand, welke ten jare 1822 te *Canton* woedde, trof ook dit gedeelte der stad, en legde hetzelve mede geheel in de asch; hetwelk nogtans aanleiding gaf, dat het, door de Chinezen, oneindig fraaijer weder werd daargesteld. Bij die gelegenheid hebben de Engelschen, op hunne factorij, eenen toren weten te verkrijgen, met een uurwerk, hetwelk, uiterlijk zigtbaar, den tijd van den dag aanwijst: doch het is den Chinezen niet in den zin geschoten, dat deze toren thans een volko-

men overzigt van het geheel der stad *Canton* en omstreken aanbiedt, welke dan ook tegenwoordig, door
middel van teloskopen, reeds zoodanig zijn opgenomen, dat er vrij naauwkeurige kaarten van bestaan. — In de Engelsche factorij wordt, op elken
zon- en feestdag, voor de christenen van de pro-
testantsche belijdenis godsdienst gehouden; waartoe
een geordend geestelijke is aangesteld — destijds nog
dezelfde heer MORRISON, welke dien post reeds in
Lord MACARTNEY's dagen bekleedde.

De gezamenlijke factorijen wijders strekken zich
achterwaarts, in evenwijdigen bouw en ook allen de
gelijke lengte of diepte beslaande van de zijdelings
gerigte *Uitdragers-*, *Oude* en *Nieuwe China*-straten,
tot aan eene lange, smalle straat, welke weder parallel loopt aan het front van het geheel dezer gebou-
wen-reeks. Die lengte, van den vereenden voor-
tot den achtergevel, zal ten naasten bij negentien
à twintig roeden bedragen. Evenzoo lang is, in
de Hollandsche en meer andere factorijen, ook de
naar de onderscheidene binnenplaatsen leidende gang,
door welken de bijzondere (en meestal tevens afzonderlijk bewoonde) deelen van elke dezer handelshuizen als op zich zelve geplaatst en gescheiden
worden.

Terstond op het blok der factorijen volgt nu
weder, te beginnen met de evenvermelde dwars-
straat, het gedeelte van *Canton*, hetwelk de meer
bepaald zoogezegde *Kooplieden*-stad uitmaakt. De
huizen staan hier zóó opeengedrongen gebouwd, dat
men het vereischte licht veelal van uit de daken

moet zoeken, welke daartoe allerwege van zoogenaamde lantarens of koekoeken voorzien zijn. Langs
de woningen strekken zich niettemin stoepen of *trot-
toirs* van gehouwen steen. Eigenlijk bestaat het geheel dezer stad uit eene bijna ontelbare menigte van
lange, smalle en in allerhande rigtingen zich snij-
dende straten of stegen, welke, van des ochtends tot
des avonds, gedurig als proppende vol zijn van gestadig dooreenkrielende, bezige Chinezen, — als van
waterdragers (naardien men het water van uit de
rivier en hare de stad doorkruisende takken moet gaan
halen,) — van zoogenaamde marskramers, die, zoo
wel als de eerstgemelden, hunnen last, even als de
Chinezen op *Batavia*, aan een buigzaam (of zóó
te zeggen: elastiek) houten juk — doch slechts op
éénen schouder en dan zóódanig dragen, dat zij hetzelve handig, achter den nek om, van den éénen
naar den anderen schouder weten te doen vervaren,
enz. enz. — — Zoo ontmoet men hier ook niet
zelden Chinezen, hebbende, ter wederzijde van een
dergelijk juk, eene menigte netgevormde papieren
zakjes, welke den vreemdeling reeds vroeg moeten
in het oog vallen door het eigenaardige geluid, dat
den handelsman vergezelt, en waarvan men zich,
zonder eene nadere uitlegging wegens diens koopwaar,
onmogelijk een denkbeeld zou kunnen maken. Deze
zakjes namelijk onthouden, ieder afzonderlijk, eenen
levenden mannetjes-krekel; diertjes, verkocht wordende om tegen elkander den strijd te beproeven,
waarin zij, voorzeker, bij de hanen van het hoen-
dergeslacht dan niet achterstaan, en gelijkerwijze

ongehoorde weddingschappen vaak uitlokken. Ook
zag ik, in deze straten, eenen Chinees, hebbende een stalletje nevens zich, waarop kanarievogels
kunsten vertoonden — waaromtrent tot eene proeve
mag strekken, dat één dier diertjes er op geleerd
was, van, voor zijnen in een klein boekje lezenden
meester, iedere keer het *blaadje* om te slaan, hetwelk
deze dan telkens met een korreltje rijst beloonde.
Tot in het oneindige zou ik nog meer dergelijke
bijzonderheden kunnen bijbrengen; doch wil liever
mijne wandeling voortzetten.

Iets, waarvoor men, te midden van dit gewoel,
bijna gedurig moet uitwijken, is de menigte draagkoetsjes of Chinesche *palanquins*, die met voorname
Chinezen, of meer bepaald met hunne vrouwen en
dochters, gestadig hier passeren — van welke laatsten
immers bekend is, dat zij, ter oorzake harer ineengedrongen gegroeide voeten, die daartoe reeds van der
jeugd af gezwagteld worden, zeer moeijelijk ter been
zijn. Zich voor deze draagkoetsjes hebbende geborgen, kan men dikwijls weder eenen geruimen tijd
worden opgehouden, met het laten voorbijgaan van
eenen, naar eene bruid optrekkenden stoet, die midden door al dien volksdrang zich eenen weg baant.
Den zoodanigen, welke *Batavia* of andere plaatsen
van Nederlands *Oostindie* bezocht hebben, zal de
hieromtrent ook bij de Chinezen plaats grijpende gewoonte niet geheel vreemd zijn. De ouders van den
bruidegom begeven zich dan met alle staatsie op weg,
tot het aanbieden der schatten en kostbaarheden,
waarvoor de bruid gekocht is. Deze, bestaande uit

geschenken van allerhanden aard, worden, in kisten of korven, op daartoe vervaardigde (meestal rood-verlakte en rijkvergulde) draagbaren vervoerd, — de spijzen en konfijten gemeenlijk op de laatste. Al die geschenken nu, zoo wel als de trein van achteraantredende en in hun beste pak gekleede huurlingen, welke ten geleide strekken, worden voorafgegaan door lantarendragers en het corps Chinesche muzijkanten, die een geweld maken, dat, den vreemdeling althans, hooren en zien vergaat, en hij naauwelijks zal weten, hoe op eene geschikte wijze zich uit de voeten te houden.

Bezoeken wij het gedeelte der stad, omstreeks de factorijen gelegen — — dáár hebben de verschillende bedrijven, bij de Chinezen uitgeoefend, hunne onderscheidene wijken. Oostelijk van de factorijen ligt het timmermans-kwartier, digt daarbij dat der verlaktwerkers, vervolgens westelijker dat der schilders, der zijdewevers enz. In de *Nieuwe* en *Oude Chinesche* straten vindt men vele zilver- en goudsmeden, ivoor-, aardewerk- en porseleinarbeiders, — aangaande welk laatste artikel, destijds, in de eerstgezegde straat een winkel de allerfraaiste en kostbaarste monsters van onderscheidene porseleinen ten toon bood, welke misschien immer in *Europa* gezien werden; ofschoon anders, in verband met de hier zoo zeer verminderde *luxe* te dezen, de beste Chinesche werklieden reeds schenen te zijn uitgestorven, en de voorraad daarvan tegenwoordig bereids zoo schaars is, dat men geen servies meer kan koopen, ten zij dit besteld hebbende en den tijd der volledige vervaardiging kunnende afwachten. In dit gedeelte der stad wonen *ook* vele kleer-, hoeden- en schoenmakers.

Bij de eerstgezegden kan men alles, wat tot eene volledige uitrusting in lijfsbedekking behoort, voor een gedeelte gereed vinden, of immers naar stand en verlangen gemaakt krijgen, en wordt gemeenlijk goedkoop en prompt daarbij bediend — weshalve *de op China* varende zeelieden zich dan ook doorgaans van alles hier voorzien. De schilders portretteren u, in olieverw, voor vijf piasters, en niet zelden sprekende gelijkend; tevens kan men bij hen stukken gekopieerd krijgen, doch mag dan wel expresselijk met den kunstenaar bedingen, dat er geene andere afteekeningen gemaakt worden, dan de bestelde. Immers weet ik van vreemdelingen, die, de beeldtenis hunner vrouw of beminde hebbende doen kopiëren of op eene grootere of kleinere schaal overbrengen, dezelve, bij een volgend bezoek van *Canton*, in den éénen schilderswinkel aan den anderen uitgestald en te *koop* vonden. — Op dagen, dat er geene zaken vallen te verrigten, zoo als des zondags, is het niet onaardig, al deze schilderswinkels eens op zijn gemak te gaan bezigtigen. In elken derzelven vindt men dan eene menigte Chinezen aan het schilderen of teekenen bezig; wordt bij allen zeer vriendelijk en voorkomend ontvangen, en kan, hoewel al niet willens, iets te koopen, gerust den tijd er toe nemen om het eene na het andere met aandacht te beschouwen.

Dit laatste nogtans valt te zeggen van de Chinesche kooplieden in het gemeen. Met het uiterste geduld

zullen zij u alles laten nazien en bekijken. Wanneer, voorts, het bestelde of gekochte gereed is,
komt u de koopman waarschuwen om ten zijnent de
artikelen te zien, alwaar dan alles in de keurigste
orde wordt ingepakt gevonden; doch de kisten staan
nog open, ten einde men de goederen kunne nazien.
Evenwel zou ik het niemand durven aanraden, daarin
te berusten, en op goed geloof de kisten te laten
digtspijkeren; hoewel billijk moetende bekennen, dat
ik, de heeren LUNSHING, den zijde- en kriphandelaar,
en LUENCHUN, den paarlemoer- en ivoorwerker, op
hun Chinesche, eerlijke gezigt vertrouwd hebbende,
in *Holland*, bij het ontpakken, alles in de beste orde
aantrof.

Behalve de reeds genoemde kwartieren, heeft men
ook nog die der vleesch-, visch-, groente- en fruit-
markt, welke alles opleveren, in één woord, wat een
lekkerbek van de *exigeantste* soort kan bedenken of
verlangen; gelijk het mag gezegd worden, dat, voor
dengene, wiens beurs hem niet beperkt, *Canton* regt
de plaats is om zich op de aangenaamheden der tafel
te vergasten. De Chinezen trouwens — die, bij hunnen eigen', in dit opzigt reeds zoo vindingrijken geest,
ook nog bovendien, naar mij verzekerd werd, van
de instructie door éenen zich hier een tijdlang opgehouden hebbenden Franschen kok *professeur* wisten
partij te trekken — verstaan thans de kunst van,
door combinatie hunner menigvuldige bereidingen van
ragouts, soepen en andere geregten met de geheimen
der Fransche keuken, zamenstellingen te fabriceren,
welke voorzeker aan den uitgestudeerdsten *gastronome*

niet alleen onbekend zijn, maar ook wel steeds een raadsel zullen blijven. Ik voor mij, hoezeer — zoo aan de uitmuntende tafel van mijnen gastheer in de factorij, als bij eenige, ons van tijd tot tijd beleefdelijk noodigende Engelschen en Noordamerikanen (doch wel inzonderheid bij de Duitsche heeren supercarga en kapitein van het Pruissische schip *Prinses Louise*) — van het fijne dier schotels mij hebbende mogen overtuigen, durfde het evenwel op dien grond niet wagen, in de verborgenheden dezer kookkunst te dringen, zoo dat ik er den belanghebbenden Lezer of Lezeresse, die alligt een diné *à la chinoise* mogte willen inrigten, niets van kan mededeelen. Alleen is mij bekend, dat ons soms *ragouts* werden voorgediend, bestaande oogenschijnlijk, naar de hoofdingredienten, uit onderscheidene soorten van schildpad, haaivinnen, *tripangs* of *bicho de mar* (zekere zeeslak,) vogelnestjes enz. enz. — — en dit moet ik in het voorbijgaan hier toch zeggen: daar er immers wel verhaald (om nu niet te zeggen: zelfs gedrukt) wordt, dat de Chinezen honden (NB. poedelhonden!) katten, ratten, uilen, oijevaars en ander dergelijk gedierte als eetwaren ter markt brengen.....
Zeker geloof ik, en heb dit mede wel gezien, dat de arme water-chinezen, ten deele uit behoefte, van alles eten, wat zij maar grijpen of opvangen kunnen: doch mij is nog niet voorgekomen, zoo min van hooren als zien, dat b. v. een welgestelde Chinees eene ris schoongemaakte, vette ratten, om zich daarvan een *fricot* voor zijnen maaltijd te bereiden, op de markt of aan de deur inkocht — even wei-

nig als ik die nog immer tot zoodanig einde zag ronddragen.

Niet alleen, dat de vriend van eene goede sier, te *Canton*, zijne welbereide tafel zal vinden, maar ook in alle andere opzigten wordt men op zijne wenken er bediend. Natuurlijk valt in een land, waar alle mannen — behalve den dunnen staart — met een kaalgeschoren hoofd loopen, dagelijks nog al wat te raseren. Evenwel mankeert het hier toch in geenen deele aan beschikbare barbiers, die men, op bijna alle hoeken van de straten, met hun stalletje en klein stoeltje vindt gereedstaan om hunne korte, dikke, en evenwel scherpe, mesjes te gebruiken ten dienste van ieder, die maar gelieft te gaan zitten. Men kan deze Chinesche scheerders ook in de factorijen doen komen, hoewel gij — volgens hetgene er wordt voorgegeven — hun wel degelijk moet beduiden, dat zij u alleen den baard hebben weg te nemen, of anders gevaar loopt van, als in een ommezien, tevens wenkbraauwen en oogpinken, al het hoofdhaar, ja zelfs de haartjes in den neus en in de ooren, glad en al te zien verdwijnen: hetwelk ik nogtans moet bekennen, niet te hebben ondervonden — ofschoon zekerlijk eenige jonge Engelschen van de Britsche factorij met zoo kaalgeschoren hoofd rondpromeneerden, als ware er nimmer eenig bewijs van haar daarop aanwezig geweest. Dan of dit door eene misgreep van de Chinesche barbiers kwam, durf ik niet te verzekeren. —

Voorts zijn hier lieden, die men apart kan ontbieden tot het schoonmaken der oogen, der ooren, ja

zelfs van de voeten, gelijk mede tot het weder in
fatsoen brengen der laatsten. Deze zonderlinge operatie werd mij zoo sterk aangeprezen, dat ik, om het
vreemde der zaak, dan ook eindelijk besloot, aan
mijne voeten de (naar *Cantons* gevoelen) noodige verbeteringen eens te doen bijzetten. Des morgens — na,
volgens gewoonte, uit het bad te zijn gekomen —
wachtte ik, met een boek in de hand en onder het
roken eener sigaar op eenen stoel gezeten, mijnen
Chinees af, die ter bepaalder ure verscheen, —
eenige Chinesche salnades en gewone grimlachjes
voorafzond, — toen zijn kistje met instrumenten,
meerendeels uit eene groote varieteit van fijne beitel-
tjes bestaande, nevens zich zette, en thans teen voor
teen onder handen nam. Daarna kregen de hielen
eene beurt; waarmede de vrij gecompliceerde bewerking, die nagenoeg een half uur mogt geduurd hebben, was afgeloopen. Ik bekeek nu mijne voeten,
en vond die wezenlijk zóó fraai, als ik dezelve nog
nooit gekend had; terwijl ik mij niet minder verblijd-
de, dat dit werk, hetwelk echter, over het geheel,
zeer zacht en met beleid ging, ten einde was gebragt. Pas evenwel weder geschoeid zijnde om uit
te gaan, kreeg ik te gevoelen, dat mij de voeten
door eenen Chinees gepoetst waren! Alles gloeide
mij aan dezelve, alsof ik met brandnetels gekastijd
ware; en het leed wel eenige dagen, eer zij, hun
toch eenmaal verbasterd fatsoen weder terugheb-
bende, mij toelieten, de gewone avondwandeling,
op en neder langs het volle front der factorijen, met
mijne vrienden goedschiks te hervatten.

Ongetwijfeld levert geen land zoo veel stof op tot beschouwing als *China ;* en , hoe veel ook over dit groote en magtige rijk reeds is geschreven , valt er niettemin voor den wijsgeerig - opmerkzamen vreemdeling nog zoo velerhande , in het ééne zoo wel als andere , hier gade te slaan , waarop hij zijne — als tot eene geheel verschillende wereld behoorende — landgenooten kan onthalen , dat men nog altijd geheele boekdeelen daarmede zou kunnen vullen. Niettemin — hiervan dien ik mij te onthouden , voorgenomen hebbende , mijn algemeen reisverslag met drie deelen af te sluiten ; waarom ik dan , gelijk trouwens de aard van dit werk schijnt mede te brengen , nog slechts , omtrent een en ander , kortelijk wil verslag doen.

Van al de door mij bezochte landen en reeden op onzen aardbol , spant tot nog toe *China ,* uit het oogpunt van belangrijkheid voor den waarnemer , in mijn oog verre de kroon ; en met den ouden kapitein DIBBITS , dien wij op het eiland *Atooi* leerden kennen , ben ik het eens , dat het elken beminnaar van reizen veel moet waard zijn , eens in zijn leven ook eenen togt naar *China* te maken. De gewoonten , gebruiken en leefwijze dezer zonderlinge , doch niettemin in vele opzigten bewonderenswaardige natie loopen zoo te eenen maal uiteen met de onzen , dat men schier *in* en *bij* alles door iets nieuws zich zal zien getroffen , en waarvan dat nieuwe te meer opmerking verdient , aangezien het eene zoo wel als andere bereids sedert onheugelijke tijden aldaar zoo bestaat. Het *is* er alles zóó, dewijl het zoo *behoort!*

III.   16

De kleeding der Chinezen bleef, bij hun weten, voor mannen en vrouwen sinds de vroegst reeds ingevoerde mode steeds dezelfde. De mannen dragen den staart omdat zij, zonderdien, geene Chinezen zouden wezen: alleen de priesters zijn daarvan uitgezonderd en geheel kaalgeschoren, doch, naar gelang daarvan, dan ook weinig geacht. Zonder hare kleine en ineengedrongen gegroeide voeten zouden de vrouwen niet tot die klasse van dames behooren, bij ons de jufferschap genoemd; en, toen een Chinees dezen eenvoudigen uitleg mij gaf, voegde hij er bij: »ik wenschte » wel, dat ik mijn dochtertje, met hare voetjes gedu- » rig gezwagteld te houden, niet zóó behoefde te pij- » nigen, doch zou, zonder deze navolging van allen, » die tot denzelfden stand behooren, haar onteeren." Ook de spijzen, zoo veel der Chinezen geschriften vermelden, bereidt men hier nog heden, gelijk misschien sedert den tijd van JONA's verblijf in den walvisch — van zóó iemand immers weten ook zij te spreken. Geene vleeschspijze wordt anders, dan in kleine stukjes, toegeregt zoo wel als opgedist, en hieromtrent beweerd — mogelijk niet bezijden de waarheid — dat de Chinezen, daardoor, het denkbeeld te eenen maal willen verbannen, van: een gedeelte eens gedooden ligchaams van een levend schepsel te eten; gelijk zij het barbaarsch vinden, dat wij, naar de wijze van het verscheurend gedierte, zelfs het vleesch van de beenen afbrokkelen — van welke laatsten, op de tafels der Chinezen, nimmer eenig bewijs zal verschijnen. Derzelver muzijk en wijze van zich te verlustigen of te ontspannen zijn nog die hunner vroegste, bekende voorvaders. Zij hebben hunne *wajangs*, of tooneelvertooningen, welke de rijke Chinezen van tijd tot tijd voor zich laten opvoeren; waartoe zij, bij wijze van vrijkoop, ongehoorde sommen gelds aan de mandarijnen dan moeten uitkeeren. Voorts duren deze, op kosten van den ontbieder — maar tevens tot divertissement van het, gratis toegelaten volk — plaats hebbende spelen nu dagen achtereen: ofschoon men zekerlijk moet zeggen, dat, hoezeer de *wajangs* der Chinezen, zoo wel in zamengesteldheid van plan, als ten toon gespreid kunstvermogen bij de uitvoering, die van *Batavia* grootelijks overtreffen — immers boogt *China* op bijzonder koene en verwonderlijk ver het gebragt hebbende kunstenaars in al wat ligchaamsoefening en zoogezegde *exercitien* aangaat, — desniettegenstaande de inhoud der tooneelstukken al zoo wat op hetzelfde neêrkomt, en tevens de tot dergelijk bedrijf zich verleenende sujetten nog altijd door de Chinezen beschouwd worden als behoorende tot de heffe des volks — doch bovenal de postuurmakers en dansers. Het wil er dan ook bij den statelijken Chinees niet in, dat lieden uit den deftigen stand vermaak kunnen scheppen in dergelijk bewegen en verwringen van het ligchaam. Toen, eenige jaren geleden, zeker voor *Macao* ten anker liggend Engelsch compagnieschip een bal gaf, waarop verscheidene aanzienlijke Chinezen waren genoodigd, en nu het dansen aanving, vraagden sommigen derzelven —, verwonderd, de Engelsche heeren en dames beiden daarin te zien deelnemen, en vooronderstellende, dit eene soort van *wajang* te zijn, ter hunner eer en

16 *

'genoegen gegeven, — aan den Britschen kapitein:
» waarom deze, in plaats van zulks toe te laten, niet
» liever deszelfs bedienden of den matrozen geordon-
» neerd had, met de vrouwen zoo rond te sprin-
» gen?"

Trouwens: evengelijk aangaande het geheel ·van
zeden en gewoonten, verschillen de bewoners dezes
lands, ten opzigte van de Europesche gesteldheid en
beschaving, ook in hunne schatting en geheele betrekking omtrent de laatsten. Der schoone sekse, in
het algemeen, schijnen zij alleen liefde en genegenheid toe te dragen, doch weinig eigenlijke achting.
Vraagt men eenen Chinees: » of hij kinderen heeft?"
dan zal hij u alléén zijne zonen noemen. Dochters,
die hij bij zijne bijwijven heeft, zijn, niet ten hu-
welijk gevraagd wordende, meestal bestemd ter vermeerdering van de bij ons onteerendste klasse der
kunne. Niettemin wordt, in *China*, de huwelijkstrouw
zeer heilig gehouden: terwijl de vrouw, van echt-
schennis overtuigd, gestrenge geregtelijke straffe ondergaat. Gelijkerwijze beschouwt men den man met
verachting, die niet op zekeren leeftijd gehuwd is,
en acht evenzoo eenen kinderloozen echt een groot
ongeluk en eene misdeeling in zegen. Op *Canton*
voorts mogen de vreemdelingen met de Chinesche
schoone sekse geenerhande gemeenschap onderhouden;
terwijl diegenen, welke zulks immer bestonden, hunne
stoutmoedigheid dikwerf verschrikkelijk hebben moeten boeten. Zeker Engelsch heer waagde het, bij de
dames-bevolking op een der ter reede liggende Chinesche vaartuigen eene visite te maken, doch werd,

gegrepen en aan kettingen geklonken, in een kachot geworpen. De Engelsche compagnie trad tusschen beide, maar de loskooping kostte vijf honderd piasters.

De Chinesche vrouwen van den gegoeden stand zelden anders te zien zijnde, dan wanneer zij, in draagkoetsjes of tentschuitjes, hare bezoeken afleggen, zal men in *Canton* zelve weinig gelegenheid hebben, over de schoonheid van derzelver gelaat te kunnen oordeelen. Ik had echter het geluk, door een gezelschap heeren van de Engelsche compagnie tot een speelreisje naar de vermaarde bloemtuinen van *Fatee* te worden uitgenoodigd, dat mijn verlangen in deze eenigzins meer bevredigde. — Met een Chineesch vaartuig roeiden wij, onder het geleide van eenen inlandschen tolk, ettelijke mijlen de rivier op, landende toen, aan den linkeroever, bij een Chineesch dorp, alwaar wij op eene smalle kade, welke zich eener binnenvaart of tak der rivier aansloot, voet aan land zetten. Door eene soort van poort leidde men ons de bloemhoven binnen, van welke verscheidene nevens en aan elkander lagen, die wij achtereenvolgens doorwandelden. Eene menigte tuiniers was hier bezig met de planten, bloemen en boompjes (want groote boomen zag ik niet) te behandelen: dezelve stonden allen in porseleinen of aarden potten van onderscheidene grootte. Mij werd bij deze gelegenheid verzekerd, dat de Chinezen niet alleen goede landbouwers zijn, maar ook geoefende tuinlieden en bekwame bloemisten, zonderling bedreven in de kunst van velerhande boom- en heestergewassen, verkleind van gedaante, volledig aan te kweeken. In ééne dezer

tuinen ontmoetten wij thans een gezelschap Chinesche dames, hebbende natuurlijk allen, naar de
wijze van het land kleine, als ineengekrompen voeten; en wordende elke, op hare wandeling, door
derzelver kamerjuffer begeleid. Zoodra zij ons ontwaarden, ging er een algemeene, luide angstkreet van
haar op, welke den als tolk ons verzellenden Chinees
deed verzoeken, dat wij de verschrikte freules niet
naderen, maar haar den tijd zouden laten, zich
van de *fanquais* te kunnen verwijderen; waaraan be-
scheiden voldaan werd. — Voorts zagen wij nog
eenige, ons steeds digt voorbijvarende tentschuitjes,
doch telkens met slechts ééne dame in dezelve, van
welken sommigen wezenlijk schoon waren, hoewel
altijd, zoo als ik bekennen moet, met een Chineesch
gelaat. Ook ons wederkeerig beschouwden zij meestal
met veel oplettend- en zóó te zeggen: nieuwsgierigheid, lagchende daarbij dan allen zeer vrolijk, zoo
niet zelfs luidkeels. Doch — of zulks uit minzaam-
heid of spot was, durf ik niet te beslissen.

Eindelijk wandelende langs eene kade, welke bezijden een smal kanaal liep, waagden wij het, derzelver naar de overzijde liggende bruggetjes te betreden,
of ook, met de hier en daar ledig liggende vaartuigen, van oever tot oever over te steken. Dit was nu
wel tegen de wet, en streed met het uitdrukkelijk
verbod der Chinesche mandarijns, die ons het bezoeken der bloemhoven hadden toegestaan — waarom
onze begeleider, de tolk, en die voor onze personen
aansprakelijk was, zich, wegens de gevolgen onzer
vermetelheid, baarblijkelijk beangst maakte: — dan

de gelegenheid, ter bevrediging onzer nieuwsgierigheid en tot het verwerven van eenige nadere kennis des lands, was te gunstig, om ons daaraan,
voor het oogenblik, veel te storen. Zoo passeerden
wij weldra verscheidene, meer of min fraaije lust- (of,
zoo te zeggen, pleizier-) tuinen, aardig met vijvers,
proper gewerkte steigertjes, Chineesch - gebouwde
tentjes of koepels enz. enz. versierd, en zetten onze
wandeling langs dezelve al gaande weg voort. In
velen daarvan zag men de dames hare thee en confituren gebruiken, en met een nieuwsgierig opzien,
meestal door hetzelfde luide gelach vergezeld, ons
gadeslaan. De schuttingen dier tuinen of lusthoven
bestonden, voor derzelver grootste gedeelte, uit fijn
Chineesch traliewerk, van achter welk dra de kindertjes ons begluurden, waarvan men sommigen, ter
voldoening hunner nieuwsgierigheid, tot digt bij ons
bragt. Uiterst behoedzaam naderde ik hen dan, en
stak hun vriendelijk de hand toe, die zij met even
veel bevreemding, als mijnen persoon zelven, beke-
ken, lagchende echter daarbij meest goedhartig en vertrouwelijk. Evenmin scheen hunne *dome* of voedster-
meid eenige vrees voor ons te koesteren, hoezeer zij
gestadig rondkeek, of men haar op de genomene vrijheid ook konde betrappen. — Voorts gebruikten wij
in een, nabij deze lusthoven daartoe bestemd en mede
voor ons thans in gereedheid gebragt gebouw, dat een
ruim vertrek met het uitzigt over de bloemtuinen had,
het uit een *collation* bestaande middagmaal, tot welk
het benoodigde door ons op den togt was medegenomen; en waarna wij, met ons Chinesche vaartuig,

onder geleide van den tolk weder naar *Canton* vertrokken. — De *Fatee*-tuinen, voor het overige, komen in eigendom toe aan te *Canton* wonende voorname Chinezen. In vroegere jaren stond het iedereen,
dagelijks vrij, dezelven te bezoeken: maar de menigvuldige ongeregeldheden, er, door de officieren der
Engelsche compagnieschepen, van tijd tot tijd gepleegd, hebben aanleiding gegeven tot de beperking,
dat daartoe, tegenwoordig, een speciaal verlof van de
mandarijnen vereischt wordt.

Een ander uitstapje naar den linkeroever der rivier
maakten wij eenige dagen daarna, doch begaven ons
nu naar het *Canton* vlak tegenover gelegene *Honan*,
mede eene stad van vrij aanzienlijke grootte. Hier
bezochten wij eenen belangrijken *miao*, of Chineschen
tempel. Het was in den achtermiddag, en eene pries-
terschaar bezig met het verrigten eener waarneming
van uiterlijke eerdienst. Door eene poort kwamen wij
binnen het uitgebreide en hooge gebouw, *in welks
centrum* verscheidene groote en met zwaar verguld
bedekte poppen ons in het oog vielen, staande allen,
in eene soort van nissen, nevens elkander, en als
om strijd de misbaarlijkst denkbare gedaanten voorstellende — het ééne van den god *po* (dien de Chinezen, even als de Hindostaners, mede somtijds afbeel-
den met acht armen,) het andere van de *algemeene* of *universele moeder* enz. enz. Ter wederzijde
dier — ten deele op dertig à veertig voet hoogte
door mij geschatte reuzenbeelden — waren dan de
priesters zoodanig geschaard, dat zij twee elkander
tegenoverstaande kolonnes formeerden, iedere wel

veertig of vijftig man sterk, en tusschen welken in
het midden de opperpriester op zich zelven en alléén
stond, met het gezigt naar die vervaarlijke voorwerpen van vereering gekeerd. Het vereende koor dezer
priesters mompelde, half binnensmonds en met een
onderdrukt geluid, eene soort van gemeenschappelijk
gezang, waarin zekere cadans was, en dat door eenige, bij allen steeds eenvormige bewegingen met het
ligchaam verzeld ging, dààrdoor slechts afgewisseld,
dat nu en dan deze of gene eenen tred voor- of
achteruit deed. Eindelijk marcheerde de gezamenlijke
trein, in meer of min statelijken optogt, den geheelen tempel rond en om de beelden, verwijderende zich
voorts tot naar buiten het gebouw. Wij aanschouw-
den deze ceremonie, staande, binnen hetzelve, achter
eene soort van hek of balustrade, op zijn best twee
voet hoog, en zonderdat iemand ons hinderde, in
alles met aandacht gade te slaan. De priesters zelven,
ofschoon wij niet meer dan twee of drie passen van
hen verwijderd waren, schenen ons niet te willen
bemerken; en wijders bevonden zich, behalve deze
geestelijken, schier geene, of immers weinige, Chinezen
bij het plaatshebbende plegt- of godsdienst-bedrijf —
waarvan ons de ware beteekenis of strekking natuurlijk een raadsel moest blijven — aanwezig. Dit
laatste bevestigde mij min of meer in het wel eens
beweerde, dat, in *China*, niemand, buiten de priesters, zich met de eigenlijke *culte*, als zoodanige,
veel afgeeft, maar alles te dezen opzigte alleenlijk,
of immers grootendeels, is overgelaten aan diegenen,
wier roeping medebrengt, het daarvan afhankelijke

geluk voor anderen te verwerven. — Hetgene mede
geen hoog denkbeeld van gehechtheid kan verwekken,
is de herinnering, hoe, ten jare 1817, deze gansche
tempel, van *Honan*, met al het decoratieve deszel-
ven, werd in- en opgeruimd, tot een verblijf voor
het gevolg bij de ambassade van *Lord* AMHERST.
Zelfs FO, de *algemeene moeder* en de geheele verdere
gedrochtelijk - houten godenfamilie moesten, voor al de
hier te huisvesten Engelschen, toen plaats maken, en
werden, voor zoo lang, bij derzelver naastbestaanden
in eenen anderen *miao* te logeren gezonden.

Door en om den tempel en bijgebouwen wandelende, legden wij tevens een bezoek af bij de
hoog – heilige heeren godheid-varkens van *Honan*,
welke, ten getale van negen, ongemeen groot en vet
waren, en natuurlijk, naar den hoogen staat van derzelver geboorte en rang, ook even lui en log. Hunne
paleizen bestonden uit ruime, gemetselde hokken, met
een schuinsch afdak. Aldaar hebben deze gewijde
dieren het voorregt, van derzelver dagen in rust te
mogen eindigen, en gesteld te zijn buiten de wet
van Novembermaand.

Overigens is het bekend, dat de Chinezen de leer
van KOONG - FOO - TZEE (CONFUCIUS) aankleven, omtrent
het godsdienststelsel en de zedekunde van welken
SOCRATES (óf het ware) der Chinesche oudheid de Lezer
in dit opzigt grondiger werken, dan het mijne zal
kunnen naslaan; waarbij ik, voor mijn deel, eeniglijk dit nog wil aanhalen, dat — bij al der Chinezen
beweerde onverschilligheid in het stuk van gemeen-
schappelijke eerdienst — daarentegen iedere woning,

ja zelfs elke jonk of grooter vaartuig, eenen, in zijne
soort, vrij omslagtigen altaartoestel (om het zoo nu
eens te noemen) zal vertoonen, toegerust met allerhande symbolische figuren en schrikbarend gedrochtelijk beeldwerk. De hoofdfiguur van het laatstgezegde
stelt dan meestal den gevreesden kwaden geest of
genius JOST voor, welken de bewoners van *China*,
juist in die hoedanigheid, alle eer en hulde bewijzen,
en, door hem dagelijks allerhande soorten van confituren, vruchten en andere versnaperingen op te dra-
den, trachten te verzoenen. Tusschen eene menigte
kaarsjes van geraspt en bereid sandelhout, staan deze
aangeboden gaven, op de tafel van gezegden altaartoestel, voor den afgod steeds gereed; terwijl een
aantal groote en fraai beschilderde lantaarns — zelden
door de Chinezen van hunne voorwerpen van eerdienst, zoo min als van eenig plegt- of feestbedrijf,
gescheiden — en waarop onderscheidene karakters
tevens prijken, daar omheenhangt. Des avonds, en
veeltijds ook bij dag, branden desgelijks, aan de
kozijnen der deuren, zoodanige kaarsjes, welke men
gemeenlijk JOST-stokjes noemt. Niet minder ontsteekt
het Chinesche bootsvolk die op zijne vaartuigen: gelijk
het met zonnenondergang — bij het rumoer van deszelfs
trommen of *gomgoms* — papieren figuren, van eene
zinnebeeldige beteekenis en weder rijk gekleurd, ont-
brandt en die in zee werpt; willende daarmede zoo
veel als den kwaden geest bezweren of verbannen.
 De voornaamste feestvieringen voorts bij dit volk
zijn die van de nieuwe maan en het nieuwe jaar,
welke laatste steeds eenige dagen achtereenvolgende

duurt, en, tijdens ons dáárzijn, met de maand November inviel. De misbaarlijkste menschelijke figuren, hier in reuzen-, ginds in dwergengestalte, ziet men de menigte dan openlijk ronddragen, zoo ook dieren - gedaanten, als van olifanten, leeuwen, tijgers, draken enz. : waarbij de ontstoken vuurwerken — doch inzonderheid de levendige gloed en rijke verscheidenheid van het overal ontbrandend, eigenlijk zoo gezegd Chineesch vuurwerk — het zonderling dooreenwoelende en contrasterende dezer ten toon geboden, carnavalswijze volksvermakelijkheid niet weinig helpen verhoogen; terwijl het geheel, weder overvloedig van — lichtend doorschijnende en met allerhande karakters enz. beschilderde — papieren lantaarns gestoffeerd, den nationalen smaak en gebruiken als op nieuw eigenaardig kenmerkt.

Meer dan zeven maanden van het jaar 1828 hield ik mij in *China* op, en liet, gedurende dien tijd, geene gelegenheid voorbijgaan, welke ter verwerving, zoo veel mogelijk, van eenige nadere kennis omtrent het een en ander, dit merkwaardige land en diens bewoners betreffende, zich mij aanbood. Hoe veel van hetgene, opzigtelijk gewoonten, gebruiken en leefwijze der Chinezen, in mijn geheugen is blijven hechten en hetwelk zich gaande weg bij mij verlevendigt of ook in mijne aanteekeningen verspreid ligt, zou ik dus nog wel kunnen mededeelen! Verscheidene naauwkeurige en meer het geheel omvattende schrijvers echter zijn mij daarin reeds voorgeweest; en, daar zekere vaste, als van eeuw tot eeuw onveranderbare stabiliteit in alles zoo zeer

hoofdtrek in der Chinezen kenschetsende en onderscheidende nationaliteit is, — daar het gelaat des
volks, meer dan bij eenige andere natie op aarde,
zich nog altijd volkomen hetzelfde vertoont als van
voor tijden, — zijn ouderen en nieuweren derzelven dan ook even veilig, over het geheel, te raad-
plegen, en zou ik veelligt een zeer ondankbaar werk
doen met hunne schetsen door de mijnen nog te vermeerderen.

Niettemin zal de Lezer weldoen, met omtrent zijnen berigtgever toe te zien, en eenige behoedzaam-
heid te gebruiken. Sommigen, die hunne bevindin-
gen, van zien of hooren, ons mededeelden, bragten,
inzonderheid ook wel aangaande *China* en de Chinezen, een en ander te berde — het zij dan, door den
tijd niet gehad noch zich genomen te hebben van
behoorlijk op te merken, het zij door kwalijk verstaan
van hetgene hun ontvouwd werd, — wat in de daad
kant noch wal raakt. Onder allen, die mij zijn in
handen gekomen, zou ik het — nu reeds min of
meer verouderde — uitvoerige werk van den Jezuit
DU HALDE (voor zoo weinig ik het door persoonlijke
inzage leerde kennen, doch vooral naar hetgene mij
daarvan door anderen vermeld werd) mede gunstig
onderscheiden, en den weetgierigen daarheen voorloopig durven verwijzen. — — Overigens vertoonen, zoo
veel ik heb kunnen bemerken, de zeden, gewoonten
en levenstrant der Chinezen in *China* zelve veel overeenkomst met die van de populatie dezes volks op
Java en de overige, door mij bezochte eilanden in
den *Asiatischen* Archipel — gewesten evenwel, die,

heden , dagelijks door zóó vele reizigers van de on‑
derscheidene zeevarende natien bezocht worden, en
bovenal bij *ons* zoo van nabij thans bekend zijn , dat
ik , mijne mededeelingen verder uitbreidende, ook
daardoor zou vreezen, weinig meer met den glans van
het nieuwe te zullen leveren, en dit mij te eerder de
pen hier doet nederleggen.

Eéne zaak zij meer bijzonder échter nog aan‑
geroerd : het karakter en de algemeene geaardheid
der Chinezen ; waaromtrent ik het volgende meende
te moeten in het midden brengen.

Zijn niet schier alle over dit onderwerp zich ver‑
breid hebbende berigters daarin eenstemmig, dat zij
bijna niet sterk genoeg weten te spreken van 's volks
bedriegelijkheid , listigheid en doortraptheid ? Hoe zou
ik dan anders over hetzelve durven te oordeelen ? —
Met een onvooringenomen oog evenwel op zoo vele
andere volken van onzen aardbol rondziende, van
welken niet zelden eene gelijke faam gaat, moet ik,
van mijne zijde, vragen : of velen , die dezelve helpen
verspreiden, zich dan wel altijd op het standpunt
geplaatst hebben van hun vergelijkend oordeel over
de betreffende natien behoorlijk aan de eischen der
regtvaardigheid en eener wijsgeerige menschkunde
te toetsen ? Zoo herinner ik mij verscheidene , jaren
achtereenvolgens met koopvaarders op de *Middelland‑
sche* zee rondgezwalkt hebbende gezagvoerders van
schepen, die allen, uit éénen mond, de hedendaag‑
sche Grieken als de gerafineerdste bedriegers uitlucht‑
ten, en eenparig verzekerden, liever zaken met de
Turken te verrigten. Te *Montevideo* — zoo mede op

de westkust — betuigden mij meermalen de douanen-officieren, dat hun geen sluwer, noch, als negotianten, eerloozer slag van· volk, dan in het gemeen de onder Napolitaansche en Sardinische vlag varenden, bekend was. Te *Rio de Janeiro*, volgens het gezegde Deel I, bladz. 70, vindt men zeer vele Franschen; en deze staan weder dàar in niet veel beter blaadje. Evenwel geloof ik daarom toch niet, dat men zich tegenover onbekende personen, omteven van welk volk, minder, aangaande opligtingen, kwade prak-tijken of verschalking, zal hebben te wachten, dan juist omtrent de Grieken, Genuezen, Napolitanen en Chinezen, welke allen, min of meer, in het betrok-kene opzigt slecht staan aangeschreven; gelijk het doorgaande resultaat mijner eigene ondervinding te dezen zich met de woorden zou laten uitdrukken: dat het, in den handel, nergens betrekkelijk minder zaak is acht te geven, van niet aan den slechtsten koop te blijven, en overal, inzonderheid ook het allooi der geleverde waren, wel dient te worden onder-zocht — ofschoon zeker, wat dit laatste aangaat, dan ook de Chinezen misschien mede niet het laatste zijn te noemen.

· · Zij zijn slim — sluw; — zij willen weten, het te wezen; zij stellen er, welligt, ten deele eene eer in, den veeltijds hooggevoelenden en met zekeren trots op hen nederzienden Europeaan te overvleu-gelen — wie weet, waardoor wel eens te meer daartoe uitgelokt — — men moet echter, zal aan den volksaard regt wedervaren, tevens meer zeggen: zij vertoonen, hoewel al geen naar onze bevatting opgehelderd verstand noch veel hoogdravendheid van geest, ook zekere doorgaande bezadigdheid en wijsheid des levens, die, al hunne gedragingen kenmerkende, daaraan zekere eenparigheid bijzet, en menigen beschaafden, ja zelfs met kennis bedeelden vreemdeling verbijstert en voor zich zelven kan doen blozen. Hiermede staat een andere trek: hunne bedaarde beradenheid en, zoo te zeggen, gelijkmoedigheid, in verband. Nimmer b. v. hoort men hen onderling kijven, razen of doelloos tieren; gelijk ik niet weet, dat mij, te midden anders van zulk eene ontzaggelijk uitgebreide bevolking, te water of te land iets van dien aard zij voorgekomen. Evenmin zal immer een Chinees zijn gouvernement over de tong halen, hekelen of tegen hetzelve morren — niet alleen uit blinde onderdanigheid, maar ten deele weder in zekeren beredeneerd-eerbiedigen geest, en doordien ieder, in zijne altijddurende bezigheid met eenigen nuttigen arbeid, daartoe reeds te veel te doen heeft; waarbij 's volks algemeen verspreide en overbekende vlijt, geduld en kunstzin zeker hoogen roem verdienen: — gelijk ik, van een ander punt uitgaande, niet kan verheelen, dat sommigen van deszelfs algemeene instellingen van maatschappelijke orde mij — het locale en alle omstandigheden in aanmerking genomen — veelzins een genegener oordeel schijnen in te roepen, dan wel eens over dezelve geveld wordt. En hiermede moge het ook te dezen weder genoeg zijn.

Ik kom dus terug op het doel van mijnen togt met den heer VAN DER MEULEN naar *Canton*, zijnde,

eerstelijk, bij de Noordamerikaansche kooplieden uit
te vorschen, welke ledige bodems van hunne natie er
te *Whampoa* stonden aan te komen, en tegen wat
tijd, ongeveer, dezelve aan den mond der *Tigris* of
voor *Macao* te wachten waren; — ten tweede: met
den agent van den éénen of anderen dier bodems eene
overeenkomst te treffen tot het overnemen, tegen uit-
keering van een evenredig gedeelte mijner vracht, der
bij ons aan boord zijnde, voor *Canton* bestemde
lading sandelhout, — ten derde: vervolgens te onderzoeken, of het in het belang der expeditie kon
wezen, naar *Manilla* (Spaansch: *Manila*) te zeilen,
en van daar dan met eene lading rijst naar *Whampoa*
terug te keeren, — eindelijk: het sandelhout, welk
ik voor rekening van het schip inhad, tegelijk met
andere artikelen mijner lading te verkoopen. — Nadat
nu dit een zoo wel als ander verrigt en alles behoorlijk
geregeld en beschikt was geworden, hielden wij ons
dan ook ditmaal niet langer op, maar vertrokken,
met denzelfden, ons gebragt hebbenden en zich op
nieuw te *Canton* bevindenden kotter van den heer
LANE, weder naar *Macao*, willens, zoodanig de rivier
opkomend schip, als tot gezegd einde door mij ge-
zocht werd, aldaar dadelijk af te wachten.

———

ACHT EN TWINTIGSTE HOOFDSTUK.

Het schiereiland Ou-moon, haven en reede. De Ty-pa. Beschrijving van Macao. De Portugezen aldaar. Chinesche heffingen. Het fort San Francisco. San Jago. Het dorp Moha. Chinesche tempel en priesters. Wandelwegen. Cacilha-baai. De vreemdelingen te Macao. De markt. Onderhandeling met het schip America. Beide de schepen vertrekken naar de reede van Cap-sing-moon. Het dorp Tong-chung. Bezoek van mandarijns. Vertrek naar Lintin en naar Macao. Iets betreffende de Hollandsche vlag aan de factorij te Canton. Mededeeling van korte en verspreide aanteekeningen.

Middelerwijl men nu, na mijne terugkomst, aan boord van de nog altijd voor *Lintin* ten anker liggende *Wilhelmina en Maria* naar binnenkomende ledige, voor *Whampoa* bestemde schepen uitkeek, maakte ik mij den tijd ten nutte, en voer, met de groote boot, eenige keeren over en weder naar *Macao*, ten einde ook van die stad en omtrek zoo veel mogelijk eenige nadere kennis te gewinnen; en waarvan ik dan mede hier iets wil aanhalen. — Over het geheel evenwel dien ik dusdanige speeltogtjes, om het vroeger vermelde, daarmede verbondene gevaar, van door stilte of donkere nachten tot naar buiten bij de eilanden verdwaald te raken en dan den *Ladronen* in handen te vallen, anderen eerder af- dan aan te raden. Zoo bestaan er ook vele gevallen, dat sloepen en dergelijke zeilvaartuigen, door stormweder overvallen, zijn verongelukt; gelijk ik, na mijne terugkomst in het vaderland, kreeg te weten, dat een mijner vrienden, de heer THOM. FORBES, en al zijn bijhebbend gezelschap op deze wijze met een pleiziervaartuig waren omgekomen. Vermits voorts te *Macao* aan den zeekant geen hoofd noch *mouille* is om met de kleine vaartuigen te kunnen aanleggen, maar deze aan het strand moeten landen, zij men, in allen geval, bedacht, van de barkassen of sloepen met goede dreggen of ankers te voorzien, voor welke het zaak is, aan kettingen ten anker te komen, aangezien anders de Chinezen, zelfs op hellen dag, onder water de dreggentouwen afsnijden en de dreggen stelen. —

Macao, gelegen aan den regteroever der rivier *Tigris*, verrijst op een schiereiland, bij de Chinezen *Ou-moon* genaamd en hetwelk, aan deszelfs noordkant, zich, door eene smalle, zandige landengte, aan het groote eiland *Heang-shang* vasthecht. Aan het einde dezer landengte staat, het naaste aan *Heang-shang*, een muur, waardoor *Ou-moon* van het laatstgezegde ligt afgesloten. Die muur heeft eene poort, welke alleen Chinezen mogen doorgaan.

Wat nu verder de gelegenheid van het eiland

17 *

Ou - moon betreft — van welks oppervlakte de stad *Macao* (mede door de Chinezen *Ou - moon* geheeten) een aanzienlijk gedeelte beslaat — zoo wordt hetzelve, van het Oosten tot Z. O., onmiddellijk door de zee bespoeld, die evenwel dezerzijds min of meer eene borstwering ontmoet in de reeds op bladz. 194 vermelde eilanden aan den buitenmond der *Tigris;* en welke, als ware het, wijsselijk hier zijn daargesteld tot beschutting der stad, of liever: van de geheele rivier, tegen het geweld der zoogenaamde *ty - foeng -* winden, wanneer deze zoo zeer gevreesde orkanen, met al de kracht, die dezelve uitoefenen kunnen, over de Chinesche zee en langs hare kusten rondwoeden. Aan de westzijde, tegenover het schiereiland *Macao,* strekt zich het groote eiland *Twee - lien - shang,* en vormt met den tegenoverliggenden wal van *Ou - moon* eene zeeëngte of kanaal, zijnde de, nagenoeg N. t. O. en Z. t. W. gerigte, haven van *Macao.* De monding derzelve *is in* het zuiden; terwijl het noorden dezer haven op de moddervlakte van *Heang - shang* droogloopt. De oosthoek der monding, tevens de zuidelijkste punt van het schiereiland *Ou - moon,* draagt, naar het daarop gelegene fort, den naam van *Punta de San Jago.*

De reede van Macao. Aan den zeekant daarentegen van *Macao* is de reede, alwaar nogtans binnenloopende schepen niet dan een goed eindweegs van de stad ten anker moeten gaan, aangezien hier de gronden tot verre van den wal zich uitstrekken. Zware schepen zullen, uit dien hoofde, weldoen, met *Macao* niet nader te komen, dan op den afstand van eene of vijf kwart

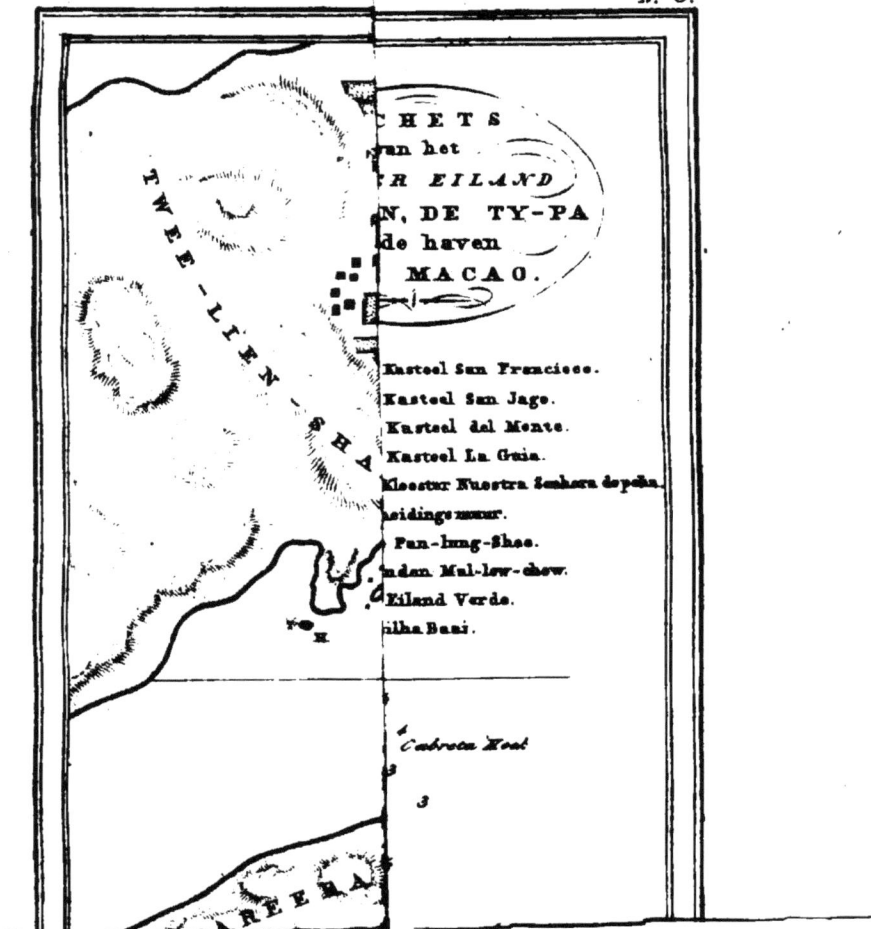

SCHETS
van het
...R EILAND
...N, DE TY-PA
de haven
MACAO.

Kasteel San Francisco.
Kasteel San Jago.
Kasteel del Monte.
Kasteel La Guia.
Klooster Nuestra Senhora do peña
...eidinge muur.
Pan-hing-Shac.
...dam Mul-low-chow.
Eiland Verde.
...ilha Bani.

Cabrera Kaal

3

...AREERA

TWEE-LIEN-SHA

NEW YORK
PUBLIC LIBRARY

Duitsche mijl, als waaromstreeks, bij laag getij,
reeds niet meer, dan vier en eenen halven vadem
water, gelood wordt. De beste reede voor de zooda- De veiligste ankerplaats.
nigen zal zijn: het fort *San Francisco* in het W. N. W.
te brengen, en *Koho*-punt van het eiland *Koho* Z. t.
W. ½ W. Ligte schepen integendeel mogen, op
dezelfde, eerstgemelde peiling, reeds nader bij het
eiland *Kai-kong* ankeren.

Dit laatstgezegde overigens, in vereeniging met
Mackkareera, benevens *Koho* en *Montanha*, geeft
een, bezuiden het schiereiland *Macao* gelegen, viertal
eilanden, formerende, zoo als de bijgaande kaart
N°. 3 aanwijst, twee zich kruisende kanalen. Zoo
verre deze kanalen tusschen *Koho*, als den zuid-,
Kaikong als den noord- en oost-, — en *Mackkareera*, als den zuidwal, zich strekken, worden dezelve, in vereeniging met elkander, de *Ty-pa* ge- De Ty-pa.
naamd, zijnde tevens het grootscheeps vaarwater,
tot het loodsen der schepen naar en van de haven
Macao. De *Ty-pa* voorts biedt eene tamelijk veilige
ankerplaats aan voor de zoodanigen, die zich genoodzaakt zien, een goed heenkomen te zoeken, wegens
eene naderende *ty-foeng*. Daar vervolgens de gron- Het vaarwater naar de haven van Macao.
den, welke, zoo als ik bereids aanvoerde, het schier-
eiland *Ou-moon* omringen, het, door gebrek aan genoegzame diepte, voor grootere bodems ondoenlijk
maken, regtstreeks, van de reede, op genoemde
haven aan te loopen, brengen uit dien hoofde de
loodsen het schip eerst weder de *Ty-pa* binnen; werken het, van daar, tusschen de eilanden *Kaikong* en
Mackkareera door naar de guil, die nagenoeg regt

op de haven van *Macao* aanloopt, en tot daar den nog ongeveer anderhalve mijl lang is. In deze guil staat met laag tij, 4, 3 tot 2½ vadem water; en, dezelve nu volgende, stuurt men op den mond der haven aan, behoevende daarbij niet anders te vermijden, dan eene onder water zijnde klip, *Pedro meo* genaamd, en welke, op ongeveer eene halve kabellengte, oostwaarts van den N. O. hoek van *Mackkareera* ligt. Het beste merk om van deze klip vrij te loopen, die men aan bakboord laat liggen, is : den N. O. hoek van *Montanha* oostwaarts buiten het eiland *Mackkareera* te houden. Vervolgens passeert men eene andere, doch boven water zigtbare klip. Deze, *Pan-lung-shee* geheeten, ligt, in het Zuiden 41° Oost van *San Jago*-punt, eene kabellengte van daar af. Aan den oosthoek van de haven, onder het land van *Twee-lien-shang*, laat men wijders de twee eilanden *Mallow-chow* aan bakboord; neemt nu *San Jago*-punt voor den bestwal, en moet, tot voor de stad, vrij na aan dien kant aanhouden.

Het schiereiland *Ou-moon*, gelijk het zoo van deze als de oostzijde zich opdoet, bestaat grootendeels uit twee, circa noord en zuid gelegene berghoogten, tusschen welke in het midden eene meer lage, edoch altijd oneffene, vlakte zich uitstrekt, wier *centrum* weder het meeste boven de zee doorgaande oprijst. Over het geheel dezer vlakte verspreidt zich nu de stad *Macao*, die dan ook, zoo wel van den kant der haven als van de reede gezien, amphitheaterswijze zich voordoet, en hierdoor te meer, met al derzelver kloosters en groote kerken — van welke laatsten inzonderheid de daken en voorgevels als met ornamenten zijn overladen, — een wezenlijk prachtig en tegelijk trotsch aanzien oplevert. Naar den kant der reede vormt het tusschen de beide gezegde berghoogten gelegene strand nagenoeg eenen halven cirkel, waarlangs de fraaiste en meest regelmatig gebouwde huizen, bijna allen. wit gepleisterd, eene aanzienlijke en even uitgestrekte kade geven, welke, met de ook vroeger aangetroffen Portugesche benaming, de *praya* (het strand) wordt geheeten. Aan het noordeinde dier *praya* vertoont zich het fort, met het daarin verrijzende klooster *la Guia*, waarachter, op den kruin des aan deze zijde rijzenden bergs, dan weder prijkt het kasteel *San Francisco*, hebbende vlak tegenover, aan het zuider-uiteinde van de kromming der. kade, het mede op den top des (wederzijdschen) bergs gelegene klooster *Nuestra Senhora de pena*, welk het vignet van dit deel voorstelt. Ongeveer tegen het midden der *praya* ontwaart men, op eene van den wal uitgelegene klip, eene kleine batterij of soort van waterkasteel, van welk, gelijk mede van de overige, zich hier opdoende sterkten, nog altijd de Portugesche vlag waait.

Met uitzondering van het door de Chinezen bewoonde kwartier, bestaat de stad *Macao*, over het algemeen, uit ten deele fraai gebouwde huizen, sommigen van welke zelfs in het aanzien eerder iets vorstelijks hebben; waartoe inzonderheid de Engelsche en voormalige Hollandsche factorijen zijn te rekenen. Aan de *praya* voorts, ter plaatse, waar men gewoonlijk aanlandt, en niet verre van het mandarijn-

tolhuis, is een zeer goed en ruim logement, behoorende aan eene compagnieschap van particulieren,
die hetzelve redelijk wel doen onderhouden.

Belangende de vestiging en tegenwoordige betrekking der Portugezen op *Macao*, schijnt het mij
gepast, hier aan te halen, dat deze — zoo men
weet de eersten geweest zijnde, die, onder hunnen
VASCO DA GAMA, met derzelver schepen beoosten de
kaap *de Goede Hoop* kwamen — reeds in 1511 het
schier - eiland *Malacca* veroverden; vijf jaren later,
door *Don* RAPHAEL PERESTRELLO, kennis met de Chinezen maakten, en in 1517, onder FERNAO PERES,
bereids met acht schepen naar *China* stevenden; waarna
derzelver handel, niet alleen met dit gewest, maar
straks ook op *Japan* enz., hand over hand toe-
nam. Toen nu aldus, verhaalt DU HALDE, de Europeanen niet alleen op *Canton*, maar tevens op *Ning - po*,
gelegen in de Chinesche provincie *Tche - kiang*, voeren, werden de vaarwaters der *Tigris* nog meer dan
thans door zeeroovers verontrust. Eindelijk maakten
dezen zich van *Ou - moon* meester; waarop de mandarijnen de met hunne koopvaarders in dezelve gelegene
Europeanen te hulp riepen. De Portugezen jaagden
de roovers op de vlugt, en doodden derzelver ge-
vreesd opperhoofd TCHANG - SI - LAO. Dit werd, door
den *Tsong - tou* van *Canton*, aan den Chinezen keizer
berigt, welke daarop een edikt uitvaardigde, inhou-
dende, dat deze kooplieden, tot eene belooning voor
hunne diensten, zich op *Ou-moon* mogten etablisseren:
hetwelk moet hebben plaats gegrepen in 1557.

Het is dan ook in dien zin en als bij wijze van

vergunning, dat de Portugezen op *Macao* meer
vasten voet kregen. Wel hebben zij, door het
stichten van forten en aanbrengen van garnizoen,
zich aldaar voor goed willen nestelen; maar, met
derzelver val in *Indie*, is, ook in *China*, hunne
magt te zeer daartoe verminderd, zoo dat zij thans
niet veel verder dan in naam bezitters van *Macao*
zijn. Hoogstens uit twee honderd man, al te maal
slechtgeoefende mulatten-soldaten, bestaat heden het
geheele garnizoen. Ook vroeger konden zij de Chinezen, die, ras na de vestiging der Portugezen,
bij menigte (begeerig, in den handel met de Europeanen te deelen,) op *Macao* waren komen aanstroo-
men, reeds niet lang in bedwang houden, maar gaven
oproeren en moordtooneelen aanleiding tot eene deputatie aan den onderkoning te *Canton*, en tot inroe-
ping bij denzelven van het gezag der mandarijnen;
welke nogtans, eenmaal op *Macao* post gevat hebbende, tevens het oppergezag van de Portugesche
overheden daarmede voor altijd deden verdwijnen.
Eenige jaren geleden wilden dezen nog eens eene proef
nemen met aan alle overige vreemdelingen eene soort
van schatting voor te schrijven; waartegen echter de
mandarijns opkwamen, voorgevende dat het de Chinesche regering was, welke denzelven hun verblijf
op *Ou-moon* had bewilligd.

Een ieder dan ook zonder onderscheid, wanneer
hij met een Chineesch vaartuig voor de *praya* aan of
van wal vaart, betaalt aan de mandarijns eenen piaster. Zonderlinger mag hierbij voorkomen, dat voor
Europesche vrouwen, bij wijze van in- of uitgaand

regt, zelfs tot zestig piasters hoofdelijk moet worden
uitgekeerd; hetwelk de waarde schijnt te kenmerken,
op onze dames hier gesteld.

Steeds nog is in geheugenis te *Macao* de aanslag,
door de Hollanders op deze, zoo te zeggen, Portugesche vesting eens ondernomen, en bij welke gelegenheid men wil, dat, door de onzen, het nog aanwezige
fort *San Francisco* gebouwd wierd. Volgens den hoog-
leeraar VAN KAMPEN is dit in het jaar 1622 te stellen, en
er moeten toenmaals tot dat einde acht schepen, onder BONTEKOE en CORNELIS REYERSZ., van *Batavia* zijn
uitgerust geworden. Onze landgenooten tastten *Macao*,
zoo wel van de land- als zeezijde, aan. Er sprongen nogtans eenige vaatjes buskruid. Een Japannees
liep naar den vijand over, en verried dit, dezerzijds
geledene, gevoelige verlies. De Hollanders werden nu
wederkeerig door de Portugezen aangevallen, en
moesten, met een verlies van honderd dertig dooden
en bijna even zoo vele gekwetsten, afdeinzen.

Eenige gedeelten van het eiland bieden, bij schilderachtige gezigten, tevens een en ander aan, wat
meer bijzonder de opmerkzaamheid inroept; waarvan wij het volgende, in lossen omtrek, willen bijbrengen.

Als men, met eene sloep, den hoek van *San Jago*
om- en de haven naar binnen zeilt, zal reeds een
prachtig en waarlijk belangwekkend gezigt op de
wederzijdsche oevers zich opdoen. Behalve het
bevallige vertoon van het geheel, prijkt aan de Z. W.
zijde van *Ou-moon* een, in de rotsen gebouwde Chinesche tempel, en waaromstreeks men, in één woord,

eene mengeling van allerlei koddige en snaaksche gedaanten en gestalten, vormende even zoo vele pagoden, afgodsbeelden en *fetichen*, te zien krijgt, welke
als om strijd den eigenaardigen Chineschen smaak en
vernuft in dit *genre* den vreemde ten toon bieden.
Bewonderenswaardig is, hier ook inzonderheid, de
kunstmatige vereeniging van schilder- en tuinierwerk,
niet minder dan het geduld van dit volk, blijkbaar
uit het boren en werken van gaten in den rotsgrond,
ter beplanting van dien met allerhande boom-, heester-
en struikgewas. Op dit gedeelte van het schier-eiland
ligt ook de tuin, waarin nog altijd vertoond wordt
de spelonk van den door zijne *Lusiade* onsterfelijken
CAMOENS — ofschoon deze, hoofdzakelijk uit eene
scheur in de rotsen bestaande, vermaarde grot thans,
als gewrocht der natuur, door eene, aan den éénen
kant aangebragte, gemetselde begrenzing is geschonden. Eene slecht uitgevoerde buste, door een daar-
omheen geplaatst roosterhek beschermd, staat in derzelver nabijheid, en helpt, op hare wijze, het aan-
denken van gezegden Portugeschen heldendichter in
gindsche verre oorden vereeuwigen.

Met de groote boot of barkas maakten wij mede een
zeiltogtje naar en door het geheel der haven, in welke
verscheidene prachtige, zware Portugesche schepen —
toen evenwel allen onttakeld — ten anker lagen. Aan
den mond derzelve, dwars van het fort *San Jago*,
troffen wij een à twee mandarijns- of Chinesche oorlogsvaartuigen aan, welke men daar gewoonlijk zal
vinden posthouden.

Bij een dergelijk speelreisje deden wij ons ten noor-

den van *Macao* aan land zetten, en wandelden toen
naar het, ongeveer een kwartier uur gaans van de
stad verwijderd gelegene dorp *Moha*. Hier bezigtigden
wij weder een in zijne soort aanzienlijk tempelgesticht,
beslaande andermaal, naar de onderscheidene gebouwen, waaruit hetzelve was zamengesteld, even als te
Honan eene uitgebreide grondvlakte, van allen kant
door eenen dikken muur omringd en afgezet. Bepaaldelijk stonden er, binnen den omtrek van dezen
muur, drie afzonderlijké, achter elkander geplaatste
gebouwen, elk, door eenig terrein, van het andere
gescheiden. Aan den kant van den naar *Macao* lei-
denden weg waren de drie ingangen. De voorporta-
len dezer gebouwen toonden zich weder rijkelijk met
lantarens behangen, allen ook hier van gekleurd papier en met groote Chinesche karakters beschilderd.
In de zoo te zeggen eerste afdeeling van dezen tempel zag men andermaal drie reusachtig groote en
corpulente, in eene soort van nissen geplaatste afgodsbeelden, allen, over het geheel, de misselijkste
figuren voorstellende in menschelijke gedaante —
vooral de oogenschijnlijk eerste in rang, welken wij
weder **ro** zullen noemen.— Dezelve waren ook hier
van hout, en mede in een dik verguld vel gestoken.
Voor deze bevallige trits stonden gelijkerwijze tafels,
voorzien van confituren in glazen schaaltjes, en welk
goden-geregt, op de gewone wijze, door eene menigte zinnebeeldige figuren en brandende JOST-stokjes
omringd was. Eenige priesters, met glad kaalgeschoren hoofd en lange, witgrijze kleederen aan,
dwaalden — in, zoo het scheen, onbestemde bezig-

heid — hier rond. Meest geleken zij op capucijner-monniken, maar hadden, in plaats van een koord om de middel, eene soort van langen rozenkrans om den hals hangen. Het geheele gebouw, overigens, was van binnen met eene bruinachtige lakverw be-legd, terwijl de wanden in het rond, doch vooral bij den ingang, weder voorzien waren van symboliek snijwerk.

Van dezen tempel naar *Macao* wandelende, passeert men, niet verre van de — tevens eenigste — poort, een Portugeesch lazareth of gasthuis, liggende regts van den weg, aan den voet der hoogte, waarop het fort of kasteel *del Monte* gebouwd is. Links vertoont zich een kleinere Chinesche tempel of *pagoda*. Den weg naar die zijde verder inslaande, bevindt men zich eerlang op de groote wandeling, loopende — gedeeltelijk over Chinesche graven — naar de hoogte van *San Francisco* en, mede, naar de reeds vermelde landengte. Ten zuiden van *San Francisco* heeft dan het gebergte eene kloof, langs welke de wandelaar naar het strand en eenen, door hetzelve gevormden, inham kan afdalen, *Cacilha*-baai genaamd. Dikwerf begaven wij ons derwaarts, om, van de hoogte bij die kloof, het fraaije gezigt op de voor den mond der *Tigris* gelegene eilanden, als ook op de binnen-komende en uitloopende schepen, te genieten. — *Cacilha*-baai voorts is tevens de veelal door de Chi-nezen gekozene landingsplaats voor zoodanige vaar-tuigen, welke eenig bedrijf buiten het oog der man-darijnen willen volvoeren. Ook ik stapte er meermaals bij nacht aan wal, wanneer de mij van *Lintin* gebragt

hebbende Chineesche boot, niet meer aan de *praya*
mogende landen, mij, uit vrees voor de mandarijnen, hier uitzette.

Voor het overige, gelijk te denken is, mogen de
wandelingen rondom *Macao* geenen naam hebben.
De Engelschen nogtans maken, over dit kleine bestek, geregeld hunne namiddagtoertjes te paard; anderen, meer liefhebbers van hun gemak, laten zich,
in *palanquins*, behagelijk door Chinezen ronddragen.
Zoo wel tegen het een als ander hebben de mandarijns
veel in te brengen, en kuipen, wat zij kunnen,
ten einde den vreemdeling alle uitspanning van dien
(ja! van elken) aard te bemoeijelijken — meerendeels,
gelijk men gissen mag, om, langs dien weg, hun
gezag in *Macao* al meer veld te doen winnen. — Des
avonds, en vooral met maneschijn, is de *praya* de
geliefkoosde en gewone wandeling der zich hier ophoudende Europeaansche — en bij voorkeur Portugesche — familien. De dames gaan daarbij dan meestal
blootshoofds.

Gedurende den zoogenaamden stillen tijd, als wanneer de vreemdelingen, uit de factorijen van *Canton* vertrokken, veelal naar *Macao* zijn, en, wat de
met der woon hier gevestigden aangaat, in den schoot
hunner gezinnen verkeeren, wordt het op *Ou-moon*
iets levendiger en ook, tusschen deze familien, onderling gezelliger — hoewel de voet van inrigting der
Engelschen steeds tamelijk stijf en gegeneerd blijft.
De overige tijd van het jaar is het hier vrij doodsch.
De dames, dan alleen achtergelaten, voeren nu eene
soort van kloosterexistentie.

Over het geheel genomen is de grond van het schier-eiland, als zijnde van eene rotsachtige gesteldheid, dor en schraal; waaromtrent men nogtans bij het dorp *Moha* eenige uitzondering aantreft, in ettelijke daar gelegene moezerijen. Niettemin vertoonen zich de markten van *Macao* doorgaans van alles wel voorzien, doch bijzonder van overheerlijken visch, goed vleesch en uitmuntende groente. Vooral zijn hier mede niet te vergeten de bekende *Macao*-aardappelen, noch de, in ruime mate, door de Chinezen te koop aangebodene geurige vruchten. Een en ander komt grootendeels uit de onmiddellijke nabuurschap, en geeft dus een gunstiger denkbeeld van de mildheid des lands, dan de eerste oppervlakkige blik zou doen vermoeden.

Eenige dagen eindelijk, nadat wij van *Canton* naar *Macao* teruggekeerd waren, kwam er een zoodanige bodem, als welke door ons ingewacht werd, bij *Lintin* ten anker — zijnde het Noordamerikaansche schip *the America*, kapitein SMITH, bestemd naar *Whampoa*, ten einde dan van daar, met eene lading thee, naar de *Vereenigde Staten* te retourneren. Dit schip was, voor het oogenblik, slechts in ballast, hebbende overigens niets anders aan boord, dan eene kwantiteit Spaansche matten. Onder bemiddeling van mijnen correspondent, kwam ik met kapitein SMITH overeen, dat hij mijne lading sandelhout, tegen een vrachtgeld van een kwart piaster per *picol*, zou overnemen en te *Canton* uitleveren.

Om nu het sandelhout met te meer gemaks te kunnen overschepen, zeilden wij — den vijfden Mei —

elk met zijnen onderhebbenden bodem naar de reede *Cap-sing-moon*, alwaar, ten anker gekomen, beide de schepen, naast elkander gelegen, het wederzijdsche lossen en overladen vaardig volbragten.

Genoemde reede, bereids vroeger als eene bij voorkeur veilige door mij gekenmerkt, levert tevens een geheel, waarop het oog met welgevallen staart. Dezelve is van rondom omringd door — een schilderachtig vertoon aanbiedende — hoogten, behoorende tot het meer kolossale gebergte, hetwelk de kom dezer havenplaats als afsluit. Overal, waar de blik hier heendoolt, prijken, het zij aan de hellingen van gezegde hoogten of in vruchtbare valleijen en langs de oevers, liefelijk gelegene Chinesche dorpen; terwijl, op den zich daaraan sluitenden waterspiegel, honderden vaartuigen, onder hunne nationaal-gevormd waaijerachtige zeilen, den steven her- en derwaarts wenden, en weder de mandarijn-booten — in steeds bezige vlijt rondkruisende en op alles, als ware het, toeziende — het, in zijne soort, karakteristieke tooneel helpen voltooijen.

Ook ik begaf mij in dit gewoel, en laveerde met eene sloep, waarin slechts een jonge en de kleine *kanake* mij vergezelden, naar een strand aan den westkant der reede, landende aldaar niet verre van eene steile rots van het afhellend oevergebergte gelegen dorp, *Tong-chung* genaamd, hetwelk ik, uitgelokt door de mij van boord voorgekomene, pittoreske ligging, deels nader bezigtigen, en alwaar ik tevens naar eene plaats wilde omzien tot het weder aanvullen van eenige vaten met drinkwater. Niet lang echter was ik met mijnen *kanake* den wal nog opgeloopen, en had juist eene kom gevonden, waarin eene wel zich opdeed, toen wij eensklaps opmerkzaam werden, ten aanzien van eene menigte Chinezen, die, zoo snel als zij loopen konden, langs een — van het gebergte naar beneden leidend — pad, af- en op ons kwamen aanstuiven, met een gebaar, welk mij dadelijk niet veel goeds deed vermoeden; zoo dat ik, terstond op eenen veiligen aftogt bedacht, haast maakte, om, benevens mijnen jongen *Sandwich*-eilander, de sloep te bereiken, waarmede wij, nog even in tijds en toen de Chinezen ons reeds als op de hielen waren, weder van land staken. Gelukkig was de wind aflandig, en kwam er een koeltje opzetten, hetwelk dezelve met kracht van het strand verwijderde; want nu bevestigde het zich, dat deze lieden een kwaad voornemen gevoed hadden, daar zij, als uit spijt van hunne prooi te zien ontsnappen, ons thans met eene hagelbui van steenen *begonnen* te begroeten, waarvan er nog verscheidenen in ons vaartuig neêrkwamen, doch zonder iemand te treffen.

Aan boord terugzijnde, beweerden de aanwezige Chinezen, dat wij als door een wonder den dans ontsprongen waren, van, door onze vervolgers opgepakt, in kettingen geklonken en, na verdere mishandelingen, in een cachot te zijn geworpen, waaruit aan geen ontkomen was te denken, totdat men ongehoorde geldsommen voor onze loskooping betaald hadde, als zijnde de bewoners juist van dit dorp — schoon nog meer die van het geheele eiland *Lantao* of *Tyho* —

in dit opzigt ten kwaadste berucht. Ofschoon mij dit nu niet afschrikte, bij volgende gelegenheid de reede van *Cap-sing-moon* in andere rigtingen te bezeilen, wachtten wij ons evenwel, eene tweede keer ergens voet aan land te zetten.

Eerlang ook kregen wij, hier liggende, bezoek van eenen mandarijn, met diens subalterne of onder-mandarijnen. De eerste of chef was een nog jong man. Ik noodigde hem in de kajuit, en schonk het gezelschap eenige glazen witten wijn, die hun zeer scheen te smaken. Onze conversatie, gedeeltelijk door teekenen gevoerd, deed hij, van zijnen kant, met vele pligtplegingen vergezeld gaan; en, ofschoon in deszelfs spreken en geheele voorkomen iets minzaams, ja zelfs vriendelijks, doorstraalde, had zijn gebaar even veel deftigs en, als ware het, plegtigs. Ik geloof, dat hij, gedeeltelijk uit nieuwsgierigheid, eens kwam omzien, wat twee, zoo nabij elkander gelegene schepen wel te verrigten hadden.

Den elfden Mei de lading ontscheept en uit een Chineesch vaartuig eenige ballast zijnde overgenomen, vertrokken wij met het schip weder naar *Lintin*, van waar ik mij terugbegaf naar *Macao*, en den negentienden daaraanvolgende, onder geleide van den den heer VAN DER MEULEN, andermaal naar *Canton*. Hier — waar ik de lading, en vooral datgene, wat met het schip *Amerika* aan mij geconsigneerd was, zou afwachten — namen wij nogmaals onzen intrek in het door den heer BLETTERMAN gebezigde gedeelte der Hollandsche factorij.

Het zal hier veelligt thans de plaats zijn, omtrent

dezen nu reeds meermalen genoemden en in zijne
soort waarlijk verdienstelijken man iets naders te
zeggen; waarbij ik mij tot het volgende bepale.

Geboren aan *de kaap de Goede Hoop*, diende hij
bereids in zijne jeugd de Hollandsche Oostindische
compagnie, en resideerde, in zoodanige en dergelijke
betrekking, nu alreede sedert veertig achtereenvolgende jaren in *China*. Na de omwenteling ten jare
1813, toen de Oostindische kolonien weder in ons
bezit kwamen, was hij, door het Indisch gouvernement aldaar, aangesteld geworden tot Consul-Generaal. Ook vroeger, tijdens de ambassade van den
Wel Ed. heer VAN BRAAM, had de hooge regering
van *Neêrlands Indie*, de aandacht reeds op hem
laten vallen, en hij dit gezantschap naar *Peking* als
geneesheer vergezeld; bij welke missie, zoo wel als
gedurende zijn geheele volgende oponthoud in *China*,
zich de heer BLETTERMAN onder alle in dit gedeelte
van *Asie* verblijvende vaderlanders en verdere vreemdelingen niet alleen, maar ook van de zijde aller
met hem in aanraking gekomene meer aanzienlijke
Chinezen, eene achting en onderscheiding wist te
verwerven, welker eenparigheid, naar hetgene ons
daarvan voorkwam, deszelfs beproefde integriteit niet
kon doen betwijfelen.

Vooral echter zal het bij den Vaderlandschen Lezer
ligt eenig belang wekken, te vernemen, dat het ook
dezen waardigen man, even als wijlen den heer DOEFF
op *Japan*, gelukt is, de eer der Hollandsche vlag op
een tijdstip te handhaven, dat *Nederland* onder al de
wisselvalligheden der tot het einde der vorige en het

begin der tegenwoordige eeuw behoorende revolutien gebakt ging, en dezelve — hoewel anders, op *Java* en al onze overige, toenmaals verlorene Oostindische bezittingen, reeds eerst door de Fransche en voorts door de Engelsche vervangen — mede aan den vlaggestok te *Canton* onverwisseld te houden met die eener andere natie. Nadat de Britsche vlag reeds gedurende eenigen tijd over al onze Oostindische kolonien gewaaid had, kwam op zekeren zondag, bij gelegenheid, dat de onze weder, volgens gewoonte, voor de factorij was geheschen, eenig Engelsch zeevolk het terrein aldaar binnenloopen, en dezelve van den stok halen. Dan de heer BLETTERMAN, zich hierdoor gevoelig beleedigd achtende, bragt de zaak voor de opperhoofden der Engelsche Oostindische compagnie, en beriep zich met zoo veel waardigheid en kracht op de gelijke gunstige vergunning, met welke de keizer van *China* beide de natien in dit gedeelte van zijn rijk had toegelaten, zonderdat de invloed van staatkundige gebeurtenissen of omstandigheden inbreuk op die gastvrijheid kon maken, dat de heeren van de Engelsche factorij het geroofde aan den heer BLETTERMAN deden teruggeven, en de Hollandsche vlag dan ook, sedert dien tijd tot op ons verblijf te *Canton*, ongestoord op hare oude plaats is blijven wapperen.

Bij mijn arrivement in *China* waren de Consul-Generaal eu de Vice-Consul VAN CAENINGHEM beiden — gelijk ten aanzien van den eersten reeds gezegd is geworden — naar *Batavia*, zoo dat ik den heer BLETTERMAN niet persoonlijk mogt ontmoeten. De,

te *Canton* zoo wel als te *Macao*, nopens de aanleiding en strekking dezer reis in omloop zijnde ge-
ruchten waren voor het gevoel van eenen Hollander
(bekend met de onderscheidende en zoo te zeggen:
uitsluitende achting, welke onze landgenooten, door
hun altijd gepast in het oog houden van het *decorum*
en *steeds* gehandhaafd karakter van rondheid en
trouw, zich van ouds in *China* wisten te verwerven,)
alles behalve streelend. Hetgene ons daaromtrent ter
ooren kwam, nogtans, is te ingewikkeld, en beschouw
ik van eenen te teederen aard, om er hier iets van
op te nemen — ofschoon naar waarheid moetende
zeggen, dat, hoe veel er ook, te *Canton*, over het
tusschen de Consuls aanhangige, en hetwelk nog al
eenige opspraak maakte, werd geredewisseld, niemand mij aldaar is voorgekomen, welke hierbij in
het geringste twijfelachtig zich wegens de zaak van
den heer BLETTERMAN uitliet, en niet het gevoelen
voorstond, dat deze ambtenaar ook nu, met beroep
op het geheel der omstandigheden, zou kunnen bewijzen, voortdurend de achting te verdienen, hem
tot dus verre zoo algemeen toegedragen. Wat men
daarentegen den vice-consul navertelde, scheen maar
al te zeer te bewijzen, dat deze, zelfs in zóó kleine
maatschappelijke bijeenleving van Noordnederlander
en Belg, de aan laatstgezegden landaard wel eens
toegelegde eigenschappen van afgunst en twistzucht
even zoo weinig had weten te onderdrukken, als
onze weleer zuidelijke broeders hiervan immer blijk
gaven.

Misschien verwacht men hier nu iets anders ook

nog van mij: eene beschouwing van den handel op *Canton*, meer in het groote. Zoodanige mag aan mijn reisverhaal, naar diens inrigting, zeker niet geheel ontbreken; ofschoon van eenen toch altijd oningewijden in het vak, de proeve te gewaagd zijn zou, van zich op een zoo uitgebreid veld anders te begeven, dan tot het schetswijze heenwerpen van eenige losse, meer de buitenzijde betreffende trekken — zonder daarbij ook te willen beoordeelen, wat *China*, uit een commerciëel oogpunt, het zij vroeger voor *Nederland* en diens Oostindische bezittingen was, of thans, vergelijkend met andere, daarop navigerende vreemdelingen, is en zijn kan.

Voor alle dingen dan mag gezegd worden, dat, tot het verrigten van zaken, welligt geene plaats ter wereld meer gemaks noch eenen vasteren gang van behandeling aanbiedt, dan *Canton*. Alles is hier met zoo veel orde geregeld en op eene wijze georganiseerd, dat men, desaangaande eenmaal onderrigt, daarin, als ware het, eene kaart heeft, waarnaar de vreemdeling, met even veel zeker- als, over het geheel genomen, veiligheid, zoo in het eene als andere kan te werk gaan.

Aan het hoofd en ten behoeve der voornaamste takken van algemeen bestier hebben steeds de Chinezen hunne mandarijnen, ambtshalve tot den adelstand gerekend, in tegenoverstelling van den adel door geboorte — van welken laatsten mede een zeer ontwikkeld en vrij gecompliceerd stelsel hier bestaat. Dus volgt nagenoeg in rang op den onderkoning de *hoppo*, met diens veelvuldige ondermandarijnen, te zamen uitmakende, als een véreend ligchaam, het, zoo te zeggen, ministerie der tollen en accijnsen. Een persoon van hoogen stand is mede de *sontock*, handhavende, andermaal met zijne ondermandarijnen, de politie. Ook oorlog en zeevaart hebben hunne soldaten - mandarijnen en die voor de marine. Doch de mandarijn - kooplieden, welke eigenlijk de *hong*-kooplieden zijn, dragen dien titel alleen *honorair*, ten gevolge der, in betrekking tot den overigen handelstand, uitsluitende vergunning van mede den mandarijns - knoop op hunne muts of kapje te mogen voeren; gelijk bekend is, dat de verschillende rangen en standen onder de Chinezen, mede door dit veel-gevarieerde versiersel op het hoofddeksel, worden onderscheiden. Het voorregt, welk de *hong*-kooplieden van dit deelen in den distinctie - knoop der mandarijnen genieten, is overigens hoofdzakelijk gelegen in mede, even als deze, niet onmiddellijk aan de toepassing van lijfstraffelijke wetten te zijn onderworpen, maar daartoe eerst, bij wege van een formeel proces, van hunnen mandarijns - rang te moeten gedegradeerd worden; waardoor het te minder verwondering zal wekken, dat de gepriviligeerden in dit opzigt hiervoor almede verbazende sommen gelds hebben uit te keeren, en die te gereeder betalen. Wederkeerig wordt de rang — of, zoo men wil, post — van *hong*-koopman door den keizer vergeven, en werd vroeger, nog wel meer dan tegenwoordig, als eene bij uitstek winstgevende betrekking, in vergelijking met die van den overigen *Cantonschen* handelstand, beschouwd.

Tot dit minder voordeelige schijnt te hebben aanleiding gegeven de nijd der overige rangen van mandarijnen, welke den voorspoed van dit hun op zijde strevende ligchaam van den *hong* niet met goede oogen konden aanzien. Het laatste werd dus met vrij drukkende belastingen of verpligtingen bezwaard, bestaande weder grootendeels in het geven van geschenken. *Zoo*, wanneer er een andere onderkoning, *hoppo* of *sontock* komt, moet de *cohong* dien daarmede vereeren; gelijk ook wanneer in derzelver geslacht of in de familie van een lid der *hong*-kooplieden zelven iemand geboren wordt of trouwt, en bij vele andere soortgelijke gelegenheden meer. Toen b. v. de zoon van den *hong*-koopman HOUQUA in den echt trad, leverde deze aan den *sontock* een geschenk uit van zestig duizend piasters — zeker eene noemenswaarde som, doch niet van dat belang voor iemand, wiens vermogen destijds op ettelijke millioenen geschat werd. Bijlang zoo grooten rijkdom bezitten nogtans niet allen; daar, integendeel, eenige *hong*-kooplieden, door de herhaalde afpersingen, welke zij zich, nu eens van de ééne, dan weder van de andere zijde, moesten laten welgevallen, van tijd tot tijd evenzeer in het naauw gebragt, als buiten staat gesteld werden om het in hunnen stand te kunnen volhouden: gelijk, kort voor mijne aankomst te *Canton*, de *hong*-koopman PUNGUA, en, bij mijn verblijf aldaar, MANHOP, beiden zelfs gedrongen werden te failleren; waarvoor dan zoodanige ongelukkigen, naar de door de Chinezen zelven (als bij overneming van der Engelschen bestempeling) aldus gezegde: *cold country* — gelegen in het hooge en woeste gebergte van *Tartarije* — verbannen, aldaar hunne overige dagen in de grootste ellende moeten slijten. De namen der toen — ten getale van zeven — in wezen zijnde *hong*-kooplieden, ook wel *hongisten* (gelijk het pakhuis van eenen zoodanigen zijne *hong*) geheeten, waren: HOUQUA, MOUQUA, PANKEQUA, TJONQUA, GIOQUA, KINQUA en FATQUA. PANKEQUA noemde men als dengene, die geacht werd den meesten invloed bij het gouvernement te bezitten, — de reeds vermelde HOUQUA gold voor den vermogendsten. Beiden bewoonden een prachtig en uitgestrekt paleis naar den kant van *Honan*.

Wat de eigenlijke betrekking of stand der *hong*-kooplieden nu aangaat, zijn, eerstelijk, zij het, door welken, in vereend ligchaam de *cohong* genaamd, alle den handel betreffende meer difinitieve overeenkomsten (of, zoo te zeggen, traktaten) met de Chinesche regering — gelijk in het algemeen elke aanraking tusschen deze en de Europeanen — ambtelijk worden bemiddeld. Van den anderen kant is de *cohong*, ten opzigte van de vreemden en hun dàárzijn in *China*, aansprakelijk; moet voor elke daaruit ontspruitende ongelegenheid in zekeren zin instaan, en inzonderheid zoodanige door dezelven gepleegde ongeregeldheden of geweld, over welke de mandarijen zich te beklagen hebben of klagtig vallen, weder in hunne plooi brengen: hetgene, gemeenlijk, andermaal op het betalen van zware geldoffers neêrkomt.

Meer bepaald uit het commerciëele oogpunt, waren,

en zijn ten deele nog heden, de *hong*-kooplieden
de — zoo van de zijde der Chinesche regering, als
Engelsche, Hollandsche en andere compagniën —
uitsluitend gepriviligeerden en aangewezenen tot het
drijven van allen eigenlijk gezegden groothandel, en
wel, beide, actief en passief. Zoodra evenwel begonnen niet de Noordamerikanen met hunne schepen
op *China* te varen, of deze, in derzelver meer par-
ticuliere betrekking zich vrijer bewegende, en mee-
nende, bij eene andere wijze beter hunne rekening
te zullen kunnen vinden, wisten aldra Chinezen op
te sporen, met welken op vrij voordeeliger voet,
dan de gewone, door hen ware te handelen. Dus
ontstond de klasse der Chinesche kooplieden, in de
wandeling *outside-men* genaamd. De handel met dezelven, hoofdzakelijk in zijden stoffen en manufacturen gedreven, is steeds van den éénen kant ter sluik,
doch wordt oogluikend toegelaten door het onder-
steken alweder der mandarijnen. Het langs dien
weg *bij de hongisten* geledene nadeel — zoo wel als
de afgunst der Engelschen van de compagnie op
hunne Noordamerikaansche vrijbroeders — gaf reeds
aanleiding tot eene menigte twisten, achtervolgingen
en verdere harrewarreijen; doch zonderdat de inbreuk op de algemeene wet daardoor te minder in
stand bleef.

De verpligting, trouwens, tot het verkoopen der
ladingen, als zoodanigen, aan den *cohong*, en tot
het wederkeerig ontvangen der terugladingen van
dezen, sluit, van den anderen kant, de gelegenheid
niet af, noch beneemt alle ruimte, aan eenen, daar-

mede te verbinden, kleinhandel met de onderscheidene Chinesche winkeliers. En ook hierbij gaat dan
andermaal alles, opzigtelijk de algemeene inrigtingen
enz., zeer gemakkelijk en geleidelijk te werk, in zoo
verre de laatstgezegden het betalen der uitgaande
regten steeds afdoen; waarvoor zij u de *sjop* komen
aanbieden, welke, tevens met de naar boord gaande
goederen, aan de mandarijnen van het betreffende
tolhuis moet vertoond worden, en waarbij gemeenlijk de koopman mede zich bevindt.

Van wege den *cohong* treedt, tot dergelijk en verder verrigten van dien aard, grootendeels in het midden de *linguist*, die dan ook zorgt zoo voor de *sjop*
als noodige booten tot het afhalen of aan boord brengen der ladingen, het in- en uitklaren der schepen
enz., en, in het gemeen, datgene waarneemt, wat
in *Europa* is opgedragen aan den scheepsmakelaar.

Uit de achter dit deel gevoegde prijscouranten zal
men kunnen ontwaren, welke artikelen, hoofdzakelijk, er doorgaans te *Canton* met vreemde schepen
worden aan de markt gebragt. Tot de voornaamsten
der daarin vermelde handelsprodukten, op wier rijk
vertier in *China* zich ons vaderland lange jaren mogt
beroemen, zijn, in eene eerste plaats, mede te
rekenen, de zoogenaamde *Leydsche polemitten* (ka-
melot van *Vlaanderen*,) de barrakans en saaijen,
benevens de Leydsche lakens; doch de stilstand onzer
vaart op gezegd rijk gedurende den laatsten oorlog, en de aanvoer der Engelsche *camlets*, hebben
het weleer zoo sterke debiet van genoemde fabrikaten aldaar zeer doen verminderen, hoewel alsnog

onze zoogenaamde kamelotten er, gewoonlijk, hooger dan de Engelschen genoteerd staan. Van den anderen kant behooren tot de veelvuldige artikelen, welke onze Oostindische kolonien voor *China* opleveren, voornamelijk mede het *Banca*-tin, de bekende vogelnestjes, het sapan- en sandelhout, rotting, de Moluksche specerijen en ook de betelnoot, benevens onderscheidene houten, veelal bekend onder den gemeenschappelijken naam van het Ambonsch hout; waarbij almede niet zijn te vergeten onderscheidene soorten van fraaije vogels onzer specerij—eilanden — ofschoon velen dezer artikelen door de Chinezen zelven, met hunne jonken, zoo van *Amboina* als *Batavia* worden aangebragt. Opzigtelijk de voorwerpen van uitvoer zal mede gezegde bijlage den algemeenen Lezer een genoegzaam overzigt kunnen aanbieden. Doch omtrent de theeën in het bijzonder zal het welligt niet ongepast zijn, hier nog iets naders, en tevens meer uitvoerigs, te zeggen.

Derzelver benaming is, zoo men wil, ons gekomen van de platte volkstaal der provincie *Foo-kin*, als de eerste, welke door de, op hunne reize naar *Japan*, ook *China* aandoende Europeanen bezocht werd en tevens aanleiding gaf, dat de in gezegd rijk zich ophoudende vreemdelingen de Chinezen nog altijd met den naam van *Foo-kien* (of verbasterd *Fokie*) blijven aanroepen. Overigens heet de thee, in *China* zelve, algemeen *tcha*, gelijk dezelve, doch *chá* gespeld, ook bij de Portugezen genoemd wordt.

De theeplantaadjen nu, zoo als wij er mede *op* niet verren afstand achter het dorp of de stad

Honan te zien kregen, bestaan uit min of meer uitgestrekte velden, verdeeld in bedden of rabatten,
die, telkens met twee rijen theeboompjes beplant,
in hun geheel een ongemeen voorkomen geven van
netheid. Het inzamelen of de pluk der bladen geschiedt, in de maanden April en Mei, meerendeels
door vrouwen, in hare daartoe bestemde mandjes.
Den oogst brengt men dan achtervolgelijk naar een
gebouw, waarin tafels staan, met matten belegd,
benevens een lang steenen fournuis, ter hoogte van
circa drie voet, en hetwelk vijf, tien tot twintig
stook- of ovenmonden heeft, boven iederen van
welken zich in het oppervlak een rond gat met eene
daarin sluitende soort van ijzeren schotel bevindt, die
zoo veel als de neest is, waarin thans de theebladen
hoofdzakelijk gedroogd worden. De behandeling hiervan en der verdere bewerking gaat nu aldus:

Eenige werklieden staan aan de oven- (tevens bui-
ten-) zijde van het fournuis, en houden zich uitsluitend bezig met het — zeer gelijkmatig geschieden-
de — stoken; anderen, aan de binnenzijde geplaatst,
welke te eenen maal digt is, en, daardoor, in zich
zelve eene genoegzame beschutting tegen de hitte
van het vuur oplevert, verrigten het eigenlijke neesten. De theebladen worden hierbij, nog versch zijnde, zoo dat zij van saprijpheid glinsteren, onmiddellijk — na alvorens bovendien in water te zijn ge-
doopt — met zekere hoeveelheden of partijen op gezegde schotels of neesten geworpen, alwaar de nees-
ter dezelve met allen spoed en tot zóó lang dan rond-
roert, dat zijne hand de hitte der bladen niet meer

kan verdragen. Hierop werpt men deze, met eene soort van schop of schuimspan, waaijerachtig van gedaante en vervaardigd van spaanhout, uit de neesten in daartoe aanwezige platronde manden; brengt die naar de met matten bedekte tafel, alwaar de bladen uitgespreid worden, en het rollen aanvangt. Het hiertoe weder afzonderlijk bestemde werkvolk wrijft thans het theeblad, in schielijke en gelijke beweging — ook gedurig dezelfde rigting houdende — met de palm der handen over het op de tafel gespreide, fijne matwerk, waardoor hetzelve eene kleine drukking ondergaat, die een groengeel vocht van eene ondragelijke lucht aan de handen afzet, ondanks welke men evenwel, totdat de bladen koud zijn, met het rollen moet voortgaan, én opdat dezelve zich niet weder ontvouwen, én om dit koud worden zelve, door die beweging met de hand, te verhaasten. Meerdere spoed hiervan verzekert de langere krulling; en daarom arbeiden middelerwijl anderen, in een gedurig omschudden van den op de tafel uitgespreiden voorraad, daartoe mede. Na de eerste neesting rolling volgt nu ook, totdat de bladen den laatsten zweem van vochtigheid hebben verloren, eene tweede, derde, ja somtijds vierde — in alles weêr als voren, met uitzondering, dat natuurlijk, in voortgaande verhouding, het fournuis al minder sterk gestookt wordt. Het is trouwens vereischte, de bladen, versch geplukt, onmiddellijk te neesten; want, eenige dagen na de inzameling hiermede talmende, wil men, dat dezelve zwart worden en hunne waarde verliezen.

Na die bewerking is de thee gereed ter verzending, en wordt daartoe in pakhuizen opgeslagen, waaruit dezelve bij *sjoppen* (partijen,) gemeenlijk van vijf honderd à zes honderd kwart kisten, aan de *hong-* kooplieden — welke dezen handel óf regtstreeks met de planters, óf ook door middel van Chinesche make- laars, aangaan — verkocht wordt. Zoodra dan de hongist zijne theeën van het veld heeft ontvangen, zendt hij gewoonlijk van iedere *sjop* eene monster- kist naar de onderscheidene factorijen, alwaar hij, omtrent eene theelading, in onderhandeling is. De cargas of theeproevers kunnen nu de monsters exa- mineren, waardoor men tot eenen koop komt; bij welken het naauw luistert, dat de ontvanger, zoo omtrent soorten als betrekkelijke waarde, wel toezie, en met alles bekend zij, vermits de Chinezen — merkende, dat zij, in den Europeaanschen koopman, gelijk zij zich uitdrukken: *N⁰ one head* (eerste soort van brein) niet voorhebben, — geenszins zullen aflaten, den onnoozelen, ter markt gezonden, even- zeer in kwaliteiten als daarvan afhankelijke prijzen te misleiden. Is echter de koop gesloten, dan wor- den de monsterkisten, behalve die tot de gekochte *sjop* behooren, teruggehaald, en dient thans we- der dit achtergeblevene monster tot een vergelijk of toetsing, bij de ontvangst der aflevering van het geheel. Daartoe begeeft zich dan straks de thee- proever der compagnie of de supercarga der parti- culiere schepen naar de betreffende *hong*, — doet, van elke *sjop* thee, ongeveer twintig kisten in even zoo vele ledige overstorten, en stelt daaraan zijne onderzoeking te werk, zeker zijnde, dat de Chinezen den onervarenen in dezen handel altijd op de eene of andere wijze op de proef brengen.

Naar hetgene mij van de thee gezegd werd, bestaat de grootste kennis van dezelve te waarderen, in te weten, van welke pluk het blad is — gelijk b. v. de keizerlijke thee (*mao-tcha,*) veelal bestemd tot geschenken aan hooge mandarijns, uit een blaadje bestaat, dat van jonge, voor het eerst ontspruitende boompjes, leverende eene der hoofdsoorten, *vou-y-tcha* geheeten, wordt gewonnen. Het meer gevormde blad van hetzelfde, doch meer volwassene boompje, geeft reeds eene tweede theesoort, terwijl het geheel volgroeide blad van den in volle kracht zijnde heester, eene derde oplevert, welker allooi dus steeds meer van de eerste moet verschillen. Hiernaar laat het zich dan ook gemakkelijk begrijpen, waarom de Chinezen de theeën slechts in vier hoofdsoorten onderscheiden, en welke, op onderscheidene bodems geplant en van boomen, verschillend van ouderdom, geoogst, al de overige varieteiten in zich bevatten, die zoo wel aan de markten te *Canton*, als bij onze kooplieden in *Holland*, bekend staan. Hoe teederder en zachter in het algemeen het blad is, hoe aangenamer de thee in smaak zijn zal; terwijl, daarentegen, de grovere en meer ruwe bladen eene al mindere kwaliteit zullen aanbieden.

De thee wordt voorts *netto* gewogen, zoo wel als de *tarra*, en deze dan per kist (of liever: kwart kist) in dier voege aangeteekend, dat men gewoonlijk het gewigt van honderd afzonderlijke kisten over eene

Het inpakken en afwegen der Theeën, bij een der Hong-kooplieden te Canton.

sjop slaat. Vervolgens trappen Chinesche *koelies*,
gelijk het bijgevoegde plaatje zulks voorstelt, dezelve
in de kisten, welke dan worden digtgespijkerd,
en, weder door anderen, met papieren beplakt,
waarop de namen vermeld staan, zoo van het
schip, hetwelk de lading zal over zee brengen, als
den *hong*-koopman, door wien de aflevering geschiedde, en de zich daarin bevindende soort. De kisten
met de beste kwaliteiten, zoo mede de monsterkisten, worden bovendien, gemeenlijk, in matten ge-
ëmballeerd.

De Engelsche compagnie bragt in der tijd, jaarlijks, over de dertig millioen ponden naar het moederland, en, daarenboven, meer dan een millioen
ponden naar de Britsche kolonien. *Halifax* alleen
zond jaarlijks naar *China* twee schepen van ongeveer twaalf honderd ton.

De Noordamerikanen mede voeren van daar bereids nagenoeg negen millioen ponden thee uit, zoo
dat de exportatie van dit artikel, eeniglijk reeds door
deze twee genoemde natien, kan gerekend worden, boven de veertig millioen ponden 's jaars te
bedragen. Voegt men nu nog hierbij, wat de Portugezen, Spanjaarden, Pruissen en Hollanders ver-
bruiken, gelijk mede hetgene, met karavanen, naar
Rusland en andere gedeelten van *Azie* gaat, zal
de jaarlijksche aflevering van dit produkt door de
Chinezen op circa vijf en veertig millioen ponden
zijn te schatten, die zeker niet minder, dan elf
millioen piasters aan baar geld, inbrengen.

Canton, trouwens, heeft, behalve de theeën, ook

III.   19

nog ettelijke andere, in de prijscourant vermelde voorwerpen van uitvoer van soortelijk belang, en welke, vooral te zamen genomen, mede aanzienlijke kapitalen doen inbrengen. Daartoe behooren de kaneel (*cassia*), suiker, rabarber, gember, ruwe en gewerkte zijde, nankings, matwerk, porseleinen, verlakt, ivoorwerk en verdere artikelen van mindere waarde, zoo dat het in de daad niet te berekenen valt, welke verbazende geldsommen er, sedert den vroegsten tijd van der Europeanen handel op *China* van dezelve getrokken, aldaar zijn heengevloeid.

Tot een overzigt van de uitgebreidheid der hedendaagsche vaart op dit rijk, volge hier overigens eene opgave, wegens het aantal schepen, ten jare, dat ik mij in *China* bevond, naar *Canton* gekomen, bedragende:

Engelschen uit het moederland 22,

      waarvan eenigen tot twaalf à vijftien honderd ton konden laden.

—— van *Bengalen,* of de zoogenaamde *country-ships,* van duizend à twaalf honderd ton . . . . . 53.

Noordamerikanen. . . . . 31.

Spanjaarden, liggende in de haven van *Macao*, 23.

Portugezen, idem, ... 18.

Hollanders van het moederland . . . . . . 4.

—— van *Java* . . . . 1.

Pruissen . . . . 1.

Denen, Franschen . . . . 4.

Sandwich-eilanders . . . . 1.

Voordat de Z. W. moussou ten einde loopt, en eer nog de kentering tot de N. O. begint — dus in de maand September — valt het meerderdeel dezer schepen de rivier *Tigris* binnen. In December, als zijnde het hartje van den tijd der N. O. mousson, vangen reeds eenigen aan, op de tehuisreize te denken; en omstreeks Februarij of Maart — wederom vóór den kentertijd, als waarna laatstgezegde wind andermaal door den Z. W. staat vervangen te worden, — ziet men nog slechts enkele schepen van *Canton* vertrekken.

Hoewel het in allen geval verkieslijk is, de reize naar en van *China* naar den tijd der daartoe gunstige mousson te schikken, behoeft evenwel de zeeman, die het vaarwater naar de betrekkelijke gelegenheid der mousson te baat weet te nemen, tot het aanvaarden der reize zich aan den jaarstijd niet te onderwerpen. Het komt er dan slechts op aan, dat men naar gelang van de vordering in tijd, welken de mousson bereids gewaaid heeft, zijne route neme, ten einde juist de meest voordeelige windsgelegenheid op te loopen: immers niet over de geheele *Chinesche* zee beginnen en eindigen de N. O. en Z. W. mousson op hetzelfde tijdstip, noch waaijen met gelijke kracht, evenmin als uit eenerlei kompas-streek. Ook de stroomen hebben alsdan, op hunne onderscheidene hoogten, derzelver verschillende strekkingen, en loopen met ongelijke snelheid, hetwelk mede bij den navigateur, die zich niet, door buiten den tijd der gunstige mousson den togt te ondernemen, aan eene lange of zelfs wel eens verloren reize wil blootstellen, als eene hoofdzaak moet in aanmerking komen. Om nu echter naar aanleiding van al deze bijzonderheden, die men zich, bij het navigeren van zijn

Zeevaartkundige opmerkingen, bij het ontmoeten der Contrary-moussons.

schip, noodwendig gedurig voor den geest moet blijven stellen, zoodanig te werk te gaan, dat telkens de meest bezeilde winden opgeloopen en tevens de misleiding der stroomen vermeden worden, daartoe is een aandachtig en steeds wakker zeemansoordeel eene onmisbare vereischte; hoewel men te dezen van HORSBURGH'S even naauwkeurige als uitvoerige beschrijvingen en handleidingen veel dienst zal kunnen hebben, en tot welke ik mij niet vermeet, hier iets verders te willen bijvoegen.

Verwijzing dienaangaande naar de directie van HORSBURGH.

Veel zou er nog te zeggen vallen, van de bij de Engelsche compagnie bestaan hebbende verordeningen op de vaart; doch, het octrooi daarvan zijnde opgeheven, kan dit wel weinig belang meer wekken. Alleenlijk dien ik hieromtrent nog aan te halen, dat onder de zoogenaamde Engelsche *country-ships*, reeds boven genoemd, de zoodanigen zijn te verstaan, welke, in *Bengalen* te huis behoorende, niet vermogten, bewesten de kaap te varen. Hunne ladingen naar *Canton* bestaan, voor het grootste gedeelte, uit katoen, betelnoten, *opium* en meer andere produkten van dat gedeelte van *Indie*, tot uitvoer naar *China* geschikt.

Onze zaken voor ditmaal op *Canton* zijnde afgeloopen, vertrokken wij weder, den negenden Junij, met den kotter van LANE naar *Lintin*, waar ik den daaraanvolgenden dag, des avonds, aan boord van de *Wilhelmina en Maria* terugkwam. Gedurende mijne afwezigheid had de eerste stuurman, op den vierentwintigsten Mei, aldaar een bezoek ontvangen van twee ondermandarijnen, die hem waren komen gelasten of waarschuwen, van met het schip de reede van *Lintin*, tot na de visite van den *sontock* (welken hoogen ambtenaar het zeevolk in de wandeling JAN TOCK noemt) te verlaten; als die, naar derzelver aanzegging, elk oogenblik tot de bewuste inspectie op de rivier, bladz. 203 hiervoren vermeld, van *Canton* stond te verschijnen. Daar wij nogtans geen *opium* scheep hadden, was mijn stuurman van gevoelen geweest, veilig te kunnen blijven liggen; hetgene dan ook, zoo wel als door nog drie andere schepen, die mede in ons geval waren, geschiedde, hoewel, des morgens van den dertigsten, ditmaal alle *opium*-schepen onder zeil gingen — schoon op twee mijlen afstands van ons in het Z. W. reeds weder ankerende; gelijk dezelve, den volgenden dag, ook bereids ter reede *Lintin* terugkeerden. De inspectiereize van den *sontock* was hiermede afgeloopen; en hij kon, als naar gewoonte, aan den onderkoning rapporteren, dat zich geene barbaren met schepen op de *Choo-keang* bevonden, die het verderfelijke heulsap inhadden.

De vooruitzigten, die zich ons meer en meer aanboden, van *Canton* met eene volle lading voor *Europa* te zullen kunnen verlaten, deden mij thans besluiten, het schip naar *Whampoa* op te brengen. Om evenwel de onkosten van meetloon en *hoppo* - present daarbij uit te winnen, wilde ik alvorens trachten, eene lading rijst te geworden, en mij dus, daartoe, voorshands begeven naar *Manilla*.

NEGEN EN TWINTIGSTE HOOFDSTUK.

De Chinees JANSEN. *Vertrek naar* Manilla. *De Schoener* Dull. *Aankomst in de baai van Manilla. Ankeren ter reede* Cavite. *Aankomst op de rivier* Pasig. *Gezigt op derzelver beide oevers. Het logement van* HANTELMAN. *De* table d'hôte. Don LOPES RAMOS. *Bezoek bij den gouverneur. De uitlevoeren lading voor het schip.* Binondo. *De sigarenfabriek.* Manilla. *De Calzada. De omstreken van* Manilla. Cavite. *Iets over den handel van* Luçon. *De inwoners. Luchtsgesteltenis. Het ontdekken der Philippijnsche eilanden.*

Des morgens van den twaalfden Junij verscheen bij ons aan boord de — door het zeevolk der voor *Lintin* liggende *opium* - schepen aldus genaamde — Chinees JANSEN. Deze man, zoo veel als een algemeene zaakgelastigde zijnde voor een ieder, die van deszelfs goede diensten wilde gebruik maken (en welke dus zoo veel voorstelde, als hetgene men ter reede van *Batavia* den biermaat noemt,) wist alles op te loopen, waar te nemen en, wat men verlangde, met zijn vaartuig, dat steeds in de weer was, aan boord te brengen. Hij ook loodste de schepen naar *Cap-sing-moon*, zoo wel als naar zee; waartoe hij dan mede bij ons scheep kwam.

Ten half elf ure in den morgenstond ligten wij *Vaart van de rivier Tigris naar Manilla.* anker, en zeilden, op aanwijzing van JANSEN, de rivier af. De wind was van het Z. Z. W., met flaauwe en aannemende tot stijve bramzeils-koelte, door regenbuijen vergezeld. Ten half vijf ure wendden wij voor *Macao*, en heschen onze vlag; kwamen des avonds ten zeven ure in vier vadem water, om tij te stoppen, ten anker; staken dertig vadem ketting voor, en maakten de zeilen vast, peilende toen den hoek van *Sam-chow* W. Z. W. ½ W. en het eiland *Po-toe* Z. ¾ W. miswⁱⱼk. Des nachts, ten twee ure, van den dertienden vervolgden wij onze reis, en laveerden met kracht van zeil, door de zoogenaamde *Ladrone*-passage, naar buiten. Ten negen ure verliet ons JANSEN, welke met zijne boot naar *Lintin* terugzeilde.

Wij waren thans in het hartje van den tijd der *Gesteldheid gedurende de mousson,* Z. W. mousson, die dan ook, als naar gewoonte, met ongestadige koelte — zelden door mooi weder, edoch meestentijds door storm en regen, begeleid — uit het Z. Z. W. tot Z. W. (en, meer zuidelijk in de *Chinesche* zee, van het Z. Z. O.) bleef doorwaaijen. Des avonds, ten zes ure, peilden wij *Groot Lema*-eiland, over het midden, N. O. t. O., en de piek van *Groot-Ladrone* N. W. ½ N., hetwelk ons in J. W. NORIE's kaart van de kust van *China* (1817) bragt op 21° 59′ noorderbreedte en 114° 0′ lengte beoosten *Greenwich*. Met zonnenondergang passeer-

den ons twee fraaije, groote Chinesche jonken, welke
noordwaarts stuurden, — gelijk mede den achttienden,
in den achtermiddag, drie schepen, koers houdende
naar de rivier van *Canton*.

Den negentienden, in den achtermiddag, ontwaarden wij aan lij van ons den Noordamerikaanschen
schoener *the Dull*, gevoerd door kapitein FERGUSSON,
zijnde een dag vóór ons van *Lintin* vertrokken en
mede met eene menigte passagiers bestemd naar *Manilla*, welke allen zich van dit vaartuig, bij voorkeur, tot hunnen overtogt bediend hadden, aangezien hetzelve, en teregt, voor eenen snelzeiler te
boek stond. Ik zelf heb eens, met dezen schoener — een scherp gebouwd, doch laag scheepje,
kunnende hoogstens zeventig ton laden, — een zeiltogtje gemaakt van *Lintin* naar *Macao*, en bij die
gelegenheid de snelheid en handigheid van het vaartuig moeten bewonderen. Toen wij dan nu hetzelve
in het oog kregen, mogt ik voor mij zelven niet
verhelen, reden te hebben, met de vordering, door
de *Wilhelmina en Maria* in haren ophaaltogt naar
Manilla tot hiertoe gemaakt, allezins tevreden te
zijn. — *The Dull* overigens was een van die Noordamerikaansche schoeners, *Baltimor clippers* genaamd,
welke — met hunne twee eenvoudige (aan hooge
achteroverhangende masten geheschene) gaffelzeilen,
benevens eene stagfok en kluiver, zoo na aan den
wind liggende en zoo goed loef houdende — daardoor evenzeer beroemd als in deze waters bij uitste-
kendheid geschikt zijn. Kapitein FERGUSSONS voorganger was, van uit *Noordamerika*, met dit zijn

schoepje de kaap *de Goede Hoop* omgezeild en naar *China* gekomen, schijnbaar bestemd om, van daar, in de *Oostindische* zeeën en op onderscheidenen der eilanden van den *Aziatischen Archipel* verder rond te varen. Eenige handels-ondernemingen, sedert, met dit vaartuig, bijzonder op de *Molukken* beproefd, moeten bereids min of meer schitterende resultaten hebben opgeleverd.

Naarmate onzer nadering van het eiland *Luçon* of en van het we-
Luconia — het grootste der *Philippijnen*, en waarop der nabij het eiland *Lucon*.
tevens *Manilla* is gelegen, — kregen wij den wind meer aanhoudend van tusschen het zuiden en Z. O. t. Z.; ook werd het weder dagelijks onstuimiger en tevens regenachtig, zoo dat wij, ons reeds digt onder de kust bevindende, nog geen gezigt van het — in dikke, donkere wolken als omhulde — land hadden. Den vier en twintigsten in den achtermiddag, Verkennen
toen het een weinig opklaarde, verkenden wij kaap kaap *Capones*,
Capones en de daarbij gelegene eilanden van dien naam, peilende de laatstgenoemden in het N. $\frac{1}{4}$ O. op vier en eene halve mijl, naar gissing, van ons —
gelijk vervolgens des avonds, ten zes ure, den hoek en meer andere
van *Silonuin* in het N. t. W., en *Punta del Sol*, of land.
ook *Punta de Ilornos* genaamd, in het Oost $\frac{1}{4}$ Zui-
den; op welke laatstgezegde peiling ik dan nu naar de monding der baai van *Manilla* koers zette.

Gedurende den nacht hadden wij hierbij, al Verdere gele-
voortgaande, ongunstig weder. Somtijds regende het weder.
het, alsof het van den hemel wierd gegoten, — dan weder waaide het met buijen van eene dubbelgereefde marszeilskoelte; terwijl het een oogenblik daarna we-

der flaauw was, doch met eene onverminderd hooge
deining van het zuiden. Den vijfentwintigsten echter,
na zonnenopgang, klaarde het weder op, en kregen
wij gezigt van het eiland *Corregidor*, toen over het
midden gepeild in het Oost & Zuiden van ons. Ten
negen ure, des morgens, passeerden wij tusschen
het eilandje (of de klip) *la Monja* en *Punta de los
Cochinos* door, en waren ten half tien dwars van
eerstgezegd grooter eiland, op welk eene sterkte of
batterij lag, van welke de Spaansche vlag woei,
waarvoor wij wederkeerig de onze toonden.

Hier zagen wij ons weldra, door een zeilend vaartuig, hetwelk naar ons toehield, en den Spaanschen
wimpel en vlag voerde, met een los kanonschot
begroet, ten sein, dat wij met het schip moesten
bijdraaijen; waarop gemeld vaartuig ons eerlang op
zijde lag. Een officier uit hetzelve vraagde, »van
» waar wij kwamen, en wanneer wij *Macao* ver-
» laten hadden?" terwijl hij, na mijn bekomen antwoord, met veel verwondering uitriep: » *C...! doce
» dias de pasage* (verbazend! twaalf dagen reis!") Vermits wij nu, volgens onze rekening, dertien dagen
reis hadden, hetwelk in allen geval als zeer voorspoedig was aan te merken — vooral in vergelijking
van eenen Spaanschen brik, die, veel vroeger dan wij
van *Macao* vertrokken, tot op zijn binnenloopen te
Manilla een en dertig dagen besteedde, — kon ik,
in het eerste oogenblik, de bedoeling met dit zeggen niet wel beseffen. Later evenwel vernam ik,
dat de officier in het zeilvaartuig zich geenszins omtrent onze zeedagen vergist had, maar de opheldering

*Het aandoen
van de baai van
Manilla.*

te zoeken was in het, onder de te *Manilla* zich
ophoudende Spanjaarden, alsnog bestaande gebruik,
van de rekening bewesten den meridiaan van *Cadix*
tot over de *Philippijnsche* eilanden uit te strekken;
waarin dezelve het vroeger deswege voor hunne *Acapulco*-vaarders verordende nog altijd blijven volgen.
Tevens kregen wij den dag, die, bij het verwisselen
van wester- met oosterlengte, voor ons verloren gegaan was, dan nu ook weder terug, en rekenden
dus, dat wij — in plaats van woensdag, den vijfentwintigsten, — dingsdag, den vierentwintigsten,
hadden. Deze officier deed ons voorts nog eenige
vragen — als naar den naam van het schip, het getal
koppen, het bestand der lading, en speciaal, of wij
geld aan boord hadden? — waarop hij ons goede reis
wenschte, en naar het eiland *Corregidor* terugzeilde.
Wij zagen toen tevens een klein vaartuig vooruit van
ons, door mij verkend voor *the Dull.*

In aanmerking nemende, dat het de tijd der Z. W. *Ankerplaats overeenkomstig den tijd der mousson.*
mousson was, uit welker windstreek, zoo wel als het
Z. Z. O., veelal onstuimig weder, ja zelfs *ty-foengs*
(door de Spanjaarden *collas* genaamd,) zijn te wachten, besloot ik, liever, dan voor de — langs de stad
Manilla stroomende — rivier *Pasig* ten anker te gaan,
naar *Cavite* te stevenen. HORSBURGH evenwel geeft
eene zoo uitvoerige beschrijving der zeildirectie voor
deze baai, dat ik mij, daardoor, van de taak ontsla-
gen kan achten, in verdere bijzonderheden desaan- *Aanwijzingen naar de reede Cavite.*
gaande te treden, behalve die in de volgende aanwij-
zingen, op welke ik de *Wilhelmina en Maria* naar
binnen loodsde, vervat zijn. » Met het eiland *la Monja*

» in het W. Z. W., of wel: bewesten even buiten
» het eiland *Corregidor*, te houden, zal men van de
» droogte en reven *Baxos de St. Nicolas* vrijloopen.
» Dan, den toren van *Cavite* in het oosten van zich
» hebbende, of zekeren berg (kennelijk aan deszelfs
» N. W. kant en digt aan zee gelegen) eenen hoek
» van zich in het noorden ziende openen, kan men
» reeds dadelijk om de oost naar de reede van *Cavite*
» halen, doch zorg dragende, van *Punta de Sangley*,
» zijnde de noordelijkste hoek der landtong, waarop
» *Cavite* is gelegen, niet te na te nemen." Onder
ongestadig weder, met regenbuijen vergezeld, bereikten wij, op deze wijze, ten een ure in den
achtermiddag, de reede van *Cavite*, en ankerden
aldaar in drie vadem water op zachten moddergrond.
Wij vonden hier den Franschen brik *l'Algière*, gevoerd door kapitein DARLUC, met wien ik in *Zuid-
amerika* kennis gemaakt had, en die, van de kust
van *Peru* naar de *Sandwich*–eilanden, en voorts, van
daar, door straat *Bernardino* naar herwaarts geste-
vend, thans voor *Cavite* lag; terwijl ik hem zelven
eerlang te *Manilla* aantrof.

Weldra kregen wij de sloep van den havenmeester
(*Capitan del puerto*) en, den volgenden morgen, die
van de *Aduana* aan boord, welke laatste het schip
inklaarde en twee beambten, als wachters, bij ons
scheep liet. De heer WEYMAR en ik begaven ons
daarop met een Indiaansch vaartuig, zijnde zoo veel
als een beurtman, welke deze reis elken morgen (en
des avonds dan weder terug) maakte, naar *Manilla*,
gelegen, op de koers van N. N. O., zeven *millas*, of

eene en drie kwart mijl, van *Cavite*. Dit vaartuig was eene soort van praauw, geschikt tot het overbrengen van vijftig à zestig personen, en — even als de groote praauwen van *Soerabaya*, *Tambangers* genaamd, — van groote vlerken voorzien, op welke de Indianen naar buiten loopen, naarmate deze bouw van praauw, te *Manilla panco* geheeten, met het aannemen van de koelte ranker op het water ligt.

Het was ten twee ure in den achtermiddag, dat wij met onze *panco* voor den mond der *Rio Pasig* aankwamen. Deze rivier heeft twee veruitstekende steenen hoofden, waardoor men, even als te *Batavia*, dezelve tot over de daarvoor gelegene bank heeft willen verlengen. Aan den linker- of zuideroever verdedigt eene citadel derzelver ingang. Onmiddellijk hierop volgt de, door muren en fortificatien omringde, stad *Manilla*, tusschen welke en gezegde citadel slechts eene, haar water uit de rivier ontvangende, gracht ligt. Aan den regteroever staat een vuurbaken, welks licht te *Cavite* gezien wordt.

Het invaren der rivier leverde, naarmate wij vorderden, een vertoon op, van welks geheel naar waarheid valt te zeggen, dat het prachtige met het veelbelovende daarin gepaard ging. *Manilla* aan den linker-, de stad *Binondo* aan den regteroever, — de fraaije over de rivier *Pasig* liggende steenen brug, welke de beide steden als aaneenhecht, — de menigte, langs de kaden met laden en lossen bezige kleine zeeschepen, Chinesche jonken en verdere Indische vaartuigen, — eene andere menigte sloepen (*falouas,*) kanoos (alhier *bancas* genaamd) of *pancos,* welke, als in eene gestadige beweging en wemeling, van de boven- naar de benedenrivier afzakken en elkander kruisen, — het op den achtergrond zich vertoonende en in een veelgeschakeerd groen gehulde gebergte, hetwelk boven dat alles zich verheft en het geheel meest bevallig tevens afsluit — — dit een met het ander verwekt in den vreemdeling reeds zekeren voorloopigen indruk van verlangen om het liefflijke van dit bekoorlijke oord in zijne volheid te genieten, en het schoone der landouw, zoo wel als de vruchtbaarheid des gronds, van nabij te leeren kennen, waarop zeker de *Philippijnsche* eilanden, evenzeer als de keur onzer zoo menigmaal bewonderde gewesten van Neêrlands *Oostindie,* zich mogen beroemen.

Manilla overigens, met hare kerken, kloosters, en achter derzelver fortificatien gebouwde huizen, heeft al het aanzien eener ouderwetsche Spaansche *stad,* waarin slechts priesters, adel en rijkdommen zijn te vinden en zekere doodsche stilte te kennen geeft; dat men — de geringe oefeningen, aan stand en betrekking verbonden, uitgezonderd — zijnen *tijd,* voor het grootste gedeelte, in vadsige ledigheid hier doorbrengt. *Binondo,* daarentegen, levert, door de er ontwaarde nijvere beweging, een hiermede sterk contrasterend en in zijne soort waarlijk lagchend vertoon op van werkzaam en bezig gewoel. Ter laatstgezegde plaatse dan ook eigenlijk zoeke men de, voor het meerderdeel uit vreemdelingen bestaande, kooplieden, hebbende hunne veelal fraaije en ruime huizen langs de rivier. Het ondergedeelte dier hui-

zen is van steen vervaardigd, en dient doorgaans
tot magazijnen; terwijl de, van hout opgetrokkene,
boven-*etáge* bewoond wordt. Veelal ziet men aan
deze opperverdiepingen breede en ruime balcons,
waarop, des avonds, de gezinnen en gezelschappen
zich verzamelen, en het fraaije uitzigt, over de *Rio
Pasig*, naar de tegenoverliggende stad *Manilla* en de
schilderachtige omstreken — tevens met de aangename koelte — genieten. Afgewisseld worden deze
huizen door magazijnen, scheepstimmerwerven en
andere, voor de verschillende bedrijven der arbeid-
zame klasse ingerigte beperkingen, welke de verscheidenheid en levendigheid van het hier ten toon ge-
bodene geheel helpen vermeerderen.

- Niet verre van het tolhuis (*aduana*) — toen nog
aan den kant van *Binondo*, maar sedert waarschijnlijk naar de zijde van *Manilla* overgebragt (als waar
een prachtig en ruim locaal voor de douane, welk
men bezig was te bouwen, toen reeds geheel in
deszelfs muren stond) — legde onze *panco* aan.
Al de passagiers stapten nu aan land. Men geleidde
ons, door eene poort, gezegd tolhuis binnen. Daar
onderzochten de tolbeambten onze bagaadje, waarmede men weldra gereed was. Hierop gingen wij
naar het logement van den heer HANTELMAN, zijnde een Duitscher, en kwamen daar juist aan op
het oogenblik, dat deszelfs gasten zich tot het middagmaal aangezet hadden; hetgene ons mede van deze
gelegenheid deed gebruik maken.

Tot de kennissen, die wij hier aantroffen, behoorden de gezagvoerder van den schoener *the Dull* en

twee zijner passagiers van *Canton*, gelijk mede den reeds genoemden kapitein DARLUC. Wijders bestonden de aanwezigen uit een amalgame van Franschen, Engelschen, Spanjaarden, Portugezen, Noordamerikanen, Duitschers, enz., waarvan bijna niemand den ander kende, en dus ieder in zijne soort zich des te ligter zoo zeer op zijn gemak vertoonde, als stake in hem een edelman, wien het op geld niet aankwam — ofschoon het bezwaarlijk te loochenen kon vallen, dat weinigen der naar deze gewesten gekomenen zich niet tot hoofddoel hunner reize zouden gezet hebben; hetgene de Chinezen gewoon zijn, in hun Engelsch te bestempelen: » *to makéé profit.*" De Lezer houde ten goede, dat ik hem dit gezelschap nog iets nader binnenleide, waartoe de tegenwoordige hoogte van mijn reisverhaal zich bij voorkeur schijnt aan te bevelen.

Velen aan deze, overigens vrij sterk bezette, *table d' hôte* op het eiland *Luçon* waren, gelijk wij, bevelhebbers of supercargas van schepen; terwijl eenigen der overigen al het voorkomen hadden van zoodanige geluksridders, welke zich op elke plaats, waar zij nieuw optreden, steeds voor *honnête* lieden, ja die tot den eersten stand der maatschappij behooren, weten te doen doorgaan. Bij een ieder in 't gemeen lagen de opgeruimdheid en het zelfvertrouwen op het gelaat te lezen; ook was men regt spraakzaam, en zekere opgewondenheid deelde van den een' aan den ander zich mede. De scheeps-kapiteins snoefden op hunne snelzeilende bodems en de door hen gemaakte korte reizen, — de supercargas op hunne handelsverrigtingen en de ernorme daarbij gewonnene sommen. Van honderdduizenden piasters hoorde men spreken, als konden pakhuizen daarmede gevuld worden. Doch bovenal muntten in grootspraak de zoogenaamde reizigers uit. Sommigen hunner waren, van onderscheidene eerste handelshuizen, met schitterende orders en een onbepaald crediet uitgezonden; — anderen reisden om de wereld te zien, — weder anderen als natuuronderzoekers, geleerden of ook wel militairen, die, hun land in hoogen rang gediend hebbende, zich door miskenning van derzelver bravoure en verdere verdiensten zagen beantwoord, en, uit dien hoofde, bij eenen nieuwen staat gingen engageren. — De menigvuldige soortgelijke *scènes* uit het leven, welke ik, inzonderheid ook op de tegenwoordige reize, aan zóó vele plaatsen nu reeds weder had aangetroffen, deden eerlang te meer bij dergelijk opmerkend beschouwen mij ditmaal stilstaan, hoe meer voorbeelden van onder allerhande voorgehangen mom hunne rol hier spelende avonturiers ons van tijd tot tijd bekend werden.

De mingeoefende dan ook, die al zoodanig voor de oogen gevoerd goochelspel ten volle voor goede munt opneemt, kan daardoor niet zelden in eene pijnlijke leerschool geraken; doch de ervarenen zullen — hoewel elkander in schijn de eer toekennende, waarvan, ter wederzijde de vertooning gemaakt wordt, — reeds van zelven, met een voorzigtig oog, zich onderling gadeslaan en, op gelijkhangende schalen, verdiensten dus ook toekennen en wantrouwen. Overigens doet de hier vooral thans bedoelde soort van duizendkunstenaars — van welken men eenigen met nog geringeren titel zou kunnen vereeren — in zóó groote verscheidenheid van gedaante zich voor, dat dezelven niet gemakkelijk met éénen enkelen trek zijn aan te duiden.

Zoo b. v. was te *Manilla* opgetreden zekere zich noemende *Chevalier* DE H * * *, zijnde een Franschman, en welke voorwendde, om geene andere reden naar de *Philippijnsche* eilanden te zijn gekomen, dan — NB! — zich met naturaliën te verrijken. Brieven van aanbeveling, die hem als eenen volijverigen beoefenaar van het geheel der *natuurlijke historie* deden voorkomen, had hij in menigte bij zich; waarom dan ook wel alle halfgeleerden of dilettanten in gezegd vak op de been raakten, om onzen Franschman met eerbewijs te overladen. Zelfs de Gouverneur scheen met het bezoeken van deszelfs eilanden door eenen zóó gedistingueerden natuuronderzoeker zeer verheerlijkt, en aarzelde derhalve geen oogenblik, dien het doorreizen der binnendeelen van *Luçon* in het belang der wetenschappen te vergunnen. De ridder nogtans werd teleurgesteld in het niet ontvangen zijner interessen uit het vaderland, — was dus om fondsen verlegen; — doch wist zich daaraan even gemakkelijk te helpen als aan zijn professoraat. Bij het overwigt trouwens zijner geleerdheid voegde hij een even gefabriceerd-beminnelijk voorkomen, — trad met dezelfde onbeschaamde vrijpostigheid, hem in alles eigen, ook tot bereiking van dit *but* bij zijne vrienden en bekenden binnen, en wist hen weder alles te beduiden, wat hij verlangde. Mijn correspondent, *Dom* LOPIS RAMOS, was de gelukkige, die hem de begeerde weldaad mógt bewijzen; en onze ridder, aldus met zes honderd piasters gespaard, verliet de hoofdstad, begevende zich, over het gebergte, naar de binnenlanden op den weg. Maanden inmiddels verliepen, zonderdat er iets van den natuurkundige gehoord werd. Men geraakte ten laatste, wegens het mogelijke lot, dat hem, het zij door wilde dieren, woeste Indianen of ziekte — als slagtoffer van zijnen ijver — kon getroffen hebben, in ongerustheid. De heer RAMOS, bewaarder intusschen van des ridders koffers, begon eindelijk aan eene examinatie te denken, of hij zich, des noods, uit de precieuse zaken, daarin volgens voorgeven vervat, voor zijne geleende reisgelden zou kunnen schadeloos stellen — doch men vond, toen het eindelijk nu hiertoe kwam, in dezelve, voor den grooten, ruwen diamant, waarvan de *chevalier* met zoo veel ophef had gesproken, niets dan onbeduidende dingen.

Het was dan ook omstreeks dezen tijd, dat onze naturaliën-verzamelaar werd teruggevonden, edoch onder eene geheel andere gedaante, en niet in de binnenlanden van *Luçon*, maar te *Macao*, waar wij hem in de rol eens ridders van een oud Fransch, adelijk geslacht, die hier eene *asyle paisible* kwam zoeken, juist hadden leeren kennen. Ook hier was hij bezig, en gelukte het hem, zich, in zijne nieuwe gestalte, bij een ieder zoodanig te introduceren, dat hij algemeen als de dusgenaamde *delice* van de conversatie wierd aangemerkt: — althans in dier voege werd hij aan ons opgehemeld en tevens voorgesteld,

toen wij ons te *Macao* laatstelijk ophielden. Ik voor
mij echter — ofschoon toenmaals evenmin wetende
als iemand, dat onze edelman te *Manilla* den professor
gespeeld had, — moet bekennen, dat noch zijn eerste
voorkomen, noch zijn onderhoud, mij al aanstonds
behaagde; en dit scheen wederkeerig, ten mijnen
aanzien, ook *bij* hem het geval, hoezeer *hij schier*
geen enkel woord van mij kreeg te vernemen, evenmin als zijn al te blijkbaar bestudeerd gesnap —
waarnaar ik nogtans, en hetgene hem ook wel niet
ontging, met aandachtig nadenken luisterde — immer
toestemmende of afkeurende *mine* mij afdwong. Hij
had, zoo veel gaf hij voor, *Frankrijk* verlaten, om
vrij te kunnen ademen. Het tegenwoordige gouvernement was bij hem gehaat, en de, destijds aan het
bewind zijnde, minister VILLÈLE *son ennemi éternel*.
Doch, toen wij van *Manilla*, weder in *China* terug-
kwamen, had hij ook *Macao* reeds verlaten — het
zij, dat men ook hier den ridder-*naturalist* bereids
had beginnen te doorgronden, en welligt te leeren
kennen, of mogelijk ook wel vermits hij moest verwachten, dat wij, die hem ten huize van onzen vriend,
den heer M—, hadden aangetroffen, de ongeroepen
overbrengers zouden kunnen wezen der faam, welke
de ongunstige staat, waarin deszelfs koffers met natuurlijke zeldzaamheden waren bevonden geworden,
te *Manilla* omtrent zijne bijzondere hooggeleerdheid
verspreid had.

Een andere soortgelijke *monsieur*, die mede in het
logement van HANTELMAN den grooten heer speelde,
verdween eensklaps van het tooneel en liet zich als

Franciskaner monnik in een klooster enrolleren, om reden, dat er een Hollandsch schip, komende van het eiland *Java*, voor de rivier *Pasig* was gearriveerd, aan welks boord zich een bediende van zeker handelshuis te *Batavia* ophield, die het bijzonder op den geestelijken leekebroeder gemunt had. Dezen laatsten namelijk was het ingevallen, zich in onze kolonie uit te geven voor eenen reiziger, belast, van wege eene bekende firma te *Bordeaux*, met het bestellen der ladingen voor twee, eerlang te wachten schepen. Na echter het huis van negotie, welk zich tot deze operatie met hem had ingelaten, voor eene meer of min aanzienlijke som gelds te hebben opgeligt, verdween hij. Later werden zijne aanbevelingsbrieven en schriftelijke bewijzen aangaande zoodanige orders even echt bevonden, als die van onzen ridder zulks, omtrent diens kunde in de natuurlijke historie, bij onderzoek zouden geweest zijn. Men kwam nogtans het verblijf van den Franschen gelastigde op het spoor, en hoopte hem nu te *Manilla* te vangen, toen hij, bij de aankomst zijner vervolgers, juist tijdig, door het witte Franciskaner-kleed, tegen de *prise de corps*, welke men anders op hem zou gehad hebben, gedekt werd.

Weder andere gasten, die somtijds almede aan onzes waards tafel verschenen, wisten de vreemde kapiteins en supercargas te gewinnen en, door uitzigt op aangeboden voordeel, te verlokken, van, met hunne ladingen en gelden, aan hen zich te wenden — soms om beide te verliezen. De Fransche kapitein D*** was op deze wijze in het net geraakt van het huis L. B*** en C°., hetwelk, na het resterende van deszelfs lading verkocht en het provenu daarvan in wissels aan zekere firma op het eiland *Mauritius* (*Isle de France*) hem betaald te hebben, den niets kwaads vermoedenden scheepsgezagvoerder ook diens aan boord zijnde fondsen, en zelfs goudbaren, in gelijkgestelde wissels wist te doen converteren. Vermits nu de *registro mercantil* van *Manilla* steeds specifiek vermeldt, welke ladingen er door de binnenloopende schepen aangebragt worden, wisten dan ook L. B*** en C°., *dat* en *hoe veel* aan contanten en ongemunt goud de *Wilhelmina en Maria* inhad. Het leed dus niet lang, of het aanzoek, dit geld en goud, het laatste naar de waarde getaxeerd, aan hen, tegen wissels op het huis van D*** en C°. te *Macao*, onder genot van één per cent korting te willen afstaan, kwam insgelijks tot mij; waartoe ik nogtans weinig genegenheid gevoelde, hetwelk ten gevolg had, dat men, bij eene herhaalde aanvraag, twee ten honderd wilde laten vallen. Hierop vond ik goed te antwoorden, dat ik, voor geene offerten, van welken aard, noch op wiens crediet ook, de gelden uit mijn schip vermogt te veralieneren. Later te *Macao* terugkomende, vernam ik, dat men hier geene cent op de *traitte* van L. B*** en C°. zou betaald hebben; en, met de eerstvolgende gelegenheid van *Manilla*, ontvingen wij tevens reeds de tijding, dat gezegd huis aldaar, op eene allerschandelijkste en aan deszelfs vroeger bankroet te *Goa*, op de kust van *Malabar*, in allen deele gelijke wijze, gefailleerd had. Meest beklaagden toen wij allen onzen goeden Franschen kapitein ☐***, die met zijne wissels naar *Isle de France* op weg was. Hoedanig het hierin met dezen is afgeloopen, ben ik nimmer te weten kunnen komen.

Vroeger reeds te verstaan hebbende gegeven, dat het openbaar maken mijner aanteekeningen betrekkelijk deze reize grootendeels mede zich ten doel stelde, geheel onervarenen, die tot soortgelijke expeditien op weg gaan, van eenig nut te zijn, moge dit der uitvoerigheid van de verenstaande mededeelingen tot eenige verontschuldiging strekken; en zal het veelligt dengenen, welke voor het eerst zich daaromtrent toeschikt, niet onwelkom zijn, op gevaren en *mystificatien*, waaraan men overal kan blootstaan, zijne aandacht eenigzins meer te hebben zien rigten.

Niettemin zij het verre van mij — om tot ons punt thans terug te keeren — dat ik de gasten, die wij hier bijeenvonden, allen zou hebben willen beoordeelen naar den maatstaf der schildering, door mij, naar de uitkomst, van sommigen ontworpen. Integendeel — er was geene reden, dezelven anders te beschouwen, dan ik wederkeerig, ten mijnen aanzien, billijk kon verlangen. De door ons ontmoete kennissen ook gaven weldra gelegenheid tot eene aansluiting, zoo dat wij eerlang eenen regt gezellig-aangenamen zoo te zeggen: vrienden-kring vormden, waarin de vrolijkheid, gulhartigheid en eensgezindheid voorzaten. Dit gaf tevens aanleiding tot onderscheidene gezamenlijke uitstapjes, zoo met rijtuig als op de rivier, die mij, in wezenlijkheid, steeds nog genoegelijke herinneringen nalaten. Onder ons gezelschap bevond zich mede een Fransch heer, dien ik, op eene vroegere reize, reeds te *Batavia* ontmoet had, en welke toen aldaar bekend stond als een geaccrediteerd, gevestigd koopman in *Cochinchina*. Hij was zoo vriendelijk, mij, op gedane uitnoodiging, alle voorshands noodzakelijke inlichtingen, betrekkelijk dat land, wel te willen geven, die, in geval de verdere *loop* der expeditie van de *Wilhelmina en Maria* medebragt, *Cochinchina* te bezoeken, ons te pas mogten komen; en welke — vermits zij, voor geheel onbekenden, mogelijk even zoo wel tot eene handleiding *zullen* kunnen strekken, als dezelve, ongetwijfeld, mij daartoe zouden gediend hebben, — almede, onder de *bijlagen* achter dit deel, in derzelver oorspronkelijke gestalte mogen voorkomen.

Na den maaltijd op den dag onzer aankomst begaf ik mij het eerste tot den heer *Dom* SEBASTIÁO LOPIS RAMOS, een Portugeesch van geboorte, die sedert zijne vroegste jeugd ter zee gevaren, en eindelijk, als kapitein, verscheidene fraaije, groote schepen gevoerd had. Thans was *hij* als koopman, commissionair en scheeps-bouwmeester geëtablisseerd te *Manilla;* en ik moet zeggen, dat hij — een buitengewoon sterk gebouwd man, nog in het beste van zijn leven, — in het ééne zoo wel als andere dier vakken gelijke activiteit en kennis van zaken aan den dag legde. Het was dan ook bij voorkeur aan zijn huis, dat ik, op bekomene aanleiding, met schip en lading mij adresseerde.

De heer RAMOS bewees mij in het vervolg vele beleefdheden, en bragt ons met verscheidene gegoede familien, meestal van vreemde, hier gevestigde kooplieden, in kennis. Zijne echtgenoot behoorde tot die beminnelijke *francaises* van het eiland *Mauritius*, welke, door haar geestig onderhoud en wegslepend bevallige manieren, bij alle — eenmaal *Port St. Louis* op het eiland *France* bezocht hebbende — reizigers, met aangename en dankbare herinnering herdacht blijven.

Vermits het voorts hier gebruikelijk was, dat elke nieuwaangekomen scheeps-bevelhebber zijne opwachting bij den Gouverneur dezer eilanden ging maken, vervoegde ik mij, den volgenden dag, onder het geleide van *Dom* RAMOS mede tot dien, toen juist zich bevindende in zijn buitenpaleis, den weg op naar het fraaigelegen dorp *San Fernando de Dilao*. Zijne Excellentie, *Don* MARIANO RICAFORT, ontving mij ongemeen minzaam, en deed onderscheidene vragen aangaande de gesteldheid van zaken in de nieuwe republieken van *Zuid-Amerika*, welke ik zoo voldoende mogelijk, doch even onzijdig, trachtte te beantwoorden. Willens, eene lading rijst van *Manilla* uit te voeren, moesten wij gelijkelijk van denzelven de vergunning daartoe vragen, welke, zoodra er eene schaarste van dit gewas voor de kolonie zelve te voorzien staat, niet zelden wordt geweigerd. Gelukkig trof ik toenmaals dit geval niet, zoo dat ons voorloopig werd toegestaan, mij deswege schriftelijk te mogen wenden; hetgene onverwijld geschiedde. Middelerwijl haastte ik mij zoo veel doenlijk, met het nog resterende van het bij ons scheep zijnde voorshands op te ruimen, en kocht alvast eene lading rijst en *pady*, voor en aleer de prijzen daarvan mogten stijgen, tevens in: zoo dat, toen op mijn adres een toestemmend antwoord werd ontvangen, wij ook reeds eenen aanvang konden maken met het laden, hetwelk met behulp van vaartuigen, daar te lande *pontines* geheeten, plaats had, en welke bij ons aan boord bragten:

3253½ *cabanes* (*) rijst (*arroz* genaamd) tegen 10⅛ piaster p^r. *caban.*
1228¼ » *pady* (*palay* ») « 4½ » p^r. *id.*

Terwijl ik mij nu dus doende beijverde, onze zaken alhier zoo spoedig mogelijk ten einde te brengen, besteedden wij intusschen de ons overig zijnde oogenblikken tot eenige nadere opneming van dit mij alstoen nog vreemd gewest. Iets aangaande hetzelve dien ik hier weder te zeggen, hoewel, om reeds opgegevene redenen, in niet dan korte en vlugtige trekken.

Binondo — om van dáár te beginnen — levert, gelijk reeds gezegd is, een vrolijk gezigt op, door de bewegingen van den aldaar gedreven koophandel. Eene menigte Chinezen — voor het grootste gedeelte hunne winkels en verblijf hebbende in het kwartier *San Antonio* — kruist zich mede hier langs de straten, onder het *pikelen* (dragen, op Bataviasche wijze,) van hetgene zij uitventen. Veelal ook worden verschillende bedrijven door dezelven uitgeoefend, als die van houtzagers, timmerlieden, schilders enz. Eene wemeling

_____

(*) De *caban* of *cavan* is eene landsmaat, en wordt verdeeld in 25 *gantas*. Eene *cavan* koffij levert, van den bast gezuiverd, nagenoeg 52 pond netto uit. Eene *cavan* rijst weegt 126 à 128 pond; eene *cavan* cacao 87 à 88 pond — alles Spaansch gewigt.

van rijtuigen, *berlotchen* genaamd en met twee paarden bespannen, draaft ginds en herwaarts, met
kooplieden, scheepsbevelhebbers en cargas — allen
even drok bezig. Eindelijk slaat het uur, dat de
duizenden arbeiders uit de koninklijke sigarenfabrijk
naar huis keeren; hetgene de levendigheid, die deze
stad boven vele anderen onderscheidt, nog helpt
vermeerderen.

Laatstgezegd gebouw, gelegen in het gedeelte der
stad, *Tondo* genaamd, werd oorspronkelijk bestemd
tot een monnikenklooster, en staat op een groot
plein, liefelijk belommerd door hoog geboomte,
hetwelk aan het voormalig geestelijk gesticht zeker
aanzien van gezelligheid bijzette. Thans bevat hetzelve, eensdeels, pakhuizen, waarin de van onderscheidene provincien aangevoerde, geoogste tabak
wordt opgeslagen, en voorts lokalen, alwaar men
de, naar bekwaamheden en verrigting verschillend
geklassificeerde en bezoldigde, werklieden ziet arbeiden. Eenigen van dezen zijn bezig, met kisten,
balen en andere pakkingen gereed te maken ter verzending; — in andere zalen ontmoet men duizenden
van menschen bijeen, die, met eene verwonderens-
waardige vlugheid, het hier bewerkte artikel — onderscheidenlijk — sorteren, van de stelen zuiveren,
en dan de bladen rollen tot de zoo geroemde en geurige
sigaar, welke bij ons onder den naam van die van
Manilla algemeen bekend is; hetgene al te maal met
des te meer spoed en orde plaats heeft, daar iedere
afzonderlijke bewerking als van hand tot hand loopt.
De één sorteert, diens nevenman haalt af, de derde

schikt de korte blaadjes op één grooter, een vierde
rolt dezelve in elkander en beplakt de sigaar, aan
ééne zijde, met zekere gom; waarop dezelve, gelijkerwijze, tot op ééne lengte wordt afgesneden, in
hoopjes van vier en dertig stuks opgestapeld, aan
pakjes gebonden, en dan per duizend in de kistjes
gepakt, die men ook dikwerf, vele duizenden dus
bij elkander, in groote kisten pleegt te verzenden.
De zoodanige nogtans, welke, van *Manilla*, sigaren
als een artikel van handel wil uitvoeren, zal beter
doen met dezelve per *aroba* te koopen, bij eenen
Chinees dan de kistjes te bestellen, die nu te vullen,
en voorts te doen spijkeren en digtplakken. Ik kocht
toenmaals de *aroba* tegen 18 piasters, 12,5 cent, en
betaalde voor de zes en twintig kistjes 4 piasters en
87,5; hetwelk dan nog door eene kleinigheid voor
spijkeren en plakken wordt vermeerderd. Men moet
echter ook den tijd afwachten, dat in de fabrijk de
beste soort tabak bewerkt wordt. De heer DANTEL-
MAN — zoo veel als één der commissarissen bij de
estanco — was het, die mij dezen raad gaf en tevens
waarschuwde, toen ik juist de keurigste sigaren zou
kunnen bekomen.

In sommigen der vermelde werkplaatsen, alwaar,
op de beschrevene wijze, zoo vele handen zich roer-
den, zagen wij enkel mannen, allen inboorlingen
van het eiland, en hoofdzakelijk, in onderscheiding, belast met het maken van de papieren sigaren
(*cigarreros.*) Andere, ruim zoo uitgebreide lokalen bevatten eeniglijk vrouwen, die, wel ten getale van vier duizend, de gewone *Manilla*-sigaar

bereidden. Meestal arbeiden deze in gezinnen bijeen,
en staan gezamenlijk onder hetgene men, op *Java*,
mandoeressen zou noemen, aangesteld tot het handhaven der orde en stilte. Dezelve dan ook zweefden,
om haar gezag te doen gelden, onophoudelijk, met
eene tronie van ware DISCORDEN, de ruime fabrijkver-
blijven rond, om hier aan deze, en ginds weder aan
gene, weder op nieuw den vinger op den mond te
leggen. Doch, ondanks den ijver, waarmede deze
soort van vrouwelijke HARPOCRATESSEN zich weerde,
bleef men evenwel nog steeds stemmen vernemen;
waardoor ons de opmerking niet ontgaan kon, dat
hier een overgroot getal der sekse — immers dezer
klasse — niet ligt tot zwijgen is te brengen.

Onze ooren, die door de daadwerkelijke ondervinding, welke wij — te midden der vier duizend
bijeenverzamelde nimfen, door de CERES der *Philippijnsche* eilanden dagelijks aan het werk gehouden —
desaangaande opgedaan hadden, nog lang suisden,
gingen wij — na het bezigtigen van dit in zijne
soort opmerkelijke etablissement — als om dezelve
te doen bekomen eenige rust verschaffen, door ons
per *berlotche* te doen brengen naar het aan den
overkant der *Pasig* gelegene *Manilla*. Men begeeft
zich dan, over de reeds vermelde steenen brug, naar
den linkeroever, — keert regts af naar de vestingwerken, — passeert eene tweede brug, welke over de
daar zijnde gracht ligt, en komt nu, door eene poort,
de stad binnen, waar alles — doch vooral in den
tijd der *siesta* — een voorkomen aanbiedt van som-
berheid en stilte. Bijna geen menschelijk wezen ver-

toont zich dan op de straten. De huizen zijn gesloten, doch wel bijzonder de, voor de *corridors* der
balcons van de bovenverdieping hangende, tralieklep-
pers. Overigens kan men van *Manilla* met waarheid
zeggen, dat hetzelve vrij regelmatig gebouwd is.
Als het schoonste gedeelte roemt men de zoogenaamde *placa mayòr*, welker zuidzijde in haar geheel
wordt beslagen door het paleis van den Kapitein-
generaal Gouverneur dezer eilanden. Dit gebouw
echter, hoewel groot, verschaft een kloosterachtig —
en tevens slordig — aanzien, vooral naar den kant
der *placa*, alwaar, aan den voorgevel, de onderscheidene bureaux van den staat zijn; terwijl dan,
in deszelfs midden, eéné groote poort is, geleidende
naar eene ruime binnenplaats, aan welke de vleugel
belendt, die, door den Gouverneur bewoond, het uitzigt naar buiten over de baai en op de, naar *Cavite*,
Pulo Cavallo en het eiland *Corregidor* seinende, tele-
graaf aanbiedt. Ter noordzijde voorts der *placa*,
prijkt, behalve het paleis van justitie, tevens de
hoofdwacht, alwaar steeds, overeenkomstig de sterkte
van het garnizoen, zelden uit minder, dan vijf duizend man bestaande (terwijl andere zeven duizend op
de overige punten en sterkten der kolonie verdeeld
zijn,) eene vrij aanzienlijke magt op de been en gedurig tot beschik is.

Trouwens zoodanig een staand leger van twaalf
duizend man — meestal evenwel zamengesteld uit
Inlanders of Tagalers — is en was voor de plaatselijke
behoefte, gerekend de dreigende en bloedige too-
neelen, waaraan *Manilla*, zoo door belegeringen van

vreemden als oproeren onder de inboorlingen, Chinezen en zelfs ook Japannezen, van tijd tot tijd bloot
stond, geenszins te veel. Sommigen dezer tumulten
evenwel — het mag niet onvermeld blijven — strekten aan het Spaansche gouvernement der kolonie tot
eene onuitwischbare schande, en wel inzonderheid
het onweder, dat ten jare 1820 over de vreemdelingen losbarstte, toen op het eiland *Luçon* de cholera
regeerde. Eenige monniken, die reeds lang naar eene
gelegenheid mogten uitgezien hebben, van zich — het
zij dan uit beleedigden trots, fanatisme of anderzins — aan dezelven te wreken, ruiden het volk destijds op, door het in den waan te brengen, dat de
Franschen de rivieren en fonteinen hadden vergiftigd,
en de vreemde doktoren, welke de zieken met al den
ijver behandelden, door pligt en menschelijkheid
voorgeschreven, de medicijnen met gif vermengden;
hetgene op de onnoozele menigte zoo veel vat had,
dat dezelve, bij duizenden te zamen loopende, zich
tot eenen dolzinnigen hoop vereenigde, en al wat
vreemdeling was vermoordde. Ook de heer HANTEL-
MAN geraakte bij deze gelegenheid in gevaar, en
werd, terwijl hij op den trap van zijn huis zich ver-
dedigde, door het bekomen van verscheidene steken
zoodanig gewond, dat men hem voor dood liet
liggen. Eenige getrouwen onder deszelfs bedienden haalden hem weg, en verbonden, nog teekens
van leven bespeurende, den ongelukkige, die dan
ook herstelde, maar sedert altijd deerlijk verminkt
bleef. Bij dit moordbedrijf nu stelde zich niemand
in beweging om deszelfs voortgang te stuiten. De

Spaansche bezetting hield zich werkeloos, met uitzon—
dering van éénen officier derzelve, die evenwel, alléén
staande, vruchteloos poogde, de woede van als ware
het wilde tijgers te beteugelen. De Gouverneur, zoo
men wil, bleef mede rustig aanschouwer van het
gebeurende, en mengde zich, tot een krachtdadig
uiteendrijven van het gepeupel, niet eerder in het
midden, dan toen het volk, welk thans, even als
wilde dieren, eenmaal bloed geproefd had, de leus
van roof en moord algemeen maakte en, bij terug-
werking, ook over Spaansche ingezetenen verspreidde. Toen dan ook vielen wederkeerig niet weinigen
als slagtoffers der ongelukkige misleiding, waardoor
arglistigheid en haat hen hadden weten te verbinden
aan derzelver afgrijsselijke opzet. Het was deze zelfde Kapitein - generaal, *Don* JUAN ANTONIO DE MARTI-
NEZ, die, ten jare 1824, door eenen van diens officieren op de trappen van deszelfs paleis vermoord werd.

Op de *placa mayor* te *Manilla* — om tot dezelve
terug te keeren — pronkt voorts in het midden de
statue van *Don* CARLOS VAN BOURBON, zijnde van
gegoten metaal en verdienende alle opmerking, wegens den daaraan besteeden uitmuntenden arbeid. De
piedestal, waarop het standbeeld verrijst, heeft in
het rond vier roodmarmeren paneelen, welke, door
zwaar vergulde kolommen ingesloten, tevens, aan
elken hoek, met eenen evenzoo vergulden leeuwen-
kop prijken, die met het overige een geheel vormen,
dat zich in de daad sierlijk voordoet.

Genoegzaam twee maal in de week speelt, op deze
markt, de bende muzikanten van het garnizoen,

voor het paleis van den gouverneur. Eene menigte
rijtuigen met aanhoorders verzamelt zich dan op de
plaça mayor. Bij gelegenheid van festiviteiten doet
deze kapel zich mede hooren op de zoogenaamde
calzada, of heirbaan, welke, van de rivierbrug, om
de stad heenleidt, en van waar onderscheidene wegen zich verspreiden naar de dorpen.

Wie met éénen opslag *de beau monde* van *Manilla*
wil overzien, begeve zich, na het uur van de *siesta*,
in een rijtuig naar gezegde *calzada*. Meer en meer
wordt dan deze wandeling — welke overigens niets
bijzonders heeft, en slechts eene uitgebreide, onbe-
lommerde vlakte vormt, — door aankomende rijtuigen
verlevendigd, waarin de kolonisten, ieder om het
rijkste uitgedost, zich aan elkander vertoonen, en de
vrouwen, allen blootshoofds gekapt, tevens zoodanig
getoiletteerd zijn, als stonden zij uit hare *calèchen*
zich te begeven naar een bal. Al deze voituren rijden
processieswijze achter elkander, gaande van de rivier
tot aan den oever der baai, alwaar ieder op zijne
beurt omkeert, en weder, achter zijnen voorganger,
op het nevenspoor de vorigen passeert; terwijl men
elkander onophoudelijk met de grootste vrijmoedigheid
lorgnetteert en opneemt, waarbij het tevens aan onderlinge intriguen niet ontbreekt. *La calzada* (want
zoo noemt men ook deze uitspanning zelve) duurt
totdat de avond is gevallen, die een ieder naar huis
roept. Gemeenlijk verbergen zich dan eenigen weder
achter hunne, van schelp vervaardigde, vensters,
die eigenlijk geene verdere doorschijnendheid bezitten,
dan alleen tot het doorlaten van het daglicht, en

welke soort van ramen men ook te *Macao*, in sommige huizen der Portugezen, zal aantreffen. Anderen van de *calzada*-wandelaars, die meer deftig gelogeerd zijn, plaatsen zich nu met hunne familien op de balcons, om, onder het roken van sigaren, de koelte te genieten, welker verfrissching evenwel, met het neigen van den dag, in het ruimer gebouwde en vrolijke *Binondo* aangenamer, dan in de sombere, gedrongene straten van *Manilla*, gevoeld wordt. Deze avondbijeenkomsten zijn niet ongezellig en zelfs bij sommigen, vooral de creolen, vrij opgewekt en ongedwongen. Men schertst, zingt en danst, — vermakelijkheden tot uitspanning, welke ik hier ook op den dag, vóór den tijd van het middagmaal, aantrof.

De omstreken van *Manilla* zijn — met één woord — overheerlijk, en kunnen, in schilderachtige gezigten, wedijveren met eenigen der teregt geroemde binnenlanden van *Java*. Ook de omgelegene dorpen, en vooral die aan de rivier *Pasig*, leveren vele bekoorlijke aspecten. Bijna dagelijks maakten wij, des morgens vroeg, met het rijtuig eenen toer, en gingen ons dan tevens veelal, te *Pandacan*, in genoemde rivier baden. De badgelegenheid, waarvan wij ons daartoe, door vergunning van den eigenaar, mogten bedienen, bestond uit eene van bamboes gemaakte woning, staande aan den oever van den stroom, en alwaar men, voor de heete zonnestralen beschut, in een zeer goed vertrek zich kon ontkleeden en kleeden; terwijl een trap naar het water leidde, hetwelk van rondom door bamboezen heiningen derwijze was afgezet, dat geene kaaimans, ook hier gevonden, den

badenden kunnen verontrusten. Zoo bezochten wij
mede de fraaije dorpen *Santa Ana*, *San Juan del
Monte*, *San Mattheo* en meer andere plaatsjes, welke
wij, gedeeltelijk met rijtuig, gedeeltelijk met *bancas*,
gingen bezigtigen.

Het laatste had insgelijks plaats met het waarlijk
bezienswaardige kerkhof op den weg naar *San Fernando*. Dit zoogenaamde *Pantheon* is met hooge
muren omgeven, tegen welker binnenzijde de ovens
zijn gemetseld ter berging der lijken. Aan het einde, regt tegenover den ingang, staat eene fraaije
kapel. De hof in het midden heeft eenen labyrinthi-
schen aanleg, en prijkt met het schoonste geboomte
en plantsoen van het gewest, welke het vriendelijke
en opmonterende voorkomen dezer begraafplaats niet
weinig verhoogen. — Gaarne hadde ik ook nog een
reisje gemaakt naar het groote meer *Laguna*; doch
hiertoe ontbrak het mij aan tijd.

Evenwel deed ik, met den Franschen kapitein,
over land eenen toer naar *Cavite*. Men rijdt dan,
door onderscheidene aardige Indiaansche dorpjes,
als: *Malibay*, *Galina*, *Caricaban* enz., tot aan het
dorp *Cavite viejo* (oud *Cavite*,) en vaart, van daar,
naar *Cavite* over. Wij lieten hier ons rijtuig staan,
gebruikten het middagmaal aan boord, vertrokken
voorts weder naar *oud Cavite*, en waren des avonds
te *Manilla* terug.

Van *Cavite* overigens valt niet veel bijzonders te
vermelden. Het plaatsje is zeer in verval, en wordt
voornamelijk bewoond door visschers en werklieden aan 's rijks arsenaal, tot welk tevens eene zeer

21 *

goede timmerwerf behoort, waarvan reeds verscheidene fraaigebouwde oorlogschepen van stapel liepen.
Er lag toen nog aan dezelve een nagelnieuwe oorlogsbrik. *Cavite* heeft eene citadel en eene banjaard
voor galeislaven, aldaar veelal loopende in de groote
raderen van den moddermolen. Ook vindt men er
een marifime hospitaal, dat, van wege zijne goede
inrigting, tot een model zou kunnen strekken, *en*
omtrent welk ik hier nog het volgende wil aanhalen.
. Gedurende den tijd, dat het schip voor *Cavite*
bleef liggen, maakte ik dikwijls, om geld te halen,
met *Dom* RAMOS, in eene *faloua*, een zeiltogtje naar
boord, alwaar zich, tot mijn leedwezen, toenmaals
onder het scheepsvolk eenige zieken bevonden, die
wij naar gezegd hospitaal vervoerden. *Het laatste*
belendde aan een klooster, welks monniken de lijders
behandelden, oppasten en verzorgden. Aan Protes-
tantsch of Roomsch bewees men gelijke deelnemende
en zelfs medelijdende hulpvaardigheid; en, *bij ieder
afgelegd bezoek*, vernam ik van mijn *volk*, uit éénen
mond, dat hetzelve, door de monniken, wezenlijk
met vaderlijke liefde verpleegd en verzorgd werd,
en dat het niemand aan iets hier ontbrak. Toen
drie mijner matrozen veertien, en een andere vier
dagen, (zijnde dus, te zamen genomen, zoo veel
als zes en veertig dagen voor éénen persoon,) in dit
gesticht geweest waren, vraagde men, ééns af, voor
alles negentien piasters; hetwelk komt op f 47.50,
en dus iets meer dan een' gulden daags per man
beloopt: — waarop waarlijk niets was in te brengen, in aanmerking nemende, dat ik, ten jare 1824

met het schip *Delphine* voor *Batavia* gelegen, aldaar voor éénen man, tegen honderd drie en vijftig dagen, ƒ 229,15 Indische guldens of ropijen betaalde. Aan den *Pater* PRIOR zijne negentien piasters afdoende, kon ik dan ook te minder nalaten, dien, met dankbetuiging, de hand te reiken, onder het uiten van den wensch, dat God hem en zijne vrome broeders hunne waarlijk christelijke weldadigheid, aan den evenmensch bewezen, rijkelijk mogte vergelden.

De vroegere zoo wel als hedendaagsche handel op de *Philippijnsche* eilanden, van welken het hier de plaats zijn zal, met een woord te gewagen, levert steeds een belangrijk punt op van beschouwing; waaromtrent ik mij evenwel weder zal dienen te bekorten. Te *Manilla* (*Binondo* altijd daaronder begrepen,) dat als ware het de stapelplaats is aller naar of van deze kolonie gevoerde goederen, vindt men ook de geconcentreerde markt derzelven. Het aantal schepen echter, hier jaarlijks binnenloopende, beantwoordt niet aan den rijken uitvoer van produkten, dien het land zou kunnen aanbieden — ofschoon, sedert het gedeeltelijke afvallen der nieuwe wereld van de Spaansche kroon en het toestaan van den vrijen handel op *Manilla*, de hoop werd gekoesterd, dat zulks van jaar tot jaar zou verbeteren. In 1827 bedroeg er het geheele getal van lading aanbrengende schepen, Spaansche en vreemde (onder welke laatsten ook de Chinesche te tellen) bijeengerekend, zeven en veertig, — dat der uitvoerenden zes en veertig, — de opbrengst aan de douane voor artikelen van uitvoer circa tweemaal honderd en dertig duizend piasters.

De verschillende voorwerpen van invoer zijn te menigvuldig om hier aan te halen. De Engelschen, in het kort, brengen hunne ruwe katoenen, ijzer-, staal- en koperwaren, voorts scheepsankers en kettingen, landbouw-gereedschappen, aardewerk, en meer andere produkten van derzelver fabrijkwezen, — de Noordamerikanen provisien, vooral scheepsbehoeften, als teer en mastwerk, — de Hollanders, van Nederlands *Oostindie*, mede eenige provisien, als ook specerijen, benevens ettelijke Duitsche fabrikaten, gelijk Neurenberger waren enz. De eertijds voor *Spanje* zoo voordeelige handel van *Manilla* op *Zuid-Amerika* en *Mexico* — en welke, van uit *Acapulco*, met groote schepen (galjoenen) gevoerd werd — bevindt zich thans bijna uitsluitend in de handen van Amerikanen en Engelschen; doch hebben ook eenige weinige Fransche schepen getracht, zich hierin te mengen. Wanneer evenwel eenmaal de kroon van *Spanje* de onafhankelijkheid van deszelfs voormalige overzeesche bezittingen zal erkend hebben, laat het zich wel aanzien, dat deze als tot een verjongd bestaan zich opheffende staten meer en meer een groot deel aan den handel tusschen *Amerika* en *Azia* zullen beginnen te nemen, en, door zich toch weder met hun voormalige moederland meer of min te verbroederen, langs dien weg de overige Europeanen, zoo wel als Noordamerikanen, in die evenredigheid uit deze vaart eerlang te verdringen.

De artikelen van uitvoer zijn mede, te *Manilla*, zeer menigvuldig, en strekken ten bewijs, zoo van de vruchtbaarheid des lands, als ten opzigte der bij

de inwoners, of wel bepaald de Tagalers, reeds bestaande industrie. Onder de voortbrengselen des
gronds worden billijk het eerste hier vermeld de rijst
en *pady*, waarvan steeds zulke belangrijke verzen-
dingen naar *China* gaan, bij de daaraan in dit rijk
altijd bestaande behoefte. Hierop volgen de, meerendeels een uitmuntend zoet opleverende en daardoor bekende, suikers. Die van *Pampanga* zijn de
besten, — mindere kwaliteiten komen van *Pagasinan*,
Ylocos en *Yloylo*, de *Laguna* en *Imos* — welke laatste
de minste en eene zeer inferieure soort is. Verder mogen hier genoemd worden : de indigo, het sapanhout,
de tabak en sigaren, mitsgaders de rum. De cacao
zou mede, wegens derzelver voortreffelijke hoedanigheid, tot een artikel van belang zich kunnen opbeuren ;
evenwel was de uitvoer daarvan voorshands nietsbe-
duidend, terwijl ik integendeel, te *Manilla*, cacao,
nog van *Guayaquil* aan boord zijnde, voor billijken
prijs verkocht, en daarvoor in ruiling nam : nankings, een der uitgaande fabrikaten van deze eilanden, benevens hetwelk de inboorlingen nog eene
menigte soorten van witte en bonte lijnwaden vervaardigen en verzenden, welke, door den daarin
geweven zijden draad, eenen sierlijken glans hebben, — tafelkleeden enz. Vervolgens trekken zij uit
den stam van zekeren banan- of *pisang*-boom eene
uitmuntende soort van hennip, van welks grove vezels
het bekende witte *Manilla*-touwwerk gemaakt wordt ;
terwijl de teedersten derzelven, tot eenen fijnen
draad gesponnen, de zoo fraaije zijdglanzige lin-
nens geven, waarmede de inlanders zich kleeden :

datgene echter, welk van den steel der ananas *bereid* wordt, spant boven alle ander de kroon. Onder *de* veelvuldige, gelijksoortige artikelen van industrie zijn hier almede niet te vergeten: het zoo keurige matwerk, — de welbekende sigaarkoker, getuigende van den eleganten arbeid in stroo, — de *Manilla*-hoeden, mede een belangrijk voorwerp van uitvoer, zijnde de zwarte inzonderheid van eenen buitengewoon *fraaijen* arbeid, doch zeer schaars en dus ook evenredig duur. Nog is, als artikel van uitvoer, het hout te noemen, zoo uitnemend geschikt tot de constructie van schepen enz. Het zoogenaamde *Gigo*-hout verdient alle opmerking tot inhouten zoo voor sloepen als groote vaartuigen, en is inzonderheid ook geschikt voor zalingen. Het *Molave*-hout dient tot wegeringen enz.

Om nu ten slotte nog iets van *Manilla's* bevolking te zeggen, bestaat deze uit evenredig weinige Spanjaarden, vele Creolen, Mistiezen, Tagalers, Chinezen en berg-Indianen. De Tagalers, welke de eigenlijke bewoners van het land zijn, kwamen mij voor, veel overeenkomst met de Javanen en verdere Maleitsche volkstammen te hebben, die onder dezen algemeenen naam bevat zijn; de meesten derzelven belijden de christelijke godsdienst. Overigens heeft hunne levenswijze, in haar geheel, veel van die aller andere, op eenen gelijken trap van beschaving staande natien in den *Oostindischen Archipel.* Zij zijn van aard zachtmoedig, en zullen dit blijven, zoo lang zij niet in die soort van geestvervoering geraken, welke deze inlanders al te gader tot de dolzin-

nigste en kwaadaardigste wreedheden kan brengen.
Hunne woningen bestaan voor het grootste gedeelte
uit bamboes, benevens het blad van den palmiet of
het op *Java* bekende *adap*. Of, van nature, hunne
arbeidzaamheid grooter, dan die der Javanen, is,
zou ik niet durven verzekeren; doch zij kwamen
mij niet snediger voor, terwijl hun bijgeloof en gehechtheid aan vooroordeelen, naar hetgene ons daarvan voorkwam, even groot waren.

Opzigtelijk de wedersgesteldheid van *Manilla* is,
bijzonder door LE GENTIL, reeds zoo veel gezegd,
dat alle nadere uitweiding desaangaande kan gespaard
worden. Gedurende ons verblijf te *Cavite* teekende
de thermometer van FAHRENHEIT zelden beneden
de 86°.

Laatstelijk mogen de volgende korte geschiedkun-
dige herinneringen, aangaande deze oorden en de
vaart op dezelve, hier nog hare plaats vinden.

De Portugesche, doch in dienst van den koning van
Spanje varende, zeeman FERDINAND MAGALLAN, welke — ten jare 1519 als Admiraal eener vloot aan boord
van het schip *Vuictoria* van *Europa* uitgezeild, en
de door hem ontdekte en naar zijnen naam genoemde straat gepasseerd zijnde, — het vroegste de zeeën
bewesten *Amerika* bereikte, was tevens, op die reize,
de eerste, welke kennis kreeg aan de *Philippijnsche*
eilanden.

Hij landde, met drie schepen, aan de oostkust
van het groote eiland *Mindanao*, en schijnt, zoo als
de Portugesche geschiedschijver van dezen scheepstogt
vermeldt, van daar zijnen weg genomen te hebben,

langs de *Surigao*-eilanden (*) door straat *Surigao*,
ook *Suriago* genaamd, en voorts, langs meer andere
eilanden, eindelijk naar het eiland *Zebu*.

MAGALLAN, welke, in deze gewesten, over het algemeen door de inboorlingen niet zeer gastvrij ontvangen werd — blijkens hij hier en daar, onder het
trachten naar het verkrijgen van levensmiddelen, met
de Indianen in gevechten geraakte, en daarbij eenigen
zijner sloepen met manschap verloor, — zag zich
door den koning van *Zebu* het eerste met eenige wel-
willendheid behandeld. Hij wist dezen vorst over te
halen tot de christelijke godsdienst, en wel in dier
voege, dat dezelve, onder het aannemen van des
Admiraals voornaam (FERNANDO,) zich, benevens zijne
geheele familie en nog acht honderd onderdanen,
liet doopen. Het bleek nogtans weldra, dat deze
koning veeleer met een staatkundig oogmerk, dan
door liefde voor de christelijke leer, zich daartoe
had laten brengen. MAGALLAN evenwel, nu eenmaal
een vriendschappelijk verbond met denzelven aangegaan hebbende, kon zich niet goedschiks er afmaken, den met eenen zijner naburen in oorlog zijnde vorst de behulpzame hand te leenen; waardoor
FERNANDO, de bekeerde, aldus ondersteund, tot twee
maal op zijnen vijand het voordeel behaalde. Naar-
dién echter deze krijg voor het grootste gedeelte
met kleine vaartuigen konde gevoerd worden, waartoe dus de Spanjaarden hunne sloepen bezigden, gebeurde het op den twintigsten April 1521, dat, bij

---

(*) De *Surigao*- (of ook in sommige kaarten *Suriago*-) eilanden
vindt men tusschen het eiland *Mindanao* en het eiland *Samar*.

het derde gevecht, eene der Spaansche sloepen door twee aanzienlijk groote Indiaansche vaartuigen te eenen maal overmand raakte, waardoor MAGALLAN zelve, zijn zoogenaamde sterrekijker, benevens een andere Portugees, CHRISTOFFEL RABALLA geheeten, het leven er bij lieten, terwijl de hen inhebbende sloep ijlings de wijk moest nemen.

Na deze ramp trof de Spanjaarden weldra eene andere, die nog grootere ontsteltenis aanbragt. De beide Indiaansche vorsten, namelijk, maakten onderling vrede, en legden het, volgens eene heimelijke overeenkomst, van nu aan gezamenlijk toe op het verderf der Spanjaarden; hetwelk zij verraderlijk trachtten te bewerken. De koning van *Zebu* gaf tot dat einde een groot gastmaal, waarop hij twintig der voornaamsten van de Spaansche vloot deed noodigen, en welken ook allen, door zich zonder eenig kwaad vermoeden aldaar te doen vinden, het slagtoffer hiervan werden. De Kastilianen verloren, langs dien weg, door de kennismaking met deze eilanders zoo veel volks, dat, om twee hunner schepen tamelijk bemand te krijgen, zij het derde moesten verbranden. Eindelijk, na met meer andere moeijelijkheden geworsteld te hebben, kwam JUAN SEBASTIAO DEL CANO, destijds bevelhebber der *Victoria*, den derden September 1522 te *St. Lucar*, eene der Spaansche havens, weder binnen, en KAREL V erkende en beloonde in hem den eersten, welke immer den aardbol had rondgezeild; tot welken togt men drie jaren, min veertien dagen besteed had.

De Portugezen overigens waren, gelijk bekend is,

de eersten, welke, nog vóór de Spanjaarden, eenen scheepstogt van uit *Europa* naar *Oostindie* ondernamen. Vasco da Gama, in den jare 1497 met vier schepen van *Portugal* uitgezeild, wees denzelven, door het omzeilen van de kaap *de Goede Hoop* naar *Mozambique*, alwaar hij den negen en twintigsten Februarij 1498 aanlandde, hiertoe den weg. Van daar stevende hij naar *Melinda*, en maakte, in twee en twintig dagen, den overtogt van de kust van *Afrika* naar die van *Malabar*. Na zijne terugkomst in *Portugal*, volgde hem, in den jare 1500, Pedral Varez Labral, met dertien schepen, en keerde met niet minder succes van dezen togt naar *Portugal* terug. In 1501 vertrok daarop Joan da Nova, met vier schepen, mede naar *Malabar*, en, na diens terugkomst, in 1502 andermaal Gama, doch toen met eene vloot van twintig kielen. Francisco d'Albuquerque (1505) met negen schepen, d'Almeida met twee en twintig, Pedro da Nhaya met acht, Tristano d'Acunha met veertien en eindelijk Alfonso d'Albuquerque met zeven, benevens meer andere bevelhebbers, met hunne vloten, volgden elkander alsnu bijna van jaar tot jaar naar *Oostindie* op; waardoor der Portugezen magt en invloed aldaar eene hoogte bereikten, welke geheel *Europa* met even zoo veel verbazing en ijverzucht vervulden, als de gelijktijdige voortgangen der Spanjaarden over het westergedeelte des aardbols.

Het was inzonderheid onder Alfonso d'Albuquerque, welke gedurende negen jaren het opperbevelhebberschap in *Indie* voerde, dat de Portugezen aldaar de

meeste overwinningen behaalden en inzonderheid derzelver veroveringen op de kusten van *Hindostan*,
Malaya en den geheelen *Aziatischen Archipel* maakten; waartoe echter de vloten onder JORGE DE MELLO
(1507) met elf, JORGE D'AQUIAR (1508) met zeventien,
den Maarschalk *Dom* FERNANDO COUTINHO (1509) met
vijftien, en GONSALO DE SEQUEIRA met eene vloot van
eenige schepen, benevens meer anderen, het hunne
ruimelijk bijbragten.

Dom LOPO SOARES D'ALBEGERIA was voorts ten jare
1515 de eerste, die, door den koning van *Portugal*
als Kapitein-generaal en Gouverneur der *Oostindien*
benoemd, in die waardigheid met eene vloot van dertien schepen daarheen zeilde, en wel hoofdzakelijk
om het begonnen werk van den in naam onsterfelijk
grooten D'ALBUQUERQUE voort te zetten, welke laatste,
zich tot zijn herstel begeven hebbende naar de haven
van *Goa*, aldaar, den zestienden December des jaars
1515, aan deszelfs ziekte overleed. (GAMA ondernam
mede, in 1524, nog eenen derden en wel zeer aanzienlijken togt, met veertien schepen, naar *Indie*.)

Na den vermelden en meer anderen vereeuwigde
NUNO DA CUNHA, in 1528 als Gouverneur naar *Oostindie* gegaan, deszelfs naam, door zijnen tienjarigen
scheepstogt en heldhaftige krijgsbedrijven te water en
te land. Onder de verhalen van 's mans dappere feiten
ter uitbreiding van der Portugezen vrije zeevaart en
koophandel in de koningrijken van het Oosten,
Afrika, de *Roode Zee* enz., komt mede voor het,
met afwisselend geluk, op zijnen last zoo ter zee als
te land in 1535 beproefde onder de Moluksche ko-

ningen op *Gilolo*, *Ternate*, *Tidor*, *Batchan* en meer anderen dier eilanden.

De Portugezen inmiddels zetten, door gedurig nieuwe vloten uit te zenden, hunne veroveringen in *Oostindie* al voort. Eenmaal meester van *Malacca*, wilden dezelve nu ook betrekkingen aanknoopen met *China* en *Japan;* en het was reeds in 1517 onder FERNAO PERES ANDRADA, dat zij met zeven schepen den weg naar eerstgezegd rijk insloegen, en in 1518, dat men, van dezen togt, te *Malacca* weder terugkwam, terwijl in 1522 MARTIN ALFONSO DE MELLO met drie schepen dienzelfden weg volgde; waaruit tevens blijkt, dat, hoe ook de Portugezen als van jaar tot jaar hunne magt en ontzag over bijna geheel *Indie* toenmaals uitbreidden, echter het vestigen der aandacht op de *Philippijnsche* eilanden voor de Spanjaarden gespaard bleef, welke immers — hoezeer anders, gelijk reeds gezegd is, hunne heerschappij evenredig veel meer brengende over het westergedeelte van den aardbol of de zoogenaamde nieuwe wereld — evenwel, ook door den ongelukkigen togt van MAGALLAN op die gewesten niet afgeschrikt, reeds vroeg, zoo als het blijkt, zich op het eiland *Luçon* moeten hebben genesteld. Want den negentienden Mei 1571 eindelijk verklaarde *Don* ADELANTADO JUAN DE SALCEDO, in naam van den koning van *Spanje*, het eiland *Luçon* en al de overigen der *Philippijnsche* eilanden tot eene bezitting van die kroon, en werd *Don* ADELANTADO MIGUEL LOPEZ DE LEGASPI aangesteld als Gouverneurgeneraal van *Manilla*.

Eene toevallige omstandigheid bragt te weeg, dat

ook de Spanjaarden, van daar uitgaande, al vroegtijdig in handelsverkeering met *China* kwamen, en die natie mede naar hunne kolonie wisten te lokken. Eene jonk namelijk, op de kusten van *Luçon* gestrand en den Spanjaarden zijnde in handen gevallen, deden dezen het vaartuig herstellen, en gaven den Chineschen schipbrenkelingen eenen vrijen aftogt; hetwelk ten gevolg had, dat de laatsten, het jaar daarop, met eene rijke lading van *China* naar *Manilla* terugkeerden.

Hadden nu veeltijds de Portugezen, over al hunne bezittingen beoosten de kaap, met binnen-, zoo wel als buitenlandsche oorlogen en oproeren te kampen, niet minder ernstige gebeurtenissen van dien aard leverde, zoo als reeds vroeger te kennen is gegeven, de geschiedenis der *Philippijnsche* eilanden op. De *Acapulco*-vaart daarbenevens, welke, reeds vroeg na de vestiging van het gouvernement te *Manilla*, tusschen *Amerika* en de *Philippijnsche* eilanden geregeld was geworden, ondervond, hoewel onnoemelijke schatten voor de kroon opbrengende, almede herhaalde rampen en tegenspoeden. Velen der rijkgeladene galjoenen of kraken raakten door stormen in zee verloren, of sloegen op de kusten van landen, alwaar de inwoners de ladingen plunderden en het scheepsvolk vermoordden. Begonnen trouwens omtrent dien tijd de Hollanders zich in *Oostindie* te bewegen, en hadden dezen het hier hoofdzakelijk te doen met de Portugezen, de Engelschen wederkeerig vertoonden zich op *Zuid-Amerika's* westkust, doch wel voornamelijk met zeerooverijen. Het was de beruchte FRANS DRAKE, welke het eerste, in 1575, daarmede den Spanjaarden groote afbreuk deed, en, na het nemen van eenigen hunner galjoenen, eindelijk, met ongeloofelijke rijkdommen beladen — ja, gelijk de geschiedenis vermeldt, » onder zeilen van zijde stoffen aan de raas", — met zijn schip op de rivier *de Teems* terugkwam. Meer anderen — daaronder Franschen en zelfs ook eenige Hollanders — verspreidden op deze *wijze*, in het laatste der zestiende en bijna gedurende de geheele zeventiende eeuw, den schrik voor de Spaansche scheepvaart in den *Stillen* oceaan. — Weshalve er gezegd kan worden, dat de *Philippijnsche* eilanden, hoewel voor de Spanjaarden thans van het grootste belang, niet, dan onder eene aaneenschakeling van rampen en ten koste van aanmerkelijke opofferingen, voor die kroon gekocht en tot heden toe bewaard zijn gebleven.

DERTIGSTE HOOFDSTUK.

Vertrekken weder naar China. *Ziekte aan boord.*
Twee dooden. Ankeren op de reede van Macao.
Verpleging der zieken. De heer PEARSON *en*
andere Engelsche geneeskundigen. Vermoede-
lijke oorzaak der ziekte. Verzeilen naar Lintin.
Bijkomende reden tot een togtje naar Canton.
Reize met eene sjop-boot. *Bevrachting van het*
schip naar Amsterdam. *Het schip vaart op naar*
Whampoa. *Gezigt op die reede. Nadere opmer-*
kingen omtrent de Chinezen. Nemen de lading
voor de tehuisreize aan boord. Vertrek naar
het vaderland. Zonderlinge wedersgesteldheid.
Aankomst te St. Helena. *Treurig ongeval aan*
boord van een ander schip. Aanleiding tot eene
metamorphose der Wilhelmina en Maria. *Aan-*
komst voor Amsterdam *en afscheid.*

De lading nu aan boord en de *Wilhelmina en*
Maria gereed zijnde om te kunnen zeilen, leverde
ik, volgens de bestaande verordeningen, bij den
Gouverneur en de douane van *Manilla* mijn schriftelijk
verzoek in, van het schip te mogen zien uitklaren —
met de bestemming weder naar *Lintin* op de rivier
van *Canton.*

III.   22

Toen de zeildag bepaald was, geleidde mij *Dom* RAMOS, met zijne snelzeilende *faloua*, des morgens van den vijf en twintigsten Julij naar de reede van *Cavite*. Doch het weder liet zich, voor dien dag, niet zeer gunstig aanzien; gelijk ik, bij ons aan boord komen tegen den tijd van het ontbijt, aldaar, tot mijn leedwezen, de scheepsequipage, over het algemeen, vrij minder opgeruimd en gedisponeerd *tot de reize* aantrof, dan naar gewoonte.

De Z. W. mousson trouwens regeerde sedert eenige dagen met eenen aanhoudenden, zwaren regen, die slechts bij poozen ophield, terwijl dan nog altijd de kimmen met dikke, donkere wolken bezet bleven. De brandende en in eene loodregte rigting vallende zonnestralen, die door den bereids dikken en als opgesloten dampkring nu tevens heendrongen, veroorzaakten gelijktijdig eene drukkende hitte, welke, zamengaande met de heerschende vochtigheid, allerschadelijkst op de gezondheid van iederen vreemdeling werkten, doch wel vooral op die van het scheepsvolk. Behalve de vier man, die nog altijd in het hospitaal lagen en thans mede eerlang weder aan boord kwamen, vond ik hier dan ook nog twee zieken, benevens eenige anderen, welke zich afgemat en lusteloos gevoelden. In zoodanig eenen debielen staat troffen wij den tweeden stuurman op het achterluik van het bovendek gezeten. Ik raadde hem, naar zijne kooi te gaan, en iets tot uitwaseming te gebruiken; doch hij verbeeldde zich, daartoe niet ziek genoeg te zijn, en bleef, als een dier onvermoeide zeelieden, welke, door hunnen altijd gewilligen ijver, zich zelven nimmer rust gunnen, zijne dienst waarnemen.

Ten elf ure nogtans haalden wij het zware werpanker te huis, waarmede het schip aan eenen ligten ketting vertuid lag. Eene dikke lucht begon inmiddels bij voortduring van het Z. W. op te zetten, van waar wij ook weldra andermaal eene zware bui kregen, met harden regen; weshalve ik besloot, het weder, alvorens wij onder zeil gingen, nog eenige oogenblikken af te wachten. Een Spaansche schoener, naar *Mindanao* bestemd, was intusschen reeds, ten tien ure, van *Cavite* vertrokken.

In den achtermiddag klaarde het weder eenigzins op, doch toen vergezeld van windstilte: evenwel heschen wij de vlag — waarop, tegen vier ure, de douane-beambten, en, ten zes ure, de havenmeester, met hunne sloepen aan boord kwamen en het schip uitklaarden. Ten zeven ure, des avonds, kregen wij een opwakkerend koeltje van het zuiden. Het anker werd geligt; en, gedurende den nacht, bragten wij het, over éénen boeg, tot buiten het eiland *Corregidor*.

Vertrek van *Cavite* naar zee.

Des morgens van den zes en twintigsten, ten acht ure, hadden wij laatstgezegd eiland oost, en *la Monja* O. Z. O., van ons. De Spaansche schoener, gisteren reeds onder zeil gegaan, vertoonde zich toen in het W. N. W. van ons, en was nog binnen de baai van *Manilla*. Wij kregen inmiddels ook nu weder eene doodelijke windstilte; met eene andermaal van het Z. W. opwerkende lucht, en waarbij eene hooge deining van uit diezelfde streek het schip tegen het

Gelegenheid van wind en weder.

Noodzakelijke aandacht wegens windstilte.

eiland *la Monja* dreigde aan te werpen; waarom ik al de sloepen deed voorbrengen, ten einde hetzelve van dit gevaar vrij te boegseren.

Tegen den middag peilden wij *la Monja* in het N. W. t. N. en *Pulo Caballa* oost van ons, — hadden, gedurende het verdere van den dag, dikke, donkere lucht, met zwaren stortregen en windstilte, — peilden des avonds, ten zeven ure, eerstgezegd eiland N. ¼ W. en *Punta de Luçon* (ook *Punta de Couayan* genaamd) N. W. ¼ W., en kregen, eerst in het laatste van den platvoet, een koeltje van het Z. Z. W., hetwelk, in de eerste wacht, naar het Z. O. liep, en mij, door alle ligte zeilen bij te zetten, haast deed maken van uit den wal te komen. Gedurende de hondewacht evenwel hielden wij de kust van *Luconia* nog klaar in het gezigt.

Onze reize overigens ging, voor het verdere gedeelte derzelve, vrij voorspoedig, weshalve daarvan niets wijders valt te vermelden; doch de *gezondheidsstaat der equipage* werd, van dag tot dag, zorgwekkender. Bij ons vertrek van *Cavite* telden wij zeven zieken; hetwelk op eene scheepsequipage, al te zamen slechts uit twee en twintig koppen bestaande, reeds eene aanmerkelijke verzwakking gaf, en thans begon ook de eerste stuurman zich ongesteld te gevoelen, zoo dat, den negen en twintigsten, mijne beide stuurlieden, zes matrozen en de kajuitsjongen ziek in de kooijen lagen. De ongesteldheid begon, bij allen, met eene sterke verhitting over het geheele ligchaam en eene, oogenschijnlijk, volstrekt belette uitwaseming. Den eersten Augustus, in den namiddag ten vier ure, hadden wij het ongeluk, den tweeden stuurman, JOHAN GEORG BRAUBACH — gelijk mede nog dienzelfden nacht, even voor twaalf ure, den kajuits- jongen JAN NICOLAAS FUHRI — te verliezen; waarbij tevens het getal kranken dermate was aangenomen, dat slechts de bootsman en timmerman bij beurten, ieder telkens met niet meer dan vier man, de wacht konden waarnemen. Men zal gaarne willen gelooven, dat een scheepsbevelhebber, welke, in zoodanige omstandigheid, zich — behalve de ver- meerderde zorg in betrekking tot zijnen bodem — bovendien, bij gemis aan geschikte geneeskundige hulp, ook nog met de verpleging en verzorging, naar best inzigt en vermogen, zijner bijhebbende lijders belast ziet, met eenen bezwaarden en gedrukten geest dan kan omgaan. Ik, voor mij, wil wel bekennen, dat mijn hart regt droef te moede was, toen wij, des avonds van den volgenden dag, met de gebruike- lijke scheepsplegtigheden de lijken van den braven en trouwen stuurman en den nog slechts ruim achttien jaar tellenden jongeling op de gewone wijze over boord zetten.

Des nachts van den tweeden zagen wij, bij het maanlicht, de kust van *China*, en verkenden met den dag groot *Ladrone*, peilende de piek daar- van N. W. van ons. Ik stelde dan nu regtstreeks koers op de reede van *Macao* aan, ten einde aldaar de zieken af te schepen en het hospitaal te doen betrekken.

Verkennen groot-Ladrone.

Middelerwijl begon thans ook mijn eerste stuurman bedenkelijk krank te worden; terwijl tevens dezelfde neêrslagtigheid, als bij al de anderen, zich meester van hem maakte, en hij mij dringende verzocht, hem met de eerste gelegenheid naar land te zenden. Zoodra wij dan ook verre genoeg gevorderd waren van hem aan een Chineesch vaartuig te durven toevertrouwen, deed ik een zoodanig, hetwelk meest ons nabij was, aan boord komen, waarmede de patient, onder geleide van den heer WEYMAR, naar *Macao* zeilde.

Niet lang echter waren deze beiden nog vertrokken, of ook ik zelve gevoelde mij plotselijk ongesteld en dermate loom en moede, dat ik — bezig het schip, onder de harde voortduring van den Z. W. wind, naar binnen te loodsen — nu en dan op eenen stoel op het dek moest gaan zitten. Ten negen ure, des avonds, evenwel kwamen wij op de reede te *Macao* ten anker. Toen begaf ik mij in de kajuit, en ging op de kanapé liggen. Eene brandende hitte verspreidde zich over mijn geheele ligchaam, en ging vergezeld door eenen geweldigen dorst, die *mij* op den inval bragt, limonade te drinken; hetwelk het gewenschte uitwerksel op mijn gestel had. Ik kwam daardoor tot eene sterke uitwaseming, en beschouwde die als het begin van mijn herstel. Des anderen daags morgens, den derden Augustus, gevoelde ik mij reeds veel beter, doch bespeurde niettemin, dat mij de ziekte, in verband met de vermoeijenis, eenigzins had aangegrepen.

Reeds vroegtijdig begaf ik mij dan ook thans met eenige zieken, waaronder nu mede de hofmeester zich bevond, naar den wal. Eenigen van dezelven werden naar het hospitaal gezonden, terwijl ik zelve,

Ankeren ter reede Macao.

eenen dag, in het logement het huis hield, ten einde
eenigzins weder op mijn verhaal te komen. De heer
WEYMAR, zich inmiddels eens naar boord hebbende
begeven, om op het schip een oog te houden, bragt
mij berigt, dat alles aldaar, onder het opzigt van
den bootsman, even ordelijk toeging, alsof er niemand onzer op de *Wilhelmina en Maria* mankeerde.
Door de goede en bereidwillige zorgen van den
heer VAN DER MEULEN, welke zich met het voorzien
in de verpleging der zieken wel had willen belasten,
kreeg ik weldra al mijne manschap weder hersteld
aan boord terug. Desselfs vriendelijke medewerking
ging hierbij zoo verre, dat hij den eersten stuurman
en hofmeester bij zich zelven aan huis nam, en hun
al datgene verschafte, wat zij, zoo aan geneeskundige
hulp als tot verkwikking, maar eenigzins konden
verlangen.

Het was tevens door zijne vriendschappelijke betrekking met den opper-dokter der Britsche factorij,
dat wij allen zonder onderscheid, die tot de *Wilhelmina en Maria* behoorden, door dien heer, bij onze
ongesteldheden, werden behandeld. Deze achtingwaardige Engelschman, PEARSON geheeten, en, welke
evenzeer te *Macao* als te *Canton*, zich, door zijne
kunde en gelukkige praktijk, eene algemeene reputa-
tie had verworven, weigerde volstandig, als van de
Engelsche Oostindische compagnie bezoldigd, eenig
verder *honorarium* of bewijs van erkentelijkheid, op
welke wijze ook aangeboden, daarvoor te ontvangen.
Hoewel trouwens deze man reeds eenen min of meer
gevorderden leeftijd bereikt had en zeker diep in de

zestig jaren oud was, stond hij nogtans, alleen *door* ijver in zijn beroep en menschlievendheid gedreven, reeds van des morgens vroeg af alle kranke lijders zonder onderscheid ten dienst, welke hij konde van hulp zijn, en die hij steeds, zonder immer hiervoor eenige belooning te willen genieten, met een geduld en liefde dan in zijne behandeling nam, waardoor, zoo ooit iemand het gebod betrachtte van den naasten lief te hebben als zich zelven, hij daarop zeker mogt roem dragen. Laat mij echter hierbij niet vergeten te vermelden, dat desgelijks aan de Engelsche factorij te *Canton* weder andere geneeskundigen geaccrocheerd waren, die zich even menschlievend beijverden in het behandelen der hier zoo menigvuldig voorkomende oogkwalen — gelijk bekend is, dat deze bij de Chinezen zeer algemeen heerschen, en misschien geen land zoo vele blinde menschen oplevert, als juist *China.*

Sommigen schrijven dit toe aan het afscheren van het hoofdhaar, hetwelk, behalve tot een *bevallig* sieraad, tevens, zoo men wil, tot eene weldadige bewaring der — bij de Chinezen, door de veroorzaakte mindere gevoeligheid voor koude en hitte, allengs tot eenen staat van volslagene verslapping en verdrooging gerakende — oogzenuwen zou verstrekken. Anderen gissen de oorzaak daarvan te liggen in het heete eten der rijst; en het is onwedersprekelijk, dat dit volk in het algemeen zijne spijzen en dranken, doch vooral gezegd hoofdvoedsel van hetzelve, ongemeen heet nuttigt — hoezeer vele andere Indische natien de rijst beide in niet geringere hoeveelheid en tevens niet minder heet, plegen te gebruiken. Welke van deze twee vooronderstelde oorzaken nu de ware zij of daaraan het meeste moge nabijkomen, laat ik ter beoordeeling van deskundigen — gelijk het ook mijne bedoeling niet kan wezen, een mij geheel onbekend veld van beschouwing te betreden, en meer te willen doen, dan de wereld zoo min mogelijk onkundig te laten omtrent de verdienstelijke pogingen van mannen, gelijk de heer PEARSON en anderen, welke ik in *China* leerde kennen; en die tevens tot eene herinnering mogen verstrekken, dat, ook in gindsche gewesten, menschelijke en christelijke deugd nog altijd hare beoefenaars vinden.

De ziekte bij ons aan boord was ten deele, gelijk thans bleek, veroorzaakt geworden door eene soort van epidemische ongesteldheid in het schip, ontstaan, gelijk de geneeskundigen te *Macao* beweerden, door de sterke broeijing van de *pady* of ongepelde rijst; hetwelk mij te waarschijnlijker voorkwam, naarmate van de menigvuldige ondervindingen, welke men daaromtrent aanhaalde. Eene dergelijke ziekelijke besmetting in schepen verspreidt niet zelden ook de geladene peper; edoch de treurigste gevolgen van dien aard hebben ladingen *areke*, of de in het Maleitsch zoogenaamde *pinang* (betelnoot,) opgeleverd, waaromtrent voorbeelden bestaan, dat bijna geheele equipagien, zelfs die uit enkel Indianen, als Bengalezen, enz., waren zamengesteld, daardoor aan boord zijn uitgestorven.

Andere ongelegenheden werden te weeg gebragt door

scheep zijnde ruwe katoen , of boomwol , als welke somtijds , zonder eenige bekende bijoorzaak , vuur vatte.
Zoo verhaalde men te *Macao* van eenen bodem , waar
men , hiervan op de reize de beginselen ontdekkende ,
oogenblikkelijk , met de meeste voorzorg , elke opening , die den geringsten rook konde doorlaten , digt-
maakte , en daardoor den brand in de katoen zoodanig
opsloot , dat alles voorshands in eenen smeulenden
staat bleef. Toen nu echter , na aankomst op eene
reede , de luiken werden geopend , stond het schip
eensklaps in lichtelaaije vlam , zonderdat men , bij
mogelijkheid , iets tot blussching konde bijbrengen.

Varen op naar Lintin. Den vijfden Augustus begaf ik mij weder naar
boord , en bragt den volgenden dag het schip naar
Lintin , voor welk eiland wij des avonds , tegen zeven
ure , ten anker kwamen. Bij deze gelegenheid , dat
ik de *Wilhelmina en Maria* naar boven loodsde , onder-

Maling van het getij bij de Negen-eilanden. vonden wij , omstreeks de zoogenaamde *Negen*-eilan-
den , het door de Chinezen aldus genoemde *tjouw
tjouw-water* , waarvan ik , op bladz. 197 , reeds
sprak , en met welke uitdrukking dezelven soortgelijke maling van het getij schijnen te willen aanduiden , als door ons ook op de rivier *la Plata* (*) was
waargenomen.

Den zevenden kreeg ik den eersten stuurman terug
van *Macao* , in zóó verre hersteld , dat hij zijne
dienst weder kon hervatten. De ziekte onder de
equipage was nu tevens genoegzaam geweken , en wel
grootendeels door de ververschingen , welke aan dezelve thans dagelijks verstrekt werden.

(*) Zie Deel I, bl. 15, 42.

Inmiddels bleven wij vooreerst bij *Lintin* ten anker
liggen, als zijnde het nog te *Canton* de tijd niet, dat
er bevrachtingen naar *Europa* plaats grepen; waarbij
in aanmerking kwam, dat elk derwaarts opzeilend
schip, reeds terstond met diens komst voor *Whampoa*,
in al de vroeger bereids opgesomde onkosten vervalt,
waarvan de meest bezwarenden nog zijn de compra-
doorgelden. Tevens begreep ik, dat, zoo lang wij
op de tegenwoordige ankerplaats vertoefden, de handen mij meer ruim bleven, dan wanneer ik, eenmaal
de *Boca Tigris* gepasseerd zijnde, schier genoodzaakt
zou wezen, elke aanbieding van vracht, hoedanig
dan ook, te moeten aanvaarden; waartegen ik thans
de markt veel meer in mijne magt hield.

De Engelsche compagnie- en Bengaalsche schepen
kwamen intusschen de rivier *Tigris*, van dag tot
dag, reeds achtervolgelijk binnen, en zeilden, om
de jaarlijks voor *Groot-Brittanje* uittevoeren theeën
in te nemen, alsdan op naar *Whampoa*. Ook was de
stille tijd thans voorbij, en hadden de kooplieden der
onderscheidene factorijen zich bereids naar *Canton*
begeven, ten einde hunne werkzaamheden te hervatten.

De werkelooze dagen, welke wij, voor *Lintin* gelegen, inmiddels geduldig moesten laten verloopen,
gaven mij eenen overvloed van tijd, om nu en
dan eens, met de groote boot, te *Macao* te gaan
ophooren, wat het nieuws van den dag was, met
de van *Europa* komende schepen aldaar aangebragt.
Bij eene zoodanige gelegenheid, vernemende, dat er
van *Port Jackson* berigten waren, wegens eene in

die kolonie bestaande schaarste aan rijst, welke er den prijs van dit gewas tot veertig schellingen *per picol* had doen rijzen, gaf dit mij aanleiding, te willen weten, in hoe verre het aan schepen, met zoodanige lading onder Hollandsche vlag varende, vergund ware, de havens van de Engelsche bezittingen op de kust van *Nieuw - Holland* of die van nieuw *Zuid - Wallis* binnen te loopen, ten einde dan daarnaar te bepalen, of ik het verdere geluk der reize van de *Wilhelmina en Maria* naar de *Polynesia* of het zoogenaamde vijfde werelddeel beproeven, dan wel, bij · het eerste ontwerp blijvende, de reede van *Whampoa* wilde aandoen. Daartoe echter diende ik mij andermaal naar *Canton* te begeven, doch deed ditmaal *die reize, in plaats van* met den te voren vermelden paket-kotter van LANE, bij eene gelegenheid, die zich toevallig mij aanbood.

In het logement te *Macao* trof ik, onder de vreemden aldaar, een' Engelschman of Ier, die, gelijk *deszelfs* in *Bengalen* verblijvende landgenooten meermalen doen, van *Madras* was gekomen, om zich door het gezonde en koele klimaat van *China*, welk men hier gedurende de N. O. moussen ondervindt, te recreëren. Deze heer, THOMPSON genaamd, had bereids, op diens schriftelijk verzoek aan den onderkoning van *Canton*, de vergunning erlangd, van, met eene zoogenaamde *sjop*-boot, naar die stad te mogen opkomen. Hij noodigde mij dus uit, van deze gelegenheid mede gebruik te maken, en hem tot zijn gezelschap te willen begeleiden; hetwelk ik gaarne aannam.

Het reizen met zoodanig eene *sjop*-boot gaat niet

langs de *Tigris*, maar, van uit de haven van *Macao*, tusschen de eilanden *Twee - lien - shan* en *Mackkareera* door naar en langs de rivier van *Hongshan*. Al de leden der Engelsche, gelijk mede die van de andere factorijen, nemen, zich van *Macao* naar *Canton* en terug begevende, doorgaans dezen weg, ofschoon daartoe telkens een speciaal verlof van den onderkoning vereischt wordt, en dezelve, door de betalingen voor de daaraan verknochte *sjop* (pas) zoo wel als tollen, vrij kostbaar is; hetwelk door de *cumshaws*, of fooijen — die men aan de onderscheidene mandarijnen, willende hen tevreden stellen en niet telkens, bij het viseren der pas, worden opgehouden, dient te geven — dan nog niet onaanmerkelijk verzwaard wordt.

Voor een paar dagen dus nu in een Chineesch jagt — want als een dergelijk kan men deze vaartuigen voor het naaste beschouwen — zullende verblijven, voorzagen wij ons van de tot den togt noodige provisien. Woensdag, den derden September, gingen wij daarop, in den achtermiddag, scheep. Het vaartuig lag toen in de haven, en werd, hoewel zeer groot zijnde en een ruim locaal bevattende, slechts door vier man voortgeroeid. Gezegd lokaal, ons ter beherberging aangewezen, had, voor het naaste, veel overeenkomst met de groote kajuit in onze gewone barges. Tegen boord waren, ter wederzijde, breede banken, waarop men even zoo goed kon liggen als zitten, en in het midden stond onze tafel.

Den geheelen nacht doorvarende, kwamen wij des morgens aan de stad *Hongshan*, alwaar de *sjop* - boot eene korte poos stilhield. Eene menigte kleine Chinesche vaartuigen, meestal enkel vrouwen inhebbende, kwam toen dadelijk ons jagt op zijde, en bestormde hetzelve van allen kant om *cumshaws*, tot het ontvangen van welken deze schoonen de handen reeds binnen ons boord staken — terwijl in wezenlijkheid, bij den aangenamen en waarlijk *liefelijken* toon, waarop velen de vreemdelingen tot eene gunstige stemming ten haren opzigte wisten te bewegen, het afslaan dan dikwerf moeijelijk viel. Met dat al evenwel liep, van andere kanten, ook weder onze gewone Chinesche scheldnaam van *fanquais* er onder door.

Des avonds bereikten wij een tolhuis, en moesten, tot het viseren van mijns reisgezels *sjop*, aldaar aanleggen. De hier posthoudende heer mandarijn had een paar kwade jongens, die, terwijl de schipper met zijne papieren bij denzelven in huis was, ons, onder het toejouwen van het woord *fanquai*, met steenen wierpen. In mijne eerste drift hierover sprong ik op den wal, ten einde hen om de ooren te slaan; waartoe het nogtans gelukkig niet kwam, doordien zij buiten mijn bereik liepen en ik ook weldra van mijnen kant begreep, dat het wijzer was, onmiddellijk naar boord terug te keeren.

Den volgenden morgen waren wij reeds vroegtijdig, van uit het tot dus verre bevarene binnenkanaal, op de rivier *Choo-keang*, en zakten nu, met de ebbe, dien stroom af naar *Canton*. Ten elf ure bevonden wij ons aan den trap der Hollandsche factorij. Hoewel ik nu met den heer THOMPSON tot diens gezelschap was medegegaan, kan ik, evenwel niet zeggen, aan dezen reiscompagnon, als zoodanigen, veel gehad te hebben, daar hij bijna den geheelen togt lag te slapen of zich met *groo* verkwikte. Overigens deed hij zich aan mij voor als iemand van een groot vermogen, hebbende, onder zijne reisbagaadje, een aanzienlijk assortiment edelgesteenten, welke hij te *Canton* dacht te verkoopen. Ten bewijs daarvan toonde hij mij eenen ruwen diamant, welken de man in zijne vestzak droeg, en die, naar zijn zeggen, twee en twintig duizend piasters waarde moest gelden. In hoe verre nu deze taxatie op de echtheid berustte, diende hij zelf het beste te weten.

Niet lang was ik nog te *Canton*, of de zich aanbiedende gelegenheden, van het schip naar *Europa* bevracht te krijgen, deden mij weldra van elk ander, intusschen opgekomen plan afzien.

De eerste nogtans, met wien ik desaangaande meer bepaald in onderhandeling kwam, was de heer FORBES, hebbende, voor het huis PERKINS en Cº., eene lading thee naar *Holland* te verzenden, en met welken dan ook, na eenige wisselingen over en weder, een akkoord werd aangegaan. Alvorens echter zich hieromtrent te decideren, verlangde hij van mij te weten, of de *Wilhelmina en Maria*, als in den zeebrief vermeld "eene vreemde kiel te zijn, doch thans " onder Nederlandsche vlag varende," evenwel de theeën, onder het genot derzelfde voorregten als Hollandsch gebouwde kielen, in de *Nederlanden* zou kunnen aanbrengen; waarop ik volstrekt weigerde, mij in eenige beoordeeling desaangaande te begeven, en wel hoofdzakelijk vermits mogelijke nieuwere verordeningen daaromtrent, sedert ons vertrek van het vaderland uitgegaan, mij voor alsnog onbekend waren. Ook de heer VAN DER MEULEN, toen hem door den heer FORBES dienaangaande eene beslissende vraag gedaan werd, kon in geenen anderen zin zich hierover uitlaten, dan dat, naar zijn gevoelen, de *Wilhelmina en Maria*, alles in aanmerking genomen, op het voorregt van eenen Hollandsch gebouwden bodem alléén zou kunnen rekenen, uit aanmerking; dat het schip, onder Nederlandsche vlag varende, door de tegenwoordige reeders voor ƒ 17000 gekocht en toen de bodem, van de kiel af, nieuw was opgetimmerd; hetwelk, de kosten van een volslagen nieuw tuig daarbij gerekend, ƒ 71767.27.5 had beloopen: waaruit volgde, dat dezelve *niet slechts voor twee derde, maar meer dan drie kwart*, thans van vaderlandschen bouw was. Middelerwijl nu hieromtrent de een den ander diens gevoelen trachtte te doen koesteren, gaf eensslags het optreden van den heer THOMAS DENT, als concurrent-bevrachter met eene volle lading thee naar *Hamburg* of *Rotterdam*, bij offerten, waartegen ik niets kon hebben in te brengen, den doorslag. De heer FORBES kwam thans uit met het aanbod, dat ik zijne thee voor vijf en dertig piasters per ton naar *Amsterdam*, of, volgens mijne verkiezing, voor veertig naar *Rotterdam* zou brengen; hetgene trouwens met de gelegenheid mijner reis in haar geheel beter strookte. *Amsterdam* immers de plaats zijnde, van waar het schip was uitgezeild, verkoos ik natuurlijk, hoewel in zóó verre tegen het geldelijk belang der heeren reeders, dan ook, van deze reize, het liefst voor de hoofdstad van ons rijk te huis te varen. De vracht dus van vijf en dertig piasters werd aangenomen; waarop ik, met eene zoogenaamde *fast*-boot, van *Canton* naar *Lintin* spoedde, ten einde dan nu, van daar, het schip naar de reede van *Whampoa* te doen opkomen.

De reis met eene zoodanige *fast*-boot — zijnde een Chineesch vaartuig, met drie à vier man bezet, en voor welk gemeenlijk, tot dezen overtogt, dertien piasters betaald wordt — zou men alleen maken, om in de gelegenheid te zijn, den ijver en de reeheid te bewonderen, waarmede de Chinezen zulk een vaartuig bestieren. Overigens oefenen deze *fast*-bootsgezellen eene soort van ongeoorloofd bedrijf hierin uit, en worden, als de mandarijnen hen kunnen pakken, met bamboesslagen gekastijd; terwijl dan mede de Europeaansche passagier niet gemakkelijk zonder een min of meer aanmerkelijk losgeld te betalen vrijkomt. Het is niet onvermakelijk, te zien, met welk eene slimheid, uit dien hoofde, de bemanning dezer vaartuigen het gezigt en bereik der tolhuizen en mandarijnbooten weet te ontduiken.

Den zeventienden September kwam ik aan boord van de *Wilhelmina en Maria* terug, — gelastte den stuurman, alles tot het vertrek naar de reede van *Whampoa* gereed te maken, en ging voorts weder met de groote boot naar *Macao*, ten einde van daar eenen loods te halen — met wien ik den twintigsten, des avonds, aan boord was. Wij verzeilden daarop tot bij *Lankeet-Flat*, en kwamen, te middernacht, op vier vadem zachten moddergrond ten anker.

III.   23

Des morgens van den een en twintigsten maakten wij weder zeil, en ankerden des avonds, ten half zeven ure, voor de *Boca Tigris*. Hier ging de loods naar den wal, tot het doen afteekenen der *sjop* (pas) voor het schip bij de mandarijnen. Een andere Chinees bleef intusschen aan boord, welke hetzelve den volgenden morgen, ten zes ure, weder onder zeil en tot aan de monding van de *Boca* bragt, toen wij, juist tusschen de forten ons bevindende, tot het inwachten van den loods en de mandarijnen moesten bijdraaijen — welke laatstgenoemden met hunne boot ons op zijde kwamen, ten einde het schip te visiteren.

Naauwelijks intusschen waren deze Chinesche tolbeambten over de valreep gestapt, of zij begonnen, met een onbeschaamd aandringen, om extra-*camshaws* te bedelen, en liepen, niet minder brutaal-vrijpostig, naar de kajuit; waaruit ik hen nogtans spoedig verjaagde. Toen zij dan ook bemerkten, dat ik, ofschoon, volgens hunne betiteling, een *New Canton* (*) zijnde, mij evenwel niets boven het gebruikelijke van hen liet afpersen en ook overigens omtrent hen weinig bekreunde, braken zij wederkeerig, met een kwaadaardig schreeuwen, tegen den loods los. Deze, AQUAAN geheeten, die inmiddels weder op zijnen post achter op de kampanje van het schip stond, wist blijkbaar van angst niet, wat te zeggen: uit welk een en ander ik moest opmaken, dat dezelve de mandarijnen, welke hij ook

(*) *New Canton* noemen de Chineschen eenen voor het eerst in *China* gekomenen. *Old Canton* is derzelver titel voor de zoodanigen, die hun rijk reeds meermaal bezochten.

alweder tot zijne vrienden moest houden, in hunne
verwachting te leur gesteld en, door te vertellen, dat
ik een *New Canton* was, te voorbarig eene tweede
cumshaw voorspeld had. Hiertoe nu was ik ten
gevalle van AQUAAN thans te minder genegen,
· daar deze, van het oogenblik af, dat hij als loods
voor mijn schip gedesigneerd werd, zich vrij stug
had gedragen, en, reeds bij zijne eerste komst in
het logement te *Macao*, toen wij met de groote boot
naar het schip zouden varen, begonnen was, zich
bij mij bekend te maken door, op de beleedigendste
wijze, zijne minachting voor de Hollanders te doen
blijken, als beduidende hij met de woorden: » *that
» Holland heb very litty*" (welk gebroken Engelsch
zoo veel zeggen wil als: » *Holland* beteekent tegen-
» woordig zeer weinig,") dat er, naar zijnen zin,
hedendaags maar zeer weinige schepen van onze natie
meer binnenvielen.

Doch het was, in *China*, niet de loods AQUAAN alleen, die mijne denkbeelden, betreffende de achting,
waarop wij ons toch aldaar vroeger in wezenlijkheid
konden beroemen, in dier voege toelichtte — — De
oneenigheden aan de Hollandsche factorij en de pu-
bliciteiten, waartoe dezelve nu en dan aanleiding
gaven, strekten nog vrij meer ter onzer terugzetting
in de publieke opinie. Ongelukkig is het, als, bij
zulke gevallen, de door het gouvernement uitgezon-
denen tot onderzoek en redres niet evenredig beantwoorden aan het in hen gestelde vertrouwen en
de loffelijke bedoelingen bij hunne missie, noch ook
zelven altijd het *decorum* bewaren, hetwelk hunne

23 *

betrekking vereischte. Zoo wist men van éénen te verhalen, die, zich zelven eenen bespottelijken en dáár te lande hoogst ongepasten titel hebbende aangematigd, daaronder, te *Canton*, algemeen bekend stond, en hierdoor, zoo wel als door meerderhande van dien aard, bij de vreemdelingen der overige. factorijen en de aanzienlijken onder de Chinezen aanleiding tot *persifflages* had gegeven, waarin de eer van onzen landaard maar al te zeer van nabij was betrokken.

Dan ik zou door het herdenken der onaangename indrukken, die, bij ons verblijf in *China*, de gesteldheid van zaken aan de Hollandsche factorij op mijn gevoel maakte, bijna gevaar loopen, te vergeten, dat ik de pen in de hand heb, om..... den loop van mijne reize te beschrijven, weshalve ik tot mijn eigenlijk onderwerp terugkeer.

Het was, gelijk ik gezegd heb, des morgens van den twee en twintigsten, dat de mandarijnen aan boord kwamen — en welke dan toch wel eindelijk weder moesten verkassen, vermits wij, volgebrast liggende, middelerwijl onze reis naar de bovenrivier vervolgden. Ten elf ure passeerden wij reeds de *second bar*, doch waren — ofschoon drie Chinesche barbooten voorhebbende, ten einde het schip naar binnen te boegseren — circa ten vier ure genoodzaakt, uit hoofde van stilte te ankeren. Ten tien ure des avonds evenwel werd andermaal het anker geligt, en wij dreven nu met het schip tot op de reede van *Whampoa*, alwaar hetzelve, dwars voor de monding der *Jonk*-rivier, vertuid werd.

Steendr. van F. J. Bicket Breda

THE NEW YORK
PUBLIC LIBRARY

ASTOR, LENOX AND
TILDEN FO

Den vier en twintigsten begaf ik mij daarop met de sloep naar *Canton*. Reeds den negen en twintigsten kwam ons de eerste *champang* op zijde, waarin wij voorloopig 1069 balen rijst losten; terwijl men hiermede van nu aan dagelijks, totdat de lading van boord was, voortging. Voor de rijst en *pady* trof ik in zóó verre eene goede markt, dat het netto provenu daarvan, tegen de met deze lading verbondene uitschotten, genoegzaam balanceerde; — waarmede tevens het oogmerk bereikt was, op pag. 257 door mij opgegeven.

Met het innemen der theeën niet vóór de maand December kunnende beginnen, hadden wij thans eenen overvloed van tijd, ten einde het schip te breeuwen en te schilderen. Ook de masten werden daarbij altemaal onttuigd, en het een met het ander derwijze op nieuw voorzien, dat wij met de *Wilhelmina en Maria* de reize naar het vaderland gerustelijk konden ondernemen.

De reede van *Whampoa* leverde op dit pas, door de schepen van verschillende natien, welke er, van reeds boven de *Jonk*-rivier af gerekend, nu geankerd lagen — zoo gelijk de bijgaande plaat dit voorstelt — eene waarlijk prachtige en merkwaardige vertooning op. Het meerderdeel derzelven vormden die kolossale water-gebouwen, op hier varende voor de Engelsche compagnie en van uit *Bengalen*. Daarop volgde het getal bodems, gekomen van de *Vereenigde Staten. Holland*, gelijk reeds gezegd is, had er dit jaar drie uitgezonden van *Europa*, — één was van *Samarang* gearriveerd; waarbij mijn bodem het getal

van vijf onder Nederlandsche vlag vol maakte. Eene
onophoudelijke drokte heerschte dan ook onder deze
gezamenlijke en aanzienlijke koopvaardij - vloten,
welke, zoo van de zijde van handel als zeevaart,
duizenden menschen in de weer bragten en hun wel-
vaart en bestaan verschaften. Telkens, wanneer ik
mij verlustigde met al deze prachtige en ten deele
waarlijk trotsche zeekasteelen, als in éénen blik,
te overzien en dan in beschouwing de ijvervolle
werkzaamheid gadesloeg, waarmede hier een ieder,
gelijk gezegd moet worden, bezield is, kon ik
niet nalaten, met een zeker hoogmoedig genoegen de gedachte te kweeken, dat toch ook wij Nederlanders, in onderscheiding van vele andere en
grootere natien, die hier thans niet meer bekend of
dit wel nimmer geweest zijn, tot hiertoe in dezen,
zoo veel vaderlandsche glorie herinnerenden, kring
ons nog mogen scharen. Doch — zullen niet ook wij
eerlang tot deze vreemdelingen in gindsche oorden
zijn te tellen? — niet omdat wij geene Chinesche
produkten meer behoeven of gebruiken, maar doordien die thans, voor het meerderdeel, door schepen
van andere natien worden aangebragt? — waaromt-
trent in vroegere jaren juist het omgekeerde plaats
had, toen *Holland* — niet alleen voor zich zelve,
maar tevens voor een groot gedeelte van *Europa*, — de
vaart op de rivier *Tigris* gaande hield. Het is waar,
en wordt gewoonlijk hieromtrent ook aangevoerd, dat
de nadeelige resultaten, door vele ondernemers in
deze vaart sedert het herstel van den handel in 1814
ondervonden, hen en tevens anderen afgeschrikt heb-

ben van zich, met hoe veel ijver anders voor deze
waarlijk nationale zaak bezield, andermaal naar *China*,
in zee te begeven, en waaraan de tegenwoordige
kwijnende staat van deze vaart zou zijn te wijten:
doch wanneer men, van den anderen kant, in aanmerking neemt, dat, volgens het tarief van in- en
uitgaande regten, vreemde schepen, met eene onaan-
gebrokene lading thee regtstreeks van *Canton* in
Holland binnenvallende, op de *boei* en *congo* ƒ 18 per
100 ℔ Nederl., en op alle andere soorten ƒ 54 per
100 ℔ Nederl. moeten betalen, — terwijl daarentegen theeën, op gelijke wijze, doch door Nederlandsch gebouwde kielen, aangebragt, de *boei* en
grove *congo* met ƒ 7 per 100 ℔ Nederl. en alle
andere soorten met ƒ 12 per 100 ℔ Nederl. belast
worden (*), — dan is het te verwonderen, dat
Noordamerikanen, ondanks zij dit aanmerkelijk onderscheid ten hunnen nadeele ondervinden, evenwel tot heden nog niet zijn ontmoedigd, de theeën
en verdere Chinesche produkten met hunne bodems
te blijven aanvoeren, — hetwelk dan toch schijnt te
bewijzen, dat dezelven hierbij nog altijd goede rekening moeten meenen te vinden, — dan leidt dit
in allen geval tot overwegingen, die de vriend zijns
vaderlands te minder van zich zal kunnen afwij-
zen, hoe meer de nationale roem en het algemeene
welvaren beide daarin mogen zijn betrokken. Dan
omtrent dit onderwerp is door deskundigen reeds zoo

(*) De hier bovenvermelde regten worden nog met 13 pCt.
van het bedrag, voor syndicaat, verhoogd.

veel verhandeld, dat ik mij niet durf vermeten, hierover, in. eene nadere oordeelkundige beschouwing,
breeder uit te weiden.

Bij die drokte, ter reede van *Whampoa* door de
vreemde schepen nu veroorzaakt, komt dan nog de
levendigheid, die het gedurige heen en weder varen
van Chinesche jonken — grootendeels eene gestadige
vaart met zoutladingen van uit zee onderhoudende, —
champangs, compradoor-, hoppo- en mandarijnbooten
er aanbrengt; waartusschen het mede krielt van vis-
schersvaartuigen en kleine kadraaijers, welke laatsten veelal op roof loeren. Somtijds komen deze met
samsoe (zekeren Chineschen sterken drank) het schip
op zijde, en verleiden dan niet zelden het volk,
goederen, door hetzelve van boord gestolen, daarvoor af te staan. Niet verre van ons lag een Ben-
gaalsvaarder, van welken aldus dagelijks voorwerpen,
tot het schip behoorende, door eene poort in den
boeg op gezegde wijze ontvreemd werden. Ook
reeds wanneer de schepen voor *Whampoa* arriveren,
is het kluchtig, maar tevens lastig voor dezelven,
zoo als zij dan weldra door een aantal van deze
kleine vaartuigen zich omzwermd zien, alléén met
oogmerk, van iets op te vangen. Van een ons voor-
bijstevenend en voor ons ten anker komend schip
zagen wij, middelerwijl alle man daar in zijne volle
bezigheid was, de metalen kettingen van het roer,
en door andere bootjes weder touwwerk stelen, hetwelk in een oogenblik was afgesneden. Een hier ten
anker liggende bodem moet daarom altijd desaangaande op zijne hoede wezen. De Engelsche com-

pagnieschepen onderhouden uit dien hoofde des nachts eene ronde met sloepen, welke, mede des zondags, gestadig om dezelve heenvaren.

Het was hier ook inzonderheid, dat ik mijne vroegere opmerkingen, omtrent de Chinezen, allezins vond bevestigd. Dagelijks bleek mij daarbij steeds meer, dat zij gaarne te doen hebben met iemand, die, zoo te zeggen, bij de werken is, en niet ligt, om het zoo maar eens uit te drukken, zich eene vlieg laat afvangen. Men legge evenwel, van den anderen kant, ook geen onverstandig wantrouwen in hen aan den dag: want dan eerst loopt de kans, van door hen bedrogen te worden, nog wel op het ergste.

Een ieder trouwens, en dit dient hier nog gezegd te worden, die het geheel van den handelstand te *Canton* en het verrigten van zaken aldaar eenigzins meer van nabij heeft kunnen gadeslaan, zal, bij al hetgene in eenen tegenovergestelden zin wel eens beweerd wordt, naar mijn gevoelen moeten erkennen, dat, immers bij de voornamere Chinesche kooplieden, en vooral die, welke tot den *cohong* behooren, veel goede trouw niet alleen bestaat, maar even groot vertrouwen hun dan ook wederkeerig betoond wordt. Men koopt en verkoopt er ladingen, ontvangt en schiet gelden, voor welker vaak aanzienlijk bedrag somtijds geen het minste bewijs of immers niet dan een geschrift wordt uitgewisseld, waarvan de karakters, die toch schaars iemand voor zich zal weten uit te leggen, even zoo goed eene schuldbekentenis als vordering kunnen uitdrukken. Mij is van vreemdelingen bewust, welke aldus — met alle fiducie

derzelver gelden, tegen geen ander bewijsstuk, dan
eene obligatie, waarvan zij niets verstonden, bij
Chinesche particulieren uitgezet hebbende — daarvoor
tot somtijds bij de twaalf percent trokken, met de
meeste promptitude steeds betaald. Overigens: wanneer de Chinezen iemand. aanduiden willen, die in
allen deele bij de pinken en ook voorts aangenaam is, om mede te handelen, noemen zij dien:
fist sjop head (eerste soort van hoofd;) — door hun
N°. one head, reeds vermeld, kenmerken zij eenen
zoodanigen, die, in het algemeen, een goed verstand
bezit, — *fool head* beteekent: iemand zonder oordeel, — *kwai - sai - head* den chicanerenden en
ongemakkelijken in het verrigten van zaken: — en
dit laatste gebrek kan men zeker den Chinezen niet
ten laste leggen, maar zal integendeel moeten getui-
gen, dat zij, over het geheel, even faciel als wezenlijk aangenaam zijn, om mede voort te komen.

Den een en twintigsten November ontvingen wij,
met eene *champang*, het eerste onzer lading, bestaande uit 270 kisten gember, en welke, in het
benedenruim geborgen, tevens zouden dienen tot ballast. In de eertijds op *Canton* varende schepen der
O. I. Compagnie gebruikte men daartoe, voor de te
huis varende bodems, grootendeels kisten met por-
selein, waarvoor alsdan veel gelds dikwerf betaald
werd. Wij stouwden onze gemberkisten tusschen
den ballast van singelgrond, of kleine keisteentjes,
nog aan boord zijnde van *Callao*.

Dewijl het voorts, bij het innemen eener theelading, van het uiterste belang is, eerst in het schip

eenen waterpassen bodem te leggen, en wel derwijze, dat de opeengestapelde kisten thee ten laatste geene de minste ruimte tusschen de balken en het dek meer overlaten, die men niet kan aanvullen, — waarom dan ook gewoonlijk bij eene lading tevens kwart, achtste en zestiende kisten hiertoe zijn, wier behoorlijke ineenvoeging nogtans niet ieders zaak is, — zullen diegenen, welke daarvan geene behandeling hebben, het wijste doen door het te werk stellen van Chinesche stouwers, die, met eene bewonderenswaardige vaardigheid, de kisten van de juist benoodigde maat steeds weten te nemen, en deze, naar hare drievoudig verschillende dimensie in lengte, breedte en hoogte, dan even welberekend te plaatsen. Ook de schepen van de Engelsche Compagnie gebruiken daartoe uit dien hoofde steeds niet dan Chineesch werkvolk. De beide mannen, door den heer FORBES mij aan boord gezonden, welke dezen arbeid op de *Wilhelmina en Maria* verrigtten, en tevens de geheele lading nu stouwden, betaalde ik met eenen piaster daags.

Den twaalfden December was dezelve aan boord, en bestond thans hoofdzakelijk uit kisten met theeën, balen ruwe zijde, kisten met nankings, dito met gember, dito met vermiljoen, matjes *cassia* — welke laatste men tegelijk tot stouwaadje gebruikt, — benevens nog eenige kleinere artikelen.

Den veertienden nam ik afscheid van *Canton*, en begaf mij naar boord, vindende toen het schip reeds van *Whampoa* vertrokken en tot aan de eerste *bar* gevorderd, voor welke de loods APAT ten anker was gekomen. Ten negen ure, des avonds, gingen wij weder onder zeil, en ankerden ten twee ure, des nachts, voor de *second bar.* Ook ·ditmaal hadden Chinesche booten het schip geboegseerd, die voor grootere bodems van wezenlijk behulp zijn. ·

Daags daaraan passeerden wij de *Boca Tigris*, en ankerden, den zestienden, op de reede van *Macao.* De heer WEYMAR en ik geleidden toen den heer VAN DER MEULEN naar den wal.

Den volgenden morgen, zijnde die van den zeventienden December 1828, namen wij van dezen onzen land- en .stadgenoot afscheid, — ik, voor mijn deel, met een bijzonder gevoel van erkentenis voor zijne goed gedirigeerde hulp en medewerking in het belang der expeditie, — en wij allen wederzijds met een wezenlijk gevoel van genegenheid en vriendschap, gelijk onder het uitdrukken van den hartelijksten wensch voor elkanders verdere welzijn. Daarop vertrokken wij naar boord en zeilden naar zee, met de bestemming naar *Amsterdam.*

Zeilen in de Chinesche zee. Ten zes ure des avonds peilden wij *groot-Ladrone* in het N. N. O. ¼ O., op den gegisten afstand van vijf en eene halve mijl van ons; hetwelk ons bragt in de kaart van NORIE op 21° 37′ noorderbreedte en 113° 31′ lengte beoosten den meridiaan van *Greenwich.* De N. O. passaat zette inmiddels met kracht door, zoo dat de *Wilhelmina en Maria* de Chinesche zee met snelle vaart doorliep.

Den drie en twintigsten op den middag passeerden wij *Poelo Sapato,* aldus genaamd wegens deszelfs bijzondere gelijkenis — op eenigen afstand gezien —

naar eenen schoen. Wij kregen hetzelve evenwel niet in het gezigt. Den acht en twintigsten echter zagen wij *Poelo Timoang* en *Poelo Aor*.

Met het aanbreken van den dag op den negen en twintigsten bevonden wij ons dwars van *Boot*-eiland, — zagen *Ragged*-eiland, *Poelo Panjang*, benevens het land van *Bintang*, — en passeerden heden, voor de derde maal op onze reize, den *equator*.

Den dertigsten, des morgens ten half zes ure stonden wij bij de *Zeven*-eilanden, — peilden *Poelo Taya* in het N. t. W., — zetten koers naar straat *Banca*, en ankerden des avonds, ten half negen ure, voor de rivier van *Palembang*. Ons passeerde dien dag een brik ónder Hollandsche vlag.

Het was met nieuwjaarsdag van 1829, dat wij, tusschen de kust van *Sumatra* en het eiland *Lucepara* doorloopende, in de *Java*-zee kwamen. Den derden, des namiddags ten vier ure, ankerden wij achter het *Noorder*-eiland op de kust van *Sumatra*. Verscheidene praauwtjes bragten aldaar hoenders, *jams* en andere vruchten bij ons aan boord, waarvan wij ons goedkoop voorzagen.

Den volgenden morgen, bij het ligten van het anker, hadden wij den wind van het N. W. t. W. met flaauwe bramzeilskoelte, doch, tegendat wij ons tusschen het eiland *Dwars in den weg* en den *Varkenshoek* van *Sumatra* bevonden, was de westmousson reeds weder met zoodanige kracht aangenomen, en kwamen daarbij zulke buijen, dat wij ons telkens verpligt zagen, de marszeilen te laten loopen. Ik vond het dus raadzaam, andermaal naar het *Noor-*

der-eiland af te houden, alwaar wij, tegen twee ure, op zeven vadem water ten anker gingen, en mede ter reede vonden liggen het Engelsche schip *Scipio*.

Ten vijf ure des morgens van den volgenden dag wilde ik, met den landwind, op nieuw onder zeil gaan; doch het werd doodstil, waarbij wij zwaren stortregen kregen, zoo dat de reeds ingewondene ket‐ ting van het anker weder werd uitgestoken en de zei‐ len vastgemaakt. Heden kwamen dan ook nog drie Engelsche compagnieschepen insgelijks bij ons ten anker. — In den achtermiddag begaf ik mij naar land, willens, in de omstreken rond te zien, of deze ook drinkwater opleverden, waarmede de ledige vaten waren te vullen; doch bevond, dat de niet verre van het strand zijnde kom, waaruit des noods water gehaald wordt, vrij brak was. Ook deed ik nog eene wandeling naar eene der naburige negerijen.

Verlaten het Noorder‐ eiland. Den zesden des morgens, ten half vijf, ligtten wij weder anker, en verzeilden, met den opkomenden landwind, tot zóó verre, als onze vordering reeds op den vierden geweest was, toen het op nieuw stil werd. De vier Engelsche, ons gevolgde schepen lagen thans niet verre van ons. Tegen zonnenopgang wakkerde de wind van het Z. W. en Z. Z. W. an‐ dermaal op, doch heden met goed en handzaam we‐ der, en een ieder der schepen deed dus zijn best, van, door kracht van zeilen, straat *Sunda* te buiten te laveren.

Java‐hoofd, tot laatste pei‐ ling van het land. Op den middag van den zevenden hadden wij *Java*-hoofd O. ¼ noorden. De bevondene zuider‐

breedte was toen 6° 55', volgens welke waarneming
en peiling ik derhalve onze afgevarene lengte bepaal-
de op 104° 46' beoosten den meridiaan van *Greenwich;* en waarvan ons bestek werd begonnen.

Den volgenden dag zagen wij aan lij van ons den
Noordamerikaanschen brik *Voltaire,* welke een dag
vóór ons van *Macao* vertrokken en, naar straat *Sunda*
stevenende, ons, toen de *Wilhelmina en Maria* achter
het *Noorder*-eiland ten anker lag, voorbijgewerkt
was. Gemelde brik had het, ondanks het onhand-   *Bedenking
zame weder, onder zeil gehouden; hetwelk, op een   naar gelegenheid van on-
tijdstip, dat de Z. W. moussou, gelijk bij het veran-   stuimig weder
deren van nieuwe en volle maan, met kracht komt   bij de West-
aanzetten, te meer tegen mijn gevoelen inloopt, aan-   moussou.*
gezien men dan, door op eene reede het onstuimige
weder af te wachten, ruim zoo veel, als met schip
en tuig — tegen de nu en dan invallende zware
baijen, waarbij gewoonlijk de marszeilen niet kunnen
staan blijven, — te forceren, zal gewinnen. Ook immers wordt men nu doorgaans, met de aldra op-
volgende stilten, door den stroom nog meer weder
teruggezet, dan men, met veel arbeid, bij welken
het volk bovendien afgemat en veeltijds ziek raakt,
zoo dat het de kooijen moet houden, is gevorderd.
Wij zagen dien dag ook nog een ander schip, mij
toeschijnende van de reede van *Radja Basa* te komen.

Inmiddels vervolgden wij de reize, zonder eenige
verdere ontmoeting van belang, behalve dat, den   *Zonderlinge
elfden Februarij, op 32° 47' zuiderbreedte en 33° 20'   wedergesteldheid.*
oosterlengte eene wedergesteldheid ons trof van eenen
aard, hoedanig mij tot hiertoe nog niet was voorge-

komen. Sedert den vijfden hadden wij bijna dagelijks, en vooral des nachts, weêrlicht gezien, londer
waarneming evenwel eener merkelijke daling van het
kwik in den barometer, die ook nu, des nachts van
den elfden, nog 29,29 bleef teekenen, hoewel bij
eene, in het rond, als met een zwart laken betrokkene
lucht. De wind was daarbij O. N. O. en omloopende
van het noorden door het oosten naar het zuiden,
met ongestadige, schoon slechts frissche, bramzeilskoelte; terwijl het zwerk bij aanhoudendheid aan
allen kant, gelijk ik het noemen moet, vuur ontt-
lastte, waarvan men de klompen (of ballen) duidelijk
zag nederdalen, of veeleer vallen, zoo dat wij ons
gelukkig rekenden, daardoor niet getroffen te worden.
De barometer evenwel was toen slechts tot 29,11 ge-
zakt; doch, hoewel, op grond mijner langdurige
ondervinding, veel vertrouwen op deszelfs aanwijzingen hebbende, deed ik niettemin klein zeil houden totdat de dag aanbrak, als waarmede deze, zoo
te zeggen, vuurregen weder geheel ophield. In den
voormiddag echter bleef de wind nog rondwakkelen,
met flaauwe koelte en eene opwerkende lucht van het
Westen en Z. W. Omstreeks ten één ure, in den
achtermiddag, schoot dezelve, met eene vliegende
bui, naar het Z. Z. W.; welke storm evenwel, een
paar uren later, tot eene flaauwe bramzeilskoelte was
verminderd, waarbij wij voorts goed weder hielden.
Den twintigsten Februarij op het Knapsche rif zijnde, ontwaarden wij een schip, hetwelk de Hollandsche vlag toonde, en eerlang bleek te wezen de
Vasco da Gama, gevoerd door kapitein VERSLUIS van

Antwerpen. De eerste stuurman, ALBERT KOOPS —
een jonge zeevaarder, die, van ligt matroos tot
aan den rang van tweeden stuurman, deszelfs *carrière*
bij mij had begonnen, en in wien ik, uit hoofde
van zijnen goeden inborst en ijver om vooruit te komen, altijd een levendig belang had blijven stellen, — kwam met de sloep bij ons aan boord, en
zijn bezoek en hartelijk ontmoeten waren mij in
die evenredigheid welkom. Ik vernam van hem, dat
mijn oude vriend, kapitein VERSLUIS, zich juist niet
wel ter pas gevoelde; hetgene mij deed besluiten,
hem op zijn schip een bezoek te geven, waarbij hij
mij nog eenig nieuws, zoo uit het vaderland als van
Oostindie, vertelde, hetwelk ons nog onbekend was.
Beiden stevenden wij voorts, dien dag, kaap *Laguil-* Kaap *Laguil-*
kas.
kas te boven, en liepen, des nachts, om kaap *de*
goede Hoop. Den een en twintigsten daaraanvol- en *goede Hoop.*
gende geraakten wij van de *Vasco da Gama* af.

Den vijfden Maart ankerden wij voor *St. James-*
town op het eiland *St. Helena,* alwaar de ledige wa- *St. Helena.*
tervaten gevuld en eenige ververschingen ingekocht
werden; doch, daar er voorts aan niets gebrek was,
koos ik den zevenden weder zee. *St. Helena* nu
is reeds zoo menige malen beschreven, dat ik, omtrent deze groote rots in den zuider-*Atlantischen*
oceaan, niet verder zal uitweiden. Tot het bezigtigen trouwens van het graf van NAPOLEON had ik
ditmaal, hoofdzakelijk door gebrek aan tijd, geene
bijzondere roeping. Overigens vonden wij hier ter
reede liggen drie Engelsche *China*-vaarders, komende mede van *Canton;* terwijl, den volgenden dag,

het schip *Nederlands Koning*, kapitein SCHINKEL, aldaar binnenliep.

Dan — toen wij van *St. Helena* weder stonden te vertrekken, en ik reeds met de sloep van den wal was gestoken om scheep te gaan, kwam juist de *Vasco da Gama* ter reede. Kapitein VERSLUIS praaide mij, bij hem aan boord te roeijen. Met bevreemding had ik reeds opgemerkt, dat deszelfs eerste stuurman, ter plaatse, waar anders deze, bij het ten anker komen van een schip, gewoonlijk zijnen post heeft, niet te zien was. Ook meende ik dadelijk aan des kapiteins somber voorkomen te bespeuren, dat hem iets treurigs was bejegend. En dit bleek met de daad zoo te wezen, daar hij, den een en twintigsten, gemelden zijnen eersten stuurman op eene waarlijk smartelijke wijze had verloren. Dezen namelijk, bezig zijnde met een onderlijzeil bij te zetten, was, door het breken van één der vallen, gezegd zeil over het hoofd geslagen, hetwelk de zee, die toen vrij hoog stond, aanstonds geschept had. Onvoorzigtigheid (of liever: onbezonnenheid) deed, middelerwijl het schip eene geweldige vaart liep, het andere val afsnijden; waardoor de zee het lijzeil, met den daarin verward geraakten stuurman, buiten boord sleepte, die in een oogenblik verdwenen was. Diep trof mij dit treurig ongeval, eenen gezonden en sterken jongen man, nog geen acht en twintig jaar oud, wedervaren, dien ik, zoo kort geleden, met het blijhartigste gelaat, waarop vergenoegdheid en uitzigt op het verwezenlijken zijner luchtkasteelen te lezen stonden, had voor mij gezien.

Te *St. Helena* overigens was ons gewaarschuwd geworden, dat, in den Noorder-, doch nog wel het meeste in den Zuider-*Atlantischen* oceaan, eene menigte zeeroovers kruiste, welke, zeer stout dikwerf te werk gaande, onlangs, bij de kaap *de goede Hoop*, een driemastschip — gelijk mede eene der op *Buenos Ayres* varende paketten — hadden geplunderd, zonderdat van de laatste, die veel gelds aan boord voerde, sedert, ofschoon nu reeds na eenen vrij geruimen tijd, verder iets was vernomen; weshalve men dan ook dit schip bereids als geheel verloren beschouwde. Eenen zich juist voor *St. Helena* bevindenden oorlogsbrik zagen wij zelven, toen de tijdingen van deze rooverijen te *St. Jamestown* aankwamen, onmiddellijk zeilmaken en naar het zuiden stevenen — bepaaldelijk, zoo men zeide, tot het opvangen van zeker roovervaartuig, zijnde een zware en sterkgewapende brik, welke aldaar zich moest ophouden. — Dit altemaal gaf aanleiding, dat ik onzen staat van wapening eens in oogenschouw nam, dien ik evenwel alles behalve bekwaam vond, om, als het er op aankwam, tegenweer te bieden. Slechts twee karonaden à zes pond hadden wij op het dek; terwijl de overige stukken voor ballast in het ruim lagen, waaraan voor alsnu op geen bijkomen viel te denken. Het was hier dus zaak, gebrek aan kracht, op onze wijze, door slimheid te vergoeden. De timmerman derhalve werd in het werk gesteld, ten einde, van eene — tot waarlooze marszeilsra bestemde — spar, kanonnen te gieten; en, binnen de vier dagen, waren wij, door dit houten geschut,

prompt gewapend, met acht stukken aan iederen
kant in de laag. Hetgene mij, in deze zeeroover-
geschiedenis, het meeste aan het hart ging, was, dat
ik nu nog, op het laatste van de reize, de *Wilhelmina
en Maria* eenen anderen — en wel geheel zwarten — japon moest doen aantrekken. Zij had zich,
met haren breeden, geschraapten gang, steeds zoo
net aan ons vertoond — en welken de bootsman,
als haar kamenier, altijd met zorg had doen ver-
nissen; waarbij, door het daartoe gebezigde blanke
harpuis, menig pondje suiker te loor was gegaan,
om de schittering van gezegd bekleedsel toch maar
met allen luister te doen uitkomen. Ook de masten, waarop hij, door het menigvuldige bekijk, dat
zij overal vonden, ten allen tijde zoo trotsch was,
terwijl, van uit derzelver schoonen, blankgelen glans
de daarin zich spiegelende zonnestralen zijnen mede-
confraters op al de andere schepen der reede zoo
dikwerf in de oogen hadden gestoken, werden *in*
het sneeuwwit gekleed; — en met deze *metamorphose* was onze trouwe, vreedzame geleidster eensslags in eene soort van oorlogschip herschapen, met
zestien stukken kanon, waarvan, aan iederen kant,
slechts één, zonder zich zelven te verbranden, kon
vuur geven. — In het vertrouwen alsnu, dat ieder
naderende kwaadwillige, welke de *Wilhelmina en
Maria* in hare tegenwoordige vreeswekkende gestalte
te zien kreeg, wel ontzag voor derzelver zwarten
tabbaard zou hebben, zeilden wij gerust voort.

Den dertienden Maart evenwel werden wij in waarheid — doch, gelijk later bleek, door een loos

alarm — verontrust. In het laatste namelijk van den
voormiddag ontdekten wij eenen schoener, die, van
uit het oosten — dus van den kant der Afrikaansche
kust — met kracht van zeil naar ons toekwam, het
schip achteromliep, en toen, op eenigen afstand, in
deszelfs kielwater bleef liggen, aldus medezeilende,
zonder nogtans merkelijk te naderen. Dit nu scheen
eene zoo vreemde *manoeuvre*, dat wij allen den
schoener — welke overigens het formaat van eenen
der tusschen de kust van *Afrika* en *Rio de Janeiro*
varende, zoogenaamde slavenhaalders had — min of
meer begonnen te mistrouwen. Dadelijk gaf ik order,
alarm te maken en alles te wapenen; waarmede wij
dan ook spoedig gereed waren, als bestaande —
behalve de vermelde batterij — ons voornaamste
middel van defensie in onze hoeden, die een ieder,
om den schijn te geven, alsof er veel volks aan boord
ware, moest opzetten. Den heer WEYMAR, nog al
lang zijnde van gestalte, verzocht ik uit dien hoofde,
zich op de kampanje te willen plaatsen, waarover hij,
ten einde te meer vertooning te maken, met eenen
kijker in de hand en vol graviteit van stuur- naar
bakboord heen en weder wandelde; terwijl inmiddels
ook de wimpel werd geheschen. — Doch de roover
werd, ondanks dit alles, niet bang: — hij bleef in
ons kielwater. Toen schoot er niets anders over,
dan de batterij met scherp te laden: de windprop-
pen dus werden van de stukken afgenomen, doch
bleven bij sommigen, als door een kwanswijs ver-
zuim, onder aan de trompen van het kanon hangen.
Evenwel ging die verwenschte schoener nog niet uit

ons kielwater — hoewel wij toch, in allen geval, vóór den nacht van hem wilden afzijn. Er was dus niets op, dan dat wij de *attaque* van *onzen* kant begonnen, — haalden dus, over bakboord, bij den wind, en vertoonden nu onze breede zijde, met de volle laag geschut. Toen dan eindelijk de vijand zag, dat het ons ernst werd, stak ook hij, edoch over den anderen boeg, bij den wind, — zette àl bij, wat hij maar aan zeildoek kon uithangen, en was reeds tegen den avond uit het gezigt. Wij, van onze zijde, hielden vervolgens weder af, en stuurden koers. De batterij werd, op hare wijze, gesjord, de wimpel neêrgehaald en ook de hoeden weder afgezet; terwijl wij allen uiterst voldaan waren, dat het hier *meer* op loopen, dan vechten, was aangekomen.

Den achttienden Maart passeerden wij voor de vierde maal onzer reize de linie, en waren nu weder op het noorder-halfrond, — zagen, den zeven en twin-

Kaap Lezard. tigsten April, kaap *Lezard*, — liepen het kanaal in, en kregen, den negen en twintigsten, bij *Dover* eenen Texelschen loods aan boord.

Des morgens, ten acht ure, van den eersten Mei

Kamperduin. verkenden wij de kaap *van Egmond*, en zagen *Kamperduin*, — kwamen, ten kwart na elf ure, ter reede

Texel. van *Texel*, en zeilden, ten twaalf ure, met de *Wilhelmina en Maria* het *Nieuwe Diep* binnen. Het was toen drie jaren, twee maanden en twintig dagen, dat wij hetzelve verlaten hadden.

Mijne eerste gedachten nu, voordat ik den vaderlandschen grond weêr betrad, waren dankbaar tot het heilige Opperwezen gerigt, in betrekking tot den menigvuldigen zegen en bewaring, door ons, gedurende de reize, ondervonden. Toen — niet onnatuurlijk met eenige beklemdheid van hart — kwam de wensch bij mij boven, te weten, wie van mijne dierbaarste betrekkingen en hoedanig ik dezelve zou wedervinden — als hebbende, sedert ons verlaten van het vaderland, van niemand hunner iets vernomen, behalve de weet, die de te *Macao* ons in handen gekomene Hollandsche couranten mij bragten, dat twee geliefde naastbestaanden niet meer bestonden. Mijn verlangen intusschen werd welhaast vervuld. De kolonel TIEMAN, welke zich gereed maakte, met Z. M. fregat *Rupel* Zijne Excellentie den Gouverneur generaal VAN DEN BOSCH naar *Oostindie* te brengen, had de beleefdheid, mij nog dienzelfden dag een bezoek te willen brengen, om mij toch zoo spoedig mogelijk de tijding te doen vernemen, dat mijne oude moeder en verdere betrekkingen zich allen nog in leven en gezond bevonden; hetgene de vreugde in den behouden terugkeer op den vaderlandschen grond eerst regt bij mij voltooide.

Den tweeden Mei haalden wij het schip, door de sluis, in het *Willems*-kanaal; doch er was dien dag te veel wind om hetzelve aan de lijn door het kanaal te jagen.

Des morgens van den derden werd ik uit mijnen slaap gewekt door de hand van mijnen zwager VAN DEN BROEKE, die, op het berigt wegens het binnenvallen van het schip, dadelijk van *Amsterdam* was vertrokken, om mij te gemoet te gaan. Naauwelijks had ik mijne oogen opgeslagen, of mij schoot tevens deszelfs belofte te binnen, van mij, bij retour in het vaderland, de eerste welkomstgroet te zullen komen brengen. Men zal zich voorstellen, hoe aangenaam ik dan nu hierdoor verrast werd, en hoe genoegelijk wij den tijd aan boord, totdat het schip voor de stad *Amsterdam* kwam, doorbragten. Aan de *Willems*-sluis genaderd, werden wij door de heeren INSINGER verwelkomd; terwijl zich nu bij afwisseling vrienden en bekenden opdeden, die de hartelijkste belangstelling, in betrekking tot onze thans voleindigde reize, betoonden.

Den zesden Mei meerden wij het schip op het *Y*, in de laag. De lading, uit hetzelve gelost zijnde, werd bevonden, niet de minste schade te hebben geleden, en in waarheid was toen ook de bodem zelve in eenen staat, van — zonder de geringste reparatie, het zij aan romp of tuigaadje, te behoeven — met eenige nieuwe zeilen, als waarloozen, gereedelijk weder zee te kunnen bouwen. En hiervan moge de omstandigheid, dat dezelve sedert elf reizen op de *Westindien* gedaan heeft, zonder, in eenigen opzigte, hoofdreparatien te ondergaan, ten bewijs strekken.

Op de theeën echter vielen de verhoogde regten, als kunnende het schip, in dit geval, het voorregt niet erlangen, van als eene radicaal in dit koningrijk gebouwde kiel beschouwd te worden, zoo dat dezelven wel degelijk met ƒ 54, plus 15 pCt., (in plaats van ƒ 12, plus 15 pCt.) belast wierden; teleurstelling voor de Cantonsche afladers, welke mij in wezenlijkheid ter harte ging, hoezeer van den anderen kant eenige voldoening gevoelende over de onzijdige houding, die *ik* te dezen opzigte in *China* bewaard had, en waardoor het aanbod alleen van den heer TH. DENT den heer FORBES kon doen besluiten, zich tot het bevrachten van mijn schip te bepalen.

Hiermede van de *Wilhelmina en Maria* afstappende, scheide ik ook van den Lezer.

EINDE VAN HET DERDE EN LAATSTE DEEL.

CHINA.

CANTONSCHE PRIJS-COURANT van dertien December 1828, strekkende tot aanduiding zoo der artikelen, welke naar *China* gewoonlijk aangebragt, als van de zoodanigen, welke van daar gewoonlijk uitgevoerd worden; gelijk mede van het variëren der prijzen, gedurende den tijd van zes maanden, aangehaald tot een bewijs van den, omtrent vele artikelen, altijd onzekere markt te *Canton*.

INVOER.

ARTIKELEN.	per	Thayl.	M.	C.	Piasters.	Het sedert 5 Julij tot 13 Dec. variëren der prijzen.
eke, Pinang, of Betelnoot	picol.				3 à 3½	Van 2½ tot 1, 8 en 3½.
safoetida (Gom.)	id:				4 à 5	Tot Sept. niet aan de markt; overigens zoo gebleven.
rnsteen	catty.				12 à 16	Zoo gebleven.
nzoin (Gom.)	picol.					
rlijnsch blaauw, of Ultramarin	id:				42	Tot Oct. niet aan de markt; overigens zoo gebleven.
zoarkoe	catty.				30	Tot Aug. niet aan de markt; overigens zoo gebleven.
adrotting	picol.				4	Van 4½ tot 3½ en 4.
ik	kistje.				9 à 10	Van 11 tot 9 en 10.
omwol, Bombaai	picol.	8 à 9				Van 8 tot 7, ½ en 9.
id: Bengalen	id:	8 à 9				id: id: id:
id: Madras	id:	7 à 9	3			Van 10 tot 7 en 9, 3.
andverw, of email					12 à 28	Tot Aug. niet aan de markt; overigens zoo gebleven.
chenille	picol.				380 à 400	Van 400 à 550 tot 380 à 400.
d - Bear, (verw, zekere violetkleur)	catty.				25 à 28	Zoo gebleven.
elie	picol.				55	Van 75 tot 55.
mbier	catty.				1 à 1½	Tot Oct. niet aan de markt; overigens zoo gebleven.
sing (ongezuiverde)	id:				80 à 90	Van 55 à 60 tot 80 à 90.
ud- en Zilverdraad	id:					
jnen (Engelsche)	stuk.				30 à 32	Zoo gebleven.
ivinnen	picol.				15 à 18	id:
mfer (Maleitsche)	catty.				15 à 27	Van 20 à 27 tot 15 à 27.

. Van eenigen dezer artikelen zijn de benamingen mede in het Engelsch aangehaald, zoo als dezelve te *Canton* in zwang zijn.

ARTIKELEN.	per	Thayl.	M.	C.	Piasters.	Het sedert 5 Julij tot 13 D variëren der prijze
Katoenen.						
Engelsche Chintzes van 28 yards	stuk.				4 à 5	Zoo gebleven.
id: Longclots » 40 —	id:				$5\frac{1}{2}$ à $6\frac{1}{2}$	Van 7 à 8 tot $5\frac{1}{2}$ à $6\frac{1}{2}$
id: Muslins » 34 à 40 —	id:				$2\frac{1}{2}$ à 3	Van $3\frac{3}{4}$ tot $2\frac{1}{2}$ à 3.
id: Cambrics » 12 —	id:				$1\frac{3}{4}$ à 2	Van 2 à $2\frac{1}{2}$ tot $1\frac{1}{2}$ à 2
id: H. Monteeth Bandannose	id:				$1\frac{1}{2}$ à 2	Zoo gebleven.
Katoendraad	picol.				35 à 45	Van 35 à 38 tot 24 à en 35 à 45.
Koper, van Zuid-Amerika	picol.				23 à 24	Zoo gebleven.
id: van Japan	id:				25 à 27	Van 26 à 27 tot 25 à 2
Koraalfragmenten	id:				100 à 140	Zoo gebleven.
Kwikzilver	id:				65 à 68	Van 75 à 78 tot 65 à 6
Lakenen	ell:				1 à $1\frac{3}{4}$	Zoo gebleven.
Lood	picol.				$5\frac{1}{2}$	id:
Mirre	catty.				15 à 30	Tot Oct. niet aan de mark overigens zoo geblev
Nagelen	picol.				50 à 65	Van 50 tot 65.
Nootmuskaat	id:				55	Zoo gebleven.
Olibanum	catty.				4 à 6	id:
Olifants-tanden	picol.				60 à 95	id:
Opium Patna (oude)	kist.				895 à 900	Het variëren van dit tikel is reeds op bla 204 vermeld.
id: dito (nieuwe)	id:				895 à 900	
id: Benares	id:				865 à 700	
id: Compagnies Malwa	id:				900	
id: Daman id:	id:				890 à 895	
id. Turksche	picol.				740	
Orsidue	100 blad.				5 à 6	Tot Oct. niet aan de mark overigens zoo geblev
Paarlemoer	picol.				18 à 20	Van 20 à 22 tot 18 à 2
Peper, Maleitsche	id:				$8\frac{1}{2}$ à 9	Van $6\frac{1}{2}$, tot $8\frac{1}{2}$ à 9.
Polemitten	stuk.				34	Zoo gebleven.
id: breede soort	id:					
Rijst	picol.				1.60 à 1.80	Tot Oct. niet aan de mark overigens zoo geblev
Sago	id:					
Salpeter te *Whampoa*	id:				6	Aldaar tot September n aan de markt; overig zoo gebleven.
id: voor *Linten*	id:				7	Van 6 tot $7\frac{1}{2}$ en 7.
Sandelhout	id:				8 à 24	Zoo gebleven.
Sapanhout	id:				$2\frac{1}{2}$	Tot Oct. niet aan de mark overigens zoo geblev
Schildpad (caret)	id:				1000 à 1100	Zoo gebleven.

ARTIKELEN.	per	Thayl.	M.	C.	Piasters,	Het sedert 5 Julij tot 13 Dec. variëren der prijzen.
ppers Laken	picol.					Niet aan de markt.
al	centn:				6 à 7	Zoo gebleven.
, Banca	picol.				$18\frac{1}{2}$ à $19\frac{1}{2}$	Van 19 à 20 tot 18 à 19 en $18\frac{1}{2}$ à $19\frac{1}{4}$.
pans (zwarte)	id:				10 à 12	Zoo gebleven.
d: 2de soort	id:				36	id:
chmagen	catty.				60 à 90	id:
elnestjes	id:				26	id:
d: 2de soort	id:				30	id:
d: 3de soort	id:				48	id:
len, Bever	stuk.				4 à $4\frac{1}{2}$	id:
d: Konijnen	100 id:				40 à 46	id:
d: Mater						Niet aan de markt.
id: Otter (zee)	stuk.				44 à 46	Van 40 à 45 tot 44 à 46.
id: dito (land)	id:				5 à 6	Zoo gebleven.
id: Robben	id:				$1\frac{3}{4}$	id:
id: Schapen						Niet aan de markt.
id: Tijger						id: id:
id: Vossen	stuk.				1	Zoo gebleven.
ursteenen	catty.				$1\frac{1}{2}$ à 2	id:
er, in Staven	picol.				3	id:
l: in Roeden	id:				4	Van $4\frac{1}{2}$ tot 4.
asch, (bijen)	id:				28 à 30	Tot Oct. niet aan de markt; overigens zoo gebleven.
ierook	id:					
arthout, of Ebbenhout	id:				$3\frac{1}{2}$ à 4	Van 5 à 6 tot $3\frac{1}{2}$ à 4.
id: Mauritius	id:					

UITVOER.

ARTIKELEN.	Per	Thayl.	M.	C.	Piasters.	Het sedert 5 Julij tot 13 Dec. variëren der prijzen.
luin	picol.				2, 8	Zoo gebleven.
nijs (star)	id:					
orax	id:					
aret – Schilpad	id:				1000à1100	Zoo gebleven.
assia, lignea	id:				15 à 16	Van 16 à 18 tot 15 à 16.
assia, flor	id:				20 à 24	Van 28 à 30 tot 20 à 24.
ubébe, of Staartpeper	id:				18 à 20	Tot Nov. niet aan de markt; overigens zoo gebleven.
urcuma, (Eng: Turmerick)	id:				6	Zoo gebleven.
rakenbloed, (Eng: Dragonsbloed)	id:				80 à 100	Zoo gebleven.
algant	id:				$5\frac{1}{2}$	Van 5 tot $5\frac{1}{2}$.

ARTIKELEN.	Per	Thayl.	M.	C.	Piasters.	Het sedert 5 Julij tot 13 Dec... variëren der prijzen.
Gom Gutta, (Eng: gamboge)	picol.				65 à 75	van 65 tot 75.
Harst	id:					
Kwikzilver	id:				65 à 68	Van 75 à 76 tot 65 à 68.
Muscus	catty.				40 à 90	Van 40 à 80 tot 40 à 90.
Nankings, Comp. 1ste soort	100 st:				104	Van 90 tot 180 en 104.
id: breede 2de —	id:				90 à 95	Van 80 tot 98 en 95.
id: 3de —	id:				62 à 68	Van 57 tot 62 à 68.
id: blaauwe breede	id:				90 à 100	Zoo gebleven.
id: dito smalle	id:					Geene aan de markt.
Radix China, (Eng: Chinaroot)	picol.				$3\frac{1}{2}$	Zoo gebleven.
Radix Galangæ	id:				$5\frac{1}{3}$	Van 5 tot $5\frac{1}{2}$.
Rabarber	id:				65 à 70	Tot Sept. niet aan de markt overigens 65 à 70. De... weder niet aan de markt
Rottekruid	id:					
Spiauter, of Tutenague	id:				13	Tot Oct. niet aan de markt overigens zoo gebleven
Suiker, Kandij Chinchew	id:				$13\frac{1}{2}$ à 14	Tot Aug. niet aan de markt in October $13\frac{1}{2}$ à 14.
id: Pingfa	id:				6 à 7	Tot Oct. niet aan de markt overigens 6 à 7.
id: Canton	id:				$10\frac{1}{2}$	Van 10 tot $12\frac{1}{2}$.
Thee, Boey	id:	14 à 15				
id: Congo	id:	24 à 28				
id: Kampooy	id:	24 à 28				
id: Souchon	id:	30 à 36				
id: Sonsay	id:					De theeën kwamen een den 3den November aa de markt te Canton, zijn overigens zoo i prijs gebleven.
id: Pekko	id:	50 à 60				
id: Songlo	id:					
id: Thunkay	id:	24 à 28				
id: Hijsan Skin	id:	24 à 28				
id: Hijsan	id:	44 à 54				
id: Uxim	id:	34				
id: Joosjes	id:	50 à 54				
id: Ankooi	id:	20 à 24				
Vermiljoen	id:				44	Van 48 tot 44.
Witlood	id:				11	Tot Oct. niet aan de markt overigens zoo gebleven
Zijden, ruwe (Nankin Taysaan)	id:				435 à 440	Van 400 tot 435 à 440.
id: (Nankin Tsatlee)	id:				470 à 490	Van 430 tot 470 à 490.
id: (Cantonsche)	id:	220à270				Van 220 tot 225 à 270.

NB. De prijzen van *Invoer* zijn zonder de Inkomende, doch die van *Uitvoer* met de Uitgaande regten belast. De Chinesche kooper betaalt de *Inkomende*, gelijk de verkooper de *Uitgaande* regten, ten zij men desaangaande anders is overeengekomen.

Gelijk, in het tweede deel, aangaande den handel tusschen *Zuid-Amerika* en *Canton* is aangehaald, dat in denzelven, van den kant van *China*, de zijden stoffen tot de voornaamste artikelen mogen worden gerekend, zal het welligt niet ondoelmatig zijn, het volgende in bijzonderheden, aangaande deze Chinesche fabrikaten, hier nog mede te deelen.

Sarsenets.

Worden in alle bekende kleuren gemaakt; de stukken zijn 29 duim breed, 30 yards lang, wegen 22 thayl en kosten, gemaakt van *Nankin*-zijde, 13 à 14 piasters. Van *Canton*-zijde komt het stuk op 10 of 11 piasters. Men heeft op te merken, dat de zwarte stukken alleen van *Canton*-zijde kunnen gemaakt worden, terwijl alle overige verwen onverschillig van *Nankin-* of *Canton*-zijde worden vervaardigd. Voor een thayl zwaarder of ligter in het gewigt betaalt men 30 cent van eenen piaster meer of minder.

Gewerkte zijden, als voor vesten enz.

Gebloemd en geheel van zijde: in stukken, lang 15 yards, breed 19 duim, zwaar 28 thayl, half uit *Canton-* en half uit *Nankin*-zijde vervaardigd, 10 à 11 piasters.

Geheel uit *Canton-* of geheel uit *Nankin*-zijde worden dezelve nooit gemaakt, doch somtijds uit half *Canton-* en half *Nankin*-zijde, kostende dan 8 à 9 piasters per stuk.

Atlas of Satijn.

Van *Nankin*-zijde gemaakt, 29 duim breed, 18 yards lang, 36 thayl zwaar, 18 à 19 piasters per stuk.

Een thayl verschil in gewigt geeft ongeveer 40 cent verschil in prijs. — 22 duim breed, 18 yards lang, 25 thayl zwaar, 13 piasters. Van *Canton*-zijde gemaakt, is het stuk drie piasters goedkooper te leveren; evenwel kan men toch slechts zeer weinig *Canton*-zijde in het maken van *Atlas* gebruiken, zonderdat die in kwaliteit en glans te veel zou verliezen.

Krip.

Nankin-krip in stukken van 32 à 37 thayl zwaar, 18 yards lang, 19 duim breed, kosten 16 à 18 piasters per stuk, en zulks in alle verwen, uitgenomen scharlaken, crimson en ponson, als wanneer het stuk 3 à 4 piasters meer kost.

De *Nankinsche*-krip komt zoo wel effen als gebloemd aan de markt, terwijl er maar een gering onderscheid in den prijs is. *Canton*-krip is ligter in gewigt, dan *Nankin*-krip. De stukken van 18 thayl zwaar, 19 duim breed en 18 yards lang, kosten 5 à 5½ piasters — in alle kleuren, uitgezonderd scharlaken, ponson en crimson, welke drie kleuren, met 3 à 4 piasters per stuk meer betaald worden.

22 thayl zwaar, 1ste kwaliteit, 7 à 7½ piasters.
24 dito dito dito 7¾ à 8 idem.

Een thayl verschil in gewigt maakt 30 centen verschil in prijs. Voor zoogenaamde *Cargo*-krip, wordt echter zelden krip, ligter dan van 18 thayl, genomen.

Cargo-krip (shawls,) te *Canton* gemaakt, met damast center, boorden en franjen, $\frac{6}{4}$ yards □, 4 thayl zwaar, 1¼ à 2 piasters.
$\frac{7}{4}$ » □, 6 id. id. 2 à 2½ id.
$\frac{8}{4}$ » □, 6 à 7 id. id. 2½ à 2¾ id.

Deze gewone soorten van doeken worden nimmer gestikt noch geborduurd. Scharlaken, crimson en ponson worden met 50 cent per stuk meer betaald.

Cargo-krip (kleederen,) te *Canton* gemaakt, met damast center en randen:
8 cobidos 3 punten lang ⎰ 5 à 6 thayl zwaar, 2 à 2½ piaster.
3 id. 6 id. breed⎱ 8 » id. 3 à 3½ id.

Ieder thayl verschil in gewigt geeft 30 à 33 cent verschil in prijs; zelden echter worden dezelve zwaarder dan 11 thayl gemaakt. Voor scharlaken, ponson en crimson betaalt men gewoonlijk 1½ à 2 piasters meer.

Onder gestikte of geborduurde shawls bestaat een aanmerkelijk verschil. Men heeft ten eerste op te merken: de fijnheid van het krip, die afhangt van de gebruikte *Nankin-* of *Canton*-zijde; — ten tweede: het gewigt; — ten derde: de stikking, die veel daarvan afhangt, of er gesponnen, dan wel naaizijde gebruikt is. Alle goedkoope doeken worden met gesponnen zijde geborduurd, daarentegen dure shawls met naaizijde gestikt. — Verders maakt ook een groot onderscheid het fijnere of grovere der stikking, en eindelijk het patroon, hetwelk, een bekend zijnde, goedkooper valt, doch, zoo het nog nieuw is, den prijs verhoogt. Men vindt evenwel tegenwoordig onder de ordi-

naire shawls, vele Fransche patronen, die even zoo goedkoop
als de Chinesche bewerkt worden.

Deze shawls en kleedjes stijgen van 8 thayl tot 21 en 25 thayl,
en verschillen in prijs van 4, 5, 6, 10, 20 tot 100 piasters.
Worden geene franjen aan de shawls genomen, zoo maakt dit
een onderscheid van 10 tot 20 cent per stuk.

Cross-bars Handkerchiefs.

Zijn gekeperd of ongekeperd. Hiernaar, en of dezelve uit *Canton-*
dan wel *Nankin*-zijde gemaakt worden, hangen prijs en kwaliteit af.

22 duim □, 20 doeken per stuk, 15 thayl zwaar, uit:
      Nankin-zijde 9½ piasters.
      Canton id.   7   id.

een yard □, 20 id. per id. 18 thayl zwaar, uit:
      Nankin-zijde 12 piasters.
      Canton id.   10 id.

Deze doeken worden in alle kleuren gearbeid, en gemaakt volgens
patronen, zoo als men die bestelt.

Gestreept Sarsenet.

24 duim breed, 30 yards lang, 18 thayl zwaar, uit *Nankin*-zijde,
11 à 12 piasters.

29 duim breed, 30 yards lang, 18 thayl zwaar, uit *Nankin*-zijde,
13 à 14 piasters.

Wanneer *Sarsenet* uit *Canton*-zijde wordt geweven, komt het stuk
2 à 2½ piaster goedkooper, maar is dan ook in kwaliteit veel
minder.

De *Sarsenets* mede maakt men in alle verlangde patronen.

Levantines op Sargas.

Van *Nankin*-zijde, 29 duim breed, 30 yards lang, 26 thayl zwaar,
12 à 13 piasters.

29 duim breed, 30 yards lang en 30 thayl zwaar, 16 à 17 piasters.
Van *Canton*-zijde is het stuk 2 à 2½ piaster goedkooper. Gewoonlijk wordt een thayl verschil in gewigt met 30 cent verschil
in prijs gereguleerd.

Sinchaws.

Van *Nankin*-zijde, 29 duim breed, 30 yards lang, 40 thayl zwaar,
12 à 13 piasters per stuk.

Van *Canton*-zijde, zelfde breedte, lengte en zwaarte, 11 à 12
piasters per stuk.

III.   25

Lustrings.

29 duim breed, 18 yards lang en 22 thayl zwaar, worden steeds uit half *Canton* en half *Nankin*-zijde gemaakt, ook zoo wel gebloemd als ongebloemd geleverd.

Damast Satijn.

29 duim breed, 18 yards lang en 40 thayl zwaar, van *Nankin*-zijde, 17 à 18 piasters.
Van *Canton*-zijde en 36 à 37 thayl zwaar, 16 piasters.

Pea-long of Ninfas.

Worden alleen in *Nankin* gemaakt, 19 duim breed, 36 cobidos lang, 11 thayl zwaar, 5 à 6 piasters. Dezelve worden van verschillende kleuren en patronen vervaardigd.

Pongee.

(*Nankin*- en *Canton*-fabrikaat) wordt in alle kleuren geleverd. 19 duim breed, 40 cobidos lang, 16 thayl zwaar, 11 piasters.

Wanneer de *Pongee* alleen van *Canton*-zijde gemaakt is, veroorzaakt dit in den prijs slechts een gering verschil, terwijl er inmiddels een bijzonder groot onderscheid in kwaliteit bestaat.

Camlet.

Canton-fabrikaat, 24 duim breed, 18 yards lang, 36 thayl zwaar, 14 piasters.

Zwart *Camlet* is goedkooper, dan blaauw of eenige andere verw. Van dezelfde zwaarte zijnde, kost het zwarte slechts 11 à 12 piasters.

Het verschil in zwaarte maakt per thayl ongeveer eenen halven piaster verschil in prijs.

Camlet, in *Nankin* gemaakt, wordt met eenen halven piaster per cobido betaald, en 18 yards *Camlet* wegen gewoonlijk 40 à 45 thayl.

NB. De benamingen der bovenstaande artikelen zijn de in den handel tusschen *Canton* en *Zuid-Amerika* gebruikelijke.

Gewigten, Muntstelsel en Maten.

Desaangaande sta hier nog ten overvloede het volgende:

Thayl of *taël* is eigenlijk eene Portugesche benaming, en wordt gebezigd voor hetgene bij de Chinezen de *lyang*, — *maas* of *mas* voor hetgene de *tsyen*, — *candaryn* of *condoryn* voor hetgene de *twen*, en *cassok* of *cache* voor hetgene de *li* is; — zoodat de thayl, welke, gelijk reeds op bladzijde 206 gezegd werd, 10 maas à 10 *candaryn* à 10 *caesch* bedraagt, even hetzelfde is, als wat de Chinesen de *lyang* à 10 *twen* en 10 *twen* à 10 *li* noemen. Overigens kenmerkt de *lyang* of *thayl* een gewigt in fijn zilver, hetwelk, naar deszelfs innerlijke waarde, overeenkomt met 3 gulden 70 cent banko, Hollandsch geld.

Er bestaan wijders in *China* geene muntstukken, behalve die, welke gemengd zes deelen koper en vier deelen lood hebben, dienende, alleen bij de mindere klasse, voor klein geld. Deze munt is rond, slechts aan ééne zijde gemerkt, en voorzien van eenen verheven rand. In het *centrum* zijn de stukjes daarvan met één (of ook wel tot vier) gaten voorzien, waardoor men dezelve aan een koord of touwtje rijgt, somtijds wel ten getale van 1000 stuks.

Het goud, in *China* enkel als een artikel van handel beschouwd, wordt aldaar nimmer, als geld, tot betaling gebezigd. Hetzelve verkoopt zich, tegen het zilver gerekend, in de evenredigheid, *plus minus*, van 1 tot 13¼.

Hoewel in *China* het zilver, over het algemeen, als geld gebruikt wordt, bestaat echter van hetzelve geene wezenlijke Chinesche munt. Men splitst het zilver in stukken, ten bedrage van eene halve tot zelfs honderd thayls, en waarvan dan de waarde wordt berekend, naar derzelver gewigt. Wanneer men daarmede betaalt, wordt eerst, in het vuur, het gehalte beproefd, waarna dan deze stukken, naarmate het te pas komt, tot zoo klein worden afgebrokkeld, dat men er tot de geringste som mede kan afpassen.

Het gewigt voor het *essai* van het goud en zilver is de zoogenaamde *tocque*, welke mede in honderd gelijke deelen verdeeld wordt. Zilver echter, welks gehalte, bij den toets, niet boven de 80 dezer deeltjes kan halen, wordt, in *China*, bij den handel niet in betaling aangenomen. Den ouden Spaanschen piaster b. v. geeft men er 92 deeltjes van den *tocque*, den nieuwen 90, — zoo dat 100 *thayl* of *lyang* zilver van deze zoo even genoemde munten door 90 of 92 *lyang*, naar het gehalte van der Chinezen fijn zilver worden opgewogen.

De Chinezen voorts, welke den piaster, zoo als men uit het voorgaande kan afleiden, naar deszelfs gewigtswaarde in betaling ontvangen, maken er daarom niets uit, dit geld zoo veel zij verkiezen te schenden; hetwelk dan ook door hand tot hand geschiedt, en wel alleen reeds door het stempelen, dat ieder Chinees met zijn eigen merk zich veroorlooft, hoofdzakelijk tot

25 *

aan teeken voor hem, dat het zilver door hem gekeurd is. Natuurlijk geraken, daardoor, de geldspecien zoodanig geschonden
en soms zelfs tot gebrokkelde stukken, dat men dezelve niet
meer als gangbare munt kan uitvoeren, hoewel anders de exportatie daarvan door de Chinezen niet verboden is.

Tijdens mijn verblijf te *Canton* was de agio over gangbare, voor
gebroken, Spaansche matten of piasters, 1 pCt. Hierbij komt
nu nog één per mille aan den huis-compradoor, voor schoffage;
en, wanneer men de gelden naar boord zendt, twee per mille
aan de mandarijnen, voor uitgaande regten. De vracht naar
Lintin is gewoonlijk op specie ½ pCt.

In *Canton* is de Chinesche ellemaat die van de *cobre*, welke weder
in tien *pontes* verdeeld wordt.

100 cobres van *Canton* zijn gelijk aan 37,13 el Nederl.

Er bestaat eindelijk vierderlei voetmaat in *China*, waarvan, op
bladz. 217 hiervoren, de verhouding tot de Engelsche maat reeds
werd opgegeven. Dezelve staat, gelijk ten overvloede hier nog
wordt bijgevoegd, tot de Nederlandsche als volgt:

Van den meetkundigen voet zijn de 100 lang 33,31 Ned. el.
»	»	bouwkundigen	»	»	»	»	»	32,28	»
»	»	voet voor den handel, kleermakers, enz.	»	»	»	33,83	»
»	»	landmeters·	»	»	»	»	»	31,96	»

De Chinesche *li* voorts (landmeters-maat) heeft 180 Chinesche roeden, ieder van 10 voet dus 1800 voet.

193½ *li* maken eenen graad van den equator.

COCHINCHINA.

De bladz. 312 vermelde inlichtingen, omtrent dit land en den handel aldaar, waren vervat in den navolgenden brief, dien ik, bij
de algemeene kennis der Fransche taal, dan ook liefst, ter betere bewaring tevens van het originele van deszelfs inhoud,
hier in het oorspronkelijke laat volgen, in het vertrouwen, als
gezegd is, dat de inlichtingen, in denzelven vervat, aan geheel
onbekenden, die, of met een schip of ook om handel, te *Cochin-
china* komen, tot eene voorloopige en eerstnoodzakelijke leiding
zullen kunnen strekken.

Monsieur le Capt. B. à Manille.

C'est avec beaucoup de plaisir, que je viens vous donner par
écrit quelques informations sur la Cochinchine; je désire beaucoup qu'elles vous décident à y toucher à vôtre retour de
Canton; j'aurais un vrai plaisir de vous y être utile.

Hué est la capitale et résidence du Roi, mais son port ne peut admettre que des navires au dessous de 100 tonn.; il convient donc de se rendre à Touron ou Touranne, superbe baye à 20 lieues S. E. de Hué, ou un navire est en parfaite sureté et d'ou les communications avec la cour sont très faciles. L'usage est de tirer trois coups de canons, aussitôt après le mouillage, afin d'avertir le Mandarin de Touranne, qui se rend desuite à bord et ensuite fait passer au Roi les demandes que l'on a à faire.

Touranne est un simple village, qui n'est rien en lui même, mais ou descendent toutes les productions de la province; les vivres y sont à bon compte et on les obtient avec facilité, ainsi que l'eau qui se fait très près du mouillage.

Les seuls produits d'exportation propre pour l'Europe sont le sucre et la soie écrue. La Cochinchine fournit annuellement quarante cinq jusqu'a cinquante mille picles de sucre et quatre cent cinquante, jusqu'a cinq cent mille picles de soie, dont cent à cent vingt mille pour l'exportation.

La monnaie courante est le quans, composé de dix masses et la masse de soixente sapèques. Deux quans équivalent une piastre.

La piastre n'est point monnoie courante, mais il est toujours facile de l'échanger sans perte. Les onces ne peuvent point être changées et n'ont point cours.

Tous les navires n'importe de quelle nation, sont reçus sur le même pied, c'est à dire: que tout navire, qui décharge et charge une cargaison, est obligé de payer un droit de port ou tonnage, qui se perçoit sur le bau du navire, c'est à dire: que l'on paye à Touranne quatre vingt treize quans pour chaque pied de bau (le pied Cochinchinois egal quinze pouces français.) Ceci n'est point perçu lorsqu'un navire ne fait que relâcher.

Les seuls articles de contrebande sont l'opium à l'entrée; l'or, l'argent, le cuivre et la monnaie du pays à la sortie.

Mon projet est de rester quelques années dans ce pays, ou j'ai déja passé six ans consécutifs; ainsi je puis presque vous assurer, que vous me trouverez à Touranne jusqu'a la fin de l'année. C'est là, monsieur! que je prendrai plaisir à vous fournir tous les renseignements, que vous désirerez sur ce pays encore neuf et qui n'a point encore été visité par un navire de vôtre nation.

Ne pensant point, que des informations plus détaillées vous soient nécessaires, je me ferai cependant un plaisir de répondre à tous les points., qui vous paroîteront vous être utiles.

Dans ces intentions, j'ai l'honneur d'être

Monsieur

Votre dévoué Serviteur

(signé) E. B***.

P. S. Pour répondre à l'article 3eme de votre lettre d'aujourd'hui, je dois vous dire, qu'il est de toute probabilité, que d'ici en quatre mois vous trouviez une cargaison de quatre à cinq mille picle de sucre en Cochinchine.

Quant au prix : dans toutes les operations, dont j'ai été chargé, je n'ai jamais payé le sucre, achèté du peuple, plus de cinq piastres le picle de cent quarante deux livres francaises. Lorsque l'on à recours à celui du roi, on est obligé de le payer le prix fixe de cinq piastres le picle de cent vingt cinq livres francaises.

Cargaison pour Cochinchine.

100 Pièces de toile à voile plutôt fine que grosse.

100 Picles cordages d'Europe manoeuvres courantes.

200 à 300 Pièces serges rouges, vertes et bleues.

200 Pièces camelots, comme montre, jaunes, rouges, blanches et vertes, environs douze piastres.

Quelques belles glaces, grandes. — Pierres à fusil, bien taillées, environs deux et une demie piastre le mille. Quelques pièces galons, mi fin or et argent.

Le seul acheteur pour ces articles est le Roi; ainsi vous savez, que, quand on dépend de la volonté d'un seul, on n'est jamais certain de son affaire. Cependant il manque absolument de ces objets, et en a fait plusieurs fois la demande. — Je vous conseillerai cependant toujours de venir avec vos piastres, plutôt qu'avec des articles, que vous courriez risque de ne point vendre.

Tout à vous.

Votre devoué Serviteur

(signé) E. B***.

Manille 8 Juillet 1828.

Prijzen in *China*, waarvoor de Scheeps-compradoors de onderstaande ververschingen aan boord van de ter reede *Whampoa* gelegen schepen leveren.

	Thayl.	Maas.	Candaryn.
Vleesch, het caty	»	»	9
Visch, id.	»	1	»
Spek, id.	»	1	3
Groenten, id.	»	»	4
Fruit, id.	»	»	4
Een acht loods broodje . . .	»	»	4
Eijeren, per dozijn	»	»	8
Volksthee, 10 cattys	2	8	»
Witte suiker, per picol . . .	10	»	»
Suiker, 2de soort, het catty . .	»	»	8
Zout, 1 picol en 10 cattys . . .	10	»	»
Grof zout, per picol	5	»	»
Meel, 432 cattys	34	5	6
Lampolie, 180 cattys	21	6	»
Houtolie, 36 id.	4	3	2
Hoenders, het catty	»	»	13
Capoenen, id.	»	»	15
Varkens, per catty	»	»	13

PHILIPPIJNSCHE EILANDEN.

MANILLA. PRIJS-COURANT van Junij 1828; strekkende tot aanwijzing der voornaamste artikelen, welke er van de *Philippijnsche* eilanden worden uitgevoerd, als mede van derzelver approximatieve waarde.

ARTIKELEN.	per	Piast. R.		Piast. R.	
Suiker, van Pampanga, in pilons . .	pilon	2,	6.	3,	2.
id. » Pangasinan, id. . . .	id.	1,	2½.	1,	3.
id. » Ylocos id. . . .	id.	–	2½.	–	4.
id. » Yloylo id. . . .	id.	–		–	–
id. in balen, 1ste soort	picol	5,	4.	5,	6.
id. in id. 2de id. . . .	id.	4,	–	4,	4.
Zwavel	id.	2,	2.	2,	4.
Abaca (zeker vlas,) van Lupis . . .	id.	6,	–	6,	4.
id. » Bandala	id.	5,	4.	5,	6.
id. » Aclan	id.	4,	–	5,	–
Boomwol (ongebolsterd,) in canastos .	de 100	25,	–	–	–
id. (gebolsterd,) id.	picol	2,	6.	–	–
id. (bereide,) id.	id.	16,	–	16,	4.
id. Algodon pavilo	id.	25,	–	26,	–
Pady	cavan	–	4½.	–	5.
Rijst, van Pinagua	id.	1.	–	1,	2.
id. Limpio fino (beste witte) . . .	id.	1,	4.	–	–
id. dagelijksche	id.	1.	2½.	1,	3½.
Krokusjes, of Ajos	picol	5,	–	6,	–
Haaivinnen, of Aletas de Tiboron .	id.	17,	–	18,	–
Maïs of Ajonjoli	cavan	1,	3.	2,	–
Olie, van Laguna, de 16 gantas . .	tinaja	2,	2.	2,	4.
id. van Bisayas, 14 id. . . .	id.	1,	4.	–	–
Indigo, 1ste soort	quintal	80,	–	90,	–
id. 2de, 3de en 4de soort . . .	id.	40,	–	70,	–
Rokoe, of Achote	ganta	–	1.	–	–
Harpuis, van het land	kist	1,	2.	1,	4.
id. van Europa	quintal	2,	–	–	–

ARTIKELEN.	per	Piast.	R.	Piast.	R.
lotting, Bejucos, enteros (onbeschadigde)	1000 stuks	2,	–	2,	2.
id. partidos (gespletene)	id.	1,	4.	1,	6.
acao, van *Zebu*	cavan	16,	2.	16,	4.
id. *Monte*	id.	20,	–	–	–
Vasch, de koeken van 110 ⦿	quintal	34.	–	36,	–
luiden (gedroogde) karabao	picol	3,	2.	–	–
id. (gezouten) id.	id.	4,	2.	–	–
id. (gedroogde) koe	id.	7,	4.	8,	–
id. (gezouten) id.	id.	9,	–		
id. (bereide) id.	id.	10,	4.		
id. (bereide) hartebeesten	100 stuks	12,	–		
id. gesneden tot riemen	picol	3,	–		
taarten van huiden (cola de cuers)	id.	8,	–	9,	–
taarten van visch (id. de Pez)	id.	10,	–	12,	–
edroogde Kreeften	id.	11,	–	12,	–
id. id. kleine soort	id.	6,	–	7,	–
aret – schildpad, 1ste soort	id.	900,	–	1000	–
id. gemeender	id.	850,	–	875,	–
achumba (palmboomvrucht)	ganta	–	1½.		
ambayas (waterkannen,) van Malabon	stuk	–	6.	–	7.
okosnooten	1000 stuks	5,	–		
offij, ongebolsterd	cavan	3,	–	–	–
id. gebolsterd	picol	10,	–	–	–
bbenhout, acambayado – soort	id.	–	4.	–	6.
id. zwarte soort	id.	2,	–	2,	6.
uinaras (zeker doek,) het stuk van 500 varas,	fardo	12,	–	18,	–
zep, in koekjes	picol	3,	–	4,	–
id. in marquetas	id.	1,	4.	–	–
ostaardzaad	cavan	2,	4.	–	–
edrinaque (zeker doek,) à 50 stukjes	fardo	12,	–	13,	–
ekens, of Mantas van Ylocos, à 6 varas	stuk	–	4.	–	5.
id. gestreepte dito dito	id.	–	5.	–	6.
arkensreusel, de 16 gantas	tinaja	7,	–	8,	–
ogelnestjes, 1ste soort	catty	35,	–	50.	–
id. 2de soort	id.	25,	–	28.	–
id. 3de soort	id.	9,	–	12.	–
id. 4de soort	id.	–	4,	–	6.

ARTIKELEN.	per	Piast.	R.	Piast.	R.
Nervios (zenuwen) van hartebeestenvleesch	picol	18,	–	20,	–
id. id. van koebeestenvleesch	id.	10,	–	12,	–
Zakdoeken van Malabon	stuk	–	5.	–	6.
Pitten van Cabalonga of van Ignacion	cavan	6,	–	8,	–
Petates (zeker doek) gekleurde	100 stuks	25,	–	32,	–
Rum	galon	–	6.	1,	2.
Rayadillo (gestreepte katoenstof)	vara	–	1½	–	2
id. (gestreepte zijden stof)	id.	–	3.	–	4
Indigo-zaad	cavan	5,	–	5,	4.
Hoeden van Béjuco (bies,) van Balinag	stuk	10,	–	20,	–
id. mindere soort	100 stuks	110,	–	125,	–
Uijen	picol	6,	–	–	–
Gedroogd vleesch van hartebeesten	id.	10,	–	12,	–
id. id. van koeijen	id.	5,	–	6,	–
Tabak en sigaren	arba	18,	1.	–	–
Koorn van 30 gantas	picol	3,	4.		
Terlingas (zekere stoffe in drie kleuren,) van 12 varas	stuk	4,	–	6,	–
Tapires van katoen, van 6 varas	id.	1,	–	1,	4
id. van zijden, van id.	id.	5,	–	10,	–
Azijn van Ylocos, van 16 gantas	tinaja	1,	–		
id. van Laguna. id.	id.	–	2.	–	4
Geel Nanking	stuk	–	4.	–	–
Cairo-Touwwerk	picol	11,	–		
Meel	quintal	4,	–	5,	–

Bepalingen te *Manilla* aangaande de in- en uitgaande regten.

I. Alle producten der *Philippijnsche* eilanden, onverschillig of dezelve voortbrengselen van het land of van de nijverheid zijn, betalen, uitgevoerd wordende naar eene vreemde haven, en zulks zonder onderscheid van vlag: $2\frac{1}{2}$ pCt. regten op derzelver getaxeerde waarde.

II. Aan diezelfde regten zijn onderhevig alle, het zij van *Europa*, *Azia* enz. eenmaal ingevoerde, en, onverschillig onder welke vlag, naar vreemde havens weder uitgevoerde soorten van goederen.

III. Gemunt en ongemunt zilver betaalt, bij deszelfs uitvoer naar vreemde havens, mede zonder onderscheid van vlag, $5\frac{1}{2}$ pCt. Op goud en zilver, door schepen onder vreemde vlag binnengebragt, staan geene inkomende regten; — onder nationale vlag daarentegen bedragen dezelve voor deze metalen, gemunt of ongemunt, van het zilver $2\frac{1}{2}$ pCt. en van het goud $1\frac{1}{2}$ pCt.

IV. Goederen, onder Spaansche vlag van eene vreemde haven, onverschillig welke, binnengebragt, betalen $6\frac{63}{500}$ pCt. van de waarde, naar de ter plaatse zelve geregelde marktprijzen.

V. Goederen, onverschillig waarvandaan aangebragt onder vreemde vlag, worden op dezelfde wijze getaxeerd, en betalen $10\frac{75}{500}$ pCt.

VI. Van deze regels zijn uitgezonderd de van *Europa* aankomende *comestibles* (eetwaren,) waaronder begrepen zijn alle soorten van Wijnen en Likeuren en welke altemaal onderworpen zijn aan de hoogste regten naar een daartoe gesteld tarief, uitdrukkende de getaxeerde waarde der betreffende artikelen, en volgens welk dezelve zich dan, onderscheidenlijk, regelen naar gelang der drie hier volgende gevallen:

1ste *geval.* In Spaansche schepen, komende van vreemde havens, wordt de waarde naar het tarief met een derde vermeerderd. Van deze som reduceert men dan 30 ten honderd, en het resultaat geeft het bedrag der inkomende regten.

2de *geval.* In vreemde schepen, komende van een deposito op het schier-eiland *Spanje*, wordt de waarde van het tarief met een zesde verminderd, van deze som 30 pCt. afgetrokken, en het resultaat, verhoogd door $7\frac{1}{2}$ pCt. van de primitieve waarde naar het tarief, als regten op de vlag, geeft het bedrag der belasting.

3de *geval.* In vreemde schepen, komende van vreemde havens, wordt de waarde van het tarief met een derde verminderd, van deze som 30 pCt. afgetrokken, en het resultaat, benevens $7\frac{1}{2}$ pCt. van de primitieve waarde naar het tarief, als regten op de vlag, bepaalt het bedrag der belasting.

Verklaring van eenige Maten en Gewigten.

De *picol* (pico) van *Manilla* houdt in $5\frac{1}{2}$ *arobas* of $137\frac{1}{2}$ Spaansche ponden. Overigens heeft de *picol*, even als in *China*, 100 *cattys*, dus ook weder 60 ℔, 5 oncen, 2 lood en 6 wigtjes Nederlandsch.

De *cavan* of *caban*, gelijk bladz. 315 reeds is aangehaald geworden, verdeelt zich in 25 deelen, *gantas* genaamd. Een *cavan* koffij levert, van den bast gezuiverd, 52 ℔ netto uit; een *cavan* rijst levert 126 à 128 ℔; een *cavan* cacao 87 à 88 ℔, altemaal Spaansch gewigt.

Een quintal wasch bruto moet 110 ℔ wegen.

Een *pilon* suiker van *Pampanga* moet, de volle maat bevattende, 91 ℔ gewigt hebben.

De *Tinaja* klapper-olie van *Laguna* van 16 *gantas* weegt 100 ℔.

De 100 Spaansche *libras* zijn gelijk aan 36,009 ℔ Nederlandsch. Onder het Spaansche gewigt echter bestaat een groot plaatselijk verschil. Zoo zijn b. v. de 100 *libras* van *Barcelona* gelijk aan 40,002 ℔ Nederlandsch, 100 *libras* van *Aragon* gelijk aan 34,980, 100 zware ponden van *Alicante* aan 51,729 ℔ Nederlandsch, en 100 zware ponden van *Bilbao* gelijk aan 715,109 ℔ Nederlandsch enz. enz.

De Havenonkosten eindelijk te *Manilla* waren voor de *Wilhelmina en Maria* de navolgende, als:

Aan den *Escribano de la Aduana* (Secretaris der Tolbeambten)

voor tonnegeld enz.	40 piasters.	
» » *Capitan del Puerto* (Havenmeester)	4 id.	3 realen.
dus in het geheel	52 piasters	3 realen.

VERBETERING IN HET TWEEDE DEEL.

Bladz. 342. reg. 3 en 4 van bov. *staat:* tot op tien ten
honderd, *lees:* tien ten honderd.

—— 442. — 12 van ond. staat: *Guyaquil*, lees: *Payta.*

————

VERBETERING IN HET DERDE DEEL.

Bladz. 76. reg. 3 van ond. staat: *goemoed*, lees: *goemoeti.*

Andere onopgemerkte drukfeilen en kleine misstellingen
gelieve de Lezer te verschoonen.

————

J. BOELEN, J.Z.,

REIZE

NAAR DE

OOST- EN WESTKUST

VAN

ZUID-AMERIKA,

ENZ.

—

II.

J. BOELEN, J.Z.,

REIZE

NAAR DE

OOST- EN WESTKUST

VAN

ZUID-AMERIKA,

ENZ.

—

III.

VOOR DEN BINDER.

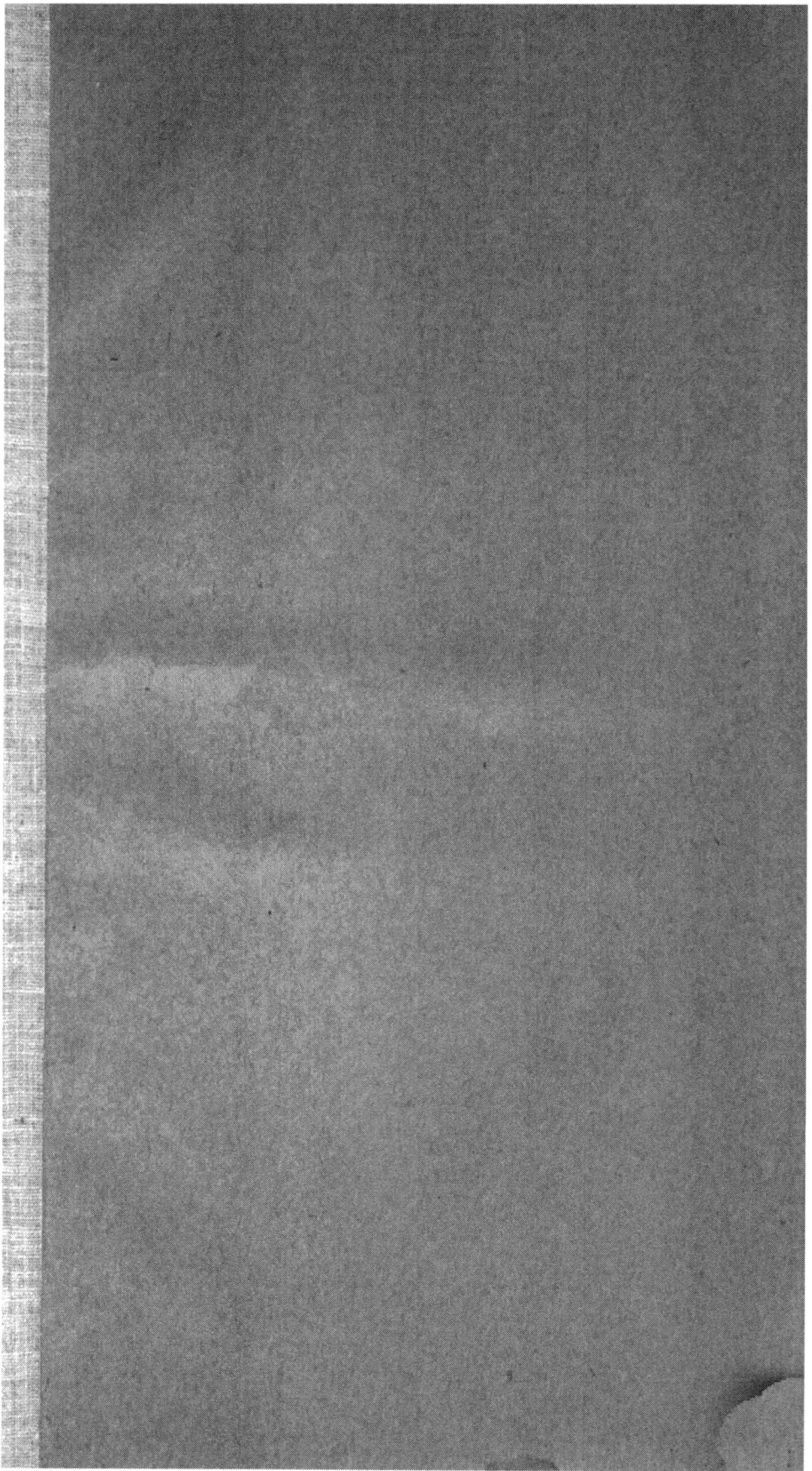

THE NEW YORK PUBLIC LIBRARY
REFERENCE DEPARTMENT

This book is under no circumstances to be
taken from the Building

form 410

www.ingramcontent.com/pod-product-compliance
Ingram Content Group UK Ltd.
Pitfield, Milton Keynes, MK11 3LW, UK
UKHW050648180225

455203UK00005B/22